Heinrich Maltzahn

Reife in Hadhramaut

Heinrich Maltzahn

Reife in Hadhramaut

ISBN/EAN: 9783741172021

Hergestellt in Europa, USA, Kanada, Australien, Japan

Cover: Foto ©Andreas Hilbeck / pixelio.de

Manufactured and distributed by brebook publishing software (www.brebook.com)

Heinrich Maltzahn

Reife in Hadhramaut

Adolph von Wrede's
Reise in Hadhramaut

Beled Beny 'Yssà

und

ied el Hadschar.

Herausgegeben,

mit einer Einleitung, Anmerkungen und Erklärung der Inschrift von 'Obne versehen

von

Heinrich Freiherrn von Maltzan.

 und Facsimile der Inschrift von 'Obne.

Braunschweig,
Druck und Verlag von Friedrich Vieweg und Sohn.
1873.

Vorwort.

Dem Herausgeber des »Globus«, Dr. Carl Andree, kommt das Verdienst zu, zuerst nach langer Vergessenheit wieder auf den handschriftlichen Nachlaß Adolph von Wrede's aufmerksam gemacht zu haben. Ihm verdanke ich auch das Manuscript der hier herausgegebenen Reise, welches von Wrede's hinterlassenen Handschriften nur einen Theil, aber wichtigsten Theil bildete. Wrede's übrige Reisebeschreibungen behandeln die bekannteren Gegenden am Rothen Meere. Da diese aber seit Abfassung des Wrede'schen Manuscripts schon vielfach von anderen Reisenden geschildert wurden, so galt es für angezeigt, hier nur denjenigen Theil der Wrede'schen Reisen zu veröffentlichen, welcher seine wichtigen geographischen Entdeckungen in Südarabien behandelt.

Dresden, 8. Juli 1870.

Der Herausgeber.

Inhalt.

	Seite
Einleitung	1
Ueber die Rechtschreibung arabischer Namen	42
Erstes Capitel. Küstenreise von 'Aden nach Makalla . . .	43

Schifffahrt von 'Aden nach Borum. — Borum. — Der Stamm der Benu Hassan. — Wâdiy Ḥinwa. — Wâdiy Ḥalle. — 'Ayn el Ghaililân. — Ankunft in Makalla.

Zweites Capitel. Von Makalla nach dem Dschebel Tsahura. . . . 65

Abreise von Makalla. — Bâ Ḍarrayn. — Wâdiy Umm Dschirdsche. — Das Dorf Ḥarr Schiwâts. — Ḥaline. — Ḳalb ess Silfe. — Wâdiy Ḥahmye. — fedsch min Allah. — Die Area. — Dschebel Bâ Bihar. — Der Engpaß Ḳaulebût. — 'Aqaba el Maḥauye. — Dschebel Ḍarf el Ḥadsch. — Dschebel el 'Ibne. — Zehnra. — Miffne. — El Ḳa'ba. — Cifh. — Dschebel Ḥidara. — Wâdiy Montiḥh. — Dschebel Kochs. — Dschebel Mobarrt. — Dschebel Tsahura.

Drittes Capitel. Der nördliche Gebirgsabhang 80

Wâdiy el 'Af. — Maqubrt el Chomra. — Die Hochebene. — Nachtlager am Wâdiy Ḥaḍarhayan. — Wâdiy Dahme. — Wasserbehälter. — Wâdiy Ḥarrî. — Nachtlager am Wâdiy Chagile. — Ueberraschende Aussicht in dem Wâdiy Do'ân. — Ankunft in Choraybe. — Schaych 'Abd Allah Bâ Esûbân. — Bewässerungssystem und Kanalanlagen. — Abendmahlzeit bei Manâẓi ben Ṣa'yd ibn 'Iffâ el Ḳarud, Sultan von Choraybe.

Viertes Capitel. Erste Excursion vom Wâdiy Do'ân aus. . 117

Abreise von Choraybe. — Wâdiy Minua. — El Dirbe. — Wâdiy Ghabrim. — Nachtlager im Wâdiy Schomayre. — El Ḥbui. — Ḥitrayn. — Excursion nach dem Dschebel Schaqq. — Nachtlager im Wâdiy Sfalaf. — Wâdiy Ma'yfche. — Dschebel Ḍabr eff Efauir. — Nachtlager im Wâdiy Ḍârai es Soha. — Wâdiy el Bonut. — El 'Aqqa. — Dschebel Koll. — Wâdiy Ḥaṭrâ. — Ankunft in Ḥiṣn ben Dighâl. — Wâdiy El Ḥadichar. — Ḥiṣn el Dâʾime.

Fünftes Capitel. Die Ruinen von 'Obne 141

Abreise von Ḥiṣn ben Dighâl. — Wâdiy Ro'mân. — Dschul bâ Baghuth. — Wâdiy Dschowel. — Dschebel Ro'ub. — Ein erloschener Vulkan. — Wâdiy 'Obne. — Ruinen von 'Obne. — Wâdiy 'Arâr. — Zur Characteristik der Bedulaen. — El Dschowayre. — Lobbet el 'Ayn. — Die Bay Ḥardscha. — Wâdiy Mayla'a. — Ankunft in Dschul ech Schaych. — Schaych

Inhalt.

'Omár ibn 'Abd er Rahmân ben 'Abd el Wacáh. — Abreise.
— Saqqume. — Anfall der Tsiyayby. — Rückreise nach Dschnī
eſch Schanch. — Abreiſe. — Wâdiŋ El Habhena. — Tſchebel
'Alqa. — Wâdiŋ Soqqaume. — Eç Çobaŋre. — Wâdiŋ Scharab.
— Zweiter Anfall der Tsiyayby. — El Hobâ. — Wâdiŋ
Çarhŋr. — Ankunft in Hiçn ben Dighâl.

Sechstes Capitel. Stämmeverſammlung im Wâdiŋ Hafar 180
Abreise von Hiçn ben Dighâl. — Ankunft in Hobâ. — Meine
gefährliche Lage daselbst. — Lager am Wâdiŋ Haſſy. — Nacht-
lager am Wâdiŋ Mintâſ. — Nachtlager am Wâdiŋ Hafar. —
Eine intereſſante Scene. — Anſpruch. — Wegelagerer. —
Metelle. — Wâdiŋ Rhaude ed Dyn. — Delâ'. — Kandâm. —
Chowayre. — Nachtlager am Wâdiŋ Maghâra. — Ankunft
in Choraybe.

Siebentes Capitel. Das eigentliche Habhramaut 208
Zweiter Beſuch bei dem Sultan. — Abreiſe. — Ankunft in 'Amb.
— Schanch 'Abd er Rahmân bâ Thal ben 'Amady. — Abreiſe.
— Nachtlager bei Hallel bâ Salib. — Nachtlager bei Cirbe.
Ankunft in Haura. — Der Wâdiŋ 'Amb. — Der Wâdiŋ El
Habscharŋn. — Die alten Königsgräber im Wâdiŋ Ghayibnn
unfern Meſchhed 'Alŋŋ. — Der Wâdiŋ Ogr.

Achtes Capitel. Ausflug nach der Wüste El Ahqâf . . . 237
Abreise von Haura. — Vatermord eines Beduinenknaben. —
Ankunft in Çahwa. — Excurſion nach d.m Bahr eſſ Ṣafŋ. —
Die Wüste El Ahqâf. — Ein altes Grabmal.' — Der Wâdiŋ
Er Râchŋe. — Rückreise über 'Amb nach Choraybe. — Der
neue Sultan.

**Neuntes Capitel. Letzte Kataſtrophe und Rückkehr nach
Malalla** 252
Abreise. — Darraŋn. — Ankunft vor Tſaŋſ. — Meine kritische
Lage daselbst. — Entscheidung der 'Olamâ. — Betragen des
Sultans 'Alŋŋ Mohammed ibn 'Abd Allah ibn Ro'mân ben
Sſa'yid ibn 'Iſſâ el 'Amud. — Abreise. — Der Wâdiŋ El
Nſſâr. — Gaſtfreundſchaftliche Aufnahme in einem Gehöfte
unweit Choraŋf. — Doqum el Nŋſſâr. — Wohnungen der
Beduinen im Wâdiŋ Rotaŋſ. — Eine Beduinenhochzeit. — Um-
zug der Beduinen. — Neue Wohnungen im Wâdiŋ Howayre. —
'Alŋŋ er Râſſ ed Dŋn. — Ankunft in Makalla. — Freundliche
Aufnahme von Seiten des Sultans.

Bemerkungen und Ausführungen 273
Erſter Anhang. Ueber die Könige und Völker Südarabiens 295
Zweiter Anhang. Himyariſche Inſchrift von 'Obne . . . 325
Regiſter 363

Himjaritische Inschrift
auf einer
des Thal 'Obne schließenden Mauer.

Einleitung.

Wir Deutschen haben an Entdeckungsreisenden keinen Mangel. Keine Nation, die englische allein vielleicht ausgenommen, kann sich in dieser Beziehung mit uns vergleichen. Aber wir wissen gar nicht, wie reich wir sind. Noch mancher Name, der berühmt zu sein verdient, schlummert im Verborgenen, den Fachmännern allein und selbst diesen nur oberflächlich bekannt. Der Grund hiervon scheint mir nicht schwer zu entdecken. Die meisten deutschen Forscher, wie die deutschen Gelehrten, verschmähen die Reclame. Wenn diese in Frankreich und England in so üppiger Blüthe steht und jedem Zweige der Publicistik, selbst der wissenschaftlichen dient, so beschränkt sich ihr Gebiet bei uns mehr auf die sogenannte „oberflächliche Literatur", ein Umstand, der ohne Zweifel seine gute Seite hat, denn das wahrhaft Gediegene wird so gezwungen, sich im Kampfe zu bewähren und als solches zu offenbaren, indem es auch ohne Reclame zur Oeffentlichkeit durchdringt. Aber es macht mitunter seinen Weg nur sehr langsam.

Eine schlimme Folge der Bescheidenheit unserer tüchtigen Männer ist ohne Zweifel die, daß die Buchhändler dadurch stutzig gemacht werden, daß sie an dem Erfolg eines Werkes zweifeln, von dessen Verfasser so wenig verlautet und daß deshalb die Werke dieser Männer sehr oft keinen Verleger finden. So ging es auch dem trefflichen Manne, den wir den unbekannten Reisenden nennen können. Dieser Mann, dessen Namen wohl viele Leser jetzt zum erstenmal hören werden, war Adolph von Wrede, ein geborner Westphale, dem die geographische Wissenschaft die Ausfüllung einer jener Lücken verdankt, an denen dieselbe vor kurzem noch so überreich war und deren viele auch jetzt noch auf ihre Ausfüllung und Beseitigung harren.

Ueber Heimath, Leben und sonstige Privatverhältnisse unseres Reisenden habe ich mir Mühe gegeben, etwas Bestimmtes zu erkunden, leider nur mit sehr geringem Erfolg. Der berühmte Missionar Dr. Krapf, der mit Wrede im Herbste 1843 in 'Aden zusammen traf, konnte mir über den Ursprung Wrede's nichts Gewisses sagen. Von ihm erfuhr ich nur, daß unser Reisender in den dreißiger Jahren dieses Jahrhunderts in griechischen Diensten als Offizier gestanden, dann sich in Kleinasien aufgehalten und später nach Aegypten begeben habe, von wo aus er im Frühjahr 1843 seine denkwürdige Entdeckungsreise unternahm. Erst viel später scheint er nach Europa zurück gekehrt zu sein, um sein Manuscript zu veröffentlichen, was ihm jedoch nicht gelingen sollte.

Leider wurde dem muthigen Reisenden in seinem Vaterlande nicht nur seine Anerkennung zu Theil, sondern ihn traf auch noch das grausame Schicksal, daß seine Berichte bei Vielen keinen Glauben fanden und daß man ihn für wenig besser als für einen „Schwindler" erklärte. Obgleich einige tüchtige Geographen, wie Carl Ritter, Sir Roderich Murchison, Kiepert, Petermann die Wichtigkeit seiner Entdeckungen zu würdigen wußten, so blieb doch nicht nur das Publikum ihm gegenüber gleichgültig, sondern sogar bedeutende Männer, wie Alexander von Humboldt und Leopold von Buch, sprachen offen ihre Zweifel über die Glaubwürdigkeit seiner Reiseschilderungen aus. Letzterer in seiner derben Weise nannte den Reisenden geradezu einen Lügner und pflegte zu erzählen, wie Humboldt sich geärgert über die „Aufschneidereien", welche sich Wrede beim Könige Friedrich Wilhelm IV. in Sanssouci, wo ihn Humboldt eingeführt hatte, über seine Abenteuer erlaubt habe. Was namentlich das Mistrauen des großen Naturforschers erweckte, war die Schilderung, welche Wrede von einer merkwürdigen, allerdings sehr räthselhaften Naturerscheinung entwarf,

Einleitung.

die er am Bahr eff Sfâfy in der Wüste el Ahqâf beobachtet hatte und über die der Leser, der sie im vorletzten Capitel dieses Buches findet, sich selbst ein Urtheil bilden mag. Allerdings klingt es sonderbar, wenn man einem Naturforscher ins Gesicht hinein behauptet, daß eine Meßschnur im Wüstensande wie in einem Brunnen versinken könne, und diese Erzählung Wrede's, wenn ohne gehörige Erläuterung, d. h. außer Zusammenhang mit den sie begleitenden Nebenumständen im gewöhnlichen Gespräch gemacht, möchte wohl den Verdacht der „Aufschneidereien" aufkommen lassen. Aber wie die fragliche Schilderung in Wrede's handschriftlichem Nachlaß klingt, sehen wir sie fast gänzlich jenes wunderlichen, abenteuerlichen Gewandes entkleidet, welches Humboldt's Mistrauen hervorrief. Nicht im Sande schlechtweg versank die Meßschnur, sondern in einer tiefen Höhlung, die dem Reisenden wie ein Brunnen erschien, in deren Grunde wahrscheinlich eine Petroleumquelle sich befand, und deren Oberfläche nur eine Schicht sehr feinen Sandes oder Staubes, sehr verschieden von dem gewöhnlichen Wüstensand, bedeckte. Die Naturforscher mögen entscheiden, inwiefern eine solche Erscheinung möglich ist. Aber im schlimmsten Falle können wir hier nur einen Irrthum des Reisenden voraussetzen, da er ja seine Meßschnur nicht wieder aus der Höhlung heraufzuziehen vermochte und da das, was ihm wie ein Versinken vorkam, möglicherweise ja nur ein Steckenbleiben derselben, durch mechanische Hindernisse, z. B. ein Vorrutschen des Sandes verursacht, sein konnte.

Dies ist übrigens auch die einzige Episode im ganzen Wrede'schen Werke, welche jene Zweifel an seiner Glaubwürdigkeit erklären kann. Im Uebrigen macht seine Reiseschilderung durchaus den Eindruck der Wahrhaftigkeit. Wie hätte auch ein Schwindler solche Männer, wie Carl Ritter, und die andern bedeutenden Geographen täuschen können, wie hätte der langjährige Kenner Arabiens, der berühmte Arabist Fresnel, Wrede's Reise als eine der wichtigsten Entdeckungen unseres Jahrhunderts preisen können?

Aber wir haben auch noch andere, geradezu directe Beweise für die Authenticität der Wrede'schen Reise. Der erste ist der, daß Arnaud, welcher gleichzeitig mit Wrede's Reise in Hadhramaut, seinen berühmten, unzweifelhaft authentischen Ausflug nach Mârib unternahm, in letzterer Ortschaft von Arabern, die aus dem benachbarten Hadhramaut kamen, hörte, daß sich zur Zeit ein Europäer in dieser Provinz aufhalte, dessen Personalbeschreibung durchaus auf Wrede paßte. (Die vollständige Beschreibung steht im Journal Asiatique, IV. Série, V. Volume, Mars—Avril 1845, S. 311 und 312.)

Doch auch ohne Personalbeschreibung konnte die Erzählung jener Araber nur Wrede und keinen Andern bezeichnen, denn nie ist außer Wrede ein Europäer in Hadhramaut gewesen.

Einen andern Beweis schöpfen wir aus dem Umstand, daß Wrede eine himjarische Inschrift von seiner Reise zurückbrachte, auf welcher die Orientalisten deutlich den Namen mehrerer Orte und Landschaften (Hadhramaut, Mahfa'a und 'Obne) entzifferten, welche unser Reisender besucht hat. Namentlich der Name des Fundortes der Inschrift „'Obne", scheint unzweifelhaft festgestellt. Nun ließe sich zwar die Vermuthung aufstellen, Wrede könnte diese Inschrift an der Küste gefunden haben, aber zum Mindesten wäre dann der Umstand höchst auffallend, wenn nicht räthselhaft, daß dieselbe gerade den Namen „'Obne", wo der Reisende sie gefunden zu haben behauptet, deutlich wiedergiebt. Wäre sie aber an der Küste vorhanden gewesen, so mußten frühere Reisende, wie Cruttenden, Wellsted, welche die Inschriften gerade dieses Küstentheils copirten, doch auch etwas von ihrer Existenz gehört haben. Was schließlich eine andere für Wrede noch nachtheiligere Vermuthung betrifft, die nämlich, daß er jene Inschrift fabricirt habe, so konnte eine solche nur von Menschen aufgestellt werden, die keinen Begriff von der epigraphischen Forschung himjarischer Schriftdenkmäler besaßen. Denn diese Forschung war zu Wrede's Zeit noch so wenig vorgeschritten, daß kaum der gelehrteste Orientalist damals im Stande gewesen wäre, eine solche Inschrift zu fabriciren, und Wrede kannte nicht einmal das himjarische Alphabet. Die Authenticität der Inschrift ist auch von den Gelehrten nie ernstlich in Zweifel gestellt worden. Den Namen „'Obne" konnte aber

Einleitung.

Wrede nicht aus ihr selbst geschöpft haben, da, wie gesagt, er nicht im Stande war, sie zu lesen. Wenn er uns nun eine himjarische Inschrift aus dem Innern Habhramauts bringt und behauptet, er habe dieselbe in einem Orte Namens „'Obne" gefunden, und die Orientalisten auf derselben später den Namen „Obne" wirklich deutlich lesen, so gehört viel böser Wille dazu an der Authenticität des Fundorts zu zweifeln. Wenn aber Wrede den Namen „Obne" nicht aus der Inschrift schöpfte, woher sollte er ihn entnommen haben? Etwa aus frühern Reisewerken? Kein einziges kennt diesen Namen. „Obne" war vor Wrede in Europa ganz unbekannt. Es bleibt also nichts anzunehmen, als daß Wrede selbst in „Obne" gewesen sein muß.

Auch noch andere Umstände lassen die Vermuthung, daß Wrede seine ganze Reise nur erdichtet habe, im höchsten Grade unwahrscheinlich, wenn nicht paradox erscheinen. Wie ist es denkbar, daß ein Reisender ein ganzes System von Wâdih's (Flußthälern), von Gebirgen, Hochebenen, daß er über 100 Namen von Ortschaften erfinden konnte, und daß diese Erfindungen vollkommen mit den Berichten der Einheimischen übereinstimmen, welche Fresnel ein Jahr später sammelte? Ferner war Wrede nicht gelehrter Etymologist, er verstand sich nur schlecht auf die Ableitung arabischer Namen, und dennoch passen die Namen der von ihm genannten Ortschaften in vielen Fällen genau auf den von ihm geschilderten topographischen Charakter jener Oertlichkeiten! Wäre dies Alles erfunden, so müßten wir dem Reisenden übernatürliche Divinationsgabe zuschreiben.

Leider giebt es auch in der neuern touristischen Literatur sogenannte fabricirte Reisebeschreibungen, d. h. völlig erdichtete Schilderungen von Ländern, in die der Autor nie einen Fuß gesetzt hat. Aber diese Machwerke tragen einen ganz andern Stempel, als die Wrede'sche Reisebeschreibung. Handeln diese Bücherfabrikanten von noch unentdeckten Ländern, so bestreben sie sich vor allen Dingen das geographische Element in den Hintergrund zu drängen und unter einem Schwulst von weitläufigen, oft romanhaften Detailerzählungen zu erdrücken. So erreichen sie den Zweck, ein dickes Buch zu liefern, ohne sich allzu sehr zu compromittiren, d. h. ohne geographische Data zu geben, deren Unechtheit eine vielleicht baldige Entdeckung eines wirklichen Reisenden allzu klar beweisen könnte.

Merkwürdigerweise hat auch Wrede's Reisegebiet das Schicksal gehabt, zu einem der beschriebenen Machwerke den Vorwurf zu liefern. Ein französischer Reisender, du Couret, der sich auch Hâdschy Abb el Hâmid Bey nannte, wollte im Jahre 1844 (also ein Jahr nach Wrede) eine Reise durch Habhramaut gemacht haben, die er unter dem romanhaften Titel „Les Mystères du désert" in Paris im Jahre 1859 veröffentlicht hat. Diese „Geheimnisse der Wüste" sind ganz nach der oben erwähnten Schablone angelegt. Von geographischem Material wird nur das Allerdürftigste, und auch dies nur aus falschen, veralteten Quellen geschöpft, geboten. In ganz Habhramaut kennt du Couret nur vier Ortschaften und weist diesen genau dieselbe irrthümliche Lage an, unter welcher sie Berghaus auf seiner 1834 nach ältern Berichten, die jedoch nur auf Hörensagen beruhten, verfaßten Karte, verzeichnete, z. B. giebt er Do'ân (das er eine Stadt nennt) um Vieles nördlicher als Terym und Schibâm an, während es südlich von besagten Orten liegt. Das zwischen diesen vier Ortschaften befindliche Land bezeichnet du Couret theils als eine Wüste, theils als eine Steppe, nach Art der amerikanischen, von frischen hohen Gräsern bewachsen, theils als einen natürlichen Garten voll aromatischer Kräuter und wundervoll schöner Blumen. Von Gebirgsbezeichnungen, Flüssen, von dem so wichtigen System der Wâdih's findet sich bei ihm keine Spur. Auch die Bewohner sind sehr wenig berücksichtigt. Außer den Einwohnern besagter Städte und den Mitgliedern seiner Karavane kennt der Franzose eigentlich nur noch Räuber, wie die wilden Stämme von Mahra, welche bis nach Habhramaut eingedrungen sein und ihm dort aufgelauert haben sollen, und die sogenannten Khafir el Orianin (richtig geschrieben Kâfir 'el Oryânyn), welche letztere er als eine Art von Wilden beschreibt, die das ganze Flachland und die Wüste bewohnen und unsicher machen. Was sollen aber diese „Khafir el Orianin" sein und was bedeutet der

Name? Letzterer ist lediglich ein Schimpfwort und bedeutet die „nackten Ungläubigen oder Ketzer". Es ist möglich, daß du Couret, der wirklich an der Küste von Jemen gewesen zu sein scheint, mit jenem Schimpfwort die halbnackten Beduinen, welche eben keine strengen Moslims sind, von den fanatisch orthodoxen Städtern bezeichnen hörte. Aber wie kann man annehmen, daß ein Reisender in einem so stammesstolzen Lande wie Arabien, wo die Namensbezeichnungen der Stämme und ihre Genealogieen eine viel wichtigere Rolle spielen, als topographische Unterscheidungen, für die zahlreichen Stämme, deren Gebiet er durchwandert haben muß, nie andere Namensbezeichnungen vernommen haben sollte, als den beschimpfenden Collectivausdruck „die nackten Ketzer"? Außerdem spricht du Couret von einem Glanz und Luxus, der in besagten Städten herrsche, von einer gewissen Civilisation und Toleranz, indem er sogar Juden, Banianen und Sabäer (?) im Innern des fanatischen Hadhramaut wohnen läßt, überhaupt von Zuständen, wie sie allenfalls in Küstenstädten von Jemen vorkommen, wie sie aber im Innern Arabiens nicht existiren; einen Satz, für den wir noch andere Zeugen als Wrede haben, nämlich Cruttenden und Wellsted, die auch schon von den barbarischen Zuständen im Innern berichteten, und vor allen Dingen Fresnel, der in Dschidda viel mit Hadhramautern zusammenlebte und dessen aus ihrem Munde entnommene Berichte durchaus mit denjenigen von Wrede übereinstimmen, diejenigen seines romanschmiedenden Landsmannes dagegen Lügen strafen.

Dies das dürftige geographische und ethnologische Skelett der „Geheimnisse der Wüste". Desto reichhaltiger erweisen sich dieselben jedoch an romanhaften Ausschmückungen. In Mârib, dessen Beschreibung übrigens ein Plagiat Arnaud's bildet, giebt uns du Couret, nachdem er den Palast des Oberhauptes mit Arnaud's Worten geschildert, eine Reihe fabelhafter Scenen unter dem Titel „Les épreuves" zum Besten, welche als ein Zerrbild der ehemaligen freimaurerischen Novizenprüfungen erscheinen. Es wird ihm befohlen, sich von einem fünfstöckigen Thurme hinabzustürzen, zu einem wüthenden Panther in

8 Einleitung.

den Käfig zu steigen, ein unterirdisches Labyrinth zu durchwandeln, und nachdem er dies Alles gethan, aber beim Hinunterstürzen vom Thurme von kräftigen Armen aufgefangen, im Käfig des Panthers durch eine plötzlich hinabsinkende Scheidewand errettet worden ist und im Düster des Labyrinths sich von einem mit Blitzesschnelle sich entfaltenden Lichtmeer umgeben gesehen hat, trifft ihn noch die schreckliche Schlußprüfung, daß man seinem größten Feinde, einem mit ihm angekommenen Araber, der seinen Tod geschworen hatte, befiehlt, ihn zu erschießen. Letzterer drückt wirklich los, aber — die Kugeln waren auf Befehl des Gebieters von Mârib ohne Vorwissen des Mörders, der wirklich die Absicht zu tödten hatte, aus der Büchse entfernt worden, und so endet die romanhafte Prüfung zum Ruhm und Heil des Schwertererprobten! Ist es möglich, daß in unserm Jahrhunderte noch solche Märchen aus „Tausend und einer Nacht" den Lesern als wirkliche Erlebnisse und Reiseabenteuer aufgetischt werden können?

Einen siegreichen Beweis gegen die Wahrhaftigkeit des Verfassers der „Geheimnisse der Wüste" hat uns jedoch dessen eigene Unvorsichtigkeit an die Hand gegeben. Wenn man eine Reisebeschreibung erdichtet, so muß man sie wenigstens ganz erdichten, und sich wohl hüten, die Abenteuer Anderer, die bereits gedruckt sind, als eigenes Erlebniß wiederzugeben. Diese Vorsicht hat du Couret gänzlich außer Acht gelassen, indem er eine Scene mit Schlangengauklern aus dem bekannten Werke des englischen Consuls Drummond Hay „Marocco, its wild tribes and savage animals" nicht nur wiedergiebt, sondern fast wörtlich aus der französischen Uebersetzung dieses Werkes abschreibt und dem Leser zumuthet, diese in Marokko vorgefallene Scene, deren Details durchaus nicht nach Arabien passen, für eine in letzterm Lande von ihm persönlich bezeugte hinzunehmen. Zu diesem Zweck versetzt er die 'Ahssauya, die marokkanische Secte der Schlangengaukler, mitten ins Herz von Arabien! Selbst den sprachlichen Fehler Drummond Hay's, welcher den Stifter der Secte Aïsser nennt, während er Mohammed ben Aïssa (mit a, nicht mit er) hieß, wiederholt der unkritische Verfasser der Geheimnisse der Wüste.*) Wenn wir aber einen Reiseschriftsteller auf einem so offenkundigen Piratenthum ertappen, dann müssen wir auch jeden Glauben an die Authenticität seiner übrigen vermeintlichen Erlebnisse von uns weisen.

Der Leser entschuldige diesen Excurs über das französische Reisewerk mit der Rücksicht auf unsern Landsmann, von Wrede, dessen Berichte eben durchaus falsch sein würden, wenn wir die des Franzosen für wahr halten könnten. Deshalb nur habe ich so lange bei letztern verweilt, denn da Wrede's so reichhaltiges geographisches Material mit dem dürftigen des Franzosen durchaus im Widerspruche steht, so können unmöglich beide Berichte wahr sein. Ich denke, der Leser wird sich schon längst darüber entschieden haben, wem von Beiden die Palme der Wahrhaftigkeit zukommt.

Daß dieser Preis Wrede gebührt, darüber herrscht heut zu Tage unter den Männern der Wissenschaft wohl kaum ein Zweifel mehr. Leider war dies jedoch zu Wrede's Lebzeiten (wie schon oben erwähnt) nicht der Fall, und dieser Umstand erklärt wohl, warum der Reisende in seinem Vaterlande keinen Verleger fand. Größere Anerkennung dagegen schien ihm in England bevorzustehen. Die dortige „Geographische Gesellschaft" hatte einen Auszug seiner Reiseberichte in ihre Zeitschrift aufgenommen. Reiseschriften fanden von jeher in England bereitwillige Verleger und Publikum. So kam er denn auf den Gedanken, es dort zu versuchen, und es waren wirklich auch gegründete Aussichten vorhanden, daß sein Manuscript, einmal ins Englische übersetzt, einen Verleger in England finden werde. Leider sollte jedoch demselben in England der größte Verlust bevorstehen; ein Verlust, den wir nahezu als unersetzlich bezeichnen können. Wrede hatte seinem Manuscript eine mühsam entworfene, vollständige Karte des von ihm entdeckten Theils von Arabien, sowie eine Anzahl Hand-

---

*) Die gestohlene Stelle findet sich in den „Mystères du Désert par Hadj Abd 'el Hamid Bey" (Paris, Dentu, 1859, Bd. I, S. 177—181) und ist die beinahe wörtliche Wiederholung der französischen Uebersetzung in Drummond Hay's „Marocco etc.", S. 193—196 der französischen Ausgabe.

zeichnungen nebst colorirten Costümbildern beigegeben *), und diese Zugaben befanden sich in den Händen des Uebersetzers, welcher jedoch, noch ehe er in seiner Arbeit einigermaßen vorgeschritten war, starb (durch Selbstmord), und in dessen Nachlaß sich nichts vorfand als das einfache Manuscript. Karte, Zeichnungen und Aquarelle waren und blieben spurlos verschwunden. Dadurch verschwand auch die Aussicht auf eine Herausgabe des Werkes in England. Entmuthigt scheint Wrede von nun an auf eine solche verzichtet zu haben. Er lebte zu jener Zeit wieder in Westphalen, wo er wegen Mittellosigkeit sich genöthigt gesehen hatte, eine Privatanstellung als Förster auf den Gütern des gleichfalls als Schriftsteller bekannten Freiherrn von Haxthausen anzunehmen. Doch scheint es ihm in Deutschland im Ganzen schlecht gegangen zu sein, seine Reiselaufbahn fand keine Anerkennung, seine Privatverhältnisse sollen drückend gewesen sein. Dazu kam nun noch jene Entmuthigung des Mislingens der englischen Herausgabe seines Werkes, und dies scheint das Maß der Leiden für ihn voll gemacht und ihn zum Entschluß gebracht zu haben, sein Vaterland (wahrscheinlich für immer) zu verlassen. Bald darauf (ich glaube um 1856) soll er nach Texas ausgewandert und dort gestorben sein. Aber über seinen Tod fehlen mir alle zuverlässigen Angaben. Wollte Gott, daß er noch lebte und daß ihm dieses, sein nun endlich gedrucktes Werk, als ein Trost am Abend seines vielgeprüften Lebens zu Händen kommen möge.

Von den schweren Verlusten, welche das Wrede'sche Reisewerk in London betroffen hatten, war glücklicherweise wenigstens einer nicht ganz unersetzlich. Ich meine denjenigen, welcher die Karte betraf. Wrede allein kommt das Verdienst zu, daß dieser Mangel ausgeglichen werden konnte, natürlich nur beziehungsweise, denn seine eigene Karte würde ungleich Vollkommneres geboten haben, als diejenige,

---

*) Auch Fresnel erwähnt diese Zugaben zum Wrede'schen Manuscript, das er kannte, im Journal Asiatique, IV. Série, VI. Volume, Novembre 1845, S. 394 und 395.

Einleitung. 11

welche es mir, nicht ohne Mühe, gelang aus seinen Reiseberichten zusammenzustellen. Natürlich mußte ich mir sagen, daß die Herausgabe des Reisewerkes für das größere Publikum fast werthlos sein würde ohne die Zugabe einer Karte, und ich forschte deshalb im Manuscript nach Daten für dieselbe und siehe da! ich fand die deutlichsten, so deutlich, wie ich sie nicht erwartet hatte und wie sie vielleicht noch kein Reisender vor Wrede gegeben hat. Wrede hat überall die Distanzen genau angegeben, den Winkel und die Himmelsrichtung seiner Route bis auf die Minute verzeichnet; er hat genaue Beobachtungen über die Schritte der Kameele, welche dieselben in einer Stunde zurücklegen, angestellt, und da er fand, daß 6000 Kameelschritte einer halben geographischen Meile (à 15 auf den Breitegrad) entsprechen, so hat er diese Rechnung als Basis seiner Bezeichnung der Wegstunden genommen. Eine astronomisch bestimmte Basis war ihm außerdem durch die bekannten Grabbezeichnungen von Makalla und Borum, von wo aus er seine Reise unternahm, an die Hand gegeben. Ein Taschenchronometer, eine Boussole und ein Visirkompaß waren die einfachen Hülfsmittel, mit denen er seine Route maß und seine Aufnahmen bewerkstelligte, und diesem einfachen Apparat und den danach gemachten Beobachtungen verdankte ich den Umstand, noch jetzt nach so vielen Jahren eine Karte von Wrede's Itinerar entwerfen zu können.

Jenes Land, welches das Reisegebiet unseres kühnen Entdeckers bildet und an das sich ein so wichtiges historisches Interesse knüpft, die große Halbinsel Arabien, war für uns vor wenigen Jahren noch ein mit sieben Siegeln verschlossenes Buch und ist es zum großen Theil auch jetzt noch. Wie wir von einem solchen nichts sehen, als den Einband, so kannten wir auch von Arabien vor den Entdeckungsreisen von Palgrave, dem Erforscher des Wahabitenlandes, Aruaud, dem Entdecker von Mârib, und Wrede nur die Küsten und die diesen zunächstgelegenen Ländertheile; denn die frühern Reisenden, wie Burckhardt, Niebuhr, Seetzen, Wellsted, wie groß auch immer ihre Verdienste genannt werden müssen, waren doch eigentlich niemals tief in das Innere eingedrungen. Jede der drei gebildetesten Nationen Europas hat einen von den obengenannten drei Entdeckungsreisenden gestellt. Frankreich und England haben die ihrigen gebührend anerkannt und deren Werken den verdienten Ruhm gezollt. Nur Deutschland hat den Namen des seinigen in Vergessenheit schlummern lassen, und dennoch verdient gerade er bekannt und berühmt zu werden, denn Wrede's Wagniß war ein größeres, als das irgend eines Reisenden vor oder nach ihm, und an seinen Namen knüpft sich eine der interessantesten Entdeckungen, die je auf dem Gebiete der Erdkunde gemacht worden sind.

Carl Ritter wußte etwas von dieser Entdeckung, aber nur wenig, nur so viel, als in der erwähnten englischen Zeitschrift in kurzem Abriß darüber veröffentlicht worden war, indeß selbst dieses Wenige begrüßte er als die wichtigste Errungenschaft und machte im zwölften Bande seiner Erdkunde den möglichsten Gebrauch von demselben, denn für den von Wrede entdeckten Theil Arabiens, d. h. für Hadhramaut, Beled Hadschar, Benth 'Yssà und angrenzende Länder, war dieser seine einzige Quelle. Noch nie war vor Wrede ein Europäer in jene Gegenden gekommen, und nachmachen wird es ihm so leicht auch keiner. Aber Ritter erkannte und bedauerte lebhaft das Ungenügende jener Mittheilungen, der einzigen übrigens, die bis jetzt über Wrede's Reise im Drucke erschienen sind, und sprach die Hoffnung aus, das vollständige Reisewerk des unternehmenden Westphalen bald erscheinen zu sehen. Seitdem waren 24 Jahre verstrichen und noch immer lag Wrede's Manuscript ungedruckt da.

Vor Ritter hatte schon ein Franzose auf Wrede's Verdienste aufmerksam gemacht, nämlich der berühmte Arabist Fulgence Fresnel, lange französischer Consul in Dschibba in Arabien, derselbe welcher Arnaud bestimmte, seine denkwürdige Reise nach den Ruinen von Mariaba, der alten Hauptstadt der Könige von Sába, dem heutigen Màrib, zu unternehmen und zwar in demselben Jahre, in welchem Wrede seine Reise ausführte. Fresnel schrieb im Jahre 1845 im Journal Asiatique: „Nie ist eine interessantere Reise gemacht worden, als die des Herrn von Wrede, und dieselbe muß in der geographischen Wissenschaft Epoche machen."

Durch einen Zufall gelangte vor kurzem Wrede's Manuscript in meine Hände. Anfangs war ich nicht geneigt, ihm große Bedeutung zuzumessen, da ich mir nicht zu denken vermochte, daß man etwas wirklich Gediegenes ein Viertel Jahrhundert lang im Verborgenen schlummern lassen konnte. Aber je mehr ich mich in dessen Lectüre vertiefte, desto deutlicher erkannte ich den unzweifelhaften Werth, die außerordentliche Wichtigkeit dessen, was hier geboten wurde. Wrede's Manuscript offenbarte mir gleichsam eine neue Welt, eine Fülle von Thatsachen und Erscheinungen, die den Ethnographen Räthsel geblieben waren; es lüftete den Schleier von einem Theile jenes großen unbekannten Landes, Arabien, von einem Theile desselben, über den ich bis jetzt selbst in den arabischen Autoren umsonst nach Aufklärung gesucht hatte, denn diese geben uns über die an den Indischen Ocean grenzenden Landschaften und namentlich über deren Inneres nur die allerdürftigsten, kaum nennenswerthen Aufschlüsse.

Wie es Wrede gelingen konnte, in dieses so außerordentlich schwer zugängliche Land einzudringen, und was dazu gehörte, um seinen kühnen Plan auszuführen, das vermag eigentlich nur der vollkommen zu würdigen, der selbst einmal Aehnliches, wenn auch weniger Gefährliches, unternommen hat und der so von den großen Gefahren des einen auf die noch größern des andern Wagnisses aus Erfahrung schließen kann. Nach Mekka zu bringen ist allerdings nicht leicht, aber unter dem bunten Völkergemisch, das sich alljährlich dort zum Pilgerfest versammelt, wird es für den verkleideten Eindringling eher ausführbar, sich zu verstecken und seine wahre Nationalität zu verbergen, als in einem Lande, wie Habhramaut, wo Niemand, der nicht aus dieser Provinz selbst stammt, reist und wo der Fanatismus, der in der Anwesenheit des Christen eine Entweihung und ein todeswürdiges Verbrechen erblickt, ebenso mächtig, ja vielleicht noch mächtiger ist, als in Mekka. Im oceanischen Arabien ist nicht nur der Europäer und Christ, sondern selbst jeder nicht aus diesen Provinzen stammende Moslim eine heterogene Erscheinung und zwar in einem solchen Grade, daß es sehr schwer, ja fast unmöglich wird, eine einladende Entschuldigung, einen glaubwürdigen Vorwand für seine Anwesenheit daselbst zu finden.

Seit der Besitzergreifung von 'Aden durch die Engländer ist es in dieser Beziehung nur noch schlimmer geworden. Die Engländer in 'Aden sind in einer ganz ähnlichen Lage, wie vor dem letzten marokkanischen Krieg die Spanier in Ceuta und Melilla. 'Aden ist für sie ein Gefängniß, aus dem ein Entkommen nur zur See möglich. Zu Lande ist jeder Schritt über die Grenze der schmalen Halbinsel für den Europäer mit Todesgefahr verbunden. Nichts, durchaus nichts ist von den Engländern im Laufe der dreißig Jahre, während welcher sie 'Aden besitzen, für die Erforschung des Landes geschehen, von dem ihre Besitzung einen Theil bildet. Dasselbe ist für sie so vollständig terra incognita geblieben, wie wenn es bei den Antipoden läge. Nur ein einziger Reisender ist in diesem Zeitraume von 'Aden aus in das Innere eingedrungen, und dieser eine war kein Engländer, sondern unser Landsmann, Adolph von Wrede.

Eine chinesische Mauer umzieht das Innere dieses Landes, die dafür, daß sie keine handgreifliche ist, nur desto unerbittlicher bewacht wird. Mauern lassen sich niederreißen, Thore lassen sich in ihnen anlegen, aber mit dem religiösen Fanatismus, der Arabiens chinesische Mauer bildet, giebt es kein Abkommen. Die Völker Haḍhramauts namentlich zeichnen sich durch die Schroffheit ihres Fanatismus aus. Die in seinen Dörfern und Städten ansässige Bevölkerung bekennt sich zu der strengsten Auffassung des orthodoxen sunnitischen Glaubensbekenntnisses. Die Beduinen, d. h. die Bewohner der Wüsten und Steppen, welche bei weitem die Mehrzahl der Bevölkerung dieser Provinz bilden, sind zwar auch hier wie überall, lax im Glauben, beten nie, nehmen nicht die Ablutionen vor, hegen aber doch eine abergläubische Ehrfurcht vor den Morâbiṭs (Santons), den Heiligengräbern und selbst vor den Schhāch (Pl. von Schachch), den Schorfa

Einleitung. 15

und Sayyds, d. h. der fanatisch-religiösen Geistlichkeit und der theokratischen Adelskaste der ansässigen Bevölkerung.

Die geistlichen oder theokratischen Oberhäupter der Städte und Dörfer können denn auch überall ihren schroffen Fanatismus zur Geltung bringen, die Beduinen fanatisiren und durch überspannte religiöse Reden zu den unvernünftigsten und grausamsten Handlungen hinreißen, wie sie in Europa nur in den frühesten Zeiten des Mittelalters möglich waren. Die inerte Masse der Landbevölkerung, die an und für sich gar kein Interesse an der Religion nimmt, wird in den Händen der Glaubenswächter, die sie zu fanatisiren verstehen, das verderblichste Werkzeug, welches sich zu Allem gebrauchen läßt, wozu es jene verwenden wollen. Haß gegen Andersgläubige gilt aber jenen Glaubenswächtern als Gesetz und diesen den Beduinen einzuflößen, gelingt ihnen sehr leicht, besonders da deren natürliche Grausamkeit sowohl, als deren räuberische Instincte ihre Rechnung dabei finden, diesen durch die Religion geheiligten Haß zu bethätigen, den Fremden, der ins Land eindrang, zu tödten und sich seiner Habe zu bemächtigen. Nie ist deshalb ein offen als Christ auftretender Europäer in dieses Land eingedrungen, und nie werden die fanatischen Glaubenswächter dergleichen gestatten.

Hadhramaut gilt für ebenso unnahbar als Mekka, ja es ist in That für den Europäer noch viel unnahbarer, denn unter dem bunten Völkergemisch des Islam, welches sich jährlich nach Mekka wendet, kann, wie erwähnt, eher ein Europäer sich verstecken. Mehrere haben es gethan, und ich selbst fand keine allzu großen Schwierigkeiten, dies auszuführen. In Hadhramaut dagegen ist die Ankunft eines Fremden ein fast beispielloses Ereigniß, dessen Nachricht sich von einem Ende des Landes zum andern wie ein Lauffeuer schnell verbreitet, alle Köpfe beschäftigt und oft auf die abenteuerlichste, ja verrückteste Art gedeutet wird.

Ist nun dieser Fremde gar ein Christ, oder wird er beargwöhnt, ein solcher zu sein, so sind die Gefahren, denen er sich aussetzt, unsäglich. Die fanatischen Glaubenswächter, welche ihr Land speciell

Beled eb Dyn (Land des Glaubens) oder Beled el 'Ilm (Land der Gottesgelehrtheit) nennen, erblicken in der Gegenwart des Andersgläubigen die größte Profanation für ihren geheiligten Boden. Nicht nur das; sie bilden sich ein, daß er ihren Schulen, Moscheen, ihren Gottesgelehrten irgend ein religiöses Geheimniß ablauschen und dieses dann zum Unheil ihrer leiblichen und geistigen Wohlfahrt durch irgend welche satanische Zauberkünste, in denen sie alle Christen für wohlerfahren halten, ausbeuten könne. Die weltlichen Häupter des Volkes erblicken mit echt arabischer Schwarzseherei in jedem solchen Fremden einen Spion irgend einer europäischen Macht, namentlich Englands, dessen Eroberung des nahen 'Aden sie immer noch nicht verwinden können. Selbst die rohen, unwissenden Beduinen, die sonst noch die am wenigsten fanatischen Bewohner Hadhramauts sind, werden nicht selten mistrauisch, namentlich dann, wenn sie einen Fremden Dinge vornehmen sehen, deren wahren Zweck sie nicht begreifen. Als der bei der englischen Küstenaufnahme Südarabiens betheiligte Engländer Wellsted im Jahre 1833 an der Grenze von Hadhramaut einen kurzen Ausflug landeinwärts unternahm, und die berühmte himjarische Inschrift von Naqb el Hadschar copirte, zerbrachen sich die Beduinen die Köpfe über den Zweck dieses seltsamen Gebahrens. Als aber bald darauf die Engländer 'Aden eroberten, da ward den Beduinen auf einmal dieser Zweck klar. Wellsted hatte in der himjarischen Inschrift das Geheimniß entdeckt, wie das nach arabischen Begriffen uneinnehmbare 'Aden zu erobern sei! Wrede hat zehn Jahre später diese Ansicht noch überall von den Beduinen des Küstenlandes vernommen.

Nach dem Gesagten wird nun der Leser beurtheilen können, wie unermeßlich groß Wrede's Wagniß war, in ein solches Land einzudringen. Daß er seine Eigenschaft als Christ und Europäer (nach arabischen Begriffen gleichbedeutend) aufs Strengste verheimlichen mußte, versteht sich von selbst. Ebenso, daß er der arabischen Sprache vollkommen mächtig sein mußte. Den ägyptischen Dialect kannte er wie seine Muttersprache, und er beschloß deshalb, sich für einen

Aegypter auszugeben. Seine äußere Erscheinung scheint ihn bei dieser angenommenen Rolle auch im Ganzen unterstützt zu haben. Er muß dunkle Augen und dunkle Haare gehabt haben, denn er sagt ausdrücklich, daß ein blonder und blauäugiger Mann eine solche Reise, wie die seine, nie wagen dürfe. Nur die Weiße seiner Haut erregte bei den Arabern oft Aufsehen. Seine europäischen Gesichtszüge mußten wohl immerhin auffallen, bei den Gebildeten und Gereisten freilich weniger, da dieselben wissen, daß nicht nur die Züge der Türken, sondern auch diejenigen mancher Moslims Syriens und Aegyptens, die oft aus sehr kühn gemischter Race stammen, den europäischen ähneln. Da aber solche nordische Moslims sich nur sehr selten nach Habhramaut verlieren, so war es natürlich, daß das rohe, unwissende Volk dennoch in Wrede manchmal den Europäer witterte, bis zuletzt bei einer verhängnißvollen Gelegenheit dieser Argwohn zum offenen Ausbruch kam, und seine Folgen der Reise des kühnen Mannes ein verfrühtes Ziel setzten.

Aber selbst seine angenommene Rolle als Aegypter sicherte ihn nicht vor dem Argwohne der Südaraber. Er wurde oft für einen politischen Spion des damaligen Vicekönigs Mohammed 'Alyy gehalten. Zudem war ein Aegypter als Reisender in jenem Lande eine derartige Seltenheit, daß man gar nicht begriff, in welcher Absicht er dorthin gekommen sei. In Habhramaut reist eben Niemand, außer Habhramauter. Der geringe Handel, welcher zwischen der Küste und den festen Wohnsitzen des Innern besteht, ist ausschließlich in Händen von Einheimischen, die man nicht einmal Kaufleute nennen kann, die vielmehr den Handel nur gelegentlich betreiben, wenn irgend eine andere Veranlassung sie zum Reisen treibt. Die beliebtesten solcher Veranlassungen sind die Besuche der verschiedenen Heiligengräber, an denen das Land Ueberfluß besitzt. Da dies nun derjenige Reisezweck ist, den der abergläubige Araber am leichtesten begreift und gegen welchen er am wenigsten Einwendungen machen kann, so wählte sich ihn auch Wrede zum Vorwand.

Unter allen Heiligengräbern von Habhramaut erfreut sich das

jenige des Propheten Hud (nach Einigen der Eber der Bibel) der größten Verehrung. Zu diesem beschloß Wrede zu wallfahrten, gab vor, auf Anrufung dieses Heiligen in Aegypten, seinem angeblichen Vaterlande, von einer tödtlichen Krankheit geheilt worden zu sein und nun zum Danke und zur Erfüllung seines Gelübdes nach dessen Grabe zu pilgern. Demgemäß nannte er sich auch 'Abd el Hud, d. h. Diener des Propheten Hud, ein Name, der in andern moslimischen Ländern kaum vorkommt, der aber in Hadhramaut, dem Lande des Hud, erklärlich, ja populär sein mag.

Das Grab des Propheten Hud liegt etliche zehn Tagereisen von der Küste entfernt. Die nächsten Hafenorte sind Makalla und Schihr. Wrede beschloß von ersterm aus die Reise zu unternehmen, weil er sich die Erforschung der hadhramautischen Gebirgsterrassen zur Aufgabe gestellt hatte. Da die Sjhâra (Wallfahrt) immer nur in einer bestimmten Epoche des Jahres stattfindet, und Wrede nach vollbrachtem Gelübde keinen Vorwand mehr zur Anwesenheit im Lande gehabt hätte, so mußte er es so einrichten, daß er einige Monate vor der Pilgerzeit von der Küste aufbrach. Er konnte leicht vorgeben, als Fremder die Epoche der Sjhâra nicht genau gewußt zu haben, und die so gewonnene Frist zur Erforschung des Landes benutzen.

Um den Leser in den Stand zu setzen, die Wichtigkeit der Wrede'schen Entdeckungen in ihrer vollen Tragweite zu würdigen, scheint es mir wünschenswerth, hier einen kurzen Ueberblick über den Stand der geographischen Wissenschaft in Bezug auf den südlichsten, an den indischen Ocean grenzenden Theil von Arabien zu geben. Kein Theil der Erdkunde ist vielleicht so sehr vernachlässigt worden, als gerade dieser, und für keinen fließen unsere Quellen spärlicher. Von diesem Theile von Arabien, der sich von der Meerenge Bâb el Mandeb bis zum Râss el Hadd, d. h. vom 12. bis zum 22. Grade nördlicher Breite und vom 61. bis zum 77. Grade östlicher Länge von Ferro hinzieht, kannten wir vor Wrede wenig mehr als die Küste; selbst von dieser war und ist auch bis heute nur ein Theil genauer erforscht, nämlich derjenige, welcher zwischen 'Aden und Misenât bei Schihr

Einleitung.

liegt und zwar durch die englische Küstenaufnahme von Haynes, Cruttenden und Wellsted im Jahre 1833. Ueber das Innere dieser Länder haben die englischen Reisenden nur sehr wenig Aufklärung geben können und dies Wenige beruhte theils auf falschen oder falsch verstandenen Mittheilungen, geeignet eher die Confusion zu vermehren als zu zerstreuen. Um nur ein Beispiel, aber ein recht schlagendes anzuführen, genügt Folgendes. Wellsted und Haynes sprechen von einem Wahibi-Stamm, dessen Sultan in Abban (Habbân) residire und der 2000 Musleten stellen könne. Ein solcher Stamm existirt nach Wrede nicht. Wohl aber giebt es eine Dynastie 'Abb el Wâhib, von deren Oberhaupt die Engländer hörten und aus deren Namen sie schlossen, der ganze Stamm müsse Wahibi heißen. Die Sultane sind aber in Wirklichkeit von ganz anderm Stamme, als die Bewohner des Landes, die Beduinen, auf welche sich ihre Herrschaft nicht erstreckt.

Vom Innern dieses ganzen großen Küstenlandes waren uns vor Wrede eigentlich nur die beiden Grenzländer, Yemen im Südwest und 'Omân im Nordost, einigermaßen bekannt, und zwar ersteres hauptsächlich durch Niebuhr und unsern unternehmenden, zu früh verstorbenen Landsmann Seetzen, letzteres durch Wellsted, dem wir heute noch Palgrave anreihen können. Aber der an den indischen Ocean grenzende Theil dieser beiden mehr oder weniger erforschten Länder war ein so verschwindend kleiner, daß die Masse des dazwischenliegenden Unbekannten nicht wesentlich vermindert wurde.

Auch ist gerade derjenige Theil von Yemen, welcher an den indischen Ocean grenzt, weniger erforscht, als irgend ein anderer dieser arabischen Provinz, und außer 'Aden, welches mit ihm zwar in geographischem, sonst aber auch in gar keinem Zusammenhang steht, kennen wir fast nichts von dieser südwestlichsten Ecke der großen arabischen Halbinsel, d. h. vom Lande südlich von Mocha und nördlich von 'Aden. Ehe die Engländer letztere Stadt erobert hatten, war freilich einer ihrer Landsleute, Wellsted, bis nach Lähidsch im Norden 'Adens vorgedrungen, und das, neben den spärlichen, noch ältern Berichten Seetzen's, ist Alles, worauf sich unsere Kenntniß dieses Theils von Yemen stützt. Seit aber die Britten sich in 'Aden festgesetzt haben, sind sie selbst von dem nahen Láḥidsch wie durch eine unübersteigliche Mauer getrennt.

An diesen Theil von Yemen grenzt im Osten die Landschaft Ḥâsi'a, eine mit Ausnahme der Küste nie von einem Europäer betretene Region, über deren richtigen Namen man sogar lange im Ungewissen war, bis ihn Wrede's Forschungen feststellten. Die Küste selbst gehört strenggenommen nicht zu Ḥâsi'a, sondern wird durch einen mächtigen Gebirgsgürtel von dieser Provinz getrennt. An der Küste liegt mit der Hauptstadt (Çughra *) das kleine Sultanat der früher in 'Aden herrschenden Dynastie Fadhli 'Alhy, auch zuweilen in der Relativform Fadhly genannt, von welchem Namen einige Reisende Anlaß nahmen, das ganze Volk „Fadhly" zu nennen; ein Irrthum, der auch in Ritter's Erdkunde übergegangen ist und den erst Wrede aufhellte. Ueberhaupt findet sich kein District von Arabien in Ritter's Werke so sehr vernachlässigt, wie Ḥâsi'a. Nicht einmal Niebuhr's Angaben, die allerdings spärlich genug sind, hat er benutzt. Niebuhr rechnet freilich diesen District zur Landschaft Dschauf, die er „Dschof" schreibt, welche, wenn überhaupt der Name richtig ist, mehr nördlich gesucht werden muß. Er nennt die kleine Landschaft Hârib, eine Tagereise von Mârib (dem östlichsten Grenzpunkte Yemens, der alten Mariaba, durch Arnaud wieder entdeckt), ferner Baḥâm, Nösab, Marcha und Obara, „wovon", sagt er, „aber nichts weiter bekannt, als daß in denselben große Wüsteneien sind und daß die Gegenden von herumstreifenden Arabern bewohnt werden". Danach scheint Niebuhr diese Namen für diejenigen von Landschaften gehalten zu haben. Dies mag theilweise auch der Fall sein. Daß es aber auch Städte dieser Namen giebt, hat Wrede erkundet, der zwar Ḥâsi'a nicht selbst betrat, aber am Wâdiy Maḥfa'a, an seiner Westgrenze,

---

*) Dieser Sultan lebte nach der Eroberung 'Adens Anfangs in Láḥidsch, zog sich aber später nach Çughra zurück, wo ihn Wrede besuchte.

Einleitung.

einige werthvolle Erkundigungen darüber einzog. Der Ort Hârib existirt, aber nicht eine, sondern drei Tagereisen von Mârib und zwar in südöstlicher Richtung. Das Bahâm des Niebuhr ist vielleicht das 'Dschybum Wrede's, eine Tagereise östlich von Hârib. Niçâb (das Niebuhr Nôsab schreibt) liegt nach Wrede eine Tagereise nördlich von 'Dschybum und zwar auch im Wâdih 'Dschybum, ist also nur ein Orts- und kein Districtsname. Von hier noch eine Tagereise nördlich nach Mardscha (bei Niebuhr Marcha), welches aber schon in Beled el Dschauf und nicht mehr in Jâfi'a liegt, und zwar gleichfalls im Wâdih 'Dschybum, der sich also von Süden nach Norden hinzieht. Eine Tagereise südlich von Hârib liegt 'Obâra, das auch Niebuhr kannte. Soweit letzterer.

Außer den genannten Orten erfuhr Wrede noch die Existenz folgender: Tſâhir zwei Tagereisen von 'Obâra, Bayhhâ zwei Tagereisen von Tſâhir; letzteres drei Tagereisen von Naqb el Habschar entfernt, welches bereits den erforschten Gegenden angehört und nicht mehr in Jâfi'a liegt. Die Straße von Naqb el Habschar nach Bayhhâ und Tſâhir zieht sich in westlicher Richtung, eine andere von demselben Punkte ausgehend, führt über Jçân und Habbân im Beled el Habschar in nördlicher Richtung nach 'Dschybum.

Nach den Erkundigungen, welche Wrede im Wâdih Mayfa'a über Jâfi'a einzog, scheint diese Provinz auf einer weniger tiefen Stufe der Cultur zu stehen, als Habhramaut, Beled Habschar und Beny 'Yſſâ, die Länder, welche unser Reisender selbst besuchte. Die Beduinen, jene größten Feinde aller Cultur (nach unsern politisch-socialen Grundsätzen), herrschen dort nicht so absolut, wie in den genannten drei Landschaften. Die Sultane der Städte sind nicht, wie in jenen drei Districten, zu ohnmächtigen Schattenfürsten hinabgedrückt, die ohne Erlaubniß ihrer Schutzherren, der Beduinen, keinen Schritt thun können und deren Herrschaft sich auf ihre Stadtmauern beschränkt, sondern genießen den rohen Herren der Wüste gegenüber eine gewisse Selbstständigkeit, ja dehnen nicht selten ihre Oberhoheit über einzelne Stämme jener Halbwilden aus. Einzelne sollen sogar stehende Heere

zu ihrer Verfügung haben, ja von einem erfuhr Wrede, daß er eine
berittene Truppe mit 5000 Pferden besitze, ein sonst unerhörtes Ding
in dem pferdearmen oceanischen Südarabien. Die höchst ansehnliche
Bevölkerungszahl der Städte in Ḥáfi'a (Wrede hörte von mehreren,
die 40,000—50,000 Einwohner haben sollen) deutet gleichfalls auf
eine freiere Entwickelung des bürgerlichen Lebens, somit auf eine höhere
culturhistorische Stufe. Auch der Umstand, daß in allen jenen Städten
Juden leben und, wenn auch schwer bedrückt, so doch geduldet werden,
deutet auf ein einsichtigeres nationalökonomisches Verständniß, während
in der von Wrede bereisten Ländergruppe, in dem sogenannten Beled
ed Dyn (Land des Glaubens), die Fanatiker ihren Stolz darein setzen,
daß niemals ein Nichtmoslim daselbst geduldet worden ist. Eine Ausnahme von dem raubritterlichen Faustrechtzustand in den erwähnten
drei Districten bildet nur das Sultanat Habbán im Wádih Dschandán,
dem obern Wádih Mayfa'a, in dem wir ähnliche Zustände wie in
Ḥáfi'a finden und das in der That auch an Ḥáfi'a grenzt.

Der Wádih Mayfa'a, in seinem obern Theile Wádih Dschandán
genannt, bildet die östliche Grenze von Ḥáfi'a und die westliche vom
Beled ed Habschar, an welches letztere im Osten das Beled beny
'Yssá stößt, das wieder vom Beled Hamum östlich begrenzt wird.
Alle drei Districte ziehen sich von der Küste etwa sechs bis acht Tagereisen ins Innere und stoßen im Norden an das eigentliche Hadhramaut, welches also ganz eine Provinz des Binnenlandes ist. Auf
unsern frühern Karten begreift man zwar die Gesammtgruppe aller
dieser vier Länder unter dem Collectionamen Hadhramaut, aber bei
den heutigen Arabern ist diese Bedeutung eines Hadhramaut im
weitern Sinne ganz unbekannt. Hadhramaut ist nur die nördlich von
den großen Gebirgsterrassen und südlich von der Wüste el Ahqáf
gelegene Landschaft, als deren Hauptthäler uns der Wádih 'Amd
(jedoch nur sein östlicher Theil), die Wádih Rachihe und Oaçr genannt
sind. In letzterm, der so recht eigentlich das Hauptthal von Hadhramaut bildet, waren uns vor Wrede nur folgende Punkte aus glaubwürdigen
Quellen bekannt: Qabr Hud, das Grab des Propheten Hud, ferner die

Einleitung.

Städte Terym und Schibâm, beide von Ebryffy genannt, sowie der geheimnißvolle Brunnen Burhut, deffen wunderbare Eigenschaften uns der Dâmuff schildert. Es ist wahr, schon vor unserm Reisenden hatten Niebuhr (1763) und Wellsted (1833) Listen von Namen habhramautischer Ortschaften gegeben, aber in so verstümmelter Form, daß uns erst durch Wrede's Forschungen ermöglicht wurde, zu unterscheiden, was für Namen diese barbarischen Wörter bedeuten sollten.

Den Wâdih Doer, das Hauptthal von Habhramaut, hat nun zwar Wrede nicht selbst betreten, aber seine über denselben eingezogenen Erkundigungen, die man in diesem Buche finden wird, geben uns eine Menge von Städten und Dörfern mit deren ungefährer Lage, von welchen die Erdkunde vor ihm kaum eine Ahnung besaß, denn selbst die arabischen Quellen laffen uns in Bezug auf die Kenntniß vom eigentlichen engern Habhramaut fast ganz im Stiche. Ja diese arabischen Quellen fallen in denselben Fehler, wie unsere europäischen Geographen, indem sie Orte als in Habhramaut gelegen angeben, die den drei erwähnten oceanischen Districten, den Vorländern von Habhramaut, angehören. Sogar der Dâmuff begeht diese Fehler; unser Irrthum in Bezug auf ein Habhramaut im weitern Sinne scheint somit aus mittelalterlichen arabischen Quellen zu stammen.

Das Beled el Habschar wird von zwei Hauptthälern im Westen und Often eingeschlossen, welche beide seltsamerweise denselben Namen führen, nämlich Wâdih Mahfa'a, ein Umstand, den wir aus dem Dâmuff, welcher von zwei Wâdih Mahfa'a, zwei Tagereisen voneinander entfernt, spricht, zwar schon kannten, der aber erst durch Wrede uns erklärt wurde, da wir bisher die Lage der im Dâmuff genannten Thäler nicht wußten. Das westliche Thal wird sogar von einem niemals versiegenden Fluß, an seiner Mündung (beim Räss el Kelb) auch Wâdih Mahfa'a genannt, durchflossen, der in seinem obern Laufe die Namen Wâdih Dschiswel und Wâdih el Habschar führt. In ihm glaubt Wrede den Prion des Ptolemäos und im östlichen Wâdih Mahfa'a in einem Dorfe, das denselben Namen wie das Thal führt, die Stelle der Mesal Metropolis des Plinius erkennen zu können.

Es scheint mir indessen bei der noch so großen Unvollkommenheit unserer Kenntniß des oceanischen Arabiens gewagt, uns auf ins Einzelne gehende Speculationen über die Lage der von den alten Autoren genannten Orte einzulassen, da spätere Entdeckungen dieselben doch ohne Zweifel umstoßen dürften, ähnlich wie jetzt bereits d'Anville's und Mannert's Vermuthungen zum großen Theil in ihrer Nichtigkeit erkannt sind. Was die Städte betrifft, so kennen wir mit Bestimmtheit nur die Lage einiger wenigen, wie die der wichtigsten Handelsstadt, Cane emporium, welche mit Hiçn Ghoráb identificirt wurde, diejenige von Saubatha oder Sabota, das wir mit Recht in Schibâm wiedererkennen können, da es nach Ibn Hahik noch nach Mohammed's Zeit den Namen Sabut führte. *) Save dürfte ferner das von Wrede wiederentdeckte Cahwa im Wâdiḥ Rachiye sein. Ganz deutlich sind endlich die Namen Malalla und Tsofâr. **)

Nicht mehr wissen wir über die Wohnorte der meisten von den alten Autoren im oceanischen Südarabien genannten Völker. Nur solche allgemeine Benennungen wie Chathramotiter (Bewohner von Hadhramaut), Sabaei (d. h. Sabäer, Bewohner von Nord-Jemen), Homeritae (d. h. Himjariten, Bewohner von Süd-Jemen), Gerraei (Bewohner der Landschaft Dâra, vulgo Gara ausgesprochen) sind erkennbar. Was jedoch die Toani des Plinius und die Minaei des Strabon und des Ptolemäos betrifft, so kann ich es trotz der Behauptung Fresnel's noch nicht für ausgemacht halten, daß wir in erstern eine Unterabtheilung (die Doreni des Ptolemäos) der letztern, der Minaei, und in diesen Minaei selbst die Bewohner des heutigen Wâdiḥ Minua, den Wrede entdeckte, mit Sicherheit erkennen dürfen.

---

*) S. Sprenger, „Das Leben und die Lehre des Mohammad", Berlin 1865, III. Bd., S. 444, Note.

**) Die Identification der Orte in Jemen und 'Omân gehört nicht hierher. Auch die von Chorayde im Wâdiḥ Do'an, welches Fresnel früher für das Caripeta des Plinius hielt, muß hier unberücksichtigt bleiben, da Fresnel selbst später Caripeta in Charibe in Jemen wiedererkannt hat (Journal Asiatique, Sept.-Oct. 1845, S. 222). Tsofâr (nicht Tjafâr) nach Sprenger (a. a. O. III, 436).

Die Toani oder Doreni (bei Stephanus Byzantinus Doveni genannt) sollen die Bewohner des Wâdih Do'ân sein. In dem als der Hauptstadt dieser Gegend erwähnten Karana des Strabon will Fresnel das heutige Darrahn, das er Karn nennt, erkennen. Wie unwahrscheinlich ist es, daß die Minaei, welche uns als „gens magna" bezeichnet werden, in einem so unbedeutenden Thale, wie dem Wâdih Minua, den Gipfelpunkt ihrer Macht fanden? Möglich freilich, wenn auch noch keineswegs constatirt, daß die Toani, Doveni oder Doreni, die ja (wenn anders diese Namen zusammenpassen) als eine anscheinend nur kleine Unterabtheilung der Minaei bezeichnet werden, in dem ebenfalls sehr kleinen Wâdih Do'ân ihren Wohnsitz hatten. Die Untersuchungen über diese Fragen sind indeß keineswegs abgeschlossen, aber räthlich scheint es mir, das schlüpfrige Terrain der Speculationen so lange zu vermeiden, bis nicht neue bestimmte Data es wieder zu betreten einladen.*) Diese meine Zweifel sollen keineswegs eine Schmälerung der Verdienste Fresnel's beabsichtigen. Aber wo noch des Ungewissen so viel ist, halte ich es für sicherer, nicht die Vergangenheit mit in unsere Speculationen zu ziehen. Kennen wir doch die Gegenwart kaum!

Das Beled Beny 'Yssä, südlich von Habhramaut, östlich von Beled el Habschar, und westlich von Beled Hamum gelegen, welches wir gleichfalls erst durch Wrede kennen lernten, wird durch die große habhramautische (so genannt im europäischen Sinne) Küstenterrasse in zwei ungleiche Hälften getheilt. Die dem Ocean zugewendete hat nur einen einzigen größern Wâdih, der Wâdih Cirbe, in seinem obern Theile Wâdih Raube, in seinem untern Wâdih Furva genannt, der in die Tihâma von Furva in der Nähe von Borum mündet und viele kleinere, als Holsihe, Mahnihe u. s. w., welche in der Gegend von Makalla das Meer erreichen. Ihre einzigen Küstenstädte sind Borum und Makalla. Jenseits der Wasserscheide, deren höchste Berge, die

---

*) Man sehe Fresnel's Speculationen im Journal Asiatique, IV. Série, VI. Volume, S. 368—398.

Dschebel Tsahura und Kaur Ssaybân nach Wrede's Schätzung eine Höhe von 8000 Fuß erreichen, liegt ein ganzes System von Wâdihs, in welchem wir übrigens zu unserer genauern Orientirung zwei Hauptzüge mit Deutlichkeit unterscheiden können, den westlichen, dessen Hauptthal zuerst W. Rhaybe eb Dyn, dann W. 'Amb heißt, und den östlichen, dessen Hauptwâdih nacheinander die Namen W. Minua, W. Do'ân und W. Hadscharyn (letzterer der bedeutendste) annimmt. Beide Hauptwâdihs treffen zusammen bei Haura im eigentlichen Habhramaut (welche Landschaft ungefähr hier ihren Anfang nimmt) und münden in den Wâdih Oaçr, das Hauptthal von der genannten Provinz.

Das ganze Beled Beny 'Jssâ, ebenso wie die drei andern Provinzen, ist in Händen der Beduinen; nur die Städte werden von ohnmächtigen Sultanen regiert, die jedoch ohne Hülfe der Beduinen, ihrer Schutzherren, ihre Herrschaft nicht einmal innerhalb ihrer Stadtmauern aufrecht zu erhalten vermögen. Es ist das gerade Gegentheil von dem uns durch Palgrave bekannt gewordenen politischen Zustande des Wahabitenlandes, in welchem, wie uns der berühmte englische Reisende enthüllt, die ansässige Bevölkerung bei weitem das Uebergewicht über die Beduinen errungen und diese aus räuberischen Wüstenlagerern in gezwungen friedliche und (freilich ungern) gehorchende Unterthanen verwandelt hat. Aber genau derselbe Zustand herrschte in Nedschd noch im vorigen Jahrhundert, ehe 'Abb el Wâhab die religiös politische Secte der Wahabiten gründete und das Wunder Mohammed's, den anarchischen arabischen Stämmen den Geist der Einheit und der Kraft des Gesammtwirkens einzuhauchen, im Kleinen wiederholte. Man kann sagen, daß die barbarische Beduinenherrschaft oder vielmehr Anarchie jetzt wieder der Normalzustand des größten Theils der arabischen Halbinsel geworden ist, gerade wie es vor Mohammed's Zeiten war. Eine Ausnahme hiervon finden wir nur in dem soeben erwähnten Wahabitenreich aus den bekannten religiös politischen Gründen und in Mahra und Oâra aus ganz andern Ursachen, deren nähere Beleuchtung uns bald beschäftigen soll.

Einleitung.

Die arabischen Beduinen hat zwar schon Palgrave jenes romantisch poetischen Nimbus, mit dem sie frühere Reisende, namentlich Burckhardt zu umgeben liebten, entkleidet. Aber wir würden Unrecht thun, die Beduinen im Allgemeinen nach denjenigen zu beurtheilen, welche Palgrave sah. Letztere waren eben ihrem ursprünglichen Wesen entfremdet, denn der Beduine, der nicht frei und herrenlos umher schweift, der einen Gebieter über sich anerkennen, Steuern zahlen und sich einem unerbittlichen Ceremonialcultus anbequemen muß, hat bereits den besten Theil seines Nationalcharakters eingebüßt. Als ein ganz anderes Volk lernen wir die Beduinen Hahramauts aus dem vorliegenden Werke kennen, als ein Volk, dem nicht alle großen Eigenschaften abgehen, das auf Ritterlichkeit Anspruch machen kann, das aber dennoch weit hinter jenem Ideale von patriarchalischer Tugend, natürlicher Gerechtigkeit und heroisch poetischer Gesinnung zurückbleibt, welche die traditionelle Völkerkunde ihm beizulegen liebt.

Das Beled Hamum, im Westen an das Beled Beny 'Yssä, im Norden an Habramaut grenzend, scheint sich unter ähnlichen politischen und nationalen Verhältnissen zu befinden, wie diese beiden Provinzen. Wrede hat es nur an der Grenze betreten. Der Küstenstrich dieses Landes führt den Namen Schihr und hat mehrere Städte, wie Schihr, Mifenât, Doçahr, Bahdhâ, welche wir theils durch die englische Küstenaufnahme von Haynes und dessen Gefährten kennen. Die östliche Grenze dieses Landes bildet der Wâdih Mochle, die südliche Fortsetzung des Wâdih Doer, des Hauptthales von Habramaut. Bis hiehin haben wir es mit Ländern zu thun, die wir, Dank den Reisen Wrede's, nun zu den mehr oder weniger bekannten rechnen können. Aber östlich vom Wâdih Mochle beginnt die große Terra incognita des oceanischen Arabiens und erstreckt sich in einer Längenausdehnung von nahezu 80 geographischen Meilen bis zum Räff el Habb.

Vom 15. bis zum 20. Grad nördlicher Breite und vom 67. bis nahe an den 76. Grad östlicher Länge von Ferro zieht sich eine Länderstrecke hin, deren Völker bis jetzt für uns ein ethnologisches

Räthsel bleiben, dessen Lösung allerdings durch Fresnel's Forschungen nähergerückt wurde, aber dennoch seiner endlichen Enthüllung noch harrt. Dieses Ländergebiet wird gewöhnlich in zwei Küstenlandschaften eingetheilt, die sich von der sogenannten Weihrauchsküste, so bezeichnet von dem angeblichen Weihrauchsberge (dem Dschebel Schebscher) möglicherweise tief ins Innere erstrecken und durch die nicht klar definirten Benennungen Mahra und Qâra (auch Gara geschrieben) voneinander unterschieden werden. Beide Landschaften scheinen jedoch von einem und demselben Volksstamme bewohnt, wenn anders wir in Bezug auf Abstammung die Sprache als Kriterium gelten lassen können. Nun ist freilich die Sprache hierin nicht immer ein sicheres Kriterium. Aber ich glaube, daß sie in letzterer Eigenschaft an Sicherheit gewinnt, je freier die Völker von fremden Einflüssen geblieben sind. Seit der historischen Zeit sind nun die Völker Mahras und Qâras, die in der Geschichte durchaus keine Rolle spielen, nachweisbar weder von einem fremden Volke unterjocht worden, noch auch den Einflüssen eines solchen in erheblicher Weise zugänglich gewesen. Das einzige Volk, welchem wir in historischer Zeit einen Einfluß auf sie zuschreiben könnten, wären die Centralaraber, die in Folge des Mohammedanismus die wichtigste Stelle in Arabien einnahmen und zu einzelnen Perioden selbst die Herrschaft über die ganze Halbinsel erlangten. Aber gerade den Einfluß dieses centralarabischen Elements vermissen wir bei der größern Abtheilung der genannten Völker gänzlich. In Jemen, Hadhramaut und allen südarabischen Ländern westlich vom Wâdhy Mochle hat sich das centralarabische Element in vorwiegendem Grade geltend gemacht, ja diese Landschaften wurden gewissermaßen ihrer wahren Nationalität verlustig. Selbst die südarabische Sprache, welche im Alterthum, wie die in Jemen so zahlreich gefundenen, aber auch in Beled el Habschar (z. B. in 'Obne, Naqb el Habschar und Hiçn el Ghorâb) vorkommenden himyarischen Inschriften beweisen, in der ganzen südwestlichen Hälfte der Halbinsel gesprochen wurde, hat der centralarabischen, der geheiligten Sprache des Qorân, weichen müssen. Zum Theil geschah diese Umwandlung schon vor Mohammed und zwar durch die Kindilen, einem centralarabischen Stamm, welcher nach Ibn Hayik anderthalb Jahrhunderte vor der Hidschra seine Heimath Bahrayn verließ, nach dem Wâdiy Doçr in Hadhramaut auswanderte, die dort wohnenden Çabiliten theils verdrängte, theils unterwarf und centralarabische Sprache und Cultur einführte. Nach Mohammed machte das centralarabische Element in diesen Landschaften noch viel größere Fortschritte und heut zu Tage sind die Religion, die Sitten, die Rechtszustände von Jemen und Hadhramaut im Wesentlichen ganz dieselben, wie die von Centralarabien.

Grundverschieden dagegen sind die Bewohner von Mahra und Dâra. In der Religion haben sie sich längst als Chârîdschîya oder Chuârîdsch (Ketzer) von der großen Hauptmasse der Orthodoxen abgesondert und gehören, wenn überhaupt zu irgend einer anerkannten Secte, wahrscheinlich zu derjenigen der Ibadhîya, die auch im benachbarten 'Omân so vielfache Verbreitung gefunden hat. Ihr Mohammedanismus ist jedoch so außerordentlich oberflächlich und so lax, daß man sie überhaupt kaum als Moslims ansehen kann. Auch die socialpolitischen Zustände, insofern wir bis jetzt über sie urtheilen können, scheinen wesentlich von den centralarabischen und hadhramautischen abzuweichen. In allen jenen Ländern, in welchen sich das centralarabische Element geltend machte, tritt überall der Gegensatz zwischen Landbevölkerung (Beduinen) und Städtern auf das Schärfste hervor. Sitten, Lebensweise, religiöse Anschauungen, ja selbst die oft außerordentlich abweichenden Dialecte trennen diese beiden Volksbestandtheile in zwei heterogene, oft sogar, ja meistens feindliche Gruppen.

Beide sind auch fast immer verschiedener Abstammung oder behaupten es zu sein. In Hafenorten und in solchen der fremden Einwanderung sehr ausgesetzten Städten, wie Mekka, Medina u. s. w., ist es nun zwar selbstverständlich, daß die Bevölkerung bald eine kühn gemischte werden und sich durch Rassenbuntheit auffällig von den auf Stammesreinheit eifersüchtigen Beduinen unterscheiden mußte. Aber seltsamerweise finden wir selbst in den abgelegensten, der Einwanderung fest verschlossenen Städten der von Wrede besuchten

Länder, daß deren Bewohner den Begriffen der Rassenreinheit nach den sehr exclusiven Grundsätzen der Beduinen nicht mehr entsprechen.

Jedoch auch abgesehen von dieser zufälligen Verunreinigung der Race (wie die Beduinen sagen) sehen wir in den besagten Ländergebieten, d. h. in Hadhramaut, Beny 'Yssâ und Hadschar, selbst den Kern der städtischen Bevölkerung (also die noch ungemischte, racenreine Stammeseinheit) sich einer von den umwohnenden Beduinen verschiedenen Abstammung rühmen. Die ansässige Bevölkerung nennt sich dort 'Amudy und leitet ihren Ursprung von 'Yssâ el 'Amud, der für einen Sohn Hobun's gilt, welcher letztere nach den hier üblichen Stammestraditionen (die aber den übrigen Arabern ganz unbekannt sind) ein Sohn des Propheten Hud gewesen sein soll. Die Mehrzahl der dortigen Beduinen dagegen nennt sich Cahtâniten und führt ihren Ursprung auf die verschiedenen Söhne des Cahtân zurück, den sie für einen Bruder des genannten Hobun hält. Die uns bisher bekannten, von Wüstenfeld gesammelten arabischen Geschlechtstafeln wissen zwar gar nichts von so vielen Söhnen des Cahtân, die habhramautischen Beduinen dagegen nehmen deren nicht weniger als sechzehn an und leiten ihre verschiedenen Stämme von diesen ab. Zwischen Hobuniten und Cahtâniten, also zwischen Städtern und Beduinen, herrscht fast immer Feindschaft, ja oft blutige Fehde.

Alle diese auffallenden Unterscheidungsmerkmale vermissen wir in den Ländern Cára und Mahra. Nach Allem, was wir bis jetzt über sie erfahren haben, ist die Landbevölkerung derselben meist an feste Wohnsitze gebunden und unterscheidet sich dadurch wesentlich von den eigentlichen arabischen Beduinen. Dieser Unterschied findet auch in der Art der Stammesbenennungen seinen Ausdruck. Während die arabischen Beduinen nur genealogische Bezeichnungen für ihre Stämme haben und dem Stammesnamen stets die Wörter Beny, Auläd und in Hadhramaut Bâ (alle drei „Söhne" bedeutend) vorsetzen, besitzen dagegen die Mahriten und Cáriten topographische Unterscheidungsnamen, indem sie durch Vorsetzung des Wortes Bahl, welches „Haus, Wohnung" und im weitern Sinne „Niederlassung" heißt, deutlich anzeigen, daß

für sie im Gegensatz zu den Nomaden die Genealogie den Orientirungs-
punkt des Völkerdaseins nicht bildet, sondern daß sie, hierin den
civilisirten Nationen sich nähernd, dem Wohnorte seine Berechtigung
auf die Bestimmung des gemeindlichen Culturlebens zuerkennen.

Diese Bevölkerung, wohne sie nun in Dörfern oder vereinzelten
Hütten, scheint ein homogenes Volk, gleichsam aus einem Guß.

Mag dieser Umstand schon als ein Zeichen der Verschiedenheit der
Nationalität der Bewohner von Mahra und Qâra und der übrigen
Araber gelten, so giebt uns doch die Sprache für diese Verschiedenheit noch viel deutlichere Beweise an die Hand. Diese Sprache, welche
Eḥkyly heißt, wurde uns erst durch Fresnel's Forschungen (um 1840)
und zwar beinahe gleichzeitig mit den Schriftdenkmälern in der Ursprache Südarabiens, die man die himyarische genannt hat, bekannt,
und gleich fiel es auf, daß zwischen dieser Ursprache und jenem noch
heute gesprochenen Dialect eine gewisse Verwandtschaft bestehe, eine
Verwandtschaft, die sich zwar nicht als so innig erwiesen hat, wie
Fresnel, der geradezu das Eḥkyly für himyarisch hielt, annahm, die
aber doch so unzweifelhaft ist, daß man das erstere für einen modernen
Dialect der letztern todten Sprache ansehen kann. Das Himyarische
oder die alte südarabische Sprache wurde im Alterthum in einem
großen Theile der Halbinsel gesprochen, aber seit dem Mohammedanismus allmählich überall durch den centralarabischen Dialect verdrängt, nur nicht in Mahra und Qâra, wo es freilich mit der Zeit
sich zu einem verderbten Dialect verschlechterte. Aber das Himyarische und das Eḥkyly, also das antike und moderne Südarabisch, besitzen nicht nur untereinander große Verwandtschaft, sondern auch mit
den Sprachen eines andern Ländergebiets, nämlich mit dem Aethiopischen und seinen neuern Mundarten, dem Ge'ez und dem Amhârischen auffallende Aehnlichkeit. Alle diese fünf Sprachen, insoweit sie
uns bis jetzt bekannt sind, zeigen so große Verwandtschaft untereinander und entfernen sich gemeinsam so deutlich von dem Centralarabischen (der Sprache des Qorân), daß wir sie mit Recht zu einer
homogenen Gruppe zusammenfassen können, welche wir die „südarabisch-

äthiopische" nennen wollen. In dieser Gruppe lassen sich der Zeit der Bildung nach drei Abtheilungen unterscheiden.

1) Das Himyarische, die älteste, uns bis jetzt bekannt gewordene Sprache Arabiens. Sie steht zwar dem Centralarabischen noch näher, als die andern südarabisch-äthiopischen Dialecte, aber unterscheidet sich doch wesentlich von ihm. Jenes Näherstehen erklärt sich wohl dadurch, daß beide, Centralarabisch und Himyarisch, ihren gemeinsamen Ursprung in einer unbekannten südsemitischen Ursprache hatten, und daß sie, je näher in der Zeit sie dem gemeinsamen Ursprung standen, desto weniger sich voneinander entfernten. Jene südsemitische Ursprache muß die 'Ariba (das ursprüngliche Arabisch) des 'Abd el Malik und der arabischen Historiker gewesen sein, die von den 'Aditen, Thamudäern und andern erloschenen Völkern gesprochen wurde. Von der 'Ariba gingen nach den Arabern zwei Zweige aus, die Mota'áriba (die Sprache der Qahṭâniten), von der wir das Südarabische und also auch das Himyarische und Ehkyly, und die Mosta'riba (die Sprache der Jémâ'yliten), von der wir das Centralarabische und seine verschiedenen Mundarten als abgeleitet erkennen können.

2) Die äthiopische Reichssprache oder das alte Ge'ez. Sie hat Alphabet, Pronomina und eine große Zahl Vocabeln mit dem Himyarischen gemein, wie Ernst Osiander's Forschungen dargethan haben. Gleichwohl dürfen wir sie nicht von diesem unmittelbar ableiten, sondern von einer Schwestersprache desselben, dem Altäthiopischen, von dem wir übrigens nur wenige Schriftdenkmäler besitzen, nämlich die von Rüppell entdeckten axumitischen Inschriften, welche jedoch kaum bis ans Ende des 5. Jahrhunderts unserer Zeitrechnung zurückreichen, also der spätesten Phase des Altäthiopischen angehören. Trotz der Einerleiheit der Schriftzüge und mancher grammatischen Allgemeinheiten gehen dennoch Himyarisch und Aethiopisch ziemlich weit auseinander. Um so mehr muß es uns wundern, daß wir in den zwei modernen Sprachen, die sich aus jenen beiden entwickelten, im Ehkyly und im Amhârischen, auffallende Analogieen finden, welche wir aus unserer heutigen Kenntniß der Völker von Mahra und Qâra nicht erklären können.

Einleitung. 33

3) Ehkyly und Amhârisch sind die neuesten noch üblichen Dialecte des südarabisch-äthiopischen Sprachzweiges. Die Weitläufigkeit der Ursprungsverwandtschaft dieser beiden Sprachen, insofern wir sie historisch einigermaßen begründen können, möge folgender Stammbaum veranschaulichen, bei dem wir für einzelne Glieder, in Ermangelung anderer Bezeichnungen, die schon erwähnten arabischen Ausdrücke 'Ariba, Mota'âriba und Mosta'riba zu Hülfe nehmen müssen.

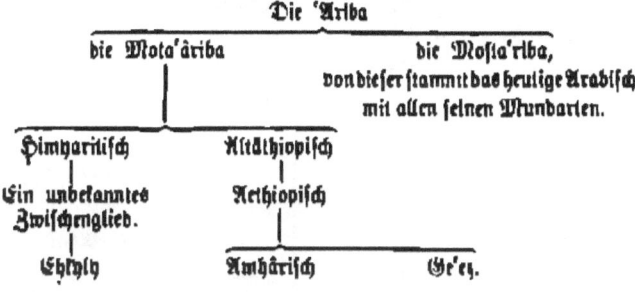

Die beiden letzten Glieder sind also je durch zwei Zwischenglieder von der gemeinsamen Stammmutter, der Mota'âriba, getrennt, und wenn schon die einzigen uns bekannten Zwischenglieder, Himyaritisch und Aethiopisch, so viel Verschiedenheit neben ihrer allgemeinen Verwandtschaft aufweisen, so sollte man denken, daß diese Verschiedenheit zwischen Ehkyly und Amhârisch noch größer sein müßte. Dies scheint nun merkwürdigerweise nicht der Fall oder wenigstens nicht in dem Grad der Fall zu sein, wie wir versucht wären, anzunehmen. Die einzigen wissenschaftlichen Andeutungen, welche wir bis jetzt über das Ehkyly haben, und die wir Fresnel und Krapf verdanken, sind nun zwar dürftig genug, aber diese Andeutungen genügen doch, um in zwei Punkten eine auffallende Aehnlichkeit zwischen ihm und dem Amhârischen darzuthun; eine Aehnlichkeit, welche zu erklären die gemeinsame Abstammung nicht genügt, da wir bei den Zwischengliedern gerade in diesen beiden Punkten diese Aehnlichkeit vermissen. Diese beiden Punkte sind die Bildung des Zeitworts und die Hinzufügung neuer Buchstaben zu dem ursprünglichen südarabisch-äthiopischen Alphabet.

Einleitung.

Stellen wir die einfachsten Formen des Zeitworts in diesen beiden Sprachen vergleichsweise nebeneinander und zugleich neben die des Aethiopischen, so erhalten wir folgendes Bild:

	Aethiopisch.*)	Amhärisch.	Ehrylh.
Perfectum.			
Singular.			
III person masc.	Sota	Sata	Sut
III person fem.	Sotat	Satath	Sutet
II person masc.	Sotka	Satach	Sutek
II person fem.	Sotki	Satash	Sutes
I person	Sotku	Satah	Sutek
Plural.			
III person	Sotu	Satu	Sutu
II person masc.	Sotkemu	Satatheh	Sutkom
II person fem.	Sotken	. . . .	Sutken
I person	Sotna	Satanä	Suten
Imperfectum.			
Singular.			
III person masc.	Yesot	Yesat	Yisut
III person fem.	Tesot	Tesat	Tesut
II person masc.	Tesot	Tesat	Tesut
II person fem.	Tesoti	Tasats	Tesyt
I person	Esot	Esat	Esut
Plural.			
III person masc.	Yesotu	Yesatu	Yisut
III person fem.	Yesotä	. . . .	Yisutan
II person masc.	Tesotu	Tesatu	Tesut
II person fem.	Tesotä	. . . .	Tesutan
I person	Nesot	Nesat	Nesut

*) Wir wählen absichtlich drei Verba von ähnlichen Wurzelbuchstaben, obgleich das Sut des Ehrylh (schlagen) und das Sots des Aethiopischen (gießen) den Concaven, das Sots des Amhärischen (geben) dagegen den Bilitteris angehört. Noch deutlicher würde sich die Aehnlichkeit zeigen, wenn wir auch im Amhärischen ein concaves Verbum Sots oder Sats besäßen.

Einleitung.

Zeigt sich hier schon die Aehnlichkeit des Ehkhlh mit dem Aethiopischen in den meisten Formen unverkennbar, so ist doch noch eine größere zwischen ersterm und dem Amhârischen vorhanden, indem in denjenigen Formen, in welchen das Amhârische vom Aethiopischen abweicht, auch eine solche Abweichung beim Ehkhlh vorkommt, so namentlich im Femininum der II. person sing., das im Aethiopischen auf ki, dagegen im Amhârischen auf sh endet, ähnlich wie im Ehkhlh auf s.

Noch merkwürdiger zeigt sich die Analogie beider Sprachen, des Ehkhlh und des Amhârischen, in der Vermehrung um eine Anzahl Laute, welche das ursprüngliche südarabisch-äthiopische Alphabet bei beiden erfahren hat. Das Ehkhlh hat nach Fresnel 30 Buchstaben, während in seiner Muttersprache, dem Himjaritischen, bis jetzt nur 26 (2 weniger als im Arabischen) nachgewiesen sind, denn bekanntlich konnten die Zeichen ظ (Tsa) und غ (Rhahn) noch nicht deutlich ermittelt werden. Ebenso hat das Amhârische 7 Buchstaben mehr als seine Mutter, das Aethiopische, welches deren gleichfalls nur 26 besitzt. Schon Fresnel hat in Bezug auf diese Supplementarbuchstaben die Aehnlichkeit zwischen dem Amhârischen und dem Ehkhlh hervorgehoben. Er sagt: Das Ehkhlh besitzt „ausgespuckte" Buchstaben (lettres crachées), wie das Amhârische, nämlich eine Art K und eine Art T, abweichend vom gewöhnlichen K und T, sehr häßlich in der Aussprache (wahrscheinlich dem amhârischen Chaf und Tschait entsprechend). Ferner finden wir im Ehkhlh alle Nasaltöne des Französischen und Portugiesischen, und solche Nasaltöne hat auch das Amhârische dem äthiopischen Alphabet beigefügt, z. B. das Nyahas oder Gnahas gesprochen wie das spanische ñ und das französische gn in Perpignan. Endlich, so behauptet Fresnel und so wurde von Houston, Smith, Cruttenden, Wellsted, den Officieren der englischen Küstenaufnahme, bereits vor ihm angedeutet, weist das Ehkhlh Laute auf, die nur durch Verdrehung des Mundes auf eine Seite hin ausgesprochen werden können, wobei die Zunge auf die rechte (nie auf die linke) Seite an den Gaumen angelegt wird. Vielleicht entsprechen diese Laute dem amhârischen Djent und Jah.

Aus diesen Vergleichungen (die freilich bei unserer geringen Kenntniß des Ehkyly nur höchst unvollkommen sein können) scheinen wir zu dem Schluß zu gelangen, als fände zwischen Amhârisch und Ehkyly eine nähere Verwandtschaft statt, als diejenige, welche durch ihren gemeinsamen Ursprung zu rechtfertigen ist; eine Verwandtschaft, die sich nur durch spätere, uns unbekannt gebliebene Berührungen der abyssinischen und der Mahra-Qâra-Völker erklären ließe. Da nun das Amhârische sich erst etwa im 12. oder 13. Jahrhundert (unserer Zeitrechnung) zu einer selbstständigen Sprache ausgebildet hat, so müßten jene Berührungen in einer Zeit stattgefunden haben, die dem Bereich des Historischen angehört. Aber die Geschichte hat uns über solche späte Berührungen zwischen beiden Völkern nichts überliefert, und sie sind in der That auch nicht wahrscheinlich. Die letzte nachweisbare Berührung zwischen den äthiopischen und südarabischen Stämmen fand im 5. Jahrhundert unserer Zeitrechnung statt, als die Abyssinier Yemen eroberten. Ob sie aber je die Länder Mahra und Qâra besessen, ist bis jetzt eine ungelöste Frage. Deshalb bleibt nichts anzunehmen, als daß beide Idiome, obgleich ihre Muttersprachen schon lange auseinandergegangen waren, und obgleich keinerlei Berührungen zwischen den beiden Völkerschaften in späterer Zeit stattfanden, dennoch in der Entwickelung ihrer Elemente zu einer modernen Vulgärsprache parallelen Gang gehend, zu ähnlichen Resultaten gelangt sind, zu Resultaten, deren Begründung nur in der gemeinsamen Stammmutter, der alten südarabisch-äthiopischen Sprache, gesucht werden kann. Vielleicht, daß die Principien, welche das Amhârische und das Ehkyly so auffallend ähnlich entwickelten, schon in der Stammmutter latent balagen, ohne daß ein solches Factum jetzt irgend wie nachweisbar wäre?

Jedenfalls steht es fest, daß die Völker von Mahra und Qâra jetzt die einzigen Bewohner der Arabischen Halbinsel sind, welche auch in der Sprache ihre Verwandtschaft mit dem afrikanisch-semitischen Schwesterstamm bewahrt haben. Doch nicht blos in der Sprache, auch in den Physiognomieen wollen die Reisenden eine Verwandtschaft

beobachtet haben. Die Mahriten sollen zum Theil eben so dunkel-
häutig, wie die Abyssinier sein. Ihre Züge bieten denselben Typus
regelmäßiger Gesichtsbildung, wie die der Aethiopier. Ihr Wuchs ist
schlank, ihre Gestalten edel und ebenmäßig. Das einzige Häßliche,
was man an ihnen beobachtet haben will, ist die Bildung des Mundes,
und diese rührt eben von jenem sprachlichen Fehler, den sie mit den
amharisch redenden Völkern gemein haben, daß gewisse Laute ihres
Idioms nur durch Verzerrung der Mundwinkel hervorgebracht werden
können. Zwischen diesen beiden Völkern, den Mahriten und den
Cáriten, welche nach dem Gesagten ohne Zweifel aufs Nächste verwandte, der ganzen Masse der übrigen Araber entfremdet gegenüberstehende Bruderstämme sind, hat sich gleichwohl mit der Zeit manches
unterscheidende Merkmal, selbst in sprachlicher Beziehung, eingeschlichen.
Der Dialect von Mahra ist schon vielfach mit arabischen Wörtern
untermischt, der von Cára dem ursprünglichen Idiom treu geblieben.
Letzterer hat somit manche Idiotismen, die im Mahradialecte schon
durch Arabismen verdrängt sind. Fresnel sagt: Ein Bewohner von
Cára, der außer seinem Dialect auch noch arabisch kann, versteht die
Sprache von Mahra, nicht jedoch ein Bewohner von Mahra, der nur
seine Sprache und die arabische kennt, diejenige von Cára.

Was wir von diesen beiden Ländern Mahra und Cára wissen,
beschränkt sich auf die Nachrichten, welche uns die Officiere der englischen Küstenaufnahme vom Jahre 1833 geben. Doch auch sie besuchten nur wenige Punkte dieser Küste, denn ihre eigentliche Aufgabe
beschränkte sich auf die Aufnahme der Küsten westlich von Mahra.
In letzterm Lande erwähnen sie fast nur den Golf von Deschyn, von
dem übrigens schon Niebuhr eine Karte und Beschreibung gegeben
hatte. Der Hauptort Deschyn ist jedoch nur ein elendes Dorf, gleichwohl nicht ohne eine gewisse Bedeutung, da er die Residenz eines
Sultans, der über einen großen Theil der Mahra-Stämme und auch
über die Insel Sokotra gebietet, bildet. Ins Innere dieses Landes ist
noch nie ein Europäer eingedrungen.

Zwischen Mahra und Cára liegt mit dem gleichnamigen Vorgebirge der Dschebel Schedscher, in welchem wir den berühmten Weihrauchsberg der classischen und arabischen Autoren erkennen müssen. Der Name dieses Berges hat zu den größten Mißverständnissen Anlaß gegeben, die jetzt ein chronisches Uebel aller Geographieen Arabiens geworden sind, an dessen Heilung man fast verzweifeln möchte, besonders da unser berühmtester Geograph Karl Ritter das seinige gethan hat, um sie wo möglich noch zu verschlimmern, indem er, seinem Grundsatz, daß „Irrthum besser sei als Verwechselung" untreu werdend, den Namen Schedscher mit einem andern, nämlich mit Schihr, aufs Hartnäckigste verwechselt und dadurch zu jener Confusion gelangt, deren Vermeidung er als sein höchstes Ziel bezeichnet. Ritter (Erdkunde, XII, S. 635) sagt bei Gelegenheit von Schihr, der Ort heiße eigentlich Schehr, und das sei die wahre Lesart, falsch aber alle andern, wie Schedscher, Schihr, Schehr, und nun führt er noch einige zehn Formen an, die er als Benennungen für einen und denselben Ort auffaßt, obgleich sie dies in Wirklichkeit nie waren. Von diesen Formen sind einige, wie Shher, Xier, Schähr u. s. w., Verhunzungen von Schihr, andere, wie Chedscher, Sedscher, Sacher, Entstellungen von Schedscher, ja, der antike Name Shagros und der moderne Saugra gehört einer dritten Localität, welche Ssaukira heißt, an. Schihr ist zugleich Stadt- und Districtsname, Schedscher nur die Benennung eines Gebirges, eines Caps und einer Landschaft, nicht aber einer Stadt. Beide liegen vier Längen- und zwei Breitengrade auseinander, können also topographisch unmöglich für ein und dieselbe Localität gehalten werden. Schihr ist das äußerste westliche, Schedscher das östliche Grenzland von Mahra. Die arabischen Geographen, die über den oceanischen Küstenstrich ihrer heimathlichen Halbinsel so sehr schlecht unterrichtet sind, konnten freilich Ritter irreführen, denn oft findet man bei ihnen Erwähnungen wie folgende: „Mahra im Lande Schihr" (was nach arabischem Sprachgebrauch jedoch auch heißen kann „in der Nähe von Schihr") oder „Mahra in der Gegend von Schedscher", Erwähnungen, die sicherlich denjenigen zu Verwechselungen führen konnten, der weder mit der Elasticität arabischer Aus-

Einleitung.

brücke (die man so selten buchstäblich nehmen darf) vertraut ist, noch auch von der Existenz der zwei getrennten Landschaften mit ähnlichem Namen eine Ahnung besitzt.

Der erste westliche District, den wir im Lande Dâra antreffen, ist das berühmte Tsofâr (fälschlich oft Thafar, Dafar, Zafar und noch auf einige zehn verschiedene Arten geschrieben). Tsofâr ist jetzt keine Stadt mehr, wie im Alterthum (in welchem es nach Einigen das Ophir, berühmten Namens, gewesen sein soll), und wie im Mittelalter, aus welcher Zeit die Nachrichten über dasselbe von Ibn Batuta, Abu-el-Fedâ und andern arabischen Geographen stammen, die es als ein blühendes Handelsemporium erwähnen, aber oft auch mit einem andern Tsofâr, dem in Jemen gelegenen, auf eine so verwirrende Weise verwechseln, daß man heut zu Tage gar nicht mehr unterscheiden kann, welche Beschreibungen dem westlichen und welche dem östlichen Tsofâr gelten.

Tsofâr ist also jetzt nur noch der Name eines Districts, in dem einige zwanzig Dörfer liegen, von welchen Mirbat und Dirhs (das Abbaharys von Fresnel) die wichtigsten sind. Die Officiere der englischen Küstenaufnahme landeten hier und unternahmen Ausflüge ins Innere, ohne indeß tiefer als etwa zwei bis drei deutsche Meilen in dasselbe einzubringen. Jedoch haben diese Ausflüge den Schleier des Unbekannten, der auf dem Lande ruhte, nur in sehr mäßigem Grade gelüftet. Die einzige interessante Ausbeute ist die Kunde, welche sie uns über das Vorhandensein merkwürdiger Inschriften, eigenthümlicherweise nicht eingemeißelt, sondern nach Art der Hieroglyphen in den Königsgräbern von Theben gemalt, brachten. Daß diese Inschriften himjaritisch sind, dürfen wir mit Wahrscheinlichkeit annehmen, besitzen übrigens dafür keine andere Bestätigung, als das Wort der Reisenden, denn eine Copie ist von keinem dieser Schriftdenkmäler gemacht worden. Eine einzige Inschrift von Tsofâr wurde von Herrn Mordtmann erhalten, aber über ihren Fundort herrscht große Ungewißheit (Zeitschrift der Deutschen Morgenländischen Gesellschaft, XVII, 791 und XIX, 180). Bekannter als die Küste, ja sogar sehr genau bekannt, sind die kleinen, fast unbewohnten Inseln von Churyân Muryân, welche im gleichnamigen Golf der Küste von Tsofâr gegenüber liegen. An diesen Golf stößt dann der von Tsaulira, der alte Syagros, an dessen Küste, obgleich noch zu Câra gerechnet, wir schon einen andern, den Ehkyly redenden Völkern völlig fremden Stamm, die Dschenâby, antreffen, deren Gebiet sich bis an die Grenze von 'Omân erstreckt. Die Dschenâby erscheinen, was auch immer ihr Ursprung sein mag, heut zu Tage als ächte Araber, verstehen kein Ehkyly, sondern reden einen dem Centralarabischen verwandten Dialect, führen das Beduinen- leben und scheinen im Ganzen sehr den Völkern des Beled Habschar, Beny 'Yssâ und Hadhramani zu gleichen.

Somit sind wir am Ende der oceanischen Küste Arabiens, am Ende des unbekanntesten Theils der fast noch unbekannten großen Halbinsel angelangt. Wenn wir bei der zweiten Hälfte dieser aus- gedehnten Küstenlandschaft länger verweilten, so geschah es einestheils, weil doch auch sie zum Wrede'schen Reisegebiet in einer Beziehung steht, anderntheils, um neben dem bereits Geleisteten auch das noch zu Leistende auf dem Bereiche der Erdkunde Arabiens in ein deut- liches Licht zu setzen, zugleich das Interesse und die Reiselust künftiger Ländererforscher zu wecken und auf einen uns noch so geheimnißvollen, aber in ethnographischer und linguistischer Beziehung so reichliche Aus- beute versprechenden Volksstamm hinzulenken. Möge die kürzlich er- folgte Eröffnung des Suezcanals, der wie ein Wegweiser nach dem nahen Arabien hinzuwinken scheint, eine neue Aera in den Annalen arabischer Entdeckungsreisen bezeichnen; mögen Wrede, Arnand, Pal- grave bald Nachfolger finden und eine Hülle nach der andern vom Haupte dieses umschleierten Bildes von Sais, Arabien, fallen. An kühnen Entdeckungsreisenden hat es ja in unserm Jahrhundert weniger gefehlt, als je. So bleibt denn die Hoffnung unbenommen, daß auch einer oder der andere sich diesem interessantesten Lande, der Wiege des Islâm, zuwenden möge. Ein anderes Reisegebiet ist es freilich als Afrika und ein ungleich schwierigeres. Aber an Vorbildern wird es dem künftigen Reisenden, der sich dieses Gebiet erwählen will, nicht fehlen.

Einleitung.

Männer wie Burckhardt, Seetzen, Wallin, Arnaud, Palgrave, Burton, diese Helden der Selbstverläugnung, leuchten ihm voran auf dem gefahrvollen Weg durch die arabische Halbinsel; aber unter Allen glänzt als Stern erster Größe unser Wrede. Von ihm, wie von keinem Andern, kann der künftige Entdeckungsreisende in Arabien lernen, wie er es zu machen hat, um der Erreichung seiner Ziele gewiß zu werden.

Dresden, den 3. Februar 1870.

Der Herausgeber.

Ueber die Rechtschreibung arabischer Namen.

Zur Erläuterung, wie die arabischen Namen in diesem Buche transcribirt sind, diene hier folgendes Alphabet.

Consonanten.		Vocale.
ب b	ط ṭ	´ a oder e
ت t	ظ ts	؞ i
ث th	ع ´	´ o
ج dsch	غ gh, rh	ا ā
ح ḥ	ف f	ي y
خ ch	ق q	و u
د d	ك k	
ذ ds	ل l	
ر r	م m	**Diphtonge.**
ز s	ن n	
س ss	ه h	´ au
ش sch	و w	´ ay
ص ç	ي y	
ض dh		

Das ه Finale wird nicht ausgedrückt, das Fatha vor ihm wird meist als kurzes e, selten als kurzes a wiedergegeben.

Erstes Capitel.

Küstenreise von 'Aden nach Mákalla.

Schiffahrt von 'Aden nach Borum. — Borum. — Der Stamm der Beny Hassân. — Wâdiŋ Juwa. — Wâdiŋ Halle. — 'Aŋa el Ghassâny. — Ankunft in Mákalla.

Nach langem Warten auf eine Gelegenheit nach Mákalla schiffte ich mich am 21. Juni Abends auf einem dahin bestimmten arabischen Fahrzeuge ein. Zur Charakteristik der Araber, bezüglich ihrer Denkungsart über Christen, mag hier ein Gespräch Platz haben, welches kurz vor meiner Ankunft an Bord stattfand.

Während nämlich die Hornisten der Garnison den Zapfenstreich bliesen, brach einer der Matrosen in die Worte aus: „Hört einmal, wie die Hunde heulen!" worauf der Nâchodâ [1]) antwortete: „Gott beschütze den Islâm!" — „Amen!" rief die ganze Gesellschaft und Einer setzte hinzu: „Möge Gott das Land des Ebrus [2]) von diesen Hunden befreien!" — „Amen!" hörte man wieder in allen Winkeln des Schiffes. So lange die Musik währte, machten die Araber ihrem Aerger durch Ausrufungen Luft, als: „Dschinss el Kelb!" (Hundegeschlecht!), „Kâfir!" (Ungläubige!), „Râsibhŋ!" [3]) (Ketzer!) und dergleichen mehr; Ausrufungen und Ausdrücke, die alle zur Genüge darthun, mit welcher Liebe die Mohammedaner den „Christen" zugethan sind und wie hoch diese in ihrer Achtung stehen. Das, was ich hier hörte, war nicht etwa der Aus-

Druck der Meinung einer einzelnen Person oder jener wenigen Personen, sondern die allgemeine aller Bekenner des Islâm, die ein Jeder derselben vom Größten bis zum Kleinsten in Gegenwart seiner Glaubensgenossen, je nach dem Grade seiner Bildung, in mehr oder minder derben Ausdrücken ausspricht.

22. Juni. Am 22. verließen wir in aller Frühe die Bay „Chra". — Mehrere Beduinen vom Stamm der Benh-Hassan waren meine Reisegefährten; sie und die Mannschaft des Schiffes, alle eifrige Mohammedaner, weshalb ich „Pseudo-Islamite" auch regelmäßig die vorgeschriebenen „fünf Gebete" täglich verrichtete, um bei meiner Ankunft in Malalla mit dem Rufe eines orthodoxen Muselmannes auftreten zu können. Der Wind war sehr schwach und die See ging hoch, weshalb unser kleines Fahrzeug sehr stark umhergeworfen wurde. Doch hatte ich das Glück, von der leidigen Seekrankheit verschont zu bleiben. Nicht so die Beduinen, welche alle daran litten und zum Erbarmen jämmerliche Gesichter schnitten. Während der vielen Seereisen, welche ich gemacht habe, kam es nie vor, daß die Seekrankheit den Tod herbeiführte; hier aber war es mit einem 18jährigen jungen Beduinen der Fall, bei welchem sich das Uebel bis zum Blutspeien steigerte, sodaß er noch am Abend unter heftigen Convulsionen starb.

Die Tarâd*), auf welcher ich mich eingeschifft hatte, erinnerte mich sehr lebhaft an das Fahrzeug, womit weiland Abu Ssahyr*) von Bombay nach Dschidda fuhr. Nur ein „Fatalist" kann es wagen, sich auf einen solchen Bretterkasten zu setzen und auf ihm durch die hochrollenden Wogen des indischen Oceans zu fahren. Hätte ich seine Bauart im Hafen gekannt, keinen Augenblick würde ich gesäumt haben, es wieder zu verlassen. Man denke sich meine Ueberraschung, und sie war keine der angenehmsten, als ich bemerkte, daß die Schiffsplanken, anstatt fest genagelt zu sein, nur mit Stricken aus Palmfasern an die Knichölzer befestigt und die Fugen nur nachlässig mit getheertem Werg kalfatert waren. Jetzt war es freilich zu spät, die Sache zu ändern, weshalb ich auf eine schützende Allmacht und die Stärke der Vorsehung bauend, mich mit stoischer Gelassenheit in mein Schicksal ergab und Betrachtungen über die Folgen anstellte, welche dieses primitive Verfahren, ein Schiff zusammenzufügen, haben könnte.

Obgleich nun dem Schiffe bei dem gegen Mittag eingetretenen starken Wind stark zugesetzt wurde, so hielt es dennoch zum Erstaunen gut — wiewohl die Schiffsmannschaft das durch die Fugen eindringende Wasser fortwährend ausschöpfen mußte.

23. Juni. Der günstige Wind währte die ganze Nacht und brachte uns bis zum Morgen des 23. Angesichts der Berge von Bihr 'Algh, von denen ein eisiger Wind niederstrich, und noch vor Sonnenuntergang auf die Rhede von Borum, wo wir vor Anker gingen.

Der Náchobâ unterrichtete mich, daß die Rhede von Malalla in der jetzigen Zeit nicht haltbar sei und rieth mir daher, hier ans Land zu gehen. Da es in meinem Plane lag, so viel als möglich zu Lande zu reisen, und ich, nebenbei gesagt, seiner Arche auf die Dauer keine genügende Haltbarkeit zutraute, so willigte ich auch sehr gern darein. Meine Reisegefährten, sowohl der Todte, als auch die Lebenden, wurden mit mir und den Effecten in ein vom Lande gekommenes Boot gepackt und ausgeschifft. Der sehr gefällige Náchobâ, der wahrscheinlich sehr froh war, seine Passagiere los geworden zu sein, führte mich in das Haus eines seiner Bekannten, wo ich aufs Beste aufgenommen wurde.

Borum [*)] ist eine kleine Stadt oder vielmehr ein großes Dorf, mit etwa 400 Einwohnern und liegt im Hintergrunde einer Bucht, welche zwischen dem westlich liegenden Räß Borum und dem im Osten vorspringenden Räß el Ahmar (d. i. das rothe Vorgebirge), einem Ausläufer des Dschebel Resch [7]) gelegen, etwa 1/4 Stunde Tiefe hat. Der Ort ist von einem Dattelpalmwalde umgeben, der sich bis in eine hinter demselben liegende Schlucht fortzieht, in welcher nur wenige Schritte voneinander entfernt, zwei Quellen entspringen, von denen die eine ein vortreffliches Trinkwasser liefert; die andere ist eine stark mit Schwefel geschwängerte Thermalquelle. Mehrere gemauerte, mit

Gastfreundschaft in Borum.

Cement bekleidete Bassins nehmen ihre Wasser auf und dienen den Bewohnern von Borum als Wasch- und Badeorte. Zwischen dem Städtchen und Räss Borum öffnet sich ein weites Thal, der Wâdih Tahss*), vor dessen Mündung sich die Rhede befindet, welche während dem Südwest-Monsun, durch Räss Borum geschützt, vollkommen sicher, in der entgegengesetzten Jahreszeit aber unhaltbar ist. Einige 20 Bagla's*) und Dauw's lagen abgetakelt, theils vor Anker, theils auf dem Trocknen und erwarteten die günstige Jahreszeit des Nordost-Monsuns, um die gewohnten Reisen nach dem rothen Meere und nach der Ostküste Afrikas zu unternehmen.

Kaum war die Nachricht im Städtchen verbreitet, daß ein Fremder, ein Aegyptier angekommen sei, als die Neugierde eine Menge Besucher herbeitrieb; wenigstens 40 Personen hatten sich auf der Terrasse des Hauses eingefunden, wo man die angenehmen Abende zubringt, und begafften mich, wie man bei uns ein jüngst angekommenes, seltenes Thier zu beschen pflegt. Ein Jeder machte seine Bemerkungen: der Eine bewunderte meine für Arabien ungewöhnliche Statur und schloß sehr naiv aus dem Umfange meines sehr großen Hammelfelles, daß da, wo solche Widder existirten, die Menschen ebenfalls sehr groß sein müßten; ein Anderer bewunderte meine weiße Hautfarbe und warf die Frage auf, „ob Mohammed 'Alyy auch so weiß sei?" Kurz, ein Jeder entdeckte etwas ihm Auffallendes an meiner Person, und des Fragens war kein Ende. Eine halbe Stunde mochte vergangen sein, während welcher man mich mit Fragen gepeinigt hatte, als mich der Wirth des Hauses benachrichtigte, daß der Herr des Ortes, oder wie er ihn betitelte, der Sultan, gekommen sei, um mich zu sehen.

Gleich darauf trat ein kleiner Mann von etwa 60 Jahren unter die Versammlung, der sich übrigens weder durch die Kleidung, noch durch sonstigen Schmuck vor den übrigen Bewohnern auszeichnete. Das Entgegenkommen, welches ihm von seinen Unterthanen zu Theil wurde, war ehrerbietig, aber nicht kriechend, und bestand nur darin, daß ein Jeder sich zu ihm hindrängte, um ihm die Hand zu küssen.

Diesem Beispiele folgte ich natürlich. Hierbei entstand nun zwischen uns ein Wettstreit der Höflichkeit. Wie ich mich nämlich zum Handkuß bückte, bückte er sich ebenfalls und drückte unser Beider Hände so hinunter, daß sie beinahe den Boden berührten. Dieses währte einige Secunden, worauf er als der höher Gestellte und Bejahrtere zugab, daß meine Lippen die Spitzen seiner Finger streiften. Wir setzten uns dann nebeneinander nieder, während die Versammlung, die indeß an die 60 Personen herangewachsen war, um uns herum niederlauerte, um der Unterredung mit gespannter Aufmerksamkeit zuzuhören. Auf seine Fragen: „Wer ich sei?" „Woher ich käme?" „Wohin ich ginge?" — gab ich ihm die für diesen Fall schon im Voraus bereiteten Antworten: „daß ich nämlich ein Aegyptier sei und 'Abb el Hub hieße, daß ich vor drei Jahren, während ich an der Pest darniedergelegen, das Gelübde gethan, eine Wallfahrt nach dem Grabe meines Schutzheiligen Neby Allah Hud [10]) zu unternehmen; daß sein Name für immer verherrlicht werde. — Hier antwortete die Versammlung mit: „Amen!", erhob die Hände und betete das Fâtiha [11]). — Hergestellt, hätte ich leider die Erfüllung des Gelübdes Tag für Tag verschoben und endlich gar vergessen, da sei mir dreimal im Traume ein Engel erschienen und habe mir befohlen, die Wallfahrt anzutreten, welchem Befehle ich jetzt nachzukommen im Begriff sei. — „Eschheb Allah!" [12]) riefen Alle; — „Gott ist groß!" „Es ist nur ein Gott!" „Und Mohammed ist sein Gesandter!" — „Du wirst Deine Reise glücklich zurücklegen, denn Gott ist mit Dir!" setzte der Sultan hinzu. — In tiefes Nachdenken versank die Versammlung, dessen Gegenstand ohne Zweifel mein erzähltes Wunder war, wie ich aus den Stoßseufzern entnehmen konnte, welche von Zeit zu Zeit die Stille unterbrachen.

Manche meiner geehrten Leser, welche nicht mit dem Ideengange eines Arabers bekannt sind, werden mir vielleicht vorwerfen, meine Erzählung mit einer Abgeschmacktheit gewürzt zu haben. Hierbei erlaube ich mir jedoch zu bemerken, daß es in meiner Lage meine erste Sorge sein mußte, mir das Zutrauen der Einwohner des Landes zu erwerben, welches ich zu bereisen gedachte. Dazu reichte aber bei den Arabern keine einfache, gewöhnliche Erzählung hin, die nicht nur einen oberflächlichen Eindruck gemacht, sondern sogar Mistrauen erregt haben würde. Dahingegen fand die mit einem Wunder verbrämte Geschichte auf der Stelle Glauben und stellte mich ihnen als ein von Gott unmittelbar beschütztes Wesen dar; wie man allein schon aus der Aeußerung des Sultans ersieht. Was sich in dieser Beziehung für den aufgeklärten Europäer als ungenießbar herausstellt, ist für den abergläubischen fanatischen Moslim eine leicht verdauliche Speise, denn für ihn, in dessen Gemüth der schwärmerische Glaube an die auf den Menschen statthabende „unmittelbare" Einwirkung der Geisterwelt so tief wurzelt, — haben dergleichen Erzählungen nichts Absurdes.

Nach und nach bekam die Neugierde wieder die Oberhand und von allen Seiten regnete es Fragen. Mohammed 'Alyy, 'Abd-ul Medschyd und die Engländer in 'Aden waren die Hauptgegenstände unserer Unterhaltung, welche bis spät in die Nacht währte. Die erstern Beide sehen sie als „die mächtigsten Fürsten der Erde" an, und sie wunderten sich sehr, daß nicht der Eine oder der Andere den Engländern befohlen habe, 'Aden zu räumen, waren jedoch der frohen Hoffnung, ein Heer der „Beny Ottoman", wie sie die „Türken" nennen, vor 'Aden erscheinen zu sehen.

Wie im ganzen Orient, so ist auch hier die Meinung verbreitet: „daß es nur sieben christliche Könige giebt, welche sämmtlich ihre Kronen vom Sultan der „Beny Ottoman" zum Lehen tragen, wofür sie demselben unterthan und tributair sind.

Die Temperatur bei Sonnenuntergang, wolkenlosem Himmel und Nordwestwinde war diesen Abend 25° R.

Der Sultan von Dorum [15]) heißt 'Alyy Ibn Naçr und gehört dem Stamme El Kessaby an, der einen Theil der Provinz Jäfi'a bewohnt. Mit sichtlichem Wohlgefallen erzählte er mir, daß er sein Geschlechtsregister bis auf Noah zurückführen könne, und in gerader Linie vom Propheten Hud (dem Eber der Bibel?) abstamme, durch Himyar und Qahtän [16]) (Joktan), welche seiner Meinung nach Alle

Muselmänner gewesen sind. — Trotz dieser hohen Abstammung ist er doch nur ein winzig kleiner und armer Fürst, der außerhalb seines Städtchens auch nicht die geringste Autorität besitzt, und selbst unter dem Schutze der Beny-Hassan-Bedninen steht, denen er dafür einen jährlichen Tribut entrichten muß.

Dieser Stamm der Beny Hassan ist eine Unterabtheilung des großen Hauptstammes Esaybân [15]), dessen Wohnsitze sich weit ins Innere erstrecken. Diesem Stamme oder, was dasselbe ist, einem einzigen Sprößling desselben vertraute ich mich noch am Abend, nach dem Rathe des Sultans und meines Wirthes, für die Reise nach Mafalla an.

24. Juni. Am 24. nahm ich in der Frühe von meinem Wirthe Abschied und verließ um ½7 Uhr das gastfreie Bornm unter dem Schutze eines 10jährigen Bedninenknaben. — Eine lange Luntenflinte und eine Dschembiye [16]) (Dolch) waren die Waffen meines kleinen Beschützers, der mit trotziger Miene vor dem Kameele einherschritt. In einem Lande, wo es Niemand wagt, unbewaffnet außerhalb seines Hauses zu erscheinen, würde eine solche Escorte wenig Sicherheit gewähren, wenn nicht die Furcht vor der Rache ihres Stammes, ihrer Familie und ihres Wâçy [17]) den Räuber davon abhielte, sie anzugreifen. Der Reisende wird, sobald er sich unter den Schutz eines Bedninen begeben hat, als ein Gast des Stammes angesehen, und eine jede Beleidigung, welche ihm angethan wird, rächt der beschützende Stamm an dem Thäter oder dessen Familie. Der geleitende Beduine ist also für die Dauer der Reise gleichsam als Wâçy des Reisenden anzusehen.

Gleich, nachdem wir den Ort verlassen hatten, führte der Weg von Bornm, längs dem Fuße des steil abfallenden Dschebel Resch hin. Rechts sprühte die Brandung des Meeres bis zu den Füßen meines Kameeles hin und versuchte seine zerstörende Kraft an den unzähligen Felsblöcken, welche den Weg theilweise so verengen, daß ein beladenes Kameel kaum durch kann. Man sieht an den steilen zerrissenen Wänden dieses Vorgebirges, welches seiner röthlichen Farbe halber Ráss Ahmar, d. i. „das rothe Vorgebirge" genannt wird, daß das Meer schon einen bedeutenden Theil davon weggenommen hat. Dieser Zerstörungsprozeß dauert noch fort, denn der ganze etwa 20 Fuß breite Weg ist voller Spalten, aus denen bei jedem Wellenschlag das Wasser mehrere Fuß hoch, gleich Fontainen, emporspritzt. — Es war mir ein unheimliches Gefühl, auf diesem unterminirten Wege zu gehen, der jeden Augenblick einstürzen konnte, und ich war daher froh, nach einer Stunde den Wâdiy Esch Scherebbe zu betreten, welcher sich zwischen dem Dschebel Resch und Esch Scherebbe, in nordwestlicher Richtung hinaufzieht. Jenseits des Thales führt der Weg durch ein Felsenthor, welches ein losgerissener Felskegel mit dem Gebirge bildet. Zur rechten Seite des Weges befindet sich in demselben das Grab eines Heiligen, an dessen Kopfende die Säge eines Sägefisches aufgepflanzt ist. Hinter diesem Felsenthore führt die Straße eine Stunde lang theils durch ein Chaos von Felsblöcken, theils durch tiefen Sand längs dem Meere hin. Dann tritt das Gebirge plötzlich nach Nordosten zurück und dacht sich nach der Tihâma [18]) (Niederung) von „Fuwa" bis zum Wâdiy „Merret" ab. Der Weg bleibt fortwährend in der Nähe des Meeres und wird bis zum Wâdiy Halle [19]) mit niedrigen, mit Gestrüpp bewachsenen Hügeln begleitet. Bis zum Dorfe Fuwa [20]), wo wir um ¼11 Uhr Halt machten, überschritt ich noch die Wâdiy „Hahâh" [21]), „Chomyr" [22]) und „Tscharre" [23]). Die Tihâma von Fuwa erstreckt sich von Südwesten nach Nordosten, vom Dschebel Esch Scherebbe bis zum Gebirge Malalla, eine Strecke von 8 Stunden, und hält in ihrer größten Breite 2 Stunden. Die Strecke vom Dorfe Fuwa bis zum Dschebel Esch Scherebbe ist wohl für Cultur geeignet, jedoch fand ich nur die Umgebung des Dorfes und das Bett des Wâdiy „Fuwa" angebaut. Fuwa liegt eine Stunde vom Meer im Wâdiy gleichen Namens und besteht aus einigen 50 Häusern, welche von ungefähr 300 Beduinen des Stammes Aqaybere [24]) bewohnt werden. Dieser Stamm ist eine der Unterabtheilungen des Stammes Esaybân und ist „Beschützer" des Sultans von Malalla, welcher dafür einen jährlichen Tribut zahlt.

Rechtsgebräuche der Beduinen.

Halbjährlich hält dieser Stamm hier seine „Cabayl Balry"[24] oder Stammversammlungen, wobei jedesmal ein großer Markt stattfindet. Bei dieser Gelegenheit werden Streitigkeiten geschlichtet, Urtheile gefällt und vollzogen, Krieg und Frieden beschlossen — kurz alle nur möglichen Angelegenheiten des Stammes, sowie der einzelnen Beduinen besprochen, geordnet u. s. w. Der sonst im strengsten Sinne des Wortes vollkommen unabhängige Beduine ist während der drei Tage, welche die Versammlung tagt, dem Schayh und dem Rathe der Aeltesten unterworfen, deren Urtheile unwiderruflich sind und gewissenhaft vollzogen werden. Ein jeder Fremder sogar kann in diesen drei Tagen seine Klagen gegen einen Angehörigen des Stammes vorbringen und erhält, wenn sie gegründet sind, vollständige Genugthuung. Jedoch nicht Alles, was bei uns Verbrechen ist, wird dort als ein solches erkannt. So würde z. B. die Klage eines Menschen, der von einem Beduinen auf der Landstraße gemißhandelt oder beraubt worden ist, oder dessen Bruder von demselben gemordet wurde, für den Fall zurückgewiesen werden, wenn er oder sein Bruder nicht zu der Zeit unter dem Schutze des Stammes gestanden haben. Dahingegen wird Verrath am Stamme mit dem Tode bestraft und Diebstahl von Gegenständen, welche einem „Stammesgenossen" oder einem „Schützling des Stammes" gehören, Ermordung eines „Schützlings" und Veruntreuung zum Transport anvertrauter Gegenstände mit „Ausstoßen aus dem Stamme" geahndet.

Das „Ausstoßen aus dem Stamme" ist eine sehr harte Strafe und gleicht dem „Bann" und der „Acht" des Mittelalters. Denn nicht nur, daß der Ausgestoßene von keinem andern Stamme aufgenommen wird und er aller seiner Rechte verlustig ist, werden ihm auch seine Weiber, Kinder, Heerden, Waffen u. s. w. genommen.

Während der „drei Tage", welche der Vollstreckung des Urtheils folgen, ist der Verurtheilte unantastbar und Niemand darf ihm nachgehen, um die Zufluchtsstätte zu erfahren, welche er erwählt hat. Ist aber diese Frist verflossen, so hat jeder Stammesgenosse das Recht, ihn wie ein wildes Thier zu verfolgen und zu tödten. — Solchen

52 Wâdiŋ Ǵuwa (Ḉirbe).

Unglücklichen bleibt dann nichts anderes übrig, als die unwirthbarsten Gebirge aufzusuchen, wo sie gewöhnlich andere „Bauwâq" [26] d. i. „Treulose" (denn so nennt man diese Verbannten oder Geächteten) antreffen und dort ordentliche „Räuberbanden" bilden, die um so gefährlicher sind, als sie aller herkömmlichen Gesetze der Ehre entbunden, ihre angestammte Raubgier und Mordlust rücksichtslos befriedigen können.

Das Dorf Ǵuwa liegt am linken Ufer des Wâdiŋ Ǵuwa, in dessen sehr breitem Bett der fruchtbare Humus mit vielem Fleiß cultivirt ist. Dattelpalmen sah ich dagegen nur wenige. Wie man mir berichtete, war der Wâdiŋ früher mit einem dichten Dattelpalmenwalde bedeckt, welcher aber vor etwa 10 Jahren, während eines Krieges mit benachbarten Stämmen, namentlich dem Stamme der Châmiŋe, von demselben umgehauen wurde. Dem Dorfe gegenüber auf der rechten Seite des Wâdiŋ stehen einige verfallene Wachtthürme, welche im ebenerwähnten Kriege zerstört wurden.

Oberhalb des Gebirges führt der Wâdiŋ Ǵuwa den Namen Ḉirbe [27], in welchem mir folgende Ortschaften genannt wurden: „Ḉobba [28], El Irme, Baŋbhâ, Ḉirbet-Ḉahwe, Biŋr Bâ Râŋe, Abŋd, Kelbub, El Mobaŋne und El Ḉâra". Eine Stunde oberhalb Ǵuwa liegt das Dorf Knlang, und eine Stunde nördlich von Ǵuwa, der Ort 'Aŋn-el Ghaſſâŋŋ [29], wo ein Bassin existirt, in welches das Wasser mehrerer Quellen durch Wasserleitungen geführt wird.

Das Gebirge von Borum bis zur Tihâma besteht aus einem Conglomerat von Geschieben eines sehr krystallinischen Kalksandsteins und Jaspis mit quarzigem Bindemittel; unmittelbar am Meere steht Granit zu Tage. Die Temperatur war am Morgen 20°, um Mittag 30° R. bei Nordwestwind auf freier Ebene ohne Bäume und Gesträuche.

Um ½2 Uhr setzte ich meine Reise fort. Die Hitze, welche schon ohnedies bedeutend war, wurde noch durch das Reflectiren der Sonnenstrahlen von den blendend weißen Sandhügeln, durch welche der Weg führte, bedeutend gesteigert. Die Gegend war fast ohne

Wâdiŋ Omm Bâhŋa. — Makalla.

alle Vegetation, denn nur hier und da ragten einige „Tamarisken" (Tamarix orientalis, bei den Arabern Athl genannt), und „Dompalmen" (Hyphaene crinita) aus dem Flugsande hervor. Die „Dompalme" hat fächerartige Blätter und zeichnet sich vor den übrigen Palmenarten dadurch aus, daß sich ihr Stamm in mehrere Aeste theilt. Die braunen Früchte sitzen traubenförmig zusammen und sind von der Größe und Gestalt einer großen Kartoffel. Das Fleisch dieser Frucht ist faserig und widerlich süß und der Kern von außerordentlicher Härte, weshalb man allerlei Sächelchen aus ihm verfertigt, Perlen zu Rosenkränzen, Knöpfe u. dergl. m.

Eine Stunde nach unserm Aufbruche betraten wir das Bett des Wâdiŋ Omm Bâhŋa [30]), welches wir bis ans Meer verfolgten, in dessen unmittelbarer Nähe wir bis Makalla blieben. Ein und eine halbe Stunde Wegs brachte uns an den Wâdiŋ Wo'aŋka [31]), welcher als klarer, reißender Bach ins Meer strömte. Jedoch hält dieser Wâdiŋ nicht immer Wasser, sondern nur nach einem im Gebirge kurz vorher gefallenen Regen.

Gleich hinter diesem Wâdiŋ tritt ein Ausläufer des Dschebel Aqaŋbere bis auf 800 Schritt vom Meere vor; längs welchem wir nach 1½ Stunde an die Mündung des Wâdiŋ bâ Darrahŋ gelangten, welcher sich zwischen diesem Vorgebirge und Dschebel el Câra nordwestlich zieht. Dschebel el Câra überragt die Stadt Makalla, welche sich, vom Wâdiŋ aus gesehen, sehr hübsch ausnimmt und an die venetianischen Städte des Orients erinnert.

Um 6 Uhr langte ich in Makalla an, wo ich in Folge des Empfehlungsschreibens des Schaŋch Mohammed el Bâ Harr von dem Kaufmann 'Abd Allah Ahmed ibn bâ Wâhil gastfrei aufgenommen wurde. Die Schilderung, welche er mir von den Beduinen machte, war freilich nicht geeignet zur Reise ins Innere aufzumuntern. Mein Entschluß aber war gefaßt und ich bat ihn daher, mir für den folgenden Tag einen Darhaŋl [32]) (Geleitsmann, Beschützer), nebst Kameel zur Reise nach dem Wâdiŋ „To'ân" zu verschaffen. Da ich befürchtete, vielleicht in der Stadt als Europäer erkannt zu werden, so unterdrückte ich den Wunsch, dieselbe zu besehen und blieb den ganzen folgenden Tag „zu Hause".

Die Temperatur stand bei Sonnenuntergang 25°. Am 25. mit Sonnenaufgang 20°, um Mittag auf der Terrasse des Hauses 30°, bei Sonnenuntergang 25° R. *) bei wolkenlosem Himmel und Südwestwinde.

---

*) Hier und für die Folge allemal im freien Schatten nach Réaumur.

Zweites Capitel.

Von Malalla nach dem Dschebel Tschura.

Abreise von Malalla. — Bâ Qarrayn. — Wâdiy Omm Dschirbſche. — Das Dorf Ḥarr Schiwâls. — Ḥaſine. — Falḥ ell Sfiſle. — Wâdiy Raḥniye. — Fedleḥ min Allah. — Die Areẹ. — Dschebel Bâ Biḥar. — Der Engpaß Laylebâl. — 'Aqaba el Raḥniye. — Dschebel Ḥarf el Haẓy. — Dschebel el J'bne. — Schura. — Miſfae. — El Câba. — Gily. — Dschebel Gibâra. — Wâdiy Monhich. — Dschebel Koḥy. — Dschebel Mobarel. — Dschebel Tschura.

25. Juni. Am 25. Juni brachte mir mein Wirth einen Beduinen des Stammes Aqaybere und ſchloß mit demſelben einen Contract, zufolge deſſen er ſich verpflichtete, mich gegen Empfang einer mäßigen Summe nach Chorahbe im Wâdiy „Do'ân" zu bringen und mich während dieſer Reiſe gegen Jedermann zu beſchützen. — Die Uebergabe eines Fremden in den Schutz eines Beduinen iſt hier mit einem eigenthümlichen Ceremoniel verbunden, welches in Yemen und dem nördlichen Arabien nicht beobachtet wird. Nach Abſchluß des Contracts nämlich legte mein Wirth die Hand des Beduinen in die meinige und frug ihn, „ob er mich und meine Habe während der Reiſe beſchützen wolle?" Auf ſein gegebenes „Ja" benetzte der Kaufmann ſeinen Zeigefinger mit dem Speichel und ſchrieb meinen Namen auf die Stirn des Beduinen, indem er ſprach: „Der Name dieſes Fremden ſteht auf deiner Stirn geſchrieben, Aqaybere, daß ſie ſich nie mehr vor Deinem Stamm erhebe, wenn ihm etwas zu Leibe geſchieht!" — Der Beduine erwiderte mit großer Lebhaftigkeit: „Sie erhebe sich nie mehr, weder in den Städten, noch in den Gebirgen! Mein Tod ist sein Tod! Und sein Tod der meinige! Es ist nur ein Gott und Mohammed ist sein Gesandter. Alles kommt von ihm!

Hiermit endigte die Ceremonie, und mein Wirth versicherte mir später, daß ich nun dem Beduinen volles Zutrauen schenken könne.

Die Vorbereitungen zur Reise waren bald, und dem Willen meines Beduinen gemäß, gemacht. Nach Wunsch wurden ihm einige Sirbe (kleine lederne Schläuche) gekauft, um Mehl, Datteln, Butter, Ingwer und einige Stücke getrockneter Haifischfinnen hinein zu packen. Nachdem alles Nöthige angeschafft war, packte ich meine Effecten zusammen und übergab sie meinem Führer, der sie nach seinem Lagerplatze außerhalb der Stadt brachte.

Nach dem Nachmittagsgebete kamen mehrere Freunde des Wirths, um mich zu sehen. Die Unterhaltung bewegte sich um meine Reise in das Innere des Landes, und Alle bemühten sich, mich zu überzeugen, daß diese Reise für einen Fremden lebensgefährlich sei. Dies zu beweisen, erzählten sie mir eine Menge Räuber- und Mordgeschichten. Sie schilderten mir überdies die Beduinen als Menschen ohne alle Religion, stets nach Mord und Raub lüstern, und die überhaupt Alles genössen, was der Corán verbiete. Auf diesen letzten Umstand legten sie ein besonderes Gewicht. Dadurch ließ ich mich nun natürlich von meinem Plane nicht abbringen, sondern entgegnete ihnen, daß ich unter dem Schutze Gottes stehe, ohne dessen Willen mir Niemand etwas anhaben könne und daß ich übrigens wegen einer wahrscheinlichen Gefahr nicht unterlassen könne, ein Gelübde zu erfüllen. Als sie sich im Flusse der Rede und einer Fluth von Schmähungen eben noch ergossen, — trat plötzlich die dunkle, halbnackte, nervige Gestalt meines „Dachayl" (Geleitsmann) herein und Alles ward mäuschenstill. — Statt der Schmähungen wurden ihm Schmeicheleien gesagt. In seiner Gegenwart lobte man mir laut seine Tapferkeit, Rechtlichkeit, Religiosität u. s. w. — Von allen diesen Süßigkeiten aber nahm mein Beduine wenig oder gar keine Notiz, und ohne

Das Lager der Aghaybere.

jenen Herren in Etwas zu begegnen, forderte er mich auf, ihm ins Lager zu folgen, da die Thore während der Nacht geschlossen und wir noch vor Tagesanbruch aufbrechen würden.

Bei meiner Ankunft im Bivouak fand ich noch 15 Stammesgenossen meines „Dachayl" um ein Feuer gelagert, um welches die Waarenballen und 20 Matneele einen Kreis bildeten. Die Beduinen standen auf und setzten sich nicht eher wieder, als bis ich im Kreise herumgegangen, Jedem die Hand gegeben und mich nach seinem Befinden erkundigt hatte. Nachdem auch mich ein Jeder nach meinem Befinden gefragt, setzten wir uns nieder. Einer der Gesellschaft bereitete den Kaffee und reichte das für die Pfeife nöthige Feuer, welche von Zeit zu Zeit die Runde machte.

Die Beduinen, wie alle Araber, halten viel auf Begrüßungen, sind unerschöpflich in ihnen und lassen nicht leicht sich in dieser Beziehung eine Nachlässigkeit zu Schulden kommen. Auch ist es für einen Reisenden sehr wichtig — ob er begrüßt wird oder nicht, denn er kann gewiß sein, daß der Beduine, welcher ihn nicht grüßt, etwas Feindseliges gegen ihn im Schilde führt.

Der Abend verging unter Gesprächen aller Art. Ich mußte ihnen von Mohammed 'Alyh, dem Sultan der Beny Ottoman, vom Zweck meiner Reise u. s. w. erzählen, sie dagegen waren so erpicht auf alle diese Neuigkeiten, daß ich auch nicht eine einzige Frage anbringen konnte. Wenn man diese Menschen zum ersten Male sieht, flößen sie freilich wenig Zutrauen ein. Man denke sich dunkelbraune, nervige Kerle, deren ganze Kleidung aus einem Schor; um die Hüften besteht, der kaum bis zu den Knien herabreicht, und deren langes, schwarzes, etwas gekräuseltes Haupthaar zu einem Büschel am Hinterkopfe zusammengebunden ist. Ein spärlicher Bart beschattet das Kinn, während der Schnurrbart sorgfältig geschoren ist — denn in Hadhramaut wird ein Mensch, der einen Schnurrbart trägt, „Makruh", d. i. „als ein unanständiger Mensch", vermieden. — Unter ihren buschigen Brauen blitzt ein feuriges Augenpaar; dessen nächste Umgebung durch den Gebrauch des Kohle (äußerliches Augenmittel, Collyrium von gepulvertem Antimonium) eine dunkle, stahlblaue Farbe erlangt hat. Endlich spielt um den feinen, mit perlenweißen Zähnen besetzten Mund ein Zug, welcher die Verachtung ausspricht, mit welcher diese wilden Söhne der Wüste auf Alle herabblicken, die nicht wie sie, frei wie das Raubthier ihrer Gebirge umherschweifen. In ihrem Gürtel blitzt die Tschembihe (Dolch) in der Nachbarschaft eines großen blauten Pulverhornes —, ein kleineres, worin feingeriebenes Pulver für die Pfanne enthalten ist, hängt an einem mit Metallknöpfen besetzten Riemen über die linke Schulter auf der rechten Brust, — fortwährend liegt die unzertrennliche Begleiterin, die Luntenflinte, in Bereitschaft, um entweder einem Angriff zu begegnen oder bei günstiger Gelegenheit selbst einen solchen auszuführen. Je länger man mit ihnen umgeht, um so williger söhnt man sich mit ihren wilden Aeußern aus. Sitten und Gebräuche, durch die Länge des Bestehens geheiligt, bannen ihre Raub- und Mordlust in engere Schranken, und geben ihrer Handlungsweise einen ritterlichen Anstrich, der seltsam mit ihrem sonstigen Thun und Lassen contrastirt. So ist z. B. dem Beduinen sein gegebenes Wort heilig, nicht etwa aus religiös-moralischen Gründen, o nein! — sondern weil ihm sein Vater diesen Grundsatz eingeprägt hat; weil der Wortbrüchige vom ganzen Stamme verachtet wird, und ihm die schreckliche Strafe der Ausstoßung droht. Alle Kaufleute vertrauen daher auch ihre Waaren, wären sie noch so kostbar, einzelnen Beduinen zum Transport ins Innere des Landes an; und mit der größten Gewissenhaftigkeit, aber auch mit blutendem Herzen liefert er sie ab; denn er kann sich des Gedankens nicht erwehren, wie schön es gewesen wäre, wenn ihm diese Gegenstände ohne Schutz begegnet, wo er sie dann, unbeschadet seiner Ehre, hätte rauben können. Dasselbe gilt von den Reisenden. Der Beduine vertheidigt den Fremden, welcher sich seinem Schutze anvertraut hat, bis zum letzten Athemzuge. — Denselben Fremden aber wird er ohne Weiteres ermorden und berauben, wenn er ihn „unbeschützt" auf der Straße trifft. Ob nun gleich der Beduine mit seinem ganzen Thun und Treiben nicht als ein Muster der Moralität

Gebrauch des Kohl.

aufgestellt werden kann, so ist er mir, bei aller seiner anerkannten Raub- und Mordlust, dennoch lieber, als der ränkevolle, fanatische und allen Lastern ergebene Städtebewohner.

Noch ist die Art und Weise, es sich beim Sitzen bequem zu machen, zu erwähnen. Die scheint eben so zweckmäßig, als originell und meines Wissens in keinem andern Lande gebräuchlich. In keinem Hause befinden sich nämlich Kissen, an die man sich lehnen könnte, und die Beduinen kennen solche Luxusartikel um so weniger. Da nun das Sitzen mit kreuzweis untergeschlagenen Beinen bald ermüdet, so schlingen sie das zweite lange Tuch, welches jeder Beduine bei sich führt oder auch das Gehänge des kleinen Pulverhorns dergestalt um die Mitte des Körpers und nur die Kniee, daß es gleichsam einen Reif bildet, in welchem sich Rücken und Kniee gegenseitig unterstützen.

Der Gebrauch des Kohls oder Antimonpulvers, als ein Mittel die Ränder der Augenlider zu färben und sie dadurch größer erscheinen zu lassen, ist in Aegypten, Syrien und ganz Arabien allgemein und stammt aus dem Alterthum. Als die erste Person, welche dieses Collyrium gebrauchte, nennen die arabischen Geschichtschreiber ein Weib aus dem Stamme Dschjâl, Namens: „Sor'a [32]) el Dschaïma" und behaupten von ihr: „sie habe in Folge der Anwendung dieses Kohls ein so scharfes Gesicht erlangt, daß sie die Armee des himjarischen Königs Hassan el Tobba', welcher gegen ihren Stamm zu Felde zog, in einer Entfernung von drei Tagereisen entdeckt habe. Sie wurde jedoch vom Feinde gefangen, und nachdem König Hassan ihr die Augen habe ausreißen lassen, habe man alle innern Fibern der Augen schwarz gefärbt gefunden." — Wahrscheinlich hat diese Fabel zur Verbreitung dieses Gebrauchs beigetragen. Genug, daß alle Eingeborenen, ohne Ausnahme des Alters, Geschlechts oder Standes den Kohl anwenden, um die Augen zu stärken und sie größer erscheinen zu lassen.

Am 26. Juni, ½2 Uhr Morgens in der Frühe brachen wir auf und zogen nordwärts den Wâdiy bâ Carrahn [33]) hinauf. Es hat dieser Wâdiy seinen Namen von einem Dorfe bekommen, das wir, nachdem wir eine Stunde Wegs zurückgelegt, in einer mit Dattel- und Cocospalmen bedeckten Schlucht, links liegen ließen. Es gehört dem Sultan von Makalla und mag ungefähr 400 Einwohner zählen. Von diesem Orte an wird die Richtung des Weges Nordost, 15° Ost und führt durch einen Engpaß, welcher sich 1¾ Stunden lang bis zum Wâdiy Caum Tschirdsche ³⁵) hinzieht und an dessen Ausgang ein Dattelgebüsch, Eff Efitl genannt, am Fuße des Dschebel Rath ebh Thahq ³⁶) liegt.

Um ½5 Uhr lagerten wir uns in einem schönen Palmenwalde, am Fuße eines niedern Ausläufers des Gebirges, auf welchem das Dorf Harr-Schiwâts ³⁷) liegt. Auf der andern Seite des Ge- hölzes befanden sich auf einem Hügel einige verfallene Wohnungen und Wachtthürme. Das Dorf besteht aus gut gebauten, zweistöckigen Häusern und zählt ungefähr 400 Einwohner, welche dem Stamme Agahbere angehören. Unter den Cocos- und Dattelpalmen befanden sich gut angebaute Getreide- und Tabaksfelder, welche durch eine warme Quelle bewässert wurden, die am südöstlichen Abhange des Dschebel Rath ebh Thahq entspringt. Die Bewässerungskanäle, welche zu den verschiedenen Abtheilungen der Felder führen, sind mit großer Umsicht angelegt.

Nach der Ankunft auf einem Ruheplatze sind alle Beduinen beschäftigt, die Bedürfnisse des Augenblicks herbeizuschaffen. Einige suchen Brennholz, Andere holen Wasser, die Uebrigen füttern die Kameele. Nachdem das Feuer angezündet ist, schickt sich die Gesell- schaft an, den Kaffee zuzubereiten, und ein Paar Andere übernehmen das Brodbacken. Zum Kaffee steuert ein Jeder gewöhnlich nur 5 oder 6 Bohnen, nebst einem kleinen Stückchen Ingwer. Die Bohnen werden nun gebrannt, mit dem Ingwer in einem Mörser gestoßen und in einem großen kupfernen Gefäße gekocht. Da von etwa 60 Bohnen 20 ziemlich große Tassen bereitet werden, so kann man sich denken, daß der Kaffee nicht zu stark ausfällt und der Ingwer ist auch nicht geeignet, ihm einen angenehmen Geschmack zu verleihen. — Zum Brode giebt Jeder, nach Maßgabe seines Appetits, mehr oder weniger Mehl, indem er zwei Hände voll für ein Brod rechnet. Das Mehl wird in einem hölzernen Napf mit Wasser zu einem Teig gemengt, dann zu zwei Finger dicken, 6 Zoll im Durchmesser haltenden Kuchen geknetet und auf den ausgebreiteten Holzkohlen gebacken. Gewöhnlich sind diese Brode an ihrer Außenseite verbrannt, während sie in ihrem Innern noch nicht gar sind. — Einige getrocknete Datteln, ein wenig Butter oder Sesamöl und dann und wann ein Stück auf dem Feuer geröstete lederzähe Haifischfinnen — sind die Zuthaten; Wasser das einzige Getränk.

Anfänglich wurde es mir freilich etwas schwer, mich in diese Lebensweise zu finden, und oft genug sehnte ich mich nach den Fleischtöpfen Aegyptens zurück. — Jedoch woran kann man sich nicht Alles gewöhnen! Nach wenigen Tagen schmeckten und bekamen wir alle diese Sachen vortrefflich; wozu denn die gesunde Gebirgsluft, das vorzügliche Wasser und die fortwährende Bewegung beigetragen haben mögen.

Nördlich von Harr Schiwáts steigt der Agahbere auf, von welchem im Nordwesten zwei Zweige, die Tschebel Rahâb [20]) und Fath edh Thaya ausgehen; niedrige Hügel tertiären Kalks nehmen die Strecke bis zum Meere ein, dessen Brandung deutlich zu hören war. Die Felder waren in Vierecke von etwa 50 Fuß Länge und 20 Fuß Breite getheilt, welche mit 2 Fuß breiten und 1 Fuß hohen Erdaufwürfen umgeben waren, in denen Rinnen zur Leitung des Wassers eingegraben sind. Diese Weise, die Felder einzutheilen und zu bewässern, ist auch in Aegypten gäng und gäbe. Das Land war mit Durra (Holcus sorghum), Dochn (Holcus Dochna; Forskål), Sesam (Sesamum orientale) und Tabak bebaut. — Längs der Abtheilungen wuchsen Ricinussträuche. Längs der Quelle und am Rande des bebauten Feldes sah ich Tamarinden, Amba (Mango) und Arâkbäume stehen. Der Arâkbaum, welcher hier wächst, ist wahrscheinlich von der Art, welche Wellsted „Avicennia nitida" nennt. Er gewährt einen freundlichen Anblick und sein Laub hat ein lebhaftes Grün. Beim Zerreiben verbreiten seine Blätter einen aromatischen Duft.

Der Tamarindenbaum oder richtiger Tamarhind, der in disße Dattelbaum, von Tamar, „Dattel" und Hind, „Indien", ist einer der prächtigsten Bäume, die ich je gesehen habe, sowie seine Frucht eine der gesundesten und erfrischendsten, welche die tropische Zone aufzuweisen hat. Unter dem dichten Laubdache einer dieser Bäume hatten wir uns gelagert, jedoch waren leider die traubenartigen Früchte noch nicht reif.

Im sandigen Bette des Wâdih wuchsen auch zwei Arten von Tamarisken, nämlich die Tarfâ (Tamarix gallica) und Athl (Tamarix orientalis); zwei Arten von Akazien, nämlich Sejal (Mimosa Sejal, Forsk. Flor. pag. 177) und El Goff (Acacia arabica); beide geben Gummi, die letztere jedoch das beste.

Ferner sah ich den „Nebekbaum" (Lotus nebeca oder nach Forskål Flor. pag. 63 Rhamnus nebecue), die Dompalme (Hyphaene crinita); eine Fächerpalme, mit deren „Fächern" („Tafi") man die Hütten deckt, und eine Giftpflanze Namens „El Oſchr" (Asclepias procera), welche hier eine Höhe von 10 Fuß erreicht. Den Stamm dieser Pflanze sah ich hier von der Dicke eines Mannes und etwa 3 Fuß hoch, und es sind nur die Zweige, welche 10 Fuß Höhe erreichen. Das Holz ist sehr weiß, weich und leicht, weshalb es die Beduinen für ihr Pulver zu Kohlen benutzen. Bei wolkenlosem Himmel und schwachem Nordwestwind stand der Thermometer bei Sonnenaufgang 20°, um Mittag 30°.

Etwas nach 9 Uhr brachen wir wieder auf und zogen in der Richtung Nordosten 15° Ost durch den „Palmenwald", — den Hügel hinan, hinter dem Dorfe vorbei, von wo aus sich der Weg nach Norden wandte. Um 2 Uhr stiegen wir bei einem Gehöfte, Namens Hawâ, wieder in den Wâdih Omm Dschirdsche hinab, welcher hier ebenfalls mit einem dichten Palmenhaine bedeckt ist. Die in ihm liegenden Felder werden von einer heißen Quelle bewässert, welche oberhalb des Dorfes Hasineh entspringt. Dieses Dorf liegt in einiger Entfernung links vom Wege, etwa 200 Fuß über dem Thale, in einer Schlucht, von Gärten umgeben, welche sich in Ter-

Wâdih Hotsihe. Falh eff Sfisle. 63

rassen längs der Schlucht und mehrere 100 Fuß hoch oberhalb des Dorfes erheben; diese geben der Lage dieses Ortes etwas Malerisches, welches mit den nackten Felsen des Gebirges wohlthuend contrastirt.

Um 3 Uhr sah ich rechts vom Wege in der Entfernung von ½ Stunde das Dorf Dhhq edh Dhhâq ³⁹) unter Palmen liegen, welche durch den Wâdih „Rähe" bewässert werden. ¼ Stunde später überstiegen wir in der Richtung Süd 34° West einen niedern Felsenkamm, welcher sich nach Westen noch in weiter Entfernung bemerkbar macht und von welchem ich eine schöne Aussicht in den sich zu unserer Rechten hinziehenden Wâdih Hotsihe ⁴⁰) genoß. Von grünen Saatfeldern umgeben, ragten dort aus einer Gruppe hoher Palmen die Minarets der Stadt „Falh eff Sfisle" ⁴¹) hervor, deren Einwohner, etwa 1000 an der Zahl, sich mit Ackerbau und der Bereitung des Indigo beschäftigen. Der Weg über diese Hügel war, der scharfen Felsenzacken halber, mit denen er gleichsam besäet ist, sehr schwierig, besonders, da das dunkle Gestein der Grauwacke, aus der sie bestehen, einen solchen Grad der Hitze erlangt hatte, daß ich meine Hand nicht darauf halten konnte. Um so mehr wunderte ich mich über die Fußsohlen der Beduinen, welche barfuß mit der Behendigkeit einer Gazelle über diese Felsenzacken hinwegliefen. Obgleich sie Alle mit Sandalen versehen sind, so bedienen sie sich derselben nicht einmal gegen die Hitze des Sandes oder Bodens, sondern man sieht sie nur an ihren Gewehren hängen, und nur, wenn sie im Dickicht Brennholz oder Futter für ihre Kameele holen, bedienen sie sich derselben.

Zu meiner großen Zufriedenheit stiegen wir schon nach 20 Minuten zum Wâdih „Mahnihe" ⁴²) nieder, welcher sich bei der Stadt Falh eff Sfisle mit dem Wâdih „Hotsihe" vereinigt. Ehe wir das eigentliche Bett des Wâdih betraten, kamen wir an zwei lieblen Feldern vorüber, auf welchen Tabak angepflanzt war, welcher von Platanen überschattet wurde. Bei jedem dieser Felder befindet sich ein viereckiges gemauertes Wasserbecken, in welches sich eine warme Quelle ergießt, welche beide etwa 100 Fuß oberhalb derselben vom Abhange des hier steil abfallenden Gebirges der Grauwacke entspringen. Das Wasser dieser Quellen hatte einen Wärmegrad von 50° R. und war, wenn abgekühlt, von sehr angenehmem Geschmack.

Im Wâdiy-Mahniye angelangt, verfolgten wir denselben aufwärts, in der Richtung Nord, 40° West, welche wir, einige wenige Wendungen abgerechnet, bis zum Abend beibehielten. Kurz vor 6 Uhr lagerten wir in einer Stelle des Wâdiy, welche Sedich-min-Allah [43]) genannt wird und wo nach der Menge der Lagerplätze zu urtheilen, welche sich daselbst befinden, die Câfila (Karawanen) gewöhnlich ihr Nachtlager aufzuschlagen pflegen.

Von Harr Schiwâts bis zum vorerwähnten Felsenkamm führt der Weg über tertiären Kalk, welcher eine schwach ondulirende Ebene bildet, die sich nach Südosten allmählich abdacht. Wâdiy Mahniye selbst ist mit Sand und Kieseln bedeckt und mit verschiedenen stachligen Sträuchern und Bäumen besetzt, mit den Mimosengeschlechtern: El Goff, Sehal, Semur (Acacia vera, nach Forsk. Flor. CXXIII, pag. 176 Mimosa unguis cati) und mit einer reichlichen Anzahl Nebekbäumen. Eine Menge Schlingpflanzen durchziehen diese Gebüsche oft so, daß sie ein undurchdringliches Dickicht bilden.

Hier und da sah ich ganze Strecken des Bodens mit Coloquinten (Cucumus colocynthus) bedeckt. Wie in allen sandigen Thälern dieses Landes fehlte es auch hier an der Giftpflanze El Oschr nicht, zu welcher sich übrigens noch Hyoscyamus in ziemlicher Anzahl gesellte.

Der Wâdiy Mahniye ist im Nordosten von einem Gebirge begrenzt, welches unter dem allgemeinen Namen „Harf el Hachs" [44]) bekannt ist, und in welchem ich die bis zu unserm Ruheplatze sich herüberziehende Koppe Dschebel Harmal [45]) bemerkte, welche sich gegen 2000 Fuß über den Thalboden erhebt. Im Südwesten trennt der Dschebel Aqaybere den Wâdiy Mahniye von dem Wâdiy „Lirbe". Die höchsten Gipfel desselben, welche ich während dieser Tagereise erschaute, waren die Dschebel Lahâb- und Kughyff [46]), welcher letztere sich an die 2000 Fuß erhebt. Unzählige kleine, mit dichtem Gestrüppe bewachsene Nebenthäler münden in den Wâdiy Mahniye und verzweigen

Neugierde und Geschwätzigkeit der Beduinen.

sich zwischen kleinen Gebirgskegeln, die in schroffen Wänden abfallen. Diese dem Hauptgebirgsstocke vorliegenden Höhen bestehen aus Grauwacke, welche auf ihrer Oberfläche röthlichbraun gefärbt, wie polirt glänzend und beinahe schwarz erscheint. Adern eines sehr feinkörnigen Granits durchschwärmen sie nach allen Richtungen. Dieser Granit geht da, wo er mit dem Hauptgestein in Berührung kommt, in porphyrartigen Syenit über. Die Grauwacke zeigt sich sehr deutlich geschichtet und ihre Schichten fallen unter einem Winkel von 47° ab.

Gleich nach der Ankunft in der Dâfila (Karawane) auf irgend einem Ruheplatz werden die Kameele abgeladen, ihre Vorderfüße gefesselt und ihnen die Freiheit gelassen, ihr Futter zu suchen. Bei Anbruch der Nacht werden die Waarenballen um den Lagerplatz herumgelagert, desgleichen die Kameele, doch so, daß ihre Köpfe nach der Außenseite gerichtet sind. Denn da diese Thiere im Dunkeln ziemlich gut sehen und außerordentlich scheu sind, so verrathen sie durch ihre Unruhe die Annäherung eines fremden Menschen oder wilden Thieres.

Der Abend wurde von den Beduinen mit wenig interessanten Gesprächen zugebracht, die sich meist um ihre häuslichen Angelegenheiten drehten. Unstreitig sind die Beduinen das neugierigste und geschwätzigste Volk der Erde. — Ueber alle meine Angelegenheiten wollten sie Auskunft haben. Hatte ich dem einen dieser unermüdlichen Frager so viel beantwortet, als ich für gut fand, ihm mitzutheilen, so wiederholte ein Zweiter, obwohl er Alles mit angehört hatte, eben dieselben Fragen. War auch dieser befriedigt, so wollte ein Dritter und Vierter Alles noch einmal und Alles von vorn wieder hören. — Gab ich dann, der unaufhörlichen Fragen müde, keine Antwort mehr, so beruhigte sie mein Dachayl in der Regel mit den Worten: „Laßt ihn in Ruhe, sein Herz ist schwarz, denn er ist müde!" — Nach diesem wagte dann Niemand eine Frage mehr an mich zu richten. — Dahingegen sind die Beduinen auch ebenso geschwätzig in ihren Mittheilungen, wenn man nämlich die Fragen dem augenblicklichen Gespräche anpaßt. Sowie man aber ohne weitere Einleitung nach diesem oder jenem Stamme oder nach der Stärke des ihrigen fragt, stutzen sie gleich, werfen einander fragende Blicke zu und geben entweder gar keine oder eine falsche Antwort.

Bevor sie sich zur Ruhe begeben, machen einige derselben eine Runde in der Umgebung des Lagers, um sich zu überzeugen, daß kein Feind in der Nähe des Biwouals sei. Einer oder zwei von ihnen halten fortwährend Wache und unterhalten das Feuer.

Mit Sonnenuntergang stand das Thermometer auf 30° R. bei schwachem Nordwestwinde.

27. Juni. Am 27. Juni früh Morgens 4 Uhr verließen wir unser Nachtlager und zogen dem Wâdih in der Richtung Nord, 40° West hinan. Kurz vor 5 Uhr lag zu unserer Linken der hohe Bergkegel Tschebel Wâssib[47]) und um 6 Uhr kamen wir an dem nicht minder hohen, ebenfalls zur Linken des Weges sich erhebenden „Dschebel Hanbare"[48]) vorüber. Von hier an wird der Weg immer schwieriger, indem er sich durch dichte, dornige Gebüsche wendet und mit großen Rollsteinen bedeckt ist. Quellen fehlten ganz. Dessenungeachtet litten wir keinen Mangel an Wasser, da man nur ein zwei Fuß tiefes Loch in den Sand zu graben brauchte, um sich das herrlichste Wasser zu verschaffen. Um 7 Uhr kamen wir an eine Stelle, wo sich das bisher 300 Fuß breite Thal plötzlich so verengte, daß es kaum 40 Fuß Breite hielt. Außerdem war dieser Paß auf beiden Seiten dergestalt mit dornigen Büschen besetzt, daß kaum soviel Platz blieb, ein beladenes Kameel durchzulassen. Hinter diesem Engpaß, von den Beduinen Lahlebât benannt und den zu durchschreiten eine Minute genügt, öffnet sich das Thal zu seiner frühern Breite.

Eine dichte Gruppe Arâabäume nahm uns in ihren Schatten auf, der zu einladend war, um sich nicht in ihm zu lagern und zu erquicken; was zu meiner großen Zufriedenheit geschah. — Auch für unsere Kameele war dieses Ruheplätzchen von besonderm Werthe, da die saftigen Blätter der Arâa ihr größter Leckerbissen sind. — Hinsichtlich seiner Form und Größe hat dieser Baum große Aehnlichkeit mit unserer Pappel. Das weiße Holz desselben ist mit einer feinen, röthlichen, sehr faserigen Rinde bedeckt, aus welcher die Beduinen

Beispiellose Hitze. 'Aqaba el Mahnize.

Runten verfertigen. Die Blätter haben die Form einer Lanzette, sind gegen zwei Zoll lang, einen halben Zoll breit und von lebhaftem Grün. Wie es scheint, ist die Aréa auch in Abyssinien zu Hause, denn Salt beschreibt in seiner zweiten Reise nach Abyssinien einen ähnlichen Baum und versichert, daß die Einwohner aus der Rinde desselben die Ruuten verfertigen. Er fand ihn auf seinem Wege von Schelikut nach dem Tacasse, bei dem Dorfe Schela, dessen Bewohner ihn „Schelumt" nennen. Nie habe ich mehr die Wohlthat eines dichten Schattens empfunden, als an diesem Tage, an welchem eine Hitze herrschte, die Alles überstieg, was ich je in dieser Beziehung erlebte. Kein Lüftchen regte sich; keine Wolke milderte die Wirkung der senkrecht herabschießenden Sonnenstrahlen, welche vom dunklen glatten Gestein abprallend die Temperatur der Atmosphäre dermaßen steigerte, daß der Thermometer zu Mittag 46° R. im Schatten zeigte. Am Morgen stand er bei schwachem Südostwinde und wolkenlosem Himmel 26° R.

Trotz dieser außerordentlichen Hitze fingen die Beduinen an, gleich nach Mittag in der Gluth der heißen Nachmittagsstunden ihre Kameele zu beladen, und ohne auf meine Einwendungen zu hören, setzten sie sich um $\frac{1}{2}$1 Uhr in Bewegung und verfolgten thalaufwärts die Richtung West, 30° Nord. Zwanzig Minuten nach 1 Uhr befanden wir uns zwischen den beiden Berggruppen Harf el Hazhz und 'Aqaba el Mahuize, von denen die eine rechts, die andere links vom Wege aufsteigt. Der Wâdih ist auf diesen beiden Wegen mit enormen Felsblöcken angefüllt, zwischen denen horniges Gestrüppe wächst. Links öffnet sich am Fuße der 'Aqaba el Mahuize (d. i. Aufstieg des Mahnize) ein breites tief eingeschnittenes Thal, der Wâdih „El Ibme".

Der Weg findet sich den steilen 'Aqaba el Mahnize hinan, dessen Gipfel wir um 3 Uhr erreichten.

Die Grauwacke ist hier von einem 50 Fuß mächtigen Kalkstein überlagert, welcher eine Ebene bildet, die unter einem Winkel von 10° nach Westen einfällt. Die weiße Farbe dieses Gesteins, sein körniges krystallinisches Gefüge, sowie die darin enthaltenen, sparsam zerstreuten, höchst undeutlichen organischen Reste, lassen mich es als Jura-Dolomit-Kalk bezeichnen. Spalten durchschneiden es in rechten Winkeln und theilen diesen Kalk in große Platten, welche der Ebene das Ansehen geben, als sei sie mit Marmor gepflastert.

Man sah es den Kameelen an dem ungleichen und schwankenden Gange an, daß das Besteigen dieses Berges sie sehr angegriffen hatte. Wir zogen daher noch eine halbe Stunde westlich, wandten uns dann nach Norden und schlugen 1/4 Uhr unser Nachtlager in dem Wâdih el Ahlihe auf, welcher 60 Fuß unter der Ebene liegt.

Südlich von unserm Lager lagen zwei Hauptkuppen des Dschebel Aqaybere, die Dschebel Bâ Byhae und el Ibnie. Obwohl eine ungefähre Schätzung dem Irrthume unterworfen ist, so meine ich doch nicht bedeutend von der Wirklichkeit abzuweichen, wenn ich die Höhe dieser Gipfel zu „5000 Fuß über der Meeresfläche" schätze. Im Norden ragt der Dschebel el Ahlihe empor, der aber höchstens eine absolute Höhe von 4000 Fuß haben mag.

Von Fedsch min Allah bis hieher sah ich beständig die gestern beschriebene Grauwacke. Der Hauptgebirgsstock des Dschebel Aqaybere erhebt sich in mehrern durch Sattelvertiefungen getrennten Kuppen, welche sich nach Nordwesten mit sanfter Böschung verflachen, in Südosten aber in steilen Wänden abfallen. Die obere Formation dieses Gebirges dürfte wohl aus oolitischem Gestein bestehen und ihre Lagerverhältnisse wohl dieselben sein, welche ich später bei dem Dschebel Thorahbe, seiner nordwestlichsten Kuppe, erwähnen werde.

Der Wâdih Mlahnihe hat einen sehr starken Fall, nämlich 100 Fuß auf eine Stunde Weges.

Am Abhange des Dschebel 'Aqaba el Mlahnihe wuchern viele aromatische Kräuter und Stauden, als da sind: Raute (Ruta graveolens), wilder Lavendel, Jasmin (Michaelia champaca), Ricinus (Ricinus communis), von den Arabern des Yemen Dscharr, in Hadhramaut aber Esch Scherroah genannt; ferner Kapern (caperis spinosa, Linn.), die oben erwähnten Akazienarten, die schreckliche Giftpflanze Adenia, und der „Balsamstrauch", aus welchem

Wâdiy Lachme. Wâdiy Dhayſſ.

der berühmte „Mellabalſam" gewonnen wird, und der nach Roth „Balsamodendrum Opobalsamum", nach Forskål „Amyris" und von den Arabern „Biſchâm" genannt wird.

Dieſem beſchwerdevollen, mühſamen Tag folgte eine kühle, erquickliche Nacht, die ſehr von der Schwüle der vorigen abſtach. Der Thermometer ſtand am Abend 20° R. bei ſchwachem Nordwinde und wolkenloſem Himmel.

28. Juni. Am 28. früh um ½6 Uhr verließen wir den Wâdiy und ſchlugen auf der Ebene die Richtung nach Weſten ein, in welcher wir nach einer halben Stunde den Fuß eines 100 Fuß hohen Felſenſaumes, Dſchebel Fathe Walyma[49]) genannt, erreichten. Dieſer Felſengart zieht ſich quer über die Ebene von Norden nach Süden und bildet, indem er die Dſchebel el Jbme[50]) und el Aḫliye verbindet, die Waſſerſcheide zwiſchen dem obern Theile des Wâdiy Mahnize und dem Wâdiy el Horſiye.

Nachdem wir dieſen Felſenkamm überſtiegen hatten, kamen wir auf eine der vorigen ganz ähnliche Ebene, welche hier mit losgeriſſenen Felsblöcken des ſüdlichen Gebirgszuges, dem wir uns jetzt genähert hatten, beſäet war. Dieſe Felsſtücke beſtanden aus Jura-Dolomit-Kalk, lithographiſchem Schiefer und mergelig-ſandigem Kalkſtein.

Um 7 Uhr überſchritten wir den kleinen Wâdiy Lachme[51]), der in den Wâdiy Hotſiye mündet und wie ein grünes Band durch die weißen Kalkfelſen zieht. An dem Vereinigungspunkte des Wâdiy Schura[52]) mit dem Wâdiy Dhayſſ[53]) liegt, von Gärten und Palmengebüſchen umgeben, höchſt maleriſch das Städchen Riſche, von welchem der Wâdiy Dhayſſ den Namen El Hotſiye annimmt. Im Wâdiy Hotſiye liegen von Oben nach Unten die Ortſchaften El Hotſiy, Mehaſſa[54]), El 'Arafa, Fogahbe, El Hatſa, El 'Obayd, El 'Açab und Falh eff Sfifle. Um ½8 Uhr lagerten wir unter den laubreichen Bäumen des Wâdiy Schura.

Die Beduinen berichteten mir, das Dorf Schura, nach welchem der Wâdiy genannt iſt, läge in geringer Entfernung in einer Schlucht, welche ſie mir als ein kleines Paradies ſchilderten. Ich ſchloß mich daher einigen von ihnen an, welche daselbst Bekannte besuchen wollten, und erreichte mit ihnen in einer halben Stunde das Dorf. Die Beduinen hatten nicht übertrieben, denn sowohl die Lage des Ortes, als auch die Fruchtbarkeit seiner Umgebungen übertraf alle meine Erwartung. Schura liegt amphitheatralisch am Abhange eines Hügels, im Hintergrunde eines von himmelanstrebenden Felswänden auf drei Seiten umgebenen Thals, welches gegen 4000 Schritt Breite haben mag, und mit Gärten bedeckt ist, die dicht mit Cocos- und Dattelpalmen-, Citronen-, Bananen-, Tamarinden-, Platanen- und Sylomoren Bäumen, an welchen sich die Rebe hinanwindet, bedeckt sind. Eine starke krystallklare Quelle, welche aus einer breiten Spalte des Dolomits hervorsprudelt, vertheilt ihr Wasser in verschiedene gemauerte Kanäle, welche es nach den Behältern leiten, von welchen in jedem Garten wenigstens einer angelegt ist. Das Dorf selbst mag ungefähr 400 Seelen beherbergen, welche dem Stamme der Aqahbere angehören. Die Häuser sind zwei bis drei Stock hoch und aus Ziegeln gebaut, die in der Sonne getrocknet sind. Die Wände und der Fußboden des vorspringenden Theils der Terrasse sind mit Schießlöchern versehen. Außerhalb des Orts befinden sich zwei Wachtthürme, welche den Weg zum Dorfe beherrschen. Ich hatte mich an einem der Wasserbehälter unter einer Platane niedergelassen, von wo aus ich einen Theil des herrlichen Thales übersehen konnte. Es währte nicht lange, so kamen mehrere der Einwohner zu mir. Sie waren zuvorkommend und höflich, machten mir ein Feuer an, kochten mir Kaffee und versorgten mich mit Früchten. Nach und nach hatten sich an die 80 Personen, klein und groß, um und über mich versammelt, denn die Dorfjugend hatte sich in den Aesten der Platane niedergelassen. Mit neugierigen Blicken begaffte man mich und lauschte auf jedes meiner Worte. Mohammed 'Alyh war auch hier bekannt und mehr wie einmal mußte ich seine Person, seine Macht, seinen Reichthum beschreiben. Diese meine Beschreibung setzte alle meine Zuhörer in nicht geringes Erstaunen. Ueber die Verhältnisse des türkischen Sultans zu den christlichen Königen haben sie dieselben schon früher

Wunderliche Ansichten der Beduinen.

von mir bei Borum erinnerten Begriffe. Sie erzählen sogar in dieser Beziehung Geschichten, welche ihrer Originalität halber wohl einer Erwähnung verdienen; ich werde hier nur eine derselben mittheilen.

Einer meiner Zuhörer, welcher auf die Andern eine Art Autorität ausübte, erzählte mir nämlich, daß der Sultan der Beny Ottoman (der Türken) die Königin von England bereits vor langer Zeit nach Konstantinopel beordert habe, wo sie zum Jelâm übergetreten sei. Ihre hinreißende Schönheit habe den Sultan vermocht, sie in seinem Harem aufzunehmen, wo sie ihm bereits sieben Söhne geboren habe.

Noch merkwürdiger sind ihre Meinungen über fremde Völker. Nach ihnen ist der Kaiser von Rußland ein Herr, der seine gute sieben Ellen mißt und eine Leibwache von 7000 Antropophagen besitzt, welche an Größe und Körperkraft ihren Herrn noch übertreffen und die (wie weiland die Cyklopen) nur ein Auge auf der Stirn tragen.

Wie man sieht, spielt hier die mystische Zahl „Sieben" ihre Rolle und der Reisende wird erinnert, daß er im Vaterlande der „Tausend und Einer Nacht" herumwandelt; freilich muß er sich mit den Erzählungen begnügen, denn die Herrlichkeit, deren in diesen Nächten erwähnt wird, sucht er hier vergeblich.

Der große Komet blieb auch nicht unberührt, und ich wurde über die Bedeutung desselben belehrt. Seine Erscheinung galt nämlich bei den Arabern als ein sicheres Kennzeichen, daß die vereinigten Heere der Beny Ottoman und Mohammed 'Alyy, des Sultans von Aegypten, wie sie ihn betitelten, kommen würden, um die widerspenstigen Engländer aus 'Aden zu vertreiben, und daß, wenn dieses geschehen sei, Mohammed 'Alyy den ganzen Hadhramaut in Besitz nehmen würde, woselbst dann die Thaler so häufig werden würden, wie der Sand der Wüste. Ich mußte nun schon die guten Leute bei ihrer Meinung lassen; denn als orthodoxer Moslim durfte ich weder an der Macht und Herrlichkeit des türkischen Sultans, noch an dieser Bedeutung des großen Kometen zweifeln.

Eine seltene Euphorbienart.

Unter diesen interessanten Gesprächen war der Mittag herangekommen, weshalb wir den Rückweg zum Lager antraten. Unterwegs fiel mir eine Art Euphorbia auf, welche ich nie gesehen hatte. Der Stamm derselben war 10—12 Fuß hoch, kerzengerade und von der Stärke eines starken Mannesarmes. Schnurgerade Aeste, welche im rechten Winkel vom Stamme abstehen und von denen wieder gerade Zweige im rechten Winkel ausgehen, bilden den Wipfel und bis zur halben Höhe des Stammes eine kegelförmige Krone. An den Enden der Zweige stehen die Blätter gleichfalls im rechten Winkel ab und bilden einen Kranz, aus dessen Mitte 6—8 drei Zoll lange Stiele hervorragen, von denen jeder eine Beere von der Größe einer Kirsche trug, welche in der Zeit, wo ich sie sah, grün waren, der Aussage der Beduinen nach aber im reifen Zustande roth sind. Die Blätter dieser Euphorbia sind schwertförmig, von lebhaftem Grün, glänzend, sechs Zoll lang und unten einen Zoll breit. Ihr Holz ist weiß, schwammig und im frischen Zustande schwer und weich, wird aber, wenn trocken, leicht und spröde. Beim Abbrechen eines Zweiges spritzt reichlich ein weißlicher Saft hervor, welcher, wenn er den Augapfel berührt, Blindheit verursacht. Es wächst diese Pflanze, welche die Araber „Uiwâr" nennen, in den höhern Gebirgsgegenden häufig und liebt hauptsächlich den sandigen Boden des Wâdih. Oberhalb Schira erhebt sich der Tschebel Er Rahâl 55), einer der Hauptgipfel des Dschebel Agaybere mit einer absoluten Höhe von ungefähr 5500 Fuß. Der Thermometerstand zu Mittag bei scharfem Nordwestwinde und wolkenlosem Himmel betrug 35°. Am Morgen im Wâdih el Ahline bei Südostwind und freiem Himmel 20°.

Um 2 Uhr setzten wir die Reise fort und kamen um 3 Uhr an dem Grabmale des heiligen Schanch 'Alyh ibn Hoffayn ibn Redschd ben 'Amuhh 56) vorüber, welchem die Beduinen noch im Tode die Kraft zuschreiben, kranke Kameele heilen zu können. Ein Jeder von uns blieb stehen, betete die Fâtiha und legte einen kleinen Stein auf das Grab.

Die Mohammedaner halten es für ein gutes Werk, wenn sie

einen Stein, sei er auch noch so klein, auf ein Grab legen, indem sie glauben, dadurch zum Begräbniß des darin Ruhenden beigetragen zu haben. Gleich hinter diesem Grabe stiegen wir in den Wâdih Dhayif hinab, wo wir längs eines langen Dattelpalmenwaldes, welcher den nördlichen Rand des Wâdih bedeckt, hinzogen. Diese Strecke führt den Namen „El Mâ" (das Wasser), weil hier auf eine Strecke von ein Paar hundert Schritten „fließendes Wasser" zum Vorschein kommt. — Um ¾4 Uhr langten wir in dem ziemlich bedeutenden Orte Missne an, wo die meisten Beduinen unserer Câfila zu Hause waren. Obgleich man mich einlud, in dem Dorfe zu übernachten, so zog ich doch die frische Luft einem dumpfen Zimmer vor, und schlug mein Nachtquartier unter einer Platane im Wâdih auf.

Missne ist ein ansehnlicher Ort von ungefähr 1000 Einwohnern, welche dem Stamme Aqahbere angehören, dessen Schaych 'Abd el 'Ashy ibn Mohssin hier wohnt. In der ziemlich großen Moschee, welche sich aber durch keine architectonische Schönheit auszeichnet, ruhen die Gebeine eines hochverehrten Heiligen, des Schaych Nebschd ibn Isa'yb ibn 'Yssa el 'Amud, des Großvaters des wunderthätigen Kanreelboctors. Jährlich findet eine Wallfahrt nach diesem Grabe statt, bei welcher Gelegenheit ein großer Markt abgehalten wird, welcher dem Orte einige Wichtigkeit verleiht. — Auf der Südseite des Wâdih, dem Orte gegenüber, sind am Abhange des Gebirges Gärten auf künstlichen Terrassen angelegt, die sich bis zur Höhe von 200 Fuß über den Boden des Thals erstrecken; sie liefern Cocosnüsse, Datteln, Bananen, Aprikosen, Ainba oder Mango, Weintrauben, Durra, Dochn, Bohnen, Kürbis, Sesam, Waizen, Tabak, Baumwolle ꝛc.

Oberhalb dieser Anlagen entspringt der Grauwacke eine starke Quelle, die sich in ein Wasserbecken ergießt, von dem aus alle Terrassen bewässert werden. Der Beduinenknabe, welcher mich hinaufgeleitet hatte, führte mich zu diesem Behälter, welcher vor langen Zeiten schon gebaut worden zu sein schien, wenigstens war die Bauart desselben weit dauerhafter, als bei den Wasserbecken, welche ich bisher gesehen hatte. Das Mauerwerk bestand aus zwei Fuß langen, einen Fuß hohen und ebenso breiten, gut behauenen Quadern eines feinkörnigen, sehr harten Grünsandsteins, den ich später in bedeutender Entfernung von Missne auf der Hochebene von Habhramaut fand. Warum man nicht die unmittelbar danebenliegende, ebenso harte Grauwacke zu diesem Zwecke verwandte, ist mir unerklärlich. Der die Quadern verbindende und den innern Umwurf des Wasserbedens bildende Mörtel hat beinahe die Härte des Gesteins erlangt.

Von diesem Wasserbecken aus führen kleine, gemauerte Kanäle das Wasser nach neuern Behältern, von denen eines sich auf dem höchsten Punkt einer jeden Terrasse befindet. Ich konnte der Versuchung nicht widerstehen, in dem krystallklaren Wasser zu baden. Kaum war ich aber hineingestiegen, so mußte ich mich auch wieder so schnell als möglich zurückziehen, da eine Masse hungriger Blutigel einen Angriff auf meine nackten Glieder machte. Vor Sonnenuntergang langte ich wieder unter meinen Platanen an, wo ich den Schaych der Aqahbere mit den angesehensten Beduinen des Ortes bereits zugegen fand, welche in der Absicht gekommen waren, sich mit mir zu unterhalten.

Auf des Schaychs Wink wurde eine Binsenmatte ausgebreitet, auf die einige Frauen ein halbgargebratenes Schaf nebst Datteln und Brod setzten. Der Schaych hatte sich neben mir niedergelassen und schnitt mir eine tüchtige Portion Fleisch in kleine Stücke, wobei er mir von Zeit zu Zeit ein besonders delicates Stück in den Mund steckte. Nach beendigter Mahlzeit mußte ich eine Fluth von Fragen beantworten, besonders aber über Mohammed 'Alyh ausführlichen Bericht erstatten.

Auch der Komet wurde nicht vergessen und ich wurde aufgefordert, meine Meinung über die Bedeutung seines Erscheinens zu sagen. Da ich es für überflüssig hielt, einen Vortrag über die Natur eines Kometen zu halten, so hielt ich mich als guter Muselmann an die unter den islamitischen Gläubigen herrschende Meinung, daß nämlich „ein Komet ein Schwert Gottes sei, welches den züchtige, der nicht nach seinen Geboten handelt". Der Engländer Besitznahme von 'Aden

Oberer Lauf des Wâdiy Dhayff.

schien ihnen besonders zu Herzen zu gehen, und es fehlte nicht an Schimpfworten und Flüchen, welche den ungläubigen Usurpatoren 'Abens galten. Dahingegen erscholl das ungemessene Lob Fadhl-'Alhy's von allen Lippen. Sie nannten ihn Ssayf ed Dyn (das Schwert des Glaubens) und der Schaych betheuerte wiederholt: „wenn Fadhl es verlange, nicht allein er mit seinem Stamme, sondern alle andern Stämme, soviel ihrer im Lande seien, würden ihm zu Hülfe eilen." Erst spät brach die Versammlung auf und ging, nachdem sie mir für den folgenden Tag glückliche Reise gewünscht hatten, nach dem Dorfe zurück: Zwei Beduinen blieben bei mir, als Sicherheitswache zurück.

Missne gegenüber erhebt sich die ungefähr 500 Fuß hohe Gebirgskuppe Hayl el Carr [57]), welche durch eine Sattelvertiefung vom Tschebel Er Rähât getrennt ist.

Vom Wâdiy Schara besteht die ganze Gegend aus einer Anhäufung des Grobkalks, welcher sich besonders auf der nördlichen Seite des Wâdiy Dhayff auf mehrere Stunden Weges ausdehnt. An der südlichen Seite des Thals hört diese Formation schon bei Missne auf, wo die Grauwacke wieder auftritt. Die Versteinerungen, welche dieser Kalk in großer Menge mit sich führt, sind wie zermalmt und daher schwer zu erkennen. Jedoch bemerkte ich Stacheln eines Echinus und Bruchstücke von Ammoniten. In dem Umkreise von einer Tagereise liegen noch die Ortschaften El Carr im Wâdiy gleichen Namens, Mohqaq [58]), Carr el Fahn, Schowayne [59]), Lohde [60]) und Bâ-Dschâh [61]).

Während dieser ersten drei Tagereisen hatte ich viel Ungemach zu ertragen, da meine nackten Beine von der Sonnenhitze stark angeschwollen waren und empfindlich schmerzten. Außerdem hatten die Riemen der Sandalen, welche zwischen der großen und zweiten Zehe hindurchgezogen werden, die Stellen aufgerieben. Das einzige Mittel, welches mein Dachayl anwandte, um der Wirkung der Sonnenstrahlen zu begegnen, war — jeden Abend und Morgen, nachdem ich die Beine gewaschen hatte, mir dieselben mit Butter einzureiben. Ich fand dieses Mittel sehr probat, denn schon am vierten Tage war die

Geschwulst verschwunden. Auch die Beduinen schmieren sich jeden Morgen mit Butter oder Oel ein, weil ihnen sonst, wie sie sagten, die Haut zu trocken wird und aufspringt. In der Folge beobachtete ich auch diese Gewohnheit, und befand mich fortwährend sehr wohl dabei.

Am Abend zeigte der Thermometer 25° R.

29. Juni. Am 29. Juni verließen wir Missue erst vor ½7 Uhr, da natürlich die Beduinen keine besondere Eile hatten, sich von ihren Familien zu trennen.

Um 7 Uhr kamen wir an dem kleinen, am südlichen Raude des Wâdih höchst malerisch gelegenen Dörfchen El Da'ba vorüber, welches höchstens 150 Einwohner zählen kann. Sie leben vom Ertrage ihrer fruchtbeladenen Gärten, welche oberhalb des Dorfes, wie die bei Missue, in Terrassen aufsteigen.

Je höher wir den Wâdih hinaufkamen, um so beschwerlicher wurde der Weg, welcher über Anhäufungen von großen Rollsteinen und durch dichtes, borniges Gebüsch führt.

Gegen ½8 Uhr passirten wir das romantisch gelegene Dorf Cily [62]), welches auf einer Anhöhe zur Rechten des Weges und am Wiedervereinigungspunkte des Wâdih Thanff mit dem Wâdih Cibâra [63]) liegt.

Dattelpalmen und Saatfelder nehmen hier den ganzen, ungefähr 300 Schritte breiten Wâdih ein und lassen nur ein schmales Bett zum Abfluß des Regenwassers frei. — Dem Dorfe gegenüber steht auf einem hohen Felsen eine kleine Kapelle, in welcher Reliquien eines Heiligen ruhen, zu welchen an einem gewissen Tage des Jahres gewallfahrtet wird und wobei ein großer Markt stattfindet.

Cily zählt ungefähr 300 Einwohner und gehört wie El Da'ba zum Stamme Aqaybere. — Von El Da'ba bis hierher ist die Hauptrichtung Nord, 30° West. — Der Wâdih Thanff kommt hier aus einer Schlucht am Fuße des Dschebel Foghár [64]), der ungefähr 5800 Fuß über der Meeresfläche erhaben sein mag. — In der Richtung Nord, 40° West bogen wir in den Wâdih Cibâra ein, welcher seiner ganzen Länge nach mit Felstrümmern übersäet ist, durch welche

Dschebel Ḉibâra.

ein klarer, von kleinen Fischen belebter Bach rauscht, welcher sich im Wâdih Dhahff unter dem Sande verliert. Dichte Gebüsche decken die Bergesabhänge, ingleichen die Ufer des Baches und der Quellen, welche, wenigstens zehn an der Zahl, dem Gehänge am südlichen Ufer des Wâdih entsprudeln.

Außer den bereits oben genannten Pflanzen bemerkte ich hier noch die Senna Mekky (Cassia lanceolata), Sauerampfer, Brunnenkresse, Salbei. Ein Botaniker würde in diesen Thälern und an den Abhängen der Gebirge einer reichen Ausbeute gewiß sein. Wie manches Neue mag hier verborgen wachsen, was ich als Laie in der Pflanzenkunde keiner Beachtung würdigte.

Zu meinem großen Bedauern verließen wir zu bald dieses duftende herrenlose Thal; denn schon um 10 Minuten nach 8 Uhr stiegen wir den steilen Dschebel Ḉibâra hinan. Rinks brauset hier der Bach mit Heftigkeit unter dichtem Schilf aus dem mit blauen durchschlungenen Gebüsch hervor. — Eine halbe Stunde stiegen wir in Schneckenwindungen steil bergan, — dann wurde der Anhang sanfter. Da aber die Kameele sehr erschöpft waren, machten wir unter einem überhängenden Felsen Halt.

Der Thermometer stand am Morgen bei schwachem Südostwind und heiterem Himmel auf 20°. Um Mittag vollkommene Windstille.

Die Sonne ist dann und wann mit Wolken bedeckt. Der Thermometer zeigt 25°. Im Nordwesten steht ein Gewitter.

Gegen ½1 Uhr verließen wir unsern Ruheplatz und stiegen den gewundenen Weg hinan. Der Reichthum dieses Gebirges an aromatischen Stauden und Kräutern ist unerschöpflich und zum Erstaunen. Oft genug bedauerte ich, kein Botaniker zu sein, um diese Schätze ausbeuten zu können.

Vor uns lagen jetzt zwei riesenhafte Gebirgswände, die Dschebel Chorahbe **) und Farbschalât **), welche ursprünglich zusammenhingen, jetzt aber durch eine zehn Minuten breite Schlucht getrennt sind, die das Ansehen hat, als sei sie von Menschenhänden durchbrochen worden.

Um 2 Uhr standen wir in diesem Riesenthore, dessen Boden mit Felsblöcken bedeckt ist; Denkmäler der Katastrophe, welche dieses merkwürdige Defilé bildete. Die Wände dieser beiden Gebirge erheben sich etwa 800 Fuß über den Boden der Schlucht. Die absolute Höhe der Gebirgswände mag dagegen meiner ungefähren Schätzung nach 6000 Fuß betragen. Die Breite des Dschebel Farbschalât beträgt da, wo der Durchbruch stattfand, kaum 200 Fuß, nimmt aber nach Nordosten allmählich ab.

Nachdem wir uns durch ein Chaos von Felstrümmern, von denen einige die Größe eines Hauses haben, hindurchgewunden hatten, traten wir in den Wâdih Montisch[47]) ein, in welchem wir die Richtung West, 20° Nord längs der steilen Wand des Dschebel Chorahbe einschlugen. — Wâdih Montisch ist ungefähr ¼ Stunde breit und wird im Norden von dem sanft abfallenden Dschebel Nachs[48]) und im Süden von den langen, steilen Wänden des Dschebel Farbschalât und Chorahbe eingeschlossen. Vom Fuße des letztern dachte sich das Thal nach Norden bis zum Fuß des gegenüberliegenden Gebirges allmählich ab, längs dem sich das Flußbett mit starkem Fall von Ost nach West hinzieht. Eine unzählbare Menge Ravins durchfurchen diese Abdachung von Süd nach Nord. Dschebel Farbschalât hängt mit den Riesenkoppen dieser Gegend, dem Dschebel Kaur Sfahbân und Mâhile Majar[49]) zusammen und bildet mit dem Dschebel Chorahbe die Wasserscheide zwischen dem Wâdih Montisch und dem Wâdih Dhahsf. Der Wâdih Montisch ist dem Wâdih Orbe tributär.

Schon seit Mittag hatte ein Gewitter drohend in Nordwesten gestanden und brach nun über uns los. Die höchsten Zinnen des Gebirges waren in schwarze Wolken gehüllet, Blitz auf Blitz durchzuckte zischend die Luft, und mit betäubenden Schlägen folgte ihnen krachend der Donner nach. — Einer jener erweichenden, tropischen Regen, die man weit richtiger „Wolkenbrüche" nennen kann, ergoß sich in Strömen über unsere Häupter, und schäumende Gießbäche stürzten von der Gebirgswand ins Thal. — In dem noch vor wenig Augenblicken trockenen Bette des Montisch brauste jetzt ein

Ein Gewitter im Hochgebirge. 79

reißender Strom hin, der Felsblöcke von bedeutender Größe mit sich fortriß und deren dumpfes Gerolle man deutlich vernahm.

Die bisherige Windstille warde plötzlich vom heftigsten Sturme unterbrochen, der sich aus der Ferne heulend kundgab und mit furchtbarem Getöse in den Klüften und Höhlen des Tschebel Chorahbe wüthete. Schön, erhaben und im vollkommenen Einklange mit den großartigen Umgebungen war freilich diese Naturscene, — versetzte mich aber in eine höchst prosaische Stimmung. Denn nicht nur, daß ich alle Augenblicke durch die reißenden Wildbäche waten mußte, welche in den Hohlwegen und Schluchten herniedertobten, wobei meine Füße mit den mitrollenden Steinen in unangenehme Berührung kamen, bewirkte auch noch der schlüpfrige Boden, daß ich mehr wie einmal den Abdruck meiner Person darin zurückließ.

Endlich erreichten wir eine Stelle, welche die Beduinen El Hadschar nennen, wo wir unser Nachtlager aufschlugen. Meine Begleiter, welche keine andere Bekleidung, als einen Schurz um die Hüften trugen, konnten die ganze Begebenheit als ein Sturzbad ansehen; ich aber, der nicht gewohnt war in einem so primitiven Costüm einherzugehen, sah die Sache aus einem ganz andern Gesichtspunkte an, denn alle meine Effecten waren durchnäßt und die Nacht, welche kalt zu werden drohte, nicht mehr fern. Zum Glück zog das Gewitter bald vorüber, und dank der tropischen Sonne hatte ich das Vergnügen, noch vor Einbruch der Nacht Alles wieder trocken zu sehen.

Ich darf hier nicht übergehen, daß die Beduinen nach jedem Donnerschlag in die Ausrufung ausbrachen: „eh-ha-ho!" — und mit der Faust nach der Gegend drohten, von woher das Gewitter kam. — Am Abend frug ich nach der Bedeutung dieses sonderbaren Gebrauchs. Sie wußten es aber selbst nicht, oder wollten mir es nicht sagen; denn die einzige Antwort, welche sie mir gaben, „Firach ha bâ!" („Es ist so Gebrauch, mein Sohn!") — Auch später konnte ich nie etwas Näheres darüber erfahren.

Mein Dachahl sagte mir, daß der „Felsen" oder „Stein", welcher dieser Stelle den Namen gegeben hat, nämlich „Hadschar"

("Stein"), vor 60 Jahren während eines Erdbebens von dem obern Theile der Felswand herabgestürzt sei. Der Platz, den er früherhin einnahm, ist noch deutlich bemerkbar. Der Felsen hält auf etwa 70 Fuß Höhe, 20 Fuß Tiefe und Breite und ist etwas nach dem Thale geneigt, gleich einem „Pfeiler" stehen geblieben.

Aus einer Spalte am obern Theile desselben war eine Mimose gewachsen und auch die übrigen Risse und Höhlungen mit kleinem Gesträuche bedeckt.

Während ich diesen „Felsen" betrachtete, schoß einer der Beduinen unweit desselben eine schöne Gazelle, deren Fleisch nach den Beschwerden dieses Tages trefflich mundete.

Tiefe Stille war dem Toben der empörten Elemente gefolgt, in violettem Farbenspiele zeichneten sich die fernen Berge auf dem Azurblau des Himmels in scharfen Conturen ab, und ein Strom von Wohlgerüchen entstieg den aromatischen Kräutern des Thals und erfüllte die gereinigte Atmosphäre. Es war einer der schönsten der vielen schönen Abende, welche ich während dieser Reise genoß.

Von Missue bis oberhalb Ëily ist auf der nördlichen Seite des Wâdty Dhanff der oben erwähnte Groblalk das herrschende Gestein, während auf der entgegengesetzten Seite die Grauwacke dem Hauptgebirgsstocke vorliegt.

Oberhalb Ëily herrscht im Dschebel Ëibâra ein grobkörniger Sandstein vor, welcher auf Drusen und Nestern Thoneisenstein führt und dergestalt von Eisenoxyd durchdrungen ist, daß er fast ein Eisensandstein genannt werden könnte.

Die Dschebel Jarbschalât und Chorañbe sind sehr deutlich geschichtet, und die Straten derselben correspondiren hinsichtlich der Beschaffenheit ihrer Gesteine und ihrer respectiven Lage genau. Die Lagerungsverhältnisse sind folgende: zu unterst lagert Jura-Kalk, über diesem Jura-Dolomit-Kalk, alsdann lithographischer Schiefer, und als oberstes Glied dieser Oolithenbildung lagert ein mergelig-sandiger Kalk. — Die Schichten fallen ein wenig nach Südosten ein. Dschebel Chorañbe ist die nordwestlichste Koppe

Ein Jagdbrauch der Bedninen.

des großen Gebirgszugs, welchen ich unter dem Namen Dschebel Aqanbere aufgeführt habe.

Ich hatte während meiner Reise bisher die Bemerkung gemacht, daß die Kolben der Gewehre meiner Begleiter mehr oder minder mit rohen Fellen überzogen waren, ohne dabei einen andern Zweck zu vermuthen, als den, die Gewehrkolben gegen den Einfluß der Feuchtigkeit ꝛc. zu schützen. Jetzt wurde ich aber eines Andern belehrt. Der glückliche Jäger nämlich zog ein Stück von dem Felle der erlegten Gazelle über den untern Theil eines Gewehrkolbens, obgleich derselbe bereits mit einem Felle überzogen war. Auf mein Befragen sagte man mir: daß es Sitte sei, ein Stück von dem Felle eines jeden erlegten Wildes als Trophäe auf den Kolben zu spannen. Einer der Bedninen zeigte mir ein Gewehr, auf welchem neun Felle übereinander gezogen waren.

Mit Sonnenuntergang stand der Thermometer 18° R.

30. Juni. Den 30. Juni früh 6 Uhr verließen wir unser Nachtlager und bestiegen nach ¼ Stunde einen steilen Thonhügel, auf dessen Rücken ein großer Wasserbehälter eingegraben ist, welcher von dem Regen gefüllt war. Das Thal, welches hier nur noch 300 Schritt Breite hält, wird von diesem Thonhügel fast ganz eingenommen. ¼ Stunde später stiegen wir in das Flußbett des Wâdih Montisch hinab, welches wir bis 7 Uhr verfolgten und dann in nördlicher Richtung den Dschebel Rochç hinanstiegen. Der Wâdih Montisch verfolgt die Richtung West, 30' Nord und mündet, nachdem er sich mit dem Wâdih Mobârek vereinigt hat, einige Stunden unterhalb, bei dem Orte El Câra in den Wâdih Cirbe. Die brausende Fluth von gestern hatte keine weitere Spur hinterlassen, als einige Lachen in den Felsenvertiefungen. Nachdem der sanfte Abhang des Dschebel Rochç erstiegen war, schlängelte sich der Weg durch Thonhügel bis zum Entstehungspunkte des Wâdih Mossaffaq [70]), wo wir um 9 Uhr anhielten. Außer diesem Wâdih, welcher nach Osten streicht, nehmen auf der entgegengesetzten Seite zwei andere Wâdih ihren Anfang; nämlich der Wâdih Mobârek, der sich Süd, 10° West wendet, und

Der „Milchbusch". Ein aromatischer Wâdih.

der Wâdih 'Ofwe[1]), der eine mehr westliche Richtung nimmt. Schon am Abhange des Dschebel Gibâra hatte ich den sogenannten „Milchbusch" (Euphorbia tirucalla), welchen die Araber Schadscherat Chasu, die Beduinen Damhâna nennen, bemerkt. Hier aber bedeckte diese Pflanze halb das ganze Gebirge. Sie hat weiche, schwammige, glänzend bleifarbige, beinahe blätterlose Zweige, welche verworren durcheinander wachsen, und dichte runde Büsche von 2 Fuß Höhe und 3 Fuß Breite bilden. Die wenigen Blätter, welche ich sah, waren lederartig, herzförmig gezackt und glänzend dunkelgrün. Die kronenförmigen, grünlich gelben Blüthen sitzen am Ende der Zweige. Beim Abbrechen der Zweige und Blätter quillt ein dicker, ätzender milchartiger Saft hervor. Demungeachtet fressen die Kameele diese Pflanze sehr gern, und sie bekommt ihnen vortrefflich. Der Groblall, dessen ich bei Mliffne erwähnt habe, tritt auch im Dschebel Rothy in bedeutender Entwickelung auf. Er ist von einem mergeligen Thon überlagert, welcher durch die Auswaschungen des Regenwassers nach allen Richtungen hin durchfurcht ist.

Am Morgen stand der Thermometer bei wolkenlosem Himmel und schwachem Westwind 15°, um Mittag bei freiem Himmel 25°.

Um ½1 Uhr setzten wir unsere Reise wieder fort und erstiegen in einer Stunde den Dschebel Mobârek (Berg des Segens), welcher ein Plateau oder vielmehr eine Terrasse bildet, auf der wir nach einem Marsche von einer Stunde am Fuße des Dschebel Harâmy (Diebesberg) anlangten, wo zwei Wâdih ihren Anfang nehmen, nämlich der Wâdih Harâmy, welcher sich nach Westen zieht, und der Wâdih Chilafat. Dieser Wâdih nimmt einige Stunden östlich von seinem Entstehungspunkte den Namen Mâhile Matâr an, als welcher er sich dann mit dem Wâdih Howahre vereinigt. Nach der Aussage der Beduinen soll dieses breite und tiefe Thal einen erstaunlichen Reichthum an aromatischen Stauden und Kräutern besitzen, und es herrscht unter ihnen die Sage: „daß Jemand, der in diesem Thale wohnen würde, unfehlbar ein Alter von wenigstens 100 Jahren erreichen würde."

Wildniß beim Dschebel Tsahura.

Trotzdem ist es unbewohnt, da es als ein Tummelplatz böser Geister verrufen ist.

Der Dschebel Harâmy bildet abermals eine Terrasse, welche bis zum Fuße der großen hadhramauter Hochebene, welche hier unter dem Namen Dschebel Tsahura bekannt ist, eine Strecke von beinahe zwei Stunden einnimmt. Auf dieser Strecke entstehen zur Rechten des Weges die Wâdih Hirâwe, Tsanâwe und Tsahura, welcher sich mit dem Wâdih Tsanawe verbindet, zur Linken die Wâdih Hiruna und Werura. Alle diese Wâdih sind tief eingeschnitten, mit dichtem Gestrüpp bedeckt und als der Tummelplatz der Tigerkatzen, Panther, Luchse, Wölfe, Hyänen, Räuber und obligaten bösen Geister verschrieen. Trotz diesen gefährlichen Bewohnern sah ich mehrere Steinböcke und Gazellen am Abhange derselben weiden, auf welche die Beduinen vergeblich Jagd machten. Am Fuße des Dschebel Tsahura hielten wir in dem Wâdih gleichen Namens einige Minuten an, um die Schläuche aus einem mit Wasser gefüllten Felsbecken zu füllen und Brennholz zu sammeln, und erstiegen dann in ¾ Stunden den Gipfel des Berges.

Nach einer ungefähren Schätzung gebe ich diesem Plateau 8000 Fuß über dem Meeresspiegel, und die Aussicht, welche man von ihm aus genießt, ist eine der großartigsten, welche man sich denken kann. — Von West nach Nordost schweift der Blick über eine unabsehbare, graugelbe Ebene, auf der sich hier und da kugel- und dachstuhlförmige Hügel erheben. — Im Osten ragte, von der scheidenden Sonne magisch beleuchtet, der kolossale Kaur Tsahbân weit über die Ebene hinaus und zeichnete seine riesigen Formen auf dem dunkeln Blau des tropischen Himmels. — Nach Süden überschaut das Auge ein Labyrinth bereits in Finsterniß versunkener Thäler und scheinbar chaotisch hingeworfener Gebirgskegel, und verliert sich in der schwach erleuchteten, nebelerfüllten Atmosphäre des indischen Oceans. Giganten, wie der Bâ Byhac, el Ibine u. a. m., zu deren Gipfel ich früher bewundernd hinstaunte, lagen jetzt zu meinen Füßen. — Geraume Zeit nach Sonnenuntergang leuchtete noch die Koppe des Kaur Tsahbân, während schon

Schätzung der Gebirgshöhen.

das Geheul der Beute suchenden Raubthiere die tiefe Stille der Thäler unterbrach. — Die Nacht war unbeschreiblich schön. Wohlthätige Kühle wehte herab und Myriaden funkelnder Sterne schmückten das dunkle Gewölbe des Himmels. — Im Süden stand, wie auf dem hehren Altar der Natur gepflanzt, das Zeichen der Erlösung, das südliche Kreuz, und mahnte ehrfurchtgebietend an den großen Architecten des Weltalls, der die Bahnen der Gestirne ordnete und auch die Massen des Kaur Tsahbân ordnete und thürmte.

Um meine Schätzung der Höhe des Tschebel Tsahura zu rechtfertigen, habe ich Folgendes zu bemerken. Man wird aus der vorhergehenden Beschreibung des Weges vom Meeresgestade bis zur habhramauter Hochebene ersehen haben, daß man zu ihr über fünf Terrassen hinaufsteigt, welche durch den Tschebel 'Aqaba el Mahnihe, Çidâra, Rochz, Mobârel und Harâmy gebildet werden. — Das Terrain vom Fuße der ersten Terrasse bis zum Meere hat ferner einen sehr starken Fall, welcher im Wâdih Mahnihe auf eine Stunde Wegs wenigstens 100 Fuß beträgt, also auf die Strecke von 7¼ Stunden, welche ich in ihm aufwärts zog, 725 Fuß. Von der Stelle an, wo ich diesen Wâdin zuerst betrat, bis aus Meer, rechne ich einen Niveauunterschied von 100 Fuß an, welches das Bett des Wâdih, am Fuße des Tschebel 'Aqaba el Mahnihe 825 Fuß über den Meeresspiegel setzt. Diese erste Stufe zur Hochebene erhebt sich über den Thalboden um 1500 Fuß und dacht sich bis zum Wâdih Schura um 150 Fuß ab, welches diesen Wâdih 2175 Fuß über dem Meere erhebt. Vom Wâdih Schura bis zum Fuße des Tschebel Çidâra beträgt der Höhenunterschied auf 3¼ Stunde Wegs 325 Fuß. Die Höhe des Çidâra über dem Thalboden ist 1000 Fuß, folglich über dem Meere 3500 Fuß. Die drei folgenden Terrassen schätze ich immer über die Ebene der untern gerechnet, den Tschebel Rochz 800 Fuß, den Tschebel Mobârel 1500 Fuß und den Tschebel Harâmy auf 600 Fuß. Hierzu kommt noch der Höhenunterschied auf den Ebenen der Tschebel Mobârel und Harâmy, welcher auf jeder 50 Fuß ausmacht. Dieses also giebt 6500 Fuß als absolute Höhe des Tschebel Harâmy am Fuße des Dschebel Tsahura. Dschebel Tsahura, die letzte Stufe zur Hochebene, steigt 1500 Fuß über den Dschebel Harämy empor, und hat also eine positive Höhe von 8000 Fuß. Dschebel Kaur Sjahbân ist etwa 1000 Fuß über der Ebene erhaben.

Am Fuße des Dschebel Mobârek hören die tertiären Gesteine auf und die Oolithenbildungen des Dschebel Choráybe treten wieder hervor, verschwinden aber am Fuße des Dschebel Tsahura unter einem mächtigen Thonlager. Dieser Thon wird von einem Conglomerate von Hornsteingeschieben überlagert, welches dem Grünsandsteine zur Unterlage dient. Dieser Grünsandstein ist von gelblicher Farbe, welche nach Oben hin lebhafter wird, sehr feinkörnig, hart und wechsellagert mit Jura-Dolomit-Kalk.

Mit Sonnenuntergang stand der Thermometer bei Nordwestwind und wolkenlosem Himmel auf 18° R.

Drittes Capitel.
Der nördliche Gebirgsabhang.

Wâdiy el 'Âl. — Maqubel el Chomra. — Die Hochebene. — Nachtlager am Wâdiy Ḥaẓarhayan. — Wâdiy Daḥme. — Wasserbehälter. — Wâdiy Châriṯ. — Nachtlager am Wâdiy Châṯile. — Ueberraschende Aussicht in dem Wâdiy Do'ân. — Ankunft in Chorayb. — Schaych 'Abd-Allah-Bâ-Ṣubân. — Bewässerungssystem und Kanalanlagen — Abendmahlzeit bei Mandi' ben Ṣa'yd ibn 'Yssâ el 'Amud, Sultan von Chorayb.

Am folgenden Morgen saßen bei meinem Erwachen die Beduinen am Feuer und schienen an keinen Aufbruch zu denken. Man erzählte mir, daß während der Nacht ein Kameel entweder entlaufen oder gestohlen worden sei und daß Einige von ihnen in den Wâdiy gestiegen seien, um es aufzusuchen. Ihre Besorgniß, das Thier zu verlieren, war freilich gegründet genug; denn außer, daß die Umgegend nicht im besten Rufe stand, befanden sie sich jetzt nicht mehr auf ihrem Territorium, sondern auf dem der Stämme Esaumahyn und Assyhrâ, deren Stammesgenossen, wie überhaupt alle Beduinen, sich kein Gewissen daraus machen, ihre Nachbarstämme zu bestehlen. Diese beiden Stämme sind Unterabtheilungen des Stammes Benu Esaybân. Ich benutzte diesen Aufenthalt, um die Gebirgsgipfel zu visiren.

Die Beduinen zeigten mir unter andern den Dschebel Dâra, an dessen Fuß Malalla liegt, wodurch ich die Hauptrichtung von dieser Stadt nach dem Dschebel Tsahura Nordwest, 6° West fand. Obgleich im Juli und innerhalb des 11. Breitengrades zeigte Réaumur's

Monotone Hochebene.

Thermometer, nach einer bitterkalten Nacht, — bei Sonnenaufgang, heiterm Himmel und vollkommener Windstille 10° und um Mittag bei Nordwestwind 20°.

Dieser niedere Thermometerstand unter dieser Breite und in solcher Jahreszeit läßt mich vermuthen, daß meine Höhenschätzungen, wenn auch nicht vollkommen, doch annähernd richtig sind.

Kurz nach Mittag kamen die Beduinen mit dem wiedergefundenen Kameele zurück. Jedoch verzögerte sich meine Abreise bis nach 1 Uhr.

Der Weg führte nun in die unabsehbare Ebene, welche sich mit trostloser Nacktheit vor uns ausbreitete. Daher bietet auch der Weg über diese Hochebene wenig Interessantes dar. Jeden Tag zeigt sich dieselbe abschreckende Nachtheil und Oede, und nur dann und wann bietet sich die Gelegenheit dar, eine Scene zu beschreiben, welche als Beitrag zur Kenntniß der Sitten und Gebräuche der Bewohner dieser steinigen „Wüste" beitragen kann.

Wenn nun auch die wiederholten Angaben der Namen der Wâdih und der Richtung, welche dieselben nehmen, für viele meiner Leser etwas Monotones haben und vielleicht ermüden können, so ist es doch im Interesse der Wissenschaft durchaus nothwendig, dieselben zu berücksichtigen, und ich bitte daher, mich durch den Sachverhalt zu entschuldigen, wenn der Inhalt einiger Seiten etwas trocken ist.

Um 2 Uhr sah ich rechts am Wege den Wâdih Mâbschib, welcher sich Nord, 50° Ost zieht. Zwanzig Minuten später lag links der Wâdih Cojub.

Nach einer halben Stunde führte uns der Weg zwischen zwei Wâdih, von denen der zur Linken liegende Wâdih El Ahffiry genannt wird. Er vereinigt sich mit dem Wâdih Cojub und mündet dann bei dem Orte Cirbet Cahwe in den Wâdih Cirbe. Der zur Rechten ist der Wâdih Malâra, welcher sich mit dem Wâdih Mâbschib vereinigt.

Um ½4 Uhr kamen wir in den Wâdih Bulrach, der auch in den Wâdih Mâbschib mündet. Kaum zehn Minuten später führte der Weg zwischen dem düstern, tiefen Wâdih El 'Af 7*) und einem der dachstuhlförmigen Hügel hin, welcher den Namen Carr eth Thamule führt.

In diesem Wâdih liegt in einer Entfernung von einer Tagereise das Dorf El Bathâ ⁷³), welches von Beduinen des Stammes Ssaumahhn bewohnt wird. Wâdih El 'Aſ mündet in den Wâdih Wâdſchib, nimmt dann den Namen El Ahſſâr an, und mündet bei der Stadt El 'Arſſâme in den Wâdih Do'ân.

Kurz nach 4 Uhr kamen wir an dem Wâdih Ssebun vorüber, welcher in den Wâdih El 'Aſ mündet und an dessen Rande sieben Cisternen eingehauen sind, unter dem Namen Maqubet el Chomra (die Cisternen von Chomra) bekannt.

Die runden Oeffnungen der Cisternen, von den Einwohnern „Maquba", d. i. „Ort, dahin man das Wasſer ſchüttet" genannt, halten im Allgemeinen drei Fuß Durchmesser und sind brunnenartig durch die Schichten des Grünsandſteines gebrochen. In dem unterliegenden Jura-Dolomit-Kalk ist dann ein zimmerartiger Raum ausgehauen, der je nach den Umständen größer oder kleiner iſt, gewöhnlich aber auf 6 Fuß im Quadrat 4 Fuß Tiefe mißt. Die herausgebrochenen Steine sind zu beiden Seiten der Oeffnung zu einer Mauer aufgeschichtet, die sich nach Außen abdacht.

Um das Regenwaſſer hineinzuleiten, hat man von der Oeffnung aus zwei Reihen dicht aneinander gelegter, mit Thon verbundener Steine gezogen, welche mehr oder minder (gewöhnlich unter einem Winkel von 45°) divergiren. Gewöhnlich steht in jeder Cisterne ein mit kurzen Aesten versehener Baum, um das Heraufheben des Wassers zu erleichtern.

Auf allen Wegen über diese Ebene findet man eine Anzahl solcher Wasserbehälter. Sie sind eine wahre Wohlthat, denn ohne sie wäre es nicht möglich, diese große, wasserlose Wüste zu durchziehen.

Diese gemeinnützigen Anlagen verdankt der Reisende der Wohlthätigkeit einiger Reichen, welche bei ihrem Absterben eine gewisse Summe, sowohl zur Anlage neuer, als auch zum Unterhalt der schon vorhandenen Cisternen aussetzten.

Entstehungspunkte der Wâdin's.

Eine halbe Stunde von Maqubet el Chomra trafen wir am Fuße des Hügels Kara [74] wiederum fünf Cisternen. Eine halbe Stunde weiter gelangten wir zum Wâdin Bu Dalant, der in den Wâdin El 'Af mündet. Eine Stunde Marsch brachte uns in den Wâdin Haçarhaħan [75], wo wir unser Nachtlager aufschlugen. Nahe an unserm Lager lag der Hügel Tschonaħbe, an dessen Fuße eine große Cisterne vortrefflliches Wasser lieferte. Der Wâdin Haçarhaħan vereinigt sich mit dem Wâdin El 'Af. — Die Richtung von Dschebel Tfahura bis hierher ist Nordwest, 13° West.

Im Nordwesten drohte ein Gewitter, welches sich aber zu meiner Freude verzog und sich über einer andern Gegend entlud. — Die Nacht wurde so empfindlich kalt, — daß ich, obwohl in eine wollene Decke gehüllt, fortwährend fror. — Gegen Morgen stürmte ein scharfer Nordwest über die Ebene, und noch mit Sonnenaufgang stand der Thermometer auf 10° R.

Alle Wâdin der Hochebene stellen sich als tiefe, von steilen Wänden begrenzte Schluchten dar. An ihren Entstehungspunkten dachen sie sich erst 30—50 Fuß allmählich ab, und fallen dann plötzlich steil nieder. Die vorliegende Abdachung ist gewöhnlich mit Mimosen und Nebekbäumen besetzt, deren Wurzeln das Abspülen der Erde verhindern. Die Wege über diese Plateaux führen gewöhnlich über ein etwas erhöhtes Terrain, welches eine Wasserscheide bildet; denn alle Wâdin, welche ich angeführt habe, sah ich an ihren Entstehungspunkten zu beiden Seiten des Weges.

2. Juli. Am 2. Juli setzte sich unsere Câfila 1/4 6 Uhr wieder in Bewegung. Der Wind war immer noch heftig und kalt, und ich wunderte mich nicht wenig über die Gleichgültigkeit, mit welcher meine nackten Gefährten das Unbehagliche derselben ertrugen. Um 1/2 7 Uhr kamen wir an den Entstehungspunkten zweier Wâdin vorüber: am Dorn [76] und Palal-Palal [77], von denen sich der erste links nach dem Wâdin Cirbe, der andere rechts nach dem Wâdin El 'Af zieht. Bis um 1/2 8 Uhr passirten wir noch die drei Wâdin El Mâ Ghorâbe, d. i. „das verdorbene Wasser", — El Forahsch und Sjorbe, welche

90   Die Beduinenfrauen.

in Zwischenräumen von ½ Stunde sich links dem Wâdih Oirbe zuwenden. Am Wâdih Sforbe befinden sich fünf Cisternen, und ein kleines Haus, welches als Zufluchtsort während eines Unwetters dient.

Solche Häuschen bestehen aus übereinandergelegten Steinen, ohne alle Mörtelverbindung, und sind mit Reißig und Lehm bedeckt. Man findet sie dann und wann an Stellen, wo Cisternen angelegt sind. ½9 Uhr gelangten wir in eine Niederung, welche mit dem jetzt durchwanderten Theile der Hochebene wahrhaft wohlthätig und erquickend contrastirt. Sie führt den Namen Wâdih Dahme. Diese Niederung streicht von West nach Ost, und wird von dem Flußbette, welches von einem dichten Arêa-Gebüsche eingefaßt ist, in zwei fast gleiche Theile gelegt. Am Eingange der Niederung befindet sich ein Wasserbehälter (Bâabe), welcher in ein festes Thonlager eingegraben ist. An der Thalseite sind in dem Damme desselben zu beiden Seiten mehrere Löcher übereinander angebracht, um bei dem verschiedenen Stande des Wassers die thalabwärts, terrassenförmig angelegten Weideplätze bewässern zu können. Die sanften Abhänge der angrenzenden Höhen und die Säume der Terrassen sind mit Mimosen-, Tamarisken- und Nebekbäumen besetzt. Zahlreiche Schaf- und Ziegenheerden weiden unter der Obhut einiger Beduinenfrauen, auf den im herrlichsten Grün prangenden Terrassen.

Der einfache und originelle Anzug dieser Beduinenfrauen besteht in einem großen, braunen, wollenen Hemde, dessen hinterer Theil bis auf die Fersen reicht, während der vordere kaum die Knie bedeckt. Oben ist eine runde Oeffnung gelassen, welche auf beiden Schultern durch einen Einschnitt erweitert ist, der, nachdem es angezogen worden ist, zugeknöpft werden kann. Die Aermel reichen nur bis auf die Hälfte des Oberarms. Ein breiter, lederner Gürtel, der mit messingenen Ringen und kleinen weißen Porzellanmuscheln, sogenannten „Otterköpfchen" besetzt ist, hält dieses Kleidungsstück über den Hüften zusammen und dient zugleich zum Tragen eines Beils, welches sie immer mit sich führen, um während des Weidens das nöthige Holz zu schlagen. Eine enge Hose aus blauem Baumwollen-

Der Wâdiy Dahme.

zeuge reicht bis unter die Waden. Kopf und Gesicht sind unbedeckt, und die Haare fallen unordentlich herab. — Wie ihre Männer, gehen die Beduinenfrauen fast immer barfuß, der Sandalen bedienen sie sich nur, wenn sie im bornigen Gebüsche Holz holen. — Als Zierrathen tragen sie an den Beinen Messingringe von 3 Zoll Breite und 1 Linie Dicke; desgleichen um den Arm messingene Ringe, welche aber glatt und von der Breite eines Fingers sind, um den Hals eine Schnur Glaskorallen und in den Ohren und Nasenflügeln messingene oder silberne Ringe. — Wenn sie die Heerden austreiben und ins Freie gehen, tragen sie an einem Riemen einen Korb, der die Gestalt eines Viertel Kugelabschnittes hat und mit Leder überzogen ist. Beim Tragen ist die Oeffnung nach dem Körper gewandt. Es dient ihnen dieser Korb zum Fortschaffen ihres vollkommen nackten Säuglings, und jüngst geborener Lämmer und Zickelchen, wenn diese zum Laufen noch zu schwach sind.

Das kleine Dorf Dahme besteht aus elenden Hütten, welche ungefähr 50 Einwohner beherbergen und dem Stamme Sfaumahyu angehören. Wir passirten es um 9 Uhr und kamen gleich darauf in ein kleines Gehöfte, dessen Bewohner Schafe zum Verkauf anboten. Da meine Beduinen sich bisher immer zuvorkommend gegen mich benommen hatten, so erstand ich zu ihrer Belohnung drei Schafe, zu dem geringen Preis von $\frac{1}{3}$ eines österreichischen Thalers ein jedes, oder 8 Silbergroschen.

Das Flußbett, welches sich diesseit des Dorfes zu unserer Rechten hinzog, schneidet sich etwas unterhalb desselben, wie die übrigen Wâdiy der Hochebene, plötzlich grabenartig ein, bildet in den angrenzenden Höhen eine tiefe Schlucht und mündet weiter unten in den Wâdiy Chârit. — Zwanzig Minuten hinter dem Gehöfte führte uns ein mit Gerölle bedeckter Weg auf das Plateau, wo wir uns am Entstehungspunkte des Wâdiy Chârit unter einigen Mimosen lagerten.

Links vom Dorfe erhebt sich ein Hügel in der Form eines Halbmondes, auf welchem ein „Wachtthurm" steht, um den einige 20 Hütten gruppirt sind. Dieser Ort heißt Hiẓn el Ghowayr.[*]

92 Wâdih Chârit. Wâdih Châhile.

In dem Raume, welchen die concave Seite des Hügels einschließt, liegen terrassenförmig übereinander mehrere Weideplätze. — Wâdih Chârit mündet bei dem Orte Toqnm el Ayssâr [20]) in den Wâdih El Ayssâr.

Der Thermometer stand um Mittag bei wolkenlosem Himmel und Nordwestwind 20° R.

Gleich nach Mittag brachen wir auf und kamen nach einer halben Stunde an einem großen Wasserbehälter vorüber, welcher am Entstehungspunkte des Wâdih Bâ Rahhara eingehauen ist und mit Wasser gefüllt war. Der Wâdih Bâ Rahhara wendet sich rechts vom Wege ab und mündet in den Wâdih Chârit.

Einige zwanzig Minuten später sah ich rechts am Wege in den Wâdih Chowahr hinab, welcher sich mit dem Wâdih Chârit vereinigt. Ein Weg, welcher in diesen Wâdih hinabführt, wird von einem Wachtthurm vertheidigt, welcher von einigen Beduinen des Stammes Dschanbuch besetzt ist. Links entsteht der Wâdih Bâ 'Auba, der dem Wâdih Cirbe tributär ist. Neben dem Thurme befindet sich eine Cisterne.

Ein Viertel 2 Uhr kamen wir wieder an zwei Cisternen und um 2 Uhr an dem Wâdih Ess Eshrabbe vorüber, welcher mit dem Wâdih Chârit zusammenhängt. Zwanzig Minuten später füllten wir unsere Schläuche aus einer Cisterne, und bezogen um 3 Uhr unser Nachtlager am Wâdih Châhile, der in den Wâdih Chârit mündet. — Die Hauptrichtung während der heutigen Tagereise ist West, 30° Nord.

Wir fanden hier bereits 20 Beduinen des Stammes Aqahbere mit einigen 20 Kameelen gelagert, welche Waaren nach dem Wâdih Do'án beförderten.

Nachdem die Begrüßungen beendigt waren und die Kameele unter der Aufsicht einiger Beduinen in den Wâdih geschickt worden waren, wurden mehrere Feuer angezündet und zur Abschlachtung der Schafe geschritten. Als Gastgeber beeilte ich mich, die Tugend der Gastfreundschaft zu üben und lud die fremde Partei zum bevorstehenden

Mahlzeitsgebräuche der Beduinen.

Schmause ein, welches mir, wie man denken kann, warme Lobeserhebungen erwarb. Ein Jeder mußte nun, dem Gebrauche gemäß, etwas zur Bereitung des Gastmahls beitragen. Einige holten Holz, Andere sammelten Kiesel, noch Andere schafften Wasser zum Reinigen der Thiere herbei, oder halfen meinem „Führer", der das Schlachten übernommen hatte, da er als mein „Beschützer" (Dachayl) seine Ansprüche auf die Felle geltend machte. Ihr Verfahren bei dieser Gelegenheit ist so eigenthümlich, daß es hier wohl beschrieben zu werden verdient.

Nachdem nämlich das Thier geschlachtet ist, wird es an den gespreizten Hinterfüßen aufgehangen, die abgezogene Haut wird auf dem Boden ausgebreitet, um das Fleisch darauf zu legen, welches bis auf die Schenkel abgeschnitten wird, bevor die Eingeweide herausgenommen sind. Hierauf wird der Magen herausgenommen, gereinigt und zerstückt; um die Eingeweide zu reinigen, nahm mein Führer den Mund voll Wasser und blies dasselbe so stark als möglich in den Anus des Thieres, während es dessen Gehülfen durch die Eingeweide drückten. Diese Operation wiederholte er, bis Alles genügend rein erachtet wurde. Das an ihnen haftende Fett wird dann abgetrennt, sie selbst abgenommen und in fingerlange Enden geschnitten, um welche dann das Fett gewickelt wird. Zuletzt werden dann auch die Schenkel zu kleinen Stücken zerschnitten. — Mittlerweile haben Andere von großen Steinen einen kreisförmigen Heerd errichtet, auf denselben einen großen Holzhaufen zusammengetragen und denselben mit Kieseln bedeckt. Ist nun das Feuer heruntergebrannt, so wird das Fleisch auf die glühend gewordenen Kiesel gelegt, bis es heiß geworden ist. Hierauf werden so viele gleich große Haufen gemacht, als Personen zugegen sind, und zur Theilung verschritten.

Um jeden Streit zu vermeiden — giebt ein Jeder irgend einen Gegenstand, welcher in ein dazu bereit gelegtes Tuch geworfen wird. Einer der Gesellschaft nimmt diese Pfänder in Empfang, schüttelt sie durcheinander, und setzt sich, mit dem Rücken nach dem Fleische gewandt, nieder. Ein Anderer zeigt dann auf den Fleischhaufen und fragt: „Für wen derselbe bestimmt sei?" Hierauf wird ein Pfand aus dem Tuche gezogen und auf das bezeichnete Fleisch gelegt. Ein Jeder nimmt dann das Fleisch, auf welchem sein Pfand liegt.

Das Fleisch ist dann noch roh. Die Beduinen essen es aber so am liebsten — wenigstens sah ich äußerst selten, daß sie es noch einmal auf die glühenden Kohlen gelegt hätten. — Ebenso essen sie es ohne Salz, und scheinen sogar den Gebrauch des Salzes lächerlich zu finden. Wenigstens machte Einer den Andern darauf aufmerksam, daß ich mich desselben bediente, und Alle lachten herzlich darüber; — aus welchem Grunde, konnte ich nicht erfahren; die Scheriffe versicherten mir übrigens, daß die Beduinen zu keiner ihrer Speisen Salz gebrauchen.

Am Abend (des 2. Juli) flammten in unserm Lager, dessen Stärke jetzt auf 36 Mann und 50 Kameele gestiegen war, acht Feuer auf, um welche die Beduinen gelagert, durch die eingenommene Mahlzeit froh gestimmt, sich mit Gesang ergötzten.

Sie sangen „Hodschahyny" und „Achämer". Die erstere der beiden Gesangweisen, Hodschahyh, ist „erotisch", und wird nur von einer Person vorgetragen; der zweite, Achämer, ist „panegyrisch" und wird im Chore vorgetragen. In der Regel singt Einer einige Worte aus dem Stegreif, worauf dann der ganze Chor diese Worte wiederholt. Von einem andern Feuer antwortete einer auf diese ersten Strophen und fuhr in dem Lobe fort, und der Chor wiederholte dann die gesungenen Worte. Dieser Chorgesang pflanzte sich von Feuer zu Feuer fort und dauerte bis spät in die Nacht. — Im Uebrigen war der Gesang zwar rauh, aber sehr harmonisch und durchaus von dem Gesange der Aegypter verschieden.

Bei Sonnenuntergang, Nordwestwind und heiterm Himmel stand der Thermometer auf 18° R.

Am 3. Juli brach unsere vereinigte Qáfila früh 6 Uhr auf und langte um ½8 Uhr an zwei Wâdihs an, deren Namen ich nicht erfahren konnte. Der zur Rechten mündet in den Wâdih Chárit und

Cisternen und Zufluchtshäuser.

der zur Linken in dem Wâdih Raube. Hier befindet sich ein Wasserbehälter, welcher in den Felsen gehauen ist, und eine „Cisterne", beide aber waren ohne Wasser. Um 8 Uhr trafen wir eine „Cisterne", und um 9 Uhr den Wâdih Hebât, welcher bei der Stadt Tfâhir [80]) in den Wâdih Do'ân mündet. Kurz vor 10 Uhr lagerten wir uns an einem Wâdih, der sich mit dem Wâdih Hebât vereinigt und an welchem eines jener „Zufluchtshäuschen" steht. Hier sind nicht weniger als 17 Cisternen in einer Reihe eingehauen, von denen aber nur einige Wasser enthielten.

Um Mittag war der Thermometerstand bei heiterm Himmel und Nordwestwinde 20°. Am Morgen bei Sonnenuntergang 10° R.

Um ½1 Uhr setzten wir die Reise fort und gelangten nach einem Marsche von ¾ Stunde an den Wâdih Colayle [81]), der in den Wâdih Eff Sfabal [82]) mündet und dessen Entstehungspunkt wir nach zehn Minuten erreichten. Er mündet bei der Stadt Darrahn [83]) in den Wâdih Do'ân. Ihm gegenüber sah ich rechts vom Wege den Wâdih Esch Schaff [84]), der sich mit dem Wâdih Mimia vereinigt. Zwei andere Wâdih Chabhâra [85]) und Dolle [86]), an denen wir um ½3 Uhr vorüberkamen, münden in den Wâdih Do'ân; der erstere bei der Stadt 'Aiwra [87]), der andere bei dem Dorfe Esch Scharq [88]).

Zehn Minuten später trafen wir vier kleine Häuschen und 13 Cisternen: dieser Ort wird Oabr Bayt [89]) genannt.

In kurzen Zwischenräumen kamen wir noch an einer „Cisterne", einem „Wasserbehälter" und einem jener kleinen „Zufluchtshäuser" vorüber, die Schutz gegen die Witterung gewähren, und lagerten dann ¼ nach 4 Uhr auf der Ebene.

Die Beduinen hatten hier einen harten Stand, da sie Brennholz und Futter für die Kameele aus dem entlegenen Wâdih Dolle holen mußten und daher spät erst ihr Brod backen konnten. Wie wenig die Beduinen die Vorschriften des Qorân beachten, und wie wenig delicat sie in der Wahl ihrer Speisen sind, kann man aus folgender Thatsache entnehmen.

Einer der Beduinen unserer Dâfila brachte eine große Eidechse mit und warf sie lebendig, wie sie war, in die Gluth der brennenden Kohlen; kaum war das Thier todt und die Haut von der Hitze geborsten, so zog er es hervor und verspeiste es mit seinen Gefährten. Auf meine Bemerkung, daß der Genuß solcher Thiere verboten sei, antwortete man mir lachend: „Nur für die Städter sind solche Gebote gegeben, nicht aber für uns, die mit dem zufrieden sein müssen, was wir hier im Gebirge finden."

Die Richtung, welche wir während dieser Tagereise eingehalten hatten, war Nord 12′, West. Mit Sonnenuntergang stand der Thermometer bei heiterm Himmel und Nordwestwind auf 18".

4. Juli. Am folgenden Tage zogen wir nach 6 Uhr in der Richtung Nord 32, West dem nahen Wâdiy Do'ân zu, und meine Erwartung war, nach dem, was man mir von ihm erzählt hatte, nicht wenig gespannt. Bereits eine halbe Stunde waren wir unterwegs, und noch immer sah ich nichts als die unabsehbare steinige Fläche. Kaum 300 Schritt von dem Wâdiy entfernt, bemerkte ich endlich den gegenüberliegenden Rand desselben, der immer sichtbarer hervortrat, je näher wir kamen. Wir stiegen von etwa 40 Fuß in eine enge Schlucht hinab, und gelangten in einigen Minuten an den Rand dieses merkwürdigen Wâdiy.

Nie ward ich so mächtig überrascht, wie von dem Anblick, der sich jetzt so plötzlich barbot. Er war unvergleichlich, im höchsten Grade anziehend und originell. Da das Hinabsteigen der Câfila auf dem sehr schwierigen und gefährlichen Wege nur langsam von statten ging, so setzte ich mich auf einen seitwärtsliegenden Felsblock, um diese Scene mit Muße betrachten zu können. Ich sah in eine 600 Schritt breite und 500 Fuß tiefe, von senkrechten Felsenwänden begrenzte Schlucht hinein, von deren halber Höhe aus hinabgerollte Felsstücke und Schutt des verwitterten Gesteins eine sanfte Abdachung gebildet haben, welche den Thalboden auf eine Breite von 300 Schritt reducirt. Auf ihr erheben sich amphitheatralisch Städte und Dörfer, zwischen denen einzelne Gehöfte und Gräber von Heiligen liegen. Thalabwärts bemerkte ich die Städte: Carrayn, Raschyd und 'Aiwra. Ueber sie

Ankunft im Wâdiṭ Do'ân.

hinaus begrenzt die Felswand des sich daselbst wendenden Thales die Aussicht. Thalauswärts sah ich die Städte: Chorayhe, Ribâṭ, und die Dörfer: Chorbe, Dâm el Manâṣil, Esch Scharq und Bâ Dschiṣâs. Alle diese Orte liegen auf einer Strecke von einer Stunde beisammen. — Dichter Dattelpalmenwald und grüne Saatfelder bedecken das Thal und nur hier und da zeigt sich das trockene Bette des Wildbachs als blendend weißer Streifen zwischen dem dunkeln Grün der Palmen.

Dieser Anblick entschädigte mich reichlich für alle Entbehrungen, welche ich während der Reise erduldet hatte, und flößte mir neuen Muth ein, diese interessanten Gegenden weiter zu erforschen.

Die Câfila war mittlerweile an mir vorübergezogen und der Zuruf der Beduinen entriß mich meinen Betrachtungen.

Der Weg, welcher in das Thal führt, ist etwa 6 Fuß breit und wird zur Linken von der hochaufsteigenden Felswand begrenzt, während zur Rechten der Abgrund droht. An vielen Stellen führt er auf einer Treppe 8 bis 10 Stufen abwärts, an andern ist er mit Kieseln gepflastert und der felsige Boden durch das Auf- und Absteigen der Thiere und Menschen spiegelglatt geworden. Da keine Wehr existirt, so ist es ein wahres Wunder, daß nicht mehr Unglücksfälle vorkommen, als die wenigen, von denen man mir später erzählte.

Bewundernswerth ist die Sicherheit des Schrittes, mit welcher die Kameele diesen glatten Weg zurücklegen. Ich selbst glitt im Anfang mehrere Male aus, weshalb ich dem Rathe meines Führers folgte und die Sandalen auszog. Unter den unaufhörlichen Zurufungen: „Gieb Acht!", „Langsam!", „Halt fest!", Zurufungen, denen die Kameele mit Aufmerksamkeit horchten, hatte die ganze Câfila um 8 Uhr das Thal ohne Unfall erreicht, wo sie sich in verschiedene Abtheilungen sonderte, von denen eine jede, je nach der Richtung des Ortes ihrer Bestimmung, eine andere Straße zog. Wir zogen thalaufwärts durch den Palmenwald, wo die Kameele das Bette des Wildbachs als Straße benutzten, während die Fußgänger auf den Fußsteigen blieben, welche auf den Dämmen liegen.

Um ½9 Uhr langten wir an dem Orte unserer Bestimmung,

der Stadt „El Chorahbe" an. Mein Führer befand sich mit meinem Gepäcke und führte mich durch die engen, krummen und steilen Straßen in das Haus des Schahch „'Abb 'Allah Bd Esndân". Die neugierige Stadtjugend lief von allen Seiten herbei, um den Fremden zu sehen, jedoch ohne mich zu belästigen oder gar zu beleidigen; im Gegentheil betrug sie sich sehr anständig und drängte sich heran, um mir die Hand zu küssen.

Nach wiederholtem Klopfen wurde die Thüre von einem hochgewachsenen jungen Manne geöffnet, der sich als „Schahch 'Abd el Lâbir" und Sohn des Hauses gab, weshalb ich ihm, der Sitte des Landes gemäß, die Hand küßte. Er hieß mich willkommen und führte mich eine schmale dunkle Treppe hinauf, in ein Zimmer im oberen Theil des Hauses, von dem aus ich eine herrliche Aussicht in das Thal genoß.

Hier entrichtete ich den Gruß von dem Schahch Mohammed el Bâ Harr und übergab ihm das Empfehlungsschreiben an seinen Vater. Zu gleicher Zeit bat ich, demselben vorgestellt zu werden; man sagte mir aber, daß er ruhe, und gab mir das Versprechen, mich Nachmittag zu ihm zu führen. — Gleich darauf erschienen noch drei andere Söhne des Hauses, die Schahchs Mohammed, Ahmed und Abu Bekr, welche mich bewillkommneten und sich angelegentlich nach meinem Befinden und dem Verlauf meiner Reise erkundigten. — Hierauf kam ein Sclave, wusch mir die Füße und rieb sie mit Butter ein. Es herrscht diese Sitte in allen Gegenden dieses Landes, und der Reisende würde ein Recht haben, sich über einen Mangel an Aufmerksamkeit Seitens seines Wirthes zu beklagen, im Falle sie nicht beachtet würde. Dasselbe gilt vom Räuchern der Stube mit Weihrauch — welches täglich fünf- bis sechsmal geschieht. — Nach einiger Zeit brachte ein bereits erwachsenes Mädchen Kaffee und Datteln. Es war die Schwester des jungen Schahch, „Sophir", ein Name, den ich hier nicht zu finden hoffte. Noch mehr aber wunderte ich mich, sie mit unbedecktem Gesicht vor einem Fremden erscheinen zu sehen, welches hier, wie ich später erfuhr, allen unverheiratheten Mädchen gestattet

Kleinliche religiöse Vorschriften.

ist. Nachdem wir den Kaffee getrunken hatten, entfernten sich die Schahchs, damit ich mich ungestört der Ruhe überlassen könne.

Mir selbst überlassen überdachte ich meine Lage, deren Schwierigkeiten ich mir nicht verhehlen konnte. Ich befand mich auf einem Boden, der, als heilig anerkannt, nur von Mohammedanern betreten werden darf, und überdies in dem Hause eines Mannes, der von dem höchst fanatischen Volke wie ein Heiliger verehrt wurde.

Bei den Beduinen, welche ihre eigene Religion wenig kennen — und fast keine ihrer Vorschriften befolgen — ist es leicht, als Muselmann zu gelten. Hier aber hatte ich es mit Leuten zu thun, welche als handfeste Theologen auch die kleinsten Fehler bemerken und bei einem schärferen Examen leicht die Entdeckung machen konnten, daß ich kein Mohammedaner sei. Geschah dies aber, so würde ich ohne Weiteres der Wuth eines fanatischen Pöbels Preis gegeben. Bei einer Religion, wie die mohammedanische, welche fast einzig und allein darin besteht, einige Stellen des Corâns unter sinnlosen Gesticulationen herzuleiern und bei dem Gebete die vorgeschriebenen Formen zu beobachten, scheint es freilich ein Leichtes zu sein, als Bekenner derselben aufzutreten; aber es giebt eine Unzahl von Kleinigkeiten, welche berücksichtigt werden müssen.

So unterscheiden sich z. B. die beiden Secten der Hanefy und Schâfi'y unter Anderem dadurch, daß Erstere bei der Abwaschung (Ablution) Arme und Füße „nur bis zum Ellbogen und Knöchel", Letztere hingegen „vier Finger breit höher waschen", und andern Unsinn mehr. — Dann darf ein echter Muselmann nicht anders als mit der rechten Hand Speise und Trank zum Munde führen, nichts unternehmen, ohne vorher die Worte auszusprechen: „B'ism Illah er rahmân errahhym", d. h. „Im Namen des allbarmherzigen Gottes!" Er darf keinen Gegenstand auf die Erde werfen oder auf die Erde werfen sehen, ohne „tesdur", d. h. „erlaubt" zu sagen, und dergleichen mehr. — Solcher Kleinigkeiten giebt es, wie gesagt, eine unzählige Menge, die ein echter Muselmann streng befolgen und beachten muß, und man muß wirklich ein geborener Muselmann sein, um alle diese Abgeschmacktheiten genau kennen zu können.

Man kann hiernach abnehmen, welche Vorsicht ich anwenden mußte, um nicht aus der Rolle zu fallen, und ich folgte daher am Nachmittag mit klopfendem Herzen einem Diener, der mich zu dem alten Schaych führte.

In einem Zimmer des oberen Stockwerks, welches mit ellenbreiten Streifen eines schwarzen, grobgewebten Wollenzeuges bedeckt war, und keine andern Möbel enthielt, als einen mit Büchern gefüllten Wandschrank, saß in einem Winkel auf persischem Teppiche der Schaych 'Abd Allâh Bâ Sûdân, ein etwa 70jähriger, hagerer, vollkommen erblindeter Greis. — Um ihn, mit aufgeschlagenem Corân in der Hand, seine Söhne, nebst einem halben Dutzend junger Scherŷf und Sfayydŷ.

Bei meinem Eintritte standen Alle, mit Ausnahme des alten Schaych, auf und erwiderten meinen Gruß: „Eß Sfalâm 'alaykom!", d. h. „Friede sei mit Euch!" mit der üblichen Antwort: „'Alaykom eß Sfalâm!", d. h. „Mit Euch sei Friede!" Ich schritt dann auf den ehrwürdigen Alten zu und küßte ihm beide Seiten der Hand, welches er aus Höflichkeit zu verhindern suchte; ich wandte mich hierauf zur Versammlung und sprach der Sitte gemäß: „Haqq esch Schêrâf!", d. h. „das Recht der Scherŷfe!", worauf sogleich alle Scherŷfe und Sfayydŷ [*]), unter welchen auch ein 12jähriger Knabe — mir die Hände entgegenstreckten, welche ich denn auch pflichtschuldigst beroch. Die Art und Weise, mit der sie diese Ehrenbezeigung annahmen, war so anmaßend und impertinent stolz, daß nur der Drang der Umstände mich vermochte, meinen Widerwillen zu überwinden.

Die Söhne meines Wirths, denen ich als Schaychs die Hände küssen mußte, ließen nach vielem Widerstreben meinen Mund die Finger streifen und wollten den Handkuß erwiedern.

Nachdem diese Ceremonie beendet war, nahm ich im Kreise Platz; ich mußte dem Schaych über mein Vaterland, den Verlauf und die Absicht meiner Reise Rechenschaft geben.

Alterthümer im Wâdiy Ghaybun.

Dann frug er mich, zu welcher Secte ich gehöre, worauf ich ihm die Hanefy nannte, zu welcher Secte sich fast alle Aegypter bekennen. Zu meinem unendlichen Vergnügen war das die einzige Frage, welche die Religion betraf.

Dagegen mußte ich von Aegypten und Mohammed 'Alyy, welchen der alte Schaych früher während seiner Pilgerreise nach Menâ in Dschebba gesehen und gesprochen hatte, viel und ausführlich erzählen. Da der Alte wahrscheinlich noch einige Kapitel des Corân mit seinen Zöglingen durchnehmen wollte, so empfahl ich mich und ging in mein Zimmer zurück.

Am Abend kamen mehrere Scherife und statteten mir ihren Besuch ab, während welchem sich das Gespräch um Aegypten, seinen Beherrscher und den Zustand ihres Landes drehte. Schaych 'Abd el Câdir machte mich auf einen Schaych aufmerksam, der, wie er mir sagte, alle Gegenden des Habramaut kenne. Ich knüpfte daher mit diesem Manne ein Gespräch an, welches ich nach und nach auf die „Hypogäen" lenkte, welche nach Fresnel im Wâdiy Do'ân existiren sollen. Er theilte mir mit, daß sich bei der Stadt Meschheb 'Alyy an der Mündung des Wâdiy Ghaybun in den Wâdiy Habscharyn etwa „40 Grabmäler" befänden, welche er mir aber, nicht als in Felsen gehauen, sondern als kleine Häuser beschrieb, welche aus behauenen Quadern aufgeführt wären. Diese Gebäude, beschrieb er, hätten nur eine Kammer und über dem Eingange eines jeden befände sich eine Inschrift, die Niemand lesen könne.

Aehnliche Inschriften, erzählte er mir, fände man auch in Beled el Habschar, namentlich im Wâdiy 'Obne.

Außer andern merkwürdigen Mittheilungen, welche ich an Ort und Stelle näher bemerken werde, erfuhr ich von ihm, daß die Gegend, welche ich von Malalla aus bereist hatte, sowie auch der Wâdiy Do'ân **) und andere Thäler, welche er mir nannte, zu einer Provinz gehören, welche Beled beny 'Yssâ (das Land der Söhne 'Yssâ's) genannt würde, und nicht zum eigentlichen Habramaut, welches einige Tagereisen nach Nordosten läge, u. s. w.

Abhängige Stellung der Sultane.

Jede Stadt, ja fast jedes Dorf des Wâdiŋ Do'ân hat seinen Herrn, der sich die verschiedenen Titel „Sultan", „Dawlet", „Naqyb" oder „Dula" beilegt.

Alle diese kleinen Fürsten oder vielmehr „Feudalherren" sind zwar einer von dem andern unabhängig, stehen aber sämmtlich unter dem Schutze oder vielmehr der Herrschaft der hier hausenden Stämme El Châmine und Moráschide, denen sie einen jährlichen Tribut entrichten müssen. Bei vorkommenden Streitigkeiten zwischen zweien dieser Sultane werden sie gewöhnlich als Schiedsrichter von denselben anerkannt. Eine Anzahl Beduinen der beschützenden Stämme wohnen mit den Sultanen in ihren Thürmen, welche außerhalb der Städte so angelegt sind, daß sie dieselben beherrschen. Durch diese Einrichtung haben die Beduinen nicht nur die Stadt, sondern auch den Sultan in ihrer Gewalt. Die beiden hier herrschenden Stämme sind Unterabtheilungen des Stammes Beny Sjaybân. Der Schaych des Stammes Châmine heißt Hossayn bâ Sohra ben 'Amudy, und der Schaych des Stammes der Moráschide heißt 'Abd er Rahman bâ Dorra ben 'Amudy, und wohnen beide zu Choraybe. Der Sultan, der zur Zeit meiner Ankunft dort regierte und dem auch das gegenüberliegende Dorf Esch Scharq gehört, hieß: Menâṣiḥ ibn 'Abd Allah ibn den 'Yssâ el 'Amudy, und stammt, wie alle seine Collegen, in gerader Linie von dem heiligen Ssa'yd ibn 'Yssâ el 'Amud ibn Hodun ibn Hud ab. Er residirt in einigen festen Thürmen, die südlich von der Stadt, nur durch eine tiefe Schlucht oder Hohlweg von derselben geschieden, dergestalt liegen, daß sie einen großen Theil der Stadt beherrschen. Die Gruppen von Thürmen heißen „El Ârr".

El Choraybe liegt an der westlichen Seite des Wâdiŋ und zählt ungefähr 6000 Einwohner, welche den Geschlechtern der 'Amudy und Coraÿschy angehören und sich mit Ackerbau und Handel beschäftigen. Die Straßen sind eng und abschüssig, mit Kiesel gepflastert und überall mit Kehricht bedeckt, den man nur dann und wann hinwegräumt, um ihn als Dünger zu gebrauchen. — Fast neben jedem Hause befindet sich eine kleine Lache, in welche sich Wasser und Unrath

Bauart und Einrichtung der Häuser.

sammelt und mehr wie einen Sinn unangenehm berührt. — Dieses macht das Gehen auf den Straßen eben nicht angenehm, besonders, da man immer besorgen muß, von oben herab mit schmutzigem Wasser begossen zu werden. — Die Form der meist vier, auch fünf Stock hohen Häuser erinnert mich an die der Tempel der alten Aegypter, welche, wie sie, oben schmäler als unten sind.

Die Fenster sind verhältnißmäßig sehr klein und werden nur mit starken Läden von hartem Holze verschlossen, da Glasscheiben unbekannt sind. Außer dem Fundament, welches aus unbehauenen Steinen etwa sechs Fuß hoch über den Erdboden reicht, ist der obere Theil der Häuser aus Lehmziegeln aufgeführt, welche, obgleich in der Sonne getrocknet, dennoch sehr dauerhaft sind.

Die Terrasse steht ungefähr 2 Fuß vor, und ist mit einer ungefähr 4 Fuß hohen Mauer umgeben. In jedem Stocke sind die Zimmer durch einen Gang verbunden, auf welchen die schmale Treppe ausmündet. Die Wände der Zimmer, Treppen, Gänge, sowie auch deren Fußböden und die Stufen der Treppe sind mit einem thonigen Cement belegt, in denen zur Zierrath breite, wellenförmige Streifen eingedrückt sind. Die Hausthür ist sehr niedrig und geschmackvoll mit Schnitzwerk verziert, in der Regel ist auch ein Spruch aus dem Coran darauf angebracht; die Einrichtung der Zimmer ist sehr einfach, denn außer einem Wandschrank, dessen Thür mit eingeschnitzten Arabesken und großen messingenen Nägelknöpfen geschmückt ist, sieht man keine Möbel. Der Fußboden ist entweder ganz oder nur längs den Wänden mit dem oben erwähnten schwarzen Wollenzeuge bedeckt, und an den Wänden hängen Luntenflinten, Säbel, kurze Lanzen und Schilde. — An der Wand, welche der Ka'ba (Mekka) zugewandt ist, hängen mehrere kleine Matten, auf denen man das Gebet verrichtet. In allen nach Außen gehenden Wänden und im vorspringenden Theile der Terrasse sind runde Schießlöcher angebracht. — Die Wohnungen der Sultane und großen Schöchs erkennt man an den „Hörnern des Steinbocks", welche auf der Terrasse und allen oder einigen Ecken eingemauert sind.

Große Unsicherheit des Handels.

Die Stadt besitzt drei Moscheen und einen kleinen „Basar", in welchem sich höchstens einige zwanzig spärlich ausgerüstete Kaufläden befinden. Die Häuser sind von Außen so dicht aneinander gebaut, daß sie die Stelle der Stadtmauern vertreten; roh gearbeitete starke, hölzerne Gitter verschließen die Ausgänge der Straßen. Brunnen befinden sich sowohl innerhalb, als auch außerhalb der Stadt mehrere, welche ein vortreffliches Trinkwasser in gehöriger Menge liefern.

Mit Sonnenuntergang stand der Thermometer bei heiterem Himmel und Windstille 20°.

5. Juli. Am folgenden Morgen machte ich in Begleitung Schaych Abu Bekr's, des jüngsten Sohnes meines Wirths, einen Spaziergang in die Umgebung der Stadt. Während wir über den Basar gingen, bemerkte ich dem Schaych: „daß ich den Basar für eine solche Stadt — schlecht versorgt fände". Darauf entgegnete er mir: „daß die Städte Ribât, Raschyd, Awra und Carrahn keinen Basar besäßen, und daß die Kaufleute ihren größern Waarenvorrath in ihren Häusern hätten. Da aber die beiden Beduinenstämme des Blâdiy mit denen der Umgegend fortwährend im Streite lägen, und daher jeden Augenblick ein Ueberfall möglich sei, so wagten sie es nicht, die in solchen Fällen unbeschützten Kaufläden mit ihren Waaren zu füllen. Selbst die beiden sonst befreundeten Stämme geriethen oft innerhalb der Stadt in Streit, wobei die Einwohner für die Einen oder die Andern Partei nähmen, und die den Besiegten zugehörigen Kaufläden gewöhnlich geplündert würden. Aus diesem Grunde verläßt Niemand sein Haus, ohne mit Gewehr und Dolch bewaffnet zu sein, und jeder Kaufmann hat in seinem Laden seine geladene Flinte neben sich stehen."

Welch ein Zustand! Keine seelenläuternde Moral legt hier der rohen Gewalt Fesseln an, und in seiner ursprünglichen Rohheit herrscht hier noch das Faustrecht. — Die Religion kann keinen mildernden Einfluß ausüben, — denn die, welche hier herrscht, ist nicht die Religion der Liebe und Versöhnung, sondern die des Schwertes.

Festungsthürme. Bewässerung.

Die beiden Beduinen-Schaychs, ein Neffe des Sultans und der Nâbyh saßen auf einer Erhöhung neben einem Kaufladen, und waren, wie mir mein Begleiter sagte, beschäftigt, Streitigkeiten zu schlichten; eine Menge Beduinen umgaben sie. Es schien mir aber, daß die Furcht des Herrn nicht groß bei ihnen war; denn sie machten einen Lärm, daß man sein eigenes Wort nicht hören konnte. Schaych Abu Bekr machte mich mit dem Schaych bekannt, und nach den landesüblichen Begrüßungen setzten wir uns auf eine Matte nieder; setzten aber, nachdem wir die Neugierde dieser „Gewaltigen" befriedigt hatten, unsern Spaziergang fort. Durch ein enges Gäßchen gelangten wir ins Freie und stiegen in die Schlucht hinab, welche El Arr von der Stadt trennt und mit Dattelpalmen dicht besetzt ist. Am Abhange der gegenüberliegenden Anhöhe fielen mir die oben erwähnten ansehnlichen Substructionen auf. Sie sind aus roh behauenen Quadern gemauert, welche mit einem steinharten Mörtel verbunden sind und hier und da noch 3—4 Fuß über den Schutt hervorragen. — El Arr besteht aus „12 Thürmen", die dergestalt angelegt sind, daß sie sich gegenseitig bestreichen. Von El Arr stiegen wir ins Thal hinab, wo ich die Wasserleitungen besah, deren zweckmäßige Anlagen in einem „solchen" Laude wirklich überraschen.

Das 20 Fuß breite Flußbett, welches, wie die meisten Wâdihs, nur nach jedesmaligem Regen Wasser führt, hat auf beiden Ufern 10 Fuß hohe Dämme, deren Breite an der Basis 8 Fuß, im obern Theile aber nur 4 Fuß mißt. Sie sind aus dem festen, mergligen Thone des Wâdih aufgeführt, und mit großen Steinen, sowohl nach Außen, als nach Innen bekleidet. Hier und da sind in diesen Dämmen kleine runde Oeffnungen angebracht, durch welche das Wasser in kleine Kanäle fließt, welche je nach der Höhe des danebenliegenden Terrains höher oder tiefer angelegt sind.

Die obere Fläche der Dämme ist mit kleinen Steinen gepflastert und dient als Weg für die Fußgänger. — Steinerne Brücken existiren nicht, und nur hier und da sieht man, von einem Damm zum andern, drei bis vier Dattelpalmstämme neben-

Fruchtbarkeit des Wâdih Do'ân.

einandergelegt. — Da das Thal einen ziemlich starken Fall hat, so sind im Flußbette an verschiedenen Stellen 4—5 Fuß hohe Querdämme oder Wehre gezogen, oberhalb welcher sich das Wasser staucht und dadurch in 4 Fuß breite, ebenfalls eingedämmte Nebenkanäle gedrängt wird, die das Terrain bewässern, welches thalabwärts, längs den Abhängen, folglich höher liegt, als die Länderrien neben dem Flußbette.

Alle diese Anlagen fand ich aufs Beste unterhalten. Der Boden des Thals besteht aus einem fetten, mergligen Thon, welcher mit etwas Sand vermischt ist und sehr fruchtbar sein soll. Längs den Kanälen zieht sich eine üppige Vegetation von Aréa, Tamarisken, Mimosen, Ricinus, Platanen und Sylomoren hin. Die Felder sind auf eben die Art eingetheilt, wie die von Parr Schiwâts.

Choraybe gegenüber mündet der Wâdih Dolle, welcher mit Gärten bedeckt ist, die theils dem Sultan, theils einigen Scherhfen gehören und Bananen, Aprikosen, Citronen, Weintrauben, Gemüse mancherlei Art liefern; unter diesen bemerkte ich Babingan (Solanum melongena), Zwiebeln, Linsen, Rettige (weiße), Peterfilie, Bohnen, Lupinen, Gurken, Kürbis, Lattich u. dergl. m.

An der Südseite des Wâdih Dolle liegt das Dorf Esch Scharq, welches Eigenthum des Sultans von Choraybe ist. Schahych Abu Bekr schlug mir vor, daselbst einen Scheryf seiner Bekanntschaft zu besuchen, worein ich gern willigte, da ich keine Gelegenheit vorübergehen lassen wollte, die mir Belehrung versprach.

Wir trafen bei dem Scheryf mehrere andere Personen, welche alle sehr erfreut waren, mich zu sehen. Nachdem wir Ehre gegeben, dem Ehre gebührte, ließen wir uns nieder und zogen unsern Kaffeebeutel, aus dem ich 5—6 rohe Kaffeebohnen, nebst einem kleinen Stückchen Ingwer nahm und auf einen aus Palmblättern geflochtenen Präsentirteller legte, den ein Negersclave herumreichte. — Diese sonderbare Sitte herrscht im ganzen Hadhramaut, weshalb auch ein Jeder einen kleinen Beutel mit rohen Kaffeebohnen bei sich führt. Es würde als eine Beleidigung gelten, wenn Jemand dem, der ihm

Besuch beim Sultan von Choraybe.

Besuch macht, mit Kaffee bewirthen wollte, bevor nicht derselbe durch das Oeffnen seines Kaffeebeutels das Verlangen darnach geäußert hat; eine Ausnahme von dieser Regel ist, wenn der Fremde im Hause wohnt. Das Gespräch war für mich von wenigem Interesse, da ich nur die Neugierde der Gesellschaft zu befriedigen hatte, während sie meine Fragen nur oberflächlich beantworteten. Ich verabschiedete mich daher, sobald der Kaffee getrunken war, und kehrte nach Choraybe zurück.

Des Nachmittags besuchte mich des Sultans Bruder, ein schöner Mann, von etwa 50 Jahren, dunkler, fast schwarzer Gesichtsfarbe und mit der einfachen Tracht der Beduinen angethan. Er sagte mir, daß sein Bruder, der Sultan, mich zu sehen wünsche und ihn daher geschickt habe, mich zum Abendessen einzuladen; an Schaych 'Abd el Câdir erging dieselbe Einladung. Natürlich war ich erfreut, den Beherrscher von Choraybe kennen zu lernen, und folgte also in Begleitung 'Abd el Câdir's dem hohen Führer nach der Residenz.

Bei unserer Ankunft im Hause des Sultans schritt einer der dort Wache haltenden Beduinen voran und führte uns in die obere Etage, wo er die Thüre des Zimmers öffnete, in welchem sich der Sultan befand. An einem Fensterchen des mehr breiten als langen Gemachs saß Sultan Menâçih, ein hagerer, etwa 70jähriger Greis, auf einem persischen Teppiche, den der Zahn der Zeit bedeutend mitgenommen hatte.

Wie sein Bruder, war auch er bis zur Hälfte nackt und von dunkler Farbe, von der das blanke silberne Heft der Dschembihe und der mit kleinen silbernen Platten besetzte Riemen seines kleinen Pulverhorns nicht weniger auffallend abstach, als das schneeweiße Haar seines Hauptes und Bartes. Sein Gesicht hatte einen freundlichen edlen Ausdruck und deutete keineswegs sein hohes Alter an.

Nach beendigtem Begrüßungsceremoniel mußte ich mich neben ihn auf den Teppich setzen, die Kaffeebeutel wurden gezogen und die Bohnen von einem Sclaven gesammelt, welcher bald nachher Kaffee und eine Schüssel mit Datteln brachte.

Das Zimmer, in welchem wir uns befanden, schien das Prunkgemach zu sein; denn ob es gleich mit dem oben beschriebenen, schwarzen Wollenzeuge bedeckt war, so hingen doch gegen 30 lange Gewehre und eine Anzahl Säbel, Lanzen, Dschanbihe (Dolche), Schilde und Patrontaschen an den Wänden umher.

Der Sultan, welcher mich keinen Augenblick unbeachtet ließ, bemerkte, daß meine Blicke an den Waffen hingen, und rief daher seine Sclaven, die ein Stück nach dem andern herbeibringen mußte. Die Gewehre waren sämmtlich mit persischen Läufen versehen, die übrigen Waffen hatten aber nicht viel mehr Werth, als den des daran verschwendeten Silbers. Während ich mit der Besichtigung der Waffen beschäftigt war, kamen die beiden Beduinen-Schahchs Bâ Corra und Bâ Sohra, welche ebenfalls eingeladen waren.

Die Unterhaltung drehte sich nun um Waffen und Krieg, wobei Mohammed 'Alhy's, des türkischen Sultans, Jahh! 'Alhy und der Engländer in reichlichem Maße Erwähnung geschah. Sie erstaunten nicht wenig über Alles, was ich ihnen von der Macht und dem Reichthume Mohammed 'Alhy's, den sie (nebenbei gesagt) nicht anders nannten, als „den Sultan von Aegypten", und was ich ihnen von der Macht der Engländer und andern europäischen Mächte erzählte.

Auch hier fand ich die Meinung eingewurzelt, daß der Sultan der Beny Ottoman König der Könige und seine Macht unwiderstehlich sei. — Als ich die wahre Sachlage berichtet hatte, stellte der Sultan die Frage, „warum denn die Macht des türkischen Kaisers heruntergekommen sei?" Diese Gelegenheit, mich als eifrigen Moslim zu zeigen, ließ ich nicht unbenutzt vorübergehen und antwortete daher: „Wie willst Du, daß Gott und der Prophet, den Gott für immer verherrlichen möge, ihm Kraft verleihe, wenn er nicht die Gesetze hält, wie es eines Muselmannes Pflicht ist? Das Oberhaupt des Islams schwelgt, wie ein Ungläubiger, in Weine und verdirbt so, durch sein böses Beispiel, die alle Zucht und Sitte seiner Unterthanen! Kann es nach diesem anders sein, als daß Gott ihn in die Hände seiner

Religiöse Exclusivität. Das Abendessen.

Feinde giebt!" — Ich hätte in diesem Augenblicke Maler sein mögen, um den Ausdruck des Erstaunens und des Abscheus zu copiren, welcher sich in den Zügen meiner Zuhörer aussprach. — Nach kurzer Pause machten sie ihren Gefühlen durch ein kräftiges „Eschhed Allah!" Luft und verdammten den Sünder mit frommem Eifer in den Abgrund der Hölle. Der Sultan bemerkte dann mit Stolz, „daß der wahre Jslâm nur noch in ihren Thälern wohnhaft sei und hoffentlich mit der Hülfe Gottes, bis zum Tage des jüngsten Gerichts darin verbleiben werde." Die Versammlung sprach zu diesem frommen Wunsche ihr „Amen!" und strich mit beiden Händen über Gesicht und Bart.

Auf meine Frage, ob in ihrem Lande nicht hier und da „Juden" wohnten, antwortete mir der Sultan entrüstet, wie ich so etwas von ihrer Heimath denken könne, ihr Land sei ein Beled eb Dyn (ein Land des Glaubens), in welchem mehr Heilige begraben worden wären, als in allen andern Ländern des Jslâms und in das weder Christ, noch Jude, noch Baniane (Brahmaverehrer) kommen dürfe.

Unter solchen Gesprächen war die Stunde der Abendmahlzeit herangekommen, und nachdem wir das Abendgebet verrichtet hatten, wurde eine große runde, aus Palmblättern geflochtene Matte vor uns ausgebreitet, auf der man Weizenbrode in Form großer, flacher Kuchen herumlegte. Eine große hölzerne Schüssel mit Reis, der ohne Salz und Butter bereitet war und auf dem ein halbes gekochtes Schaf lag, wurde nun aufgetragen. Dem Gebrauche gemäß servirte man die Fleischbrühe in einem besondern Gefäß; bei dieser Gelegenheit aber war sie in einem Geschirr enthalten, welches in Europa zu einem ganz andern Zwecke bestimmt ist, nämlich: „in einem ansehnlichen, mit blauen Blumen gezierten — Nachttopfe!" Beim Anblick dieses Geschirres auf der Tafel eines arabischen Fürsten, konnte ich nicht umhin, zu lachen. — Der Sultan, welcher nebst den andern mitlachte, ohne zu wissen, warum, fragte mich nach der Ursache. Ich entschuldigte mich, so gut ich konnte, mit dem Vorgeben, an etwas Anderes gedacht zu haben, das in keiner Beziehung mit irgend einem hier vorhandenen Gegenstand stehe. — Gegen das Ende der Mahlzeit ging diese neue Art Suppenschüssel von Mund zu Mund, bis sie geleert war. Ich war neugierig zu erfahren, durch welche Schicksale dieses Geschirr bis hierher verschlagen worden sei, und man sagte mir, daß es ein Kaufmann von Makalla von einem englischen Schiffscapitain erhalten und es dem Sultan, zum Geschenk gemacht habe. Bald nachdem es dunkel geworden war, mahnte Schaych 'Abd el Qâdir zum Aufbruch, worauf uns der Sultan durch einen Beduinen bis an unser Haus escortiren ließ.

Am Morgen, mit Sonnenaufgang, bei wolkenlosem Himmel und Windstille stand der Thermometer auf 15°, um Mittags 25°, des Abends 20° R.

6. Juli. Den 6. Juli besuchte ich unter dem Schutze eines Beduinen, den mir auf mein Verlangen Schaych Bâ Sorra geschickt hatte, die etwas über ¼ Stunde von Choraybe entfernte Stadt Ribât. — Sie ist mit jener von gleicher Größe, und liegt zwischen dem Wâdih Minua und En Nebyy (des Propheten) an dem Unionspunkte beider Wâdih, der zugleich der Entstehungspunkt des Wâdih Do'ân ist. Die Richtung des Wâdih Do'ân von Choraybe nach Ribât ist Süd, 20° West. Der Wâdih Minua zieht sich in der Richtung Süd, 16° West hinauf.

Ribât gegenüber an der rechten Seite des Wâdih Minua liegt das Dorf Chorbe, und an der linken Seite des Wâdih En Nebyy das Dorf Qarn el Manâsil. ¼ Stunde oberhalb dieses Ortes liegt an der rechten Seite des Wâdih En Nebyy, da, wo er sich mit dem Wâdih Chamuda vereinigt, das Dorf Hassussa. Fast diesem Dorfe gegenüber, um ein Weniges mehr thalaufwärts, mündet der Wâdih Tanu Sfihbe. Alle diese Ortschaften sind das Eigenthum des Sultans von Ribât.

Auf dem Rückwege sah ich in der Schlucht oder dem Hohlwege von Choraybe, nicht weit von der Stadt, mehrere junge Mädchen, welche, der allgemeinen Sitte islamitischer Völker zuwider, unverschleiert gingen, sich auch nicht im Geringsten genirten, bei unserer Annäherung uns weidlich mit Fragen zu plagen. Ihr Anzug und

Frauentracht im Wäbity Do'än.

die Mittel, welche sie angewandt hatten, um recht schön zu sein, waren im höchsten Grade originell, würden aber wenig nach dem Geschmacke unserer Damen sein.

Der Schnitt ihrer Kleidungsstücke ist ganz der, wie bei den Bedninenfrauen oben beschriebene, und der einzige Unterschied besteht darin, daß sie aus feinern Stoffen verfertigt sind. Die Oberhemden waren bei Allen hellblau, der Rand an den Aermeln, der Halsöffnung und den Einschnitten auf den Schultern grün und mit Stickereien verziert, welche bei den Reichern mit Silber, bei den Aermern aber blos mit weißen Baumwollenfaden ausgeführt sind. Ebenso eine herzförmige Verzierung, welche vom Halse bis zur halben Brust niedergeht. Der Gürtel ist aus dunklerm Zeuge ebenfalls gestickt und mit einem silbernen oder messingenen Schlosse versehen.

Die Beinkleider sind meist aus roth und weiß gestreiftem Baumwollenzenge verfertigt. Je nachdem sie reich oder weniger reich sind, tragen sie fingerdicke silberne oder messingene Ringe um Bein und Arm, auch in jedem Ohre bis zu zwölf ziemlich starke Ringe, welche längs dem Rande des ganzen Ohres angebracht sind und dasselbe stark hinunterziehen, was ihnen eben kein graziöses Aussehen giebt. Einige dieser jungen Schönen hatten noch zum Ueberfluß in jedem Nasenflügel einen Ring angebracht. — Auf jeder Seite des Kopfes ordnen sie sich ihr Haar in Kugeln, welche sie traubenförmig zusammenbinden. Um so viel als möglich solche Kugeln aufweisen zu können, welche gewöhnlich die Größe einer halben Mannesfaust haben, nehmen sie ihre Zuflucht zu alten Stücken verschiedener Stoffe, über welche die Haare gewickelt werden. Die ganze Frisur wird dann mit einer Gummiauflösung überstrichen, um ihr den gehörigen Halt zu geben. Von einer Schläfe zur andern binden sie ein farbiges Band, an welchem mehr oder weniger kleine metallene Kästchen (Chis) von der Form kleiner Schnupftabaksdöschen angebracht sind, in welchen „geschriebene Amulette" stecken. Das Haar ist an beiden Seiten und in der Mitte, von vorn nach hinten, mit fingerbreiten rothen Streifen bemalt.

Gesicht, Hals, Arme und Füße sind mit einem Extract der Curcumawurzel gelb gemalt und ersteres (das Gesicht) mit rothen und indigoblauen Blümchen bemalt. Die Augenlider sind mit dem oben beschriebenen Kohl stark gefärbt. Der Anblick des Costüms, welches ich hier beigegeben habe*), wird eine richtige Idee von dem ganzen Anzuge geben, richtiger, als es meine Beschreibung vermag.

Die Kinder der „Do'âuh" gehen, mit Ausnahme der Reichen, bis zu ihrem vierten Jahre vollkommen nackt.

Ihr Haupthaar haben sie auf eine ganz eigenthümliche Art geschoren. So sah ich Einige, welche nur oberhalb der Stirn einen runden Büschel Haare trugen; Andere, bei denen man nur oberhalb der beiden Schläfe einen Büschel und über den Scheitel von vorn nach hinten einen zwei fingerbreiten Kamm hatte stehen lassen; noch Andere endlich, bei denen zwei dergleichen Kämme den Kopf in drei Felder theilten. Diese Art, das Haupt zu scheeren, ist jedoch nur bei den Knaben gebräuchlich.

Die Frauen tragen die Kinder nicht, wie die Aegypterinnen, auf der Achsel, sondern sie setzen sie rittlings auf die Hüfte. Die Kinder der Reichen tragen, wie die Erwachsenen, weiter keine Kleidungsstücke, als einen Schurz um die Hüfte und ein kleines vorn offenes Hemd mit langen engen Aermeln. Kopfbekleidung sah ich nur bei den größern Knaben und verheiratheten Frauen.

Um die Kinder vor Unglücksfällen und dem Einflusse des bösen Auges zu schützen, hängt man ihnen eine Menge Amulette um, welche bei reichen Leuten in silberne Kapseln eingeschlossen, bei den Armen aber in Leder eingenäht sind. Bei mehrern dieser Kinder zählte ich bis zu 50 solcher „Talismane".

Nachdem ich die Neugierde dieser Schönen wenigstens zum Theil befriedigt hatte, begab ich mich, so schnell es sich thun ließ, nach meiner Wohnung, da Einige der Mädchen Miene machten, meine Geduld noch ferner auf die Probe zu stellen.

---

*) Wrede's Costümbilder gingen, wie gesagt, verloren.

Gefahr beim Besuch der Ruinen.

Nach meiner Zurückkunft besuchte ich meinen greisen Wirth und zeigte ihm meinen Entschluß an, noch vor der Esphâra (Wallfahrt) nach Châbun, „die Ruinen im Wâdiy 'Obne und dem Wâdiy Mahfa'a" zu besuchen, zugleich bat ich ihn, mich mit Empfehlungsschreiben nach jenen Gegenden zu versehen. Erstaunt frug er mich: „warum ich mich den Beschwerden und Gefahren einer solchen Reise aussetzen wolle, da ich doch ruhig das Fest in seinem Hause abwarten könne, wo es mir an Nichts mangeln würde". Ich dankte ihm für die Güte, die er mir bis jetzt erwiesen und erklärte: „daß ich neben dem eigentlichen, religiösen Zwecke meiner Reise, auch noch den verbände, mich soviel als möglich zu unterrichten und durch Anschauung zu belehren, und daß besonders die alterthümlichen Inschriften aus der Zeit der himharischen Könige meine Aufmerksamkeit in die höchste Spannung gesetzt hätten, und ich sehnlichst wünsche, meiner erregten Wißbegierde zu genügen". Diese Erklärung befriedigte den ehrwürdigen Alten vollkommen und er versprach mir Briefe nach Hçn ben Tighâl und Dschul esch Schahch mitzugeben. Auch sollte mir sein Sohn einen „Führer" verschaffen.

Doch ermahnte er mich, nicht zu lange bei den Ruinen zu bleiben, da die Beduinen leicht die Meinung fassen könnten, daß ich der Schätze halber dahin gekommen sei. Vor zehn Jahren sei auch ein Mann durch Chorahbe gekommen, der einen „rothen Bart" getragen, weshalb ihn die Beduinen für einen „Kâfr" (d. i. „Ungläubigen") gehalten hätten. Dieser Fremde habe auch die Ruinen besucht und deren Inschriften copirt, sei aber auf dem Wege nach Mârib von den Beduinen des Stammes Hawâlyy[1]) erschlagen worden, hauptsächlich deswegen, weil sie der Meinung gewesen, er habe dort Schätze gehoben.

Der Abscheu, welchen die Beduinen des Hadhramaut für alle diejenigen hegen, welche „rothes Haar" tragen, schreibt sich auf Grund folgender Legende aus den Zeiten des Propheten Çâlih her. „Als Gott nämlich den Propheten Çâlih sandte, um den in greuliche Laster versunkenen Stamm Thamud zu bekehren, läugneten sie die

Göttlichkeit seiner Sendung und verlangten von ihm ein Zeichen. Hierauf führte sie der Prophet an einen Felsen, öffnete denselben und ließ daraus ein Kameel mit seinem Jungen hervorgehen. Zugleich warnte er sie, diesen Thieren etwas zu Leide zu thun, widrigenfalls es dem ganzen Stamme zum Verderben gereichen würde. Trotz dem Wunder schenkten sie dem Propheten keinen Glauben, und einer unter ihnen, Namens Dobâr el Ahmar *²) (Dobâr der Rothe), tödtete durch einen Pfeilschuß die Kameelkuh. Das junge Kameel verschwand in dem Felsen. — Gott aber vernichtete den Stamm." — Noch jetzt sagen die Araber: „roth wie Dobâr" — oder auch: „Unheilbringend wie Dobâr der Rothe", — und sehen unter andern einen Jeden, der rothes Haar trägt, wie einen Menschen an, der Böses gegen sie im Schilde führt.

Nächst diesem unterhielten wir uns über die vorislâmitische Geschichte der Araber, worüber indeß der alte Schahych wenig zu sagen wußte.

„Sein Sohn Ahmed dagegen", versicherte er mir, „wisse mehr als er von solchen Sachen, denn der besitze ein altes Manuscript, welches die Geschichte der himharischen Könige von Dahtân bis Mohammed enthalte."

Nachmittag besuchte ich den Schahych Ahmed und bat ihm, mir das Manuscript zu zeigen. Es war durch vier verschiedene Hände und mit vielem Fleiß geschrieben. Das Papier war gelblich und glatt und im Quartformate. Zur Schreibung der Namen der Könige, Provinzen und Stämme hatte man rothe Tinte verwandt, der Titel jedoch fehlte. — Ich hätte es sehr gern an mich gebracht. Jedoch da die Summe, die Schahych Ahmed dafür verlangte, meine Reisekasse zu stark angegriffen haben würde, so mußte ich zu meinem Leidwesen auf den Besitz desselben verzichten. Der Schahych war so zuvorkommend, mir zu versprechen, mir bis zu meiner Rückkehr ein Verzeichniß der darin genannten Könige anzufertigen, welches Anerbieten ich mit Dank annahm. Er hielt auch in der Folge Wort, — wodurch er mich in den Stand setzte, eine bedeutende Lücke aus-

Heftiges Gewitter. Abreise nach 'Obne.

zufüllen, welche sich bei Abu el Fidâ und andern arabischen Schriftstellern finden. *)

Kaum war ich auf meine Stube zurückgekehrt, so brach ein heftiges Gewitter los. Blitz auf Blitz durchzuckte das schwarze Gewölke, welches dicht über dem Thale lag. Mit furchtbarem Getöse hallten aus allen Schluchten des Thales die krachenden Schläge des Donners wieder und ein Regen, wie man ihn nur unter den Tropen kennt, prasselte gleich einem Wolkenbruche nieder. Hunderte von Cascaden stürzten von der Hochebene in die Tiefe hinab, und in dem kurz vorher noch trockenen Flußbette des Wâdih tobte jetzt ein reißender Bergstrom. Dabei brauste ein heftiger Nordwest und bog die schlanken Stämme der Palmen.

Der Ruf „Es Sâl!" („die Ueberschwemmung!") erscholl aus allen Häusern, und die Frauen trillerten den auch hier gebräuchlichen „Sugharit".

Endlich nach zwei Stunden ruhten die empörten Elemente und die letzten Strahlen der untergehenden Sonne erhellten wieder das während des Sturmes in nächtliches Dunkel gehüllte Thal.

Der Thermometer zeigte am Morgen bei heiterm Himmel und Windstille 16°, am Mittag bei Nordwind 25°, am Abend nach dem Gewitter bei Nordostwind 20°.

7. Juli. Am 7. Juli übergab mich Schaych Abd el Dâbi dem Schutze eines Beduinen vom Stamme Bû Omm Sjabuss, welcher sich verpflichtete, mich sicher nach dem Dorfe Hizn ben Dighâl zu bringen, welches fünf Tagereisen von Choraybe im Wâdih el Habschar liegt.

Da ich noch nicht mit dem nöthigen Proviant versehen war, der Beduine aber einer Dâfila angehörte, welche sogleich aufbrechen wollte, und ohnehin am folgenden Tage mehrere Beduinen und Städtebewohner nach Hizn ben Dighâl reisen wollten, so beschloß ich, in Gesellschaft dieser Leute zu gehen, und übergab meine Effecten

---

*) Man sehe die Krebe'sche Königsliste im Anhang I, A.

dem Beduinen, welcher versprach, im Dorfe el Ebnâ auf mich zu warten.

Gegen Abend wiederholte sich der Gewittersturm, der an Heftigkeit dem des vorigen Tages Nichts nachgab. Später hatte ich eine Unterredung mit dem schon oben erwähnten „länderkundigen Scheryf", der mir sehr interessante Mittheilungen machte.

So sagte er mir unter anderm: „daß es im ganzen Lande keine Stadt oder Dorf gäbe, welches den Namen Do'ân *) führe, ebenso wenig existire eine Ortschaft Habhramut". Unsere neuern Geographen haben mit diesem Namen ohne Weiteres „zwei Städte" benannt, welche nirgend vorhanden sind und die sie ganz willkürlich in „Habhramaut" existiren lassen. Wie viele andere Irrthümer haben sich noch auf unsere Karten eingeschlichen, welche durch falsche oder falsch verstandene Berichte entstanden sind, und die bei näherer Untersuchung beseitigt werden können.

Der Thermometerstand war am Morgen bei Windstille und heiterm Himmel 15°, zu Mittag bei Nordwestwind im Schatten 25°, am Abend nach dem Gewitter und bei Nordostwind 20°.

---

*) Ueber die wahre Schreibart des Namens „Do'ân" sehe man die Note 90".

Viertes Capitel.

Erste Excursion vom Wâdiy Do'án aus.

Abreise von Thorahbe. — Wâdiy Rimna. — El Qirbe. — Wâdiy Ghoram. — Nachtlager im Wâdiy Schomayre. — El Ebnâ. — Girrahm. — Excursion nach dem Dschebel Schaqq. — Nachtlager im Wâdiy Żialaf. — Wâdiy Ma'yśche. — Dschebel Qabr eṣṣ Ṣiáhir. — Nachtlager im Wâdiy Qárat es Eoha. — Wâdiy el Bohul. — El 'Aqaq. — Dschebel Moll. — Wâdiy Ḥafrá. — Lalauit in Ḥiṣn ben Dighâl. — Wâdiy El Habśchar. — Ḥiṣn el Qáyime.

8. Juli. Am 8. Juli wurden am Morgen alle Reisevorbereitungen beendigt. Mein Wirth versorgte mich mit Mehl, Datteln, Kaffee, Butter und Honig und mit einem großen Stücke getrockneter Haifischfinne, hier „Cham" genannt, welches Alles auf den Esel eines meiner Reisegefährten geladen wurde, eines Scherhfs, dessen Obhut bis El Ebnâ ich besonders empfohlen ward. Die gesammte Reisegesellschaft war um 1 Uhr Nachmittags auf dem Bazar versammelt, wohin sie uns rufen ließ. Ich machte dann noch mit dem Scherhf einen Abschiedsbesuch bei meinem alten Wirth, der mir seine Empfehlungsschreiben einhändigte und mich noch einmal dem Scherhf nachdrücklichst empfahl.

Nachdem wir ein Fâtiha gebetet und den Segen des Schayche empfangen hatten, eilten wir, uns der übrigen Reisegesellschaft anzuschließen, welche aus 20 Personen bestand. Da war aber noch so Manches zu besorgen, daß wir erst ¼ nach 2 Uhr zur Abreise

118   Ribâṭ. Wâdiy Minua. Wâdiy Gharhân.

kommen konnten. Sechs Beduinen des Stammes Bâ Omar Sjadniff bildeten die Escorte.

Einige 100 Schritt vor der Stadt machten wir Halt, um an einem hier befindlichen Grabe eines Heiligen, aus der Familie der Bâ Sjabân, ein kurzes Gebet zu verrichten. Dieses Grab ist sonderbarerweise auf einen von der Gebirgswand herabgestürzten, enormen Felsblock erbaut und mit einer Kuppel bedeckt. Bei Ribâṭ bogen wir in den Wâdiy Minua ein und kamen am 3 Uhr an einem Wachtthurme vorüber, der auf dem westlichen Abhange erbaut ist.

Das Thal, welches bis hierher mit herrlicher Palmenwaldung und grünenden Saatfeldern bedeckt war, nimmt hier plötzlich an Breite ab, und ist mit übereinandergethürmten, enormen Felsblöcken bedeckt, zwischen welchen Mimosen, Tamarisken, Rebel und kräftig wuchernde Schlingpflanzen hervorwachsen, welche einen großen Theil der Felsmassen gleich einem Teppich bedecken. — Obgleich diese Felsenpartien dem Thale einen romantischen Anstrich geben, so ist doch der Weg durch dieselben im höchsten Grade beschwerlich, und ich war daher sehr erfreut, als wir nach einer Stunde diese Trümmeranhäufungen verließen.

Der Wâdiy ist hier wieder auf eine kleine Strecke frei von Felsblöcken, und von Dattelpalmen und Saatfeldern besetzt. Rechts an der Mündung des Wâdiy Gharhân, einer düstern buschigen Schlucht, liegt das kleine Dörfchen El Qirbe. Von hier aus stiegen wir in den Wâdiy Minua in der Richtung Ost, 30° Süd hinan. Einige 100 Schritt oberhalb der Mündung des Wâdiy Gharhân fangen die Anhäufungen der Gebirgstrümmer wieder an, und zwar in solcher Masse, daß sie bis zur Hälfte der gegen 300 Fuß hohen Thalwände hinanreichen.

Die Gegend hat ganz das Ansehen, als wenn das Wasser eines früher weiter oben existirenden Sees, anstatt es von oben auszuwaschen, sich unten Bahn gebrochen habe, wo dann die zu stark unterhöhlte Decke einstürzte. — Diese Gebirgstrümmer haben eine Ausdehnung von 15 Minuten, und steigen von beiden Seiten

Muſik und pantomimiſcher Tanz.

plötzlich an. Oberhalb dieſer Rudera rieſelt ein Bach kryſtallklaren
Waſſers durch ein dichtes Gebüſch von Arâa, Platanen, Mimoſen
und Tamarisken. Der Bach iſt permanent und voller kleiner Fiſche
und einer winzig kleinen Art Granelen. Um 5 Uhr verließen wir
den Wâdiẓ Mimna und bogen rechts in den Wâdiẓ Schomahrr ein,
welchen wir etwa 10 Minuten hinanſtiegen und unſer Nachtlager
unter weit überhängenden Felswänden aufſchlugen. Wie gewöhnlich,
wurden ſogleich einige Feuer angezündet und Kaffee gekocht, wozu ich,
wie die Uebrigen, Holz herbeiholen wollte, welches aber Niemand
zugab, woraus ich abnehmen konnte, wie nachdrücklich die Empfehlung
des hochverehrten Schaychs 'Abd Allah bâ Sjubân zu meinen Gunſten
geſtimmt hatte.

Ein Gewitter war im Anzug und wir waren froh, unter unſerer
Felsdecke einigermaßen geſchützt zu ſein.

Das Unwetter warf ſich zum Wâdiẓ Do'ân hinüber, und entlud
ſich über ihm, der es auch beſſer gebrauchen konnte, als wir.

Am Abend beluſtigten ſich meine Reiſegefährten mit Geſang und
mit Tanz, welche von einer Rhobâba [33]) und Daçâba begleitet wurden.
Die Daçâba war aber für dies Mal weiter nichts, als eine euro-
päiſche „Querpfeife", wie ſie Pfeifer bei den Regimentern in Europa
brauchen, und der Virtuos war als Knabe Compagniepfeifer bei einem
ägyptiſchen Regimente geweſen. Sein Vater war bei demſelben Regimente Soldat, deſertirte aber ſammt ſeinem Sohne und wurde
hierher verſchlagen. Der frühere Regimentspfeifer hatte von den
damals erlernten Stückchen Nichts vergeſſen, denn er blies ganz ge-
müthlich die Arie: „Marlborough geht in den Krieg" (Marlborough va à la guerre), nach deren Takt die Andern wie beſeſſen
umherſprangen. Zum Finale parodirte ein alter und witziger „Spaßmacher", der lange in Dſchidde geweſen war, die „Türken", „See-
leute" und ſelbſt die „Beduinen", wozu ihm ſein ausgezeichnet
häßliches Satyrgeſicht vortrefflich zu ſtatten kam. Ob er gleich den
Beduinen ſtark zuſetzte, ſo nahmen ſie es ihm doch nicht übel,
ſondern lachten auf ihre eigenen Koſten mit.

120   Wasserscheide zwischen Wâdiy Do'ân und Dirbe.

Des Morgens stand der Thermometer bei heiterm Himmel und Windstille 15°, um Mittag im Schatten 25°, des Abends bei Südwestwind 20°; der Himmel war mit Wolken bedeckt.

9. Juli. Am 9. Juli früh ¼ nach 5 Uhr stiegen wir in der Richtung Süd, 30° West den sehr steilen Wâdiy hinan und gelangten nach einer halben Stunde bei seinem Entstehungspunkte auf das Plateau, wo wir etwas anhielten, um die Nachzügler zu erwarten. Bald waren wir Alle versammelt und stiegen rüstig bis ½8 Uhr vorwärts, wo dann ½ Stunde geruht wurde. Nach einem abermaligen Marsche von fünf Viertelstunden gelangten wir an den Entstehungspunkt des Wâdiy Gharhân. Links vom Wege senkt sich der Wâdiy Dilhâm ein, welcher in den Wâdiy Minna mündet. Der Raum zwischen diesen beiden Thälern heißt: Dababh Schaych. [94]) Unter einem am Rande des Wâdiy Gharhân stehenden Baume ruhten wir bis um 10 Uhr. Eine Stunde Marsch brachte uns an die Stelle, welche die Beduinen Dababh Hâsif[95]) nannten, und wo an der Einsenkung des Wâdiy Mâ Allah (d. i. das Wasser Gottes), welcher in den Wâdiy Gharhân mündet, drei Cisternen eingehauen sind.

Die ganze Gegend, auf eine Strecke von mehrern Stunden, gewährt hier einen eigenthümlichen Anblick. Sie ist nämlich mit kleinen 1—2 Zoll hohen Felszacken dicht besäet, zwischen denen eine pechschwarze, glänzende, etwa ¼ Zoll starke Kruste liegt. Bei näherer Untersuchung fand ich, daß sie aus einer im Bruche „sehr weißen Kreide" bestand. Ich nahm einige Stücke davon mit, da ich vermuthete, daß der schwarze, außerordentlich feine Ueberzug nichts Anderes als eine vielleicht unbekannte „Alge" sei. Unglücklicherweise fand ich aber später die sehr zerreibliche Kreide fast pulverisirt.

Um ¼ nach 1 Uhr lagerten wir unter einem Mimosengebüsch am Wâdiy Dschilwe, an dessen Rand sich eines jener kleinen „Schutzhäuschen" und drei Cisternen befinden. Dieser Wâdiy gehört nicht mehr zum Gebiete des Wâdiy Do'ân, sondern zu dem Wâdiy Dirbe, mit welchem er durch den Wâdiy Raube in Verbindung steht. —

Geologische Bildung der Hochebene.

Von hier aus hört das Gebiet der Stämme Châmihe und Maräschide auf und das des Stammes Bâ Morbagha beginnt.

Zweiundzwanzig Minuten setzten wir unsern Weg fort und gelangten in drei Stunden und zwanzig Minuten an den Fuß einer hohen Hügelkette, über welche unser Weg führte.

Auf dieser Strecke trafen wir von Zeit zu Zeit mehrere Wasserbehälter und Cisternen, sowie auch einige der kleinen Schutz- oder Zufluchtshäuschen an. Von Wâdih Dschilwe an erhebt sich das Terrain allmählich. Plänerkalk und mergliger Thon überlagert auf der ersten Hälfte des Weges den Grünsandstein und verschwindet dann bis zur Hügelkette unter Nummulithenkalk.

Der Gesteinhügel ist eine sehr weiße Kreide von Adern eines schwarzen Feuersteins durchsetzt, der zwischen 2 Zoll dicken Schichten eines schön grasgrün gefärbten, durchsichtigen Gypsspathes inneliegt. — Die übrigen Hügel der Hochebene zeigen dieselben Gesteine und haben zu oberst noch eine starke Lage mergligen Thon. Den Gypsspath fand ich nur hier von grüner Farbe; in den Hügeln der andern Gegenden ist er weiß und durchsichtig. Wie es scheint, war früher das ganze Plateau mit dieser Kreideformation bedeckt, welche nach und nach mit dem Regenwasser abgeschwemmt wurde.

Am südlichen Abhange dieser Hügelkette läuft ein nur wenig eingeschnittener Wâdih hin, welcher den Namen El Ebnâ führt und in welchem die Dörfer El Ebnâ und Eß Sirrahn liegen. El Ebnâ, das Ziel unserer Tagereise, erreichten wir ¼ nach 6 Uhr und fanden in einem kleinen Hause Obdach, welches eigens zur Aufnahme von Reisenden bestimmt ist. Wir kauften einige Schaafe und Brennholz, wozu, mit Ausnahme der escortirenden Beduinen, ein Jeder beisteuerte.

El Ebnâ ist der höchstgelegene Ort des Plateaus und das Klima daher sehr kalt. Wie man mir erzählte, frieren dort nicht nur im Winter, sondern schon im Herbst die Cisternen zu, welches ich durchaus nicht bezweifele, da mein Thermometer am Abend nur wenige Grade über dem Gefrierpunkte stand. Unser aller Spaßmacher nannte es gar nicht anders als Oum elh Thaldsch (Mutter des Eises). Um so unangenehmer war es für mich, daß mein Beduine noch nicht angekommen war. Meine Decke und mein Schaaffell waren mit auf dem Kameele, und so war ich genöthigt, so wie ich war, auf der nackten Erde zu schlafen. Den größten Theil der Nacht saß ich mit mehrern Andern, denen die Kälte gleichfalls unbehaglich war, am Feuer, dessen dichter Rauch noch unser Ungemach vermehrte. Der sehnlichst erwartete Morgen brach endlich an, und die Gesellschaft rüstete sich zum Aufbruch. Da aber mein Beduine noch nicht angekommen war, so blieb ich zurück, um ihn zu erwarten.

Des Morgens stand der Thermometer bei heiterm Himmel und Windstille 15°, um Mittag 20′, und am Abend 10°. Die Hauptrichtung von unserm Nachtlager bis hierher war Süd, 10° West.

Das Dorf El Ebnâ zählt etwa 300 Einwohner, welche in etwa 60 niedrigen Häuschen wohnen und dem Stamme Bâ Marbagha angehören. Dieser Stamm ist eine der Abtheilungen oder Zweige des Stammes Beny Isahbân. Es Firrahn gehört zu demselben Stamme und hat dieselbe Einwohnerzahl. Ein jedes dieser beiden Dörfer hat einen großen Wachtthurm, in welchen sich die Einwohner bei einem Ueberfall flüchten.

Der Wâdih streicht von Westen nach Osten und mündet einige Stunden unterhalb in den Wâdih Er Raube.

Wahrscheinlich ist das rauhe Klima schuld, daß der Wâdih gänzlich von Bäumen entblößt ist und überhaupt nur eine dürftige Vegetation aufzuweisen hat; denn außer einigen verkrüppelten Mimosen und einiger Gerste sah ich weiter nichts. Der Name dieses Ortes erinnert an die Colonie, welche von persischen Soldaten gegründet wurde, die zurückblieben, als die persischen Machthaber, von dem mohammedanischen Feldherrn verdrängt, das südliche Arabien räumten. Diese Colonie nennen die arabischen Geschichtsschreiber mit dem Namen El Ebnâ oder Ebne. Ist dieses Ebnâ das hier liegende oder existirt ein anderes? Manches spricht dafür, Manches dagegen. Daß die Sieger den besiegten und zurückgebliebenen Feinden nicht eben den

Aufbruch nach der Tropfsteinhöhle.

fruchtbarsten Theil des Landes überließen, ist mehr als wahrscheinlich, und in dieser Beziehung wäre es wohl möglich, daß dieser Ort derselbe sein könnte, den die arabischen Geschichtschreiber genannt haben. Diese Wahrscheinlichkeit wird stärker durch die Bedeutung des Wortes, denn „Ebnâ" bedeutet „Barbar". Allein die Bewohner des heutigen Ebnâ sind keine Abkömmlinge der Perser, sondern stammen von Sjahban ibn Nebschb ibn Sja'yb ibn 'Jssâ el 'Amud ab, also von Hud (Eber) durch Hobun (Peleg). Oder haben sich im Laufe der Zeiten diese persischen Ansiedler mit diesem Stamme vermischt? Das wäre leicht möglich. ***)

10. Juli. Gegen 6 Uhr Morgens kam mein Beduine mit der Cásila an und wollte gleich weiter ziehen, was aber nicht in meinem Plane lag. Ich wollte vorher eine „Höhle" besuchen, welche in der Nähe von El Ebns liegt und von der mir der Scherif von Chorahbe viel Wunderbares erzählt hatte. Ich machte den Beduinen mit meiner Absicht bekannt, stieß aber, wie ich erwartet hatte, auf starken Widerstand, den jedoch das Versprechen überwand, ihn und die andern Beduinen für den verursachten Aufenthalt schadlos zu halten.

Er holte nun die Truppe herein, um den Handel mit mir abzuschließen, und nach vielem Hin- und Herschreien wurden wir endlich dahin einig, daß ich zwei Schaafe kaufen und einen Thaler zahlen solle, wogegen sie sich verpflichteten, bis zu meiner Zurückkunft zu warten und mir vier Mann zur Bedeckung mitzugeben. Ich machte sogleich die nöthigen Vorbereitungen; einige Brode wurden gebacken, Kaffee, Butter, Datteln eingepackt und in Ermangelung von Fackeln oder Wachskerzen einige Bündel trockener, zusammengedrehter Dattelzweige herbeigeschafft. Außerdem füllten meine Begleiter einen kleinen Schlauch mit Wasser, und so ausgerüstet zogen wir Morgens um $^{1}/_{2}8$ Uhr von dannen.

Der Weg führte bei dem Dorfe Eç Çirrahn vorüber, $^{6}/_{4}$ Stunden thalabwärts, wo wir dann die Hochebene in der Richtung Süd, 20° West bestiegen.

Ich hatte von hier aus eine Aussicht in das Wâdih Er Raube,

welcher bedeutend tiefer liegt, als der Wâdiy El Ebnâ, und mit einem dichten Dattelpalmenwalde bestanden ist, in welchem ich das ansehnliche Dorf Raube bemerkte. Nach einer Stunde überschritten wir den nur wenig eingeschnittenen Wâdiy Ca'âr und wandten uns Süd, 24° Ost. Ein Marsch von 1¼ Stunde brachte uns an den südlichen Rand der Hochebene, wo wir neben einer Cisterne ausruhten. Die Hochebene fällt hier etwa 2000 Fuß in mehrern schmalen Stufen mauerartig ab. Ein schmaler Fußsteig führt längs dieser Riesenmauer mit unzähligen Windungen in eine schauerliche Schlucht hinab, welche den Namen Wâdiy Schaqq führt.

Das unterwegs getrunkene Wasser wurde ersetzt und wir traten nunmehr die gefährliche Wanderung auf einem Pfade an, dessen gewöhnliche Breite 4 Fuß, mehrere Male bis zu 2 Fuß — abnimmt. Grauenerregende, fürchterliche Abgründe gähnten auf der einen Seite, während auf der andern Felsen theils senkrecht emporstiegen, theils die Schwindel erregende Tiefe überhangend, den Pfad beschatteten, den man an solchen Stellen nur gebückt gehen kann. — Ich muß gestehen, daß ich gern wieder umgekehrt wäre; aber ich schämte mich, weniger Muth zu zeigen, als die Bedulnen, welche mit leichtem, sicherm Schritte vorangingen. — In der unmittelbaren Nähe einer Gefahr, gegen welche menschliche Hülfe Nichts vermag, bei dem Bewußtsein, daß ein Fehltritt unausbleibliches Verderben zur Folge hat, wo, einmal vom Schwindel ergriffen, auch der Muthigste, wie von unsichtbarer Geisterhand, unwiderstehlich in den Abgrund gezogen wird, da wird wohl auch dem Tapfersten das Herz im Busen klopfen. In keiner Situation meines Lebens hat sich meiner ein solch unbeschreiblich beklemmendes Gefühl bemeistert, wie bei dieser Gelegenheit. Ich glaube, es ist dasselbe, welches ein armer Sünder empfindet, wenn er zum Hochgericht geführt wird. Auch schienen meine Gefährten diese Empfindung mit mir zu theilen, denn die so geschwätzigen Bursche sprachen nicht eher eine Silbe, als bis wir am Fuße der kolossalen Felswand standen.

Nachdem wir ¾ Stunde den Wâdiy Schaqq verfolgt hatten,

Der Eingang der Höhle. Geisterfurcht der Beduinen.

stiegen wir nördlich 300 Fuß den steilen Berg gleichen Namens (Dschebel Schaqq) hinan und langten glücklich ¹/₄ Stunde vor 4 Uhr zum Eingange der Höhle.

Nachdem wir unser frugales Mittagsmahl zu uns genommen hatten, forderte ich die Beduinen auf, einige der trocknen Palmzweige anzuzünden und mir in das Innere der Höhle zu leuchten, wogegen sie aber allerlei Einwendungen machten. Ihre Meinung, daß wilde Thiere in der Höhle sein könnten, widerlegte ich dadurch, daß ich sie auf den gänzlichen Mangel von Spuren im sandigen Boden des Einganges aufmerksam machte; hierauf rückten sie mit der wahren Ursache ihrer Furcht, „den bösen Geistern, welche dem Volksglauben gemäß, diese Höhle bewohnen", heraus. Nach langem Zureden entschlossen sich endlich „zwei meiner Begleiter" unter der Bedingung mit mir zu gehen, „daß ich vorher durch Gebet die Geister bannen wolle", wozu ich mich denn auch, um der Sache ein Ende zu machen, verstand und „mehrere Gebete" sagte, worauf sie sich zum Befahren der Höhle anschickten. — Da keiner meiner beiden Begleiter zuerst hinein wollte, nahm ich eine der Palmenzweigfackeln und kroch, ihnen voraus, in die kaum 1 Meter im Umfange umfassende Oeffnung der Höhle hinein. Die Beduinen folgten mir, indem sie fortwährend riefen: „Toßbor! Toßbor! ya Mobârekhu!" — d. i. „Erlaubet! Erlaubet! Ihr Gesegneten!"

Nach einer durchkrochenen Strecke von 6 Meter befand ich mich in einem Gewölbe, welches auf 100 Fuß Höhe ungefähr 300 Fuß Länge und 250 Fuß Breite mißt und von einer Säulenreihe mächtiger Tropfsteinpfeiler getragen zu werden scheint, welche die Form zweier mit ihren Spitzen zusammengegossener Kegel haben. Die Farbe dieses Tropfsteins, welcher auch die Wände der Höhle überzogen hat, ist „röthlich-gelb" und contrastirt seltsam mit dem weißen Sande des Bodens. Eine Menge anderer Pfeiler sind im Entstehen und hängen, gleich Eiszapfen, vom Gewölbe herab, während sich am Boden Kegel und Blöcke gebildet haben, deren phantastische Formen wohl geeignet sind, einem unwissenden und abergläubigen Menschen Furcht einzujagen,

Das Innere der Tropfsteinhöhle.

der schon darauf gefaßt ist, etwas Uebernatürliches zu sehen. Meine Begleiter standen daher eine namenlose Angst aus, und ein Jeder von ihnen hielt fortwährend einen Zipfel meines Oberhembes fest, als wenn meine Berührung sie vor einem Unfalle hätte beschützen können.

Von diesem domähnlichen Raume gehen nach verschiedenen Seiten hin fünf Gänge, welche ich der Reihe nach untersuchte.

Den ersten Gang, welcher sich links vom Eingange befindet, fand ich nach wenigen Schritten durch einen Felsblock versperrt. Der zweite endete nach funfzehn Schritten in einen Spalt; der dritte war so niedrig, daß ich nur gebückt darin gehen konnte, erweiterte sich aber bald und führte nach zwanzig Schritten an den Rand eines Abgrundes, dessen Weite mir nicht möglich war zu bestimmen. Ein Stein, welchen ich hinabwarf, fiel nach zehn Secunden in Wasser (dem Geräusche nach zu urtheilen). — Der vierte Gang führte ebenfalls an den Rand dieses Abgrundes. — Durch den fünften gelangten wir an eine kleine Nebenhöhle, welche auf 30 Fuß Höhe, 64 Fuß Länge und 50 Fuß Breite hält. Wände und Decke derselben sind mit Krystallisationen bedeckt, die das Licht unserer Palmenzweigfackeln unzählige Male zurückwarfen. Während ich mich in diesem Prachtgewölbe umsah, flüsterte mir einer meiner Begleiter ins Ohr: „Nur ein Palmenzweig ist noch übrig und Zeit die Höhle zu verlassen." Da ich, wie sie, ebenso wenig Lust hatte, im Dunkeln herumzutappen, so trat ich den Rückweg an, versuchte aber vorher von den Krystallen loszuschlagen. Hieran wurde ich aber von meinen Begleitern mit einer Heftigkeit verhindert, welche mich nicht wenig betroffen machte. Mit Gewalt und ohne ein Wort zu sprechen, zogen sie mich bis an den Ausgang der Höhle und krochen so schnell als möglich hinaus.

Draußen hatten sie wieder Muth zu sprechen, erzählten ihren zurückgebliebenen Kameraden, was sich zugetragen, und machten mir Vorwürfe über mein Betragen in der Höhle, nämlich, daß ich es hätte wagen wollen, die Schätze anzutasten, welche den Dschinn oder Geistern zur Bewachung anvertraut worden seien. Sie waren der

Aberglaube in Bezug auf die Höhle.

festen Ueberzeugung, daß, hätte ich mein Vorhaben ausgeführt, es unvermeidlich unser Aller Verderben gewesen wäre. Ich versuchte, sie von dieser Idee abzubringen; aber, wer vermag einem Volke, wie diesem, seine mit der Muttermilch eingesogenen Vorurtheile zu entreißen? Ich ließ sie also bei ihrer Meinung und machte mich bereit, den Rückweg nach El Ebnâ anzutreten.

Es lag uns natürlich viel daran, noch vor Anbruch der Nacht die Hochebene zu erreichen, da es im Dunkel doppelt gefährlich wurde, am steilen Abhange hinzulappen. Um ½6 Uhr stiegen wir in den Wâdiy Schaqq hinab und gingen so schnell wie möglich, wurden aber dennoch auf der halben Höhe von der Nacht überfallen, welche in diesen Breiten plötzlich, ohne vorhergegangene Dämmerung eintritt. Zum Glück hatten wir Mondenschein, ohne welchen es fast unmöglich gewesen wäre, einen solchen gefahrvollen Weg zu betreten. — Immer längs der Felswand hin vorsichtig fortschreitend, und auf Stellen, wo die Felsen den Weg überhingen, auf Händen und Füßen fortkriechend, erreichten wir um 9 Uhr die Hochebene, wo wir uns neben der Cisterne niederließen. Wir zündeten Feuer an und bereiteten Kaffee, welcher nebst Brod und Datteln vortrefflich mundete. Nach einer Stunde Ruhe machten wir uns wieder auf den Weg und erreichten um 3 Uhr Morgens das gastliche Dach im Dorfe El Ebnâ.

11. Juli. Bei unserer Ankunft standen sogleich alle Beduinen auf und waren geschäftig, uns zu bedienen. Einige legten Holz auf das Feuer, Andere kochten Kaffee und brachten unsere Portionen Brod und Fleisch herbei. Des Fragens war kein Ende und meine Begleiter wurden nicht müde zu erzählen, daß ich die Geister gebannt hätte, daß, nachdem ich einen Stein in den Schacht geworfen, sich furchtbare Stimmen hätten vernehmen lassen u. s. w. Nichts wurde vergessen und wie gewöhnlich auf das Unsinnigste commentirt. Die Beduinen sahen bald mich, bald die Erzähler mit großen Augen an. Stillschweigend nahm ich meine Abendmahlzeit ein und horchte der Erzählung der von mir vollbrachten Wunder, erhob mich dann mit der Erklärung: „daß sie Alle insgesammt nicht recht gescheidt

wären": die Einen, solche Ungereimtheiten zu erzählen, die Andern, sie anzuhören und zu glauben" — und streckte die müden Glieder auf mein Schafsell. — Diese unerwartete Erklärung bewirkte eine augenblickliche Stille, die aber bald durch ein allgemeines Gelächter unterbrochen wurde. Alle traten auf meine Seite und gegen meine Begleiter damit auf, daß sie weniger Muth besäßen, als der fremde Aegypter, und jeder rühmte sich, bei einer solchen Gelegenheit mehr Muth zu zeigen, wie sie. Ich meinerseits wünschte ihnen in aller Stille Glück dazu, war aber überzeugt, daß sich keiner von Allen in einem solchen Falle besser benommen haben würde, als meine heutigen Begleiter, welche übrigens derselben Meinung zu sein schienen; denn ohne sich um die Spöttereien zu kümmern, folgten sie meinem Beispiele und legten sich zur Ruhe.

Der Thermometer stand am Morgen 5°, um Mittag und bei heiterm Himmel und Nordwestwind 20°, des Abends hatte ich nicht observirt.

Am 11. Juli erwachte ich erst um 10 Uhr, sah aber keine Anstalten zum Aufbruch. Die Beduinen sagten mir, daß sie heute nur eine kurze Strecke zurückzulegen gedächten, da dieser Tag einer der unglücklichen sei und sie daher befürchteten, beim Hinabsteigen von der Hochebene Unglück zu haben.

Um ½2 Uhr verließen wir El Ebnâ und stiegen von der entgegengesetzten Seite des Wâdiy auf die Hochebene, wo wir die Richtung Süd beibehielten. Nach zwei Stunden kamen wir an einer Cisterne vorüber, welche zwischen den Entstehungspunkten der Wâdiy Ṣaʿâr und Maʿhsche liegt. Letztgenannter Wâdiy zieht sich zur Rechten des Weges hin. ¼ nach 4 Uhr schlugen wir unser Nachtlager in einer kümmerlich mit Mimosen besetzten Niederung auf, welche Wâdiy Ṣalaf genannt wird.

Am Morgen hatte ich den Thermometer nicht beobachtet, um Mittag bei heiterm Himmel und Nordwestwind 20°, des Abends 10°.

12. Juli. Nach einer empfindlich kalten Nacht verließen wir kurz vor 6 Uhr Morgens unser Nachtlager, stiegen eine halbe Stunde

Gefährliche Gebirgspassage.

einen steilen Abhang hinan und kamen etwas nach ½7 Uhr an eine enge steile Schlucht, durch welche der Weg führte. Bevor wir sie betraten, lösten die Beduinen die Stricke, mit denen die Kameele gewöhnlich gebunden sind; damit, wenn eins stürzen sollte, die andern nicht nachgezogen werden.

Um 7 Uhr Morgens befanden wir uns am Ausgange der Schlucht und am Rande des hier 1000 Fuß jäh abstürzenden Plateaus. Der Weg, der zur Rechten von dem Abgrunde begrenzt wird, während sich zur Linken eine steile Felswand erhebt, wendet sich hier plötzlich im rechten Winkel links, sodaß die Kameele auf einem Raum von 6 Fuß Breite die Wendung machen müssen. Fast alle waren bereits an dieser gefährlichen Stelle vorüber, als eines der letztern, welches mit zwei kleinen Kisten böhmischer Glaswaaren beladen war, an die zu umgehende Ecke anprallte, ausglitt und ins Thal hinabstürzte. — Die Verzweiflung des Eigenthümers, welcher, wie man mir sagte, mit diesem Kameel seine ganze Habe verlor, war unbeschreiblich. Er wollte sich seinem Thiere nachstürzen, und würde es auch ohne Weiteres gethan haben, hätten ihn die andern Beduinen nicht daran verhindert.

Am Fuße dieser Unglückswand angekommen, zogen wir in vielen Krümmungen eine langgedehnte sanfte Abdachung hinab, welche sämmtlich aus ungeheuern Felsblöcken und aus Schutt bestand, von einer Fülle aromatischer Kräuter, Stauden und Bäume überdeckt. Diese Anhäufung von Gebirgstrümmern erinnerte mich lebhaft an den Bergsturz von Goldau in der Schweiz. Auch hier liegen, wie dort, kolossale Massen, dem Gesteine der Hochebene angehörig, in bedeutender Entfernung umher. Dieser Bergsturz fand vor geraumer Zeit statt, denn ein beinahe 70jähriger Beduine berichtete mir: „daß, als sein Vater noch ein Knabe gewesen sei, sich diese Massen von der Hochebene getrennt hätten".

Um ½10 Uhr befanden wir uns am Fuße dieses Trümmergebirges und im trocknen Flußbette des Wâdly Ma'ysche **), in dem wir noch zehn Minuten fortschritten und dann unter dichtbelaubtem Aréagebüsche lagerten.

130 Sturz eines Kameels. Verzweiflung des Eigenthümers.

Die Richtung von unserm Nachtlager bis hierher ist gerade Süd.

Ich folgte den Beduinen, welche mit dem Eigenthümer des verunglückten Kameels zu der Stelle gingen, wo es zerschmettert lag. Die Ausrufungen des Schmerzes erneuerten sich hier. Voller Verzweiflung warf sich der Beduine auf sein todtes Thier, rief es beim Namen und weinte bitterlich. Kurz, der Anblick eines zerschmetterten, zu seinen Füßen liegenden einzigen Sohnes hätte einem Vater keine stärkern Aeußerungen der Trauer entreißen können.

Die Beduinen starrten schweigend, auf ihre Gewehre gelehnt, in die Scene, ohne auch nur den geringsten Versuch zu machen, den armen Menschen von dem Gegenstand seiner Betrübniß zu entfernen. Endlich machte Einer von ihnen die Bemerkung, daß es Zeit sei, nach dem Ruheplatze zurückzukehren, worauf sie ihren klagenden Kameraden mit Gewalt fortführten. Der Packsattel, obgleich zerbrochen, und die Halfter wurden mitgenommen.

Rechts (westlich) von der Stelle, wo wir die Hochebene verließen, erhebt sich jenseits des Wâdih Ma'yhsche, ein weit über die Ebene ragendes Vorgebirge desselben, Dschebel el Hacu genannt, welches in der Richtung Nordwest streicht und, so weit ich es vom Plateau aus übersehen konnte, in unersteiglichen Riesenwänden abfällt.

Mit Ausnahme des Flußbettes ist der Wâdih mit einem Dickicht von Arta, Rebel, Mimosen, Tamarisken, Dompalmen, Sennesstauden, Uwar und mehrern Arten aromatischer Sträucher bedeckt, welches von Schlingpflanzen so durchwachsen, daß es nicht möglich, in dasselbe einzubringen. Außer den bereits früher beschriebenen Bäumen und Sträuchern lernte ich noch drei nie von mir früher gesehene kennen.

Das erste Gewächs, welches mir besonders durch seine Gestalt auffiel, war der Drachenblutbaum (Dracaena draco, Procarpus draco; von den Arabern Erq el Hamrâ genannt).

Der größte, den ich hier sah, war gegen 16 Fuß hoch. Der gerade Stamm hatte $1\frac{1}{10}$ Fuß im Durchmesser und ist mit einer glänzend bleifarbigen Rinde bedeckt, ebenso die Zweige, welche auf der halben Höhe des Stammes beginnen, sehr verschlungen sind, und da, wo sie aussprießen, sich plötzlich verdünnen.

An den Enden der Zweige stehen die schwertförmigen, lederartigen und glänzend grünen Blätter im rechten Winkel ab und bilden einen Kranz, welcher einen Durchmesser von 20 Zoll hat. Sie nehmen, je mehr nach der Mitte des Kranzes, an Größe ab, sodaß die größten 10 Zoll Länge und an der Basis 1½ Zoll Dicke messen; die kleinsten haben 1 Zoll Länge. Das Ganze formirt eine Krone, welche das Ansehen eines umgestürzten Kegels hat, der auf einem Pfeiler steht.

Der Saft, der beim Abbrechen der Zweige reichlich hervorquillt, ist weiß, und hat die Consistenz eines verdünnten Syrups, verdickt sich aber und wird dann dunkelroth. Das ist das sogenannte Drachenblut, welches in der Mitte des Monats Mai gesammelt und von den Arabern unter dem Namen Dum Dobahl, in der Sprache der Beduinen aber Ebh Dhabâ [97]) in den Handel gegeben wird.

Das Holz des Stammes und der Aeste ist schwammig und weiß.

Der zweite Baum oder vielmehr Strauch, der mir hier auffiel, ist die Mimosa selam, von den Arabern Schebscheral el Ṭâ'a [98]) genannt. Ich lernte ihn durch Zufall kennen, denn als ich einige seiner schönen rothen Blüthen abbrechen wollte, geriethen die Blätter und dünnern Zweige in eine zitternde Bewegung und die Blätter schlossen sich. Ein Beduine, welcher mich sah, riß mich zurück und versicherte mir: „daß mir ein Unglück zustoßen würde, wenn ich diesen Baum verletzen würde". Sie glauben nämlich, daß in diesem Gewächse ein Geist lebe, der Jeden bestraft, der es verletzt.

Außer dieser empfindsamen Mimose und dem Drachenblutbaum fiel mir auch eine Pflanze auf, welche eine Art Lilie zu sein scheint, bajonnetförmige Blätter hat, und in großer Menge in diesem Wâdih wächst. Mein Dachahl sagte mir, daß diese Gegend vorzugsweise von Panthern, Hyänen, Tigerkatzen, Luchsen, Wölfen, Schakals und Dirbuns (ein von einem Wolfe und einem weiblichen Schakal erzeugtes Thier) bewohnt sei, weshalb auch Niemand gern hier über Nacht lagere. Im Wâdih Ma'ŷsche hört das Gebiet des Stammes

Bâ Marbagha auf und das des Stammes Kaschwhn beginnt. Dieser Stamm ist eine Abtheilung des großen Hauptstammes Beny Ruh.

Während wir uns im Schatten der herrlichen Bäume lagerten, setzte sich der um sein Kameel trauernde Beduine unter eine dürre Mimose und machte seinem gepreßten Herzen durch improvisirte Klage-lieder Luft, die er nach einer monotonen Weise hersang, sich nach dem langsamen Takte seines Gesanges schwankend hin- und herbewegte und jede Strophe mit lautem Schluchzen endete.

Seine Kameraden forderten ihn mehrere Male auf, zu ihnen zu kommen und Etwas zu genießen. Er wollte aber durchaus Nichts zu sich nehmen und setzte seinen Trauergesang bis zu unserm Aufbruch fort. Der Inhalt desselben war abwechselnd, übertriebenes Lob der Vorzüge und seltenen Eigenschaften seines Kameels und Klagen über seinen Verlust.

Um 1 Uhr verließen wir den angenehmen, schattigen Ruheplatz und verfolgten das Flußbett des Wâdih, welches sich durch das Dickicht windet, etwa ½ Stunde, bis an den Fuß des Dschebel Cabr eff Sfâhir.

Aus einem großen Wasserbehälter füllten wir unsere Schläuche und gelangten um ½3 Uhr auf den Gipfel dieses Berges, wo sich neben dem hier einsenkenden Wâdih El Ma'âbin eine Cisterne befindet. Dieser Wâdih vereinigt sich mit dem Wâdih Farie. — Wâdih Ma'hsche mündet, nachdem er den Wâdih Schaqq aufgenommen hat, in den Wâdih Raube, welcher, wie schon früher bemerkt worden, den obern Theil des Wâdih Oirbe ausmacht. Dschebel Cabr eff Sfâhir ist die nördlichste Kuppe des Gebirgszuges, welcher mit Râff Vorum, Râff el Ahmar und Dschebel Esch Scherebbe endigt, und die Wasserscheide zwischen dem Wâdih Oirbe und El Habschar bildet.

Dieser Gebirgszug scheidet auch die Provinzen Beny Beled 'Dssâ und Beled el Habschar.

Eine Stunde Marsch brachte uns an den Wâdih Farie, welcher tief eingeschnitten und mit dichten Gebüsch bewachsen ist. Eine halbe Stunde später führt der Weg bei einem der kleinen Zufluchtshäuser

Form und Bildung der Gebirgskette.

vorüber, neben welchem ein großes Bassin und eine Cisterne eingehauen sind. Wir überstiegen dann einige sehr steile Hügel, zogen einen sanften Abhang hinab und lagerten um ½5 Uhr unter einigen Mimosen im Wâdih Dârat es Sohâ.**) Die Richtung des Weges vom Wâdih Ma'hsche bis hierher ist Süd, 30° West.

Vom Wâdih Ma'hsche an ist der Graphiten-Lias-Kalk das vorherrschende Gestein, das einen sandigen Mergel zur Grundlage hat, unter welchem an einigen Stellen in dem tief eingeschnittenen Wâdih das Rothliegende zum Vorschein kommt. Die Form der Hügel, welche dieser Kalk bildet, giebt dieser Gegend das Ansehen von sturm-bewegtem Meere, dessen langgedehnte Wellen, sich überstürzend, plötzlich steil abfallen. — Die Sturzseite, wenn ich mich so ausdrücken darf, liegt bei allen diesen Hügeln, mit Inbegriff des Dschebel Dabr eß Sâhir nach Norden, während sich die lange Dehnung nach Süden verläuft. — Alle diese Hügel sind öde, von aller Vegetation entblößt und blendendweiß, weshalb der Reflex der Sonnenstrahlen die Augen außerordentlich angreift.

Bald nach unserer Ankunft brach ein Gewitter los, welches sich aber nach der Hochebene hin entlud und uns nur mit wenigen Regentropfen heimsuchte. Bis spät am Abend unterhielten sich die Beduinen über den Unglücksfall von heute, bei welcher Gelegenheit eine Menge Beispiele von gleich unglücklichen Ereignissen der Reihe nach erzählt wurden. Indeß hatte der Arme, den es betroffen, sich wieder abgesondert und sang bis spät in die Nacht seine Klagelieder, ohne auch nur das Geringste zu sich genommen zu haben.

Am Morgen stand der Thermometer bei Windstille 5°, um Mittag bei Nordwestwind und heiterm Himmel im Schatten 25°; am Abend bei Nordwestwind, während des Gewitters 15°.

Am folgenden Morgen brach unsere Câfila ½7 Uhr auf und erreichte, nachdem sie zwei Hügel überstiegen hatte, den Rand des Wâdih Halle, den sie bis ¾ vor 8 Uhr entlang zog. Hier erstiegen wir abermals einen Hügel, dessen südliche Abdachung sich in weiter Ferne allmählich verläuft. Die Aussicht, welche ich von dem Gipfel desselben genoß, war belohnend und um so wohlthuender, als ich seit dem Wâdih Ma'hsche nichts als das ermüdende Einerlei der kahlen Kalkhügel gesehen hatte. Dschebel Bihr Schyh [100]) links, Dschebel El Ghowahte [101]) rechts, erheben in einiger Entfernung stolz ihre Häupter und bilden die beiden Endpunkte eines großen Gebirgspanoramas, dessen Vordergrund die gebüschreichen Wâdih El Bohut und El Ghowahte einnehmen. Zehn Minuten nach 8 Uhr hatten wir den tief eingeschnittenen Wâdih El Bohut zur Linken des Weges und stiegen um 9 Uhr an seinem Vereinigungspunkte mit dem Wâdih El Ghowahte in ihn hinab. Hier beginnt das Gebiet des Stammes Bâ Esa'd, einer Abtheilung des Stammes Beny Nuh. Von hier an bleibt der Weg im Flußbette des Wâdih Bohut, der mit dichten Gebüschen bedeckt ist. Kurz vor 11 Uhr lagerten wir unter großen laubreichen Platanen neben einem Felsenbecken, in welches sich eine starke Quelle ergießt, die etwa 50 Schritte oberhalb plötzlich aus dem Sande hervortritt und sich unterhalb des Bassins in eine enge, tiefe, mit dichten Gesträppe überwachsene Schlucht stürzt. Dieser Ruheplatz heißt El 'Aqyq (der Achat), so von den vielen Achaten genannt, welche im Sande des Wâdih umherliegen. Außer den Achaten fand ich auch Chalcedon, Jaspis u. dergl. m.; alle jedoch von höchst unansehnlicher und schlechter Qualität.

Der Ruheplatz war so angenehm, daß ich gern bis zum folgenden Morgen dageblieben wäre, wenn die Beduinen es zugegeben hätten; aber diese gestrengen Herren kümmern sich so wenig um die Wünsche des Reisenden und machen überhaupt so wenig Umstände, daß man oft alle Mühe hat, nicht gegen sie aufzubrausen. So geschieht es oft, daß ich von meinem Beduinen durch einen Fußtritt in die Seite geweckt werde. — Jedoch diese zarte Manier, Jemanden zu wecken, ist unter ihnen gäng und gäbe, und ich machte deshalb, obgleich wenig davon erbaut, gute Miene zum bösen Spiele.

Der Wâdih El Bohut ist von Gebirgen eingeschlossen, in welchen der Plassandstein und die ihn begleitenden quarzfelsartigen Bildungen die vorherrschenden Felsarten sind, woher sich das Vorkommen der

Achate, Chalcedone u. s. w. erklärt. Der Wâdih El Bohul vereinigt sich mit dem Wâdih No'mân, welcher in den Wâdih El Habschar mündet. Die Richtung des Weges von unserm Nachtlager bis El 'Aqpq ist Süd, 30° West.

Nachdem ich mich für die lange Entbehrung eines Bades schadlos gehalten hatte, brachen wir um 1 Uhr 10 Minuten auf und zogen binnen 40 Minuten den Dschebel Moll hinan, bis auf seine untere Terrasse, welche sich nach Osten allmählich abdacht, während sich im Westen das Gebirge steil erhebt. Der Liassandstein des Dschebel Moll, dessen Schichten fast horizontal liegen, ist an mehrern Stellen von 40 Fuß mächtigen Straten eines Conglommerats höchst merkwürdiger kugeliger Concretionen durchbrochen, welche unter einem Winkel von 45° von Ost nach West einfallen.

Die kugeligen Concretionen bestehen aus Gypsspath, sind durch ein mergelig-thoniges Bindemittel verbunden und haben eine concentrisch-schalige Textur, und zwar so, daß sie im Durchschnitte abwechselnd durchsichtige und opale Ringe zeigen, welche erstere nach dem Mittelpunkte hin an Breite zunehmen. Ihr Durchmesser war verschieden und variirte von 2 Zoll bis zu 2 Fuß. Einige waren an der Oberfläche rauh, hart, mit kleinen Krystallen bedeckt, andere aber locker und nach allen Richtungen hin gespalten.

Kurz nach 2 Uhr lag zur Linken des Weges der Wâdih Moll, welcher die untere Terrasse des Gebirges durchfurcht und in den Wâdih el Bohul mündet. Von hier bis zum Wâdih Safrâ, eine Stunde Weges, übersteigen wir mehrere Höhen, deren Sandsteinbildungen von dem darin vorkommenden Eisensandstein röthlich-braun gefärbt sind. Ehe ich in den Wâdih Safrâ hinabstieg, genoß ich eine entzückende Aussicht in den Wâdih El Habschar. Unter dem ihn bedeckenden Palmenwalde schlängelt sich ein Fluß hin, in dessen Fluthen sich an offenen Stellen die Sonne spiegelte.

An den Abhängen des gegenüberliegenden Gebirges liegen höchst malerisch mehrere Dörfer und Wachtthürme, deren Bauart und Lage an unsere mittelalterlichen Burgen erinnert. Durch eine Schlucht zur

Rechten erblickte ich größere Saatfelder, die sich unter dem Palmenhaine verlieren. Im Hintergrunde dieser reizenden Landschaft erhebt sich in pittoresken Formen ein hohes Gebirge, dessen Gipfel in die Region der Wolken ragen. — Eine Stunde währte es, bis wir an der Mündung des Wâdih Çafrâ anlamen und dann den Palmenwald des Wâdih El Habschar betraten.

Rechts an der Mündung des Wâdih Çafrâ liegt auf einem hohen, steilen Felsen das Schloß El Dâhime [102]) mit dem Dorfe gleichen Namens.

Ueberall sah ich unter Dattelpalmen gut bebaute Felder, welche mit Bewässerungskanälen durchfurcht sind. Wir zogen jetzt thalabwärts und kamen nach ½ Stunde vor der Mündung des Wâdih Dinnyne [103]) vorbei. Rechts liegt hier ein Gehöfte und links auf einer Anhöhe ein Wachthurm. ½ Stunde wanderten wir längs den anmuthigen Ufern des Flusses dahin und langten dann in dem Hauptorte des Wâdih Hiçn ben Dighâl an, wo ich im Hause des Schaych Mohammed ibn 'Abd Allah Bâ Râss eine gastliche Aufnahme fand.

Mein Wirth ließ sogleich Datteln und Kaffee auftragen, welche ich in seiner und zweier Scherhfe Gegenwart zu mir nahm. Während des Gespräches fragte er mich nach seinem Bruder, der als Kaufmann in Kairo etablirt ist, und schien ebenso erstaunt, als unangenehm berührt zu sein, als ich ihm entgegnete, daß ich seinen Bruder nicht kenne. Auf meine Bemerkung, daß es ein Leichtes sei, in einer Stadt von 250,000 Einwohnern einen Menschen zu übersehen, erwiederte er dagegen: daß der Habhramaut noch weit größer sei als Kairo, und daß dennoch alle Glieder seiner Familie von Jedermann im ganzen Lande gekannt seien. Gegen dieses Argument war nun freilich Nichts einzuwenden und ich versprach ihm daher, bei meiner Zurückkunft nach Kairo diesen Fehler wieder gut zu machen und seinen Bruder zu besuchen. — Nach beendigter Mahlzeit wies man mir ein Zimmer an und ließ mich allein, um von meiner Reise auszuruhen.

Der diebische Sultan.

Kaum mochte ich eine Stunde geruht haben, als mir mein Wirth einen herkulisch gebauten Mann von beinahe schwarzer Hautfarbe brachte, angethan mit einer ärmlichen Beduinentracht, den er mir als den Sultan Dáffim ibn ben Dighâl vorstellte; er setzte sich neben mich nieder und überschwemmte mich mit einer solchen Fluth von Fragen, daß ich gar nicht wußte, welche ich zuerst beantworten sollte. Zudringlicher als diesen schwarzen Prinzen habe ich keinen Menschen auf meiner ganzen Reise angetroffen. Alles wollte er besehen und betasten, was mir um so unleidlicher wurde, als ich bemerkte, daß er eine sehr lebhafte Neigung blicken ließ, sich das Eigenthum Anderer zuzueignen; denn kaum hatte er einige Worte mit mir gesprochen, so verschwand auch schon eine neben mir liegende Scheere unter seinem Gürtel. Ich sagte kein Wort, ließ es ihn aber merken, daß ich seiner Fingerfertigkeit Anerkennung zolle, indem ich mehrere Gegenstände, welche zwischen uns lagen, mit einiger Hast auf die andere Seite legte; welches er aber nicht zu beachten schien.

Zu meiner großen Zufriedenheit befreite er mich bald von seiner Gegenwart, nicht aber ohne mich vorher gebeten zu haben, ihm ein Messer zu schenken, welches ich eben erst aus dem Bereiche seiner Hände entfernt hatte.

Schaych Bâ Râff erzählte mir am Abend, daß in dem Schlosse El Dâhime ein merkwürdiger Brunnen existire, welchen ein himyarischer König habe ausbauen lassen. Ich bat ihn daher, mir am folgenden Morgen einen Beduinen zu verschaffen, damit ich dem im Schlosse hausenden Schaych des Stammes Schoqahr einen Besuch abstatten könne, welches er mir auch versprach. Er hatte von dem Beduinen, welcher mich hergebracht hatte, gehört, daß ich die Höhle im Dschebel Schaqq besucht habe, und war neugierig auf das, was ich darin gesehen. Nachdem ich ihn befriedigt hatte, erzählte er mir: daß in dieser Höhle, lang vor Mohammed, ein Zauberer, Namens Schaqq gewohnt habe, in dessen Körper außer den Rippen und den Fingerknöcheln keine andern Knochen existirt hätten; daß ferner unermeßliche Schätze in ihr aufbewahrt lägen, die von einem Heere böser Geister bewacht würden u. ſ. w. — Solche Erzählungen ſind bei dieſem Volke ſo allgemein, daß ich denſelben wenig oder gar keine Aufmerkſamkeit ſchenkte.

Mehr intereſſirte mich dagegen, was mir der Schaych Bâ Râſſ über die Bevölkerung des Landes, die politiſche Eintheilung und den Handel mittheilte.

Da ihm die Aufmerkſamkeit gefiel, mit der ich ihm zuhörte, ſo war er unerſchöpflich in Mittheilungen, und ich muß geſtehen, daß ich den größten Theil von dem, was ich darüber erfahren habe, dieſem Manne verdanke.

Schaych Bâ Râſſ erzählte mir unter Anderm: „daß der Sultan Câſſim ibn ben Dighâl noch vor 20 Jahren ſehr mächtig geweſen ſei, aber durch einen unglücklichen Krieg mit Ahmed ibn 'Abb el Wâhib, Sultan von Habbân, zu Grunde gerichtet worden wäre, und der ehedem ſo mächtige Fürſt jetzt Nichts mehr beſäße, als ſein Haus und einige Grundſtücke mit den darauf befindlichen Dattelpalmen. — Abgaben würden keine an ihn entrichtet, denn dieſe habe ſich der Schaych der Bâ Schoqayr angemaßt, welcher der eigentliche Machthaber des Wâdih ſei. Dieſer müſſe aber einen Theil der Abgaben an den Sultan von Habbân entrichten, welcher den obern Theil des Wâdih beſitze. Die Familie der 'Abb el Wâhid (Sclave des Einigen) haben mit der Familie der Ben Dighâl einen und denſelben Stammvater, nämlich einen gewiſſen 'Abb el Manâh. [104]) — Der hier regierende Beduinenſtamm iſt eine Abtheilung des Stammes Ben Ruh.

Hçn ben Dighâl (das Schloß oder der Thurm der Söhne Dighâl's) iſt ein kleiner Ort von 40 Häuſern und höchſtens 200 Einwohnern, welche ſämmtlich der Klaſſe der Scheryfe und Schaychs angehören. Er erhebt ſich auf dem Rücken eines ſteilen, ſchmalen Gebirgsvorſprunges an der Nordſeite des Thales. Die Häuſer ſind wie die im Wâdih Do'ân gebaut und wie dort mit Schießlöchern verſehen. Das Haus des Sultans zeichnet ſich durch ſeine Größe aus, ſowie durch ſeine höhere Lage und durch die Hörner des Steinbocks, mit welchen die Ecken der Terraſſe geſchmückt ſind. Die Straßen

Der Wâdiη el Ḥabſchar.

ſind ſchmal und durch Mauern unterſtüzt, welche, gleich den Dämmen des Wâdiη Do'ân, nur aus übereinandergelegten Kieſeln ohne Mörtelverbindung beſtehen.

Der Wâdiη el Ḥabſchar, nach welchem die ganze Provinz benannt wird, nimmt 12 Stunden nordweſtlich von Ḥiçn ben Dighâl am Dſchebel Bâ Dſchanaf ſeinen Anfang, behauptet dieſen Namen bis ⁹/₄ Stunden ſüdöſtlich von dieſem Orte und wird dann Wâdiη Dſchiswel genannt, welchen Namen er 8 Stunden Weges beibehält; 6 Stunden, bis zum Meere, welches er bei Biηr el Ḥâſſy am Räſſ el Kelb (Vorgebirge des Hundes) erreicht, führt er den Namen Mayfa'a. Es iſt vielleicht das einzige Thal Arabiens, welches ſich eines permanenten Waſſerſtandes erfreut, und vielleicht das einzige, welches einen Fluß beſitzt, der zu allen Jahreszeiten das Meer erreicht. Dieſer Fluß entſpringt am Fuße des Dſchebel Bâ Dſchanaf und nimmt an der nördlichen Seite des Wâdiη Ḥabſchar noch zwei ſtarke Bäche auf, welche aus dem Wâdiη Scharab und Carhηr hervortreten. Die Durchſchnittsbreite deſſelben beträgt 50 Fuß und iſt er ſtellenweiſe ſehr tief. Ich ſah ſehr viel kleine Fiſche und eine Art Granelen in ihm.

Im ganzen Wâdiη El Ḥabſchar ſoll kein Sperling exiſtiren, und wirklich ſah ich dort auch keinen einzigen, obgleich während meiner Anweſenheit die Datteleri war, wo ſie ſich in andern Gegenden ſchaarenweiſe einfinden. Die Einwohner ſchreiben dies dem Neby Allah Hud (dem Propheten Gottes Hud) zu, welcher, um das gehorſame und ehrerbietige Betragen der Einwohner gegen ihn zu belohnen, den Sperlingen den Zutritt in dieſes Thal verbot.

Da ich mich nur einen Tag aufhalten wollte, ſo äußerte ich gegen meinen Wirth den Wunſch, einen beſchützenden Führer auf den Wâdiη Mayfa'a und Ḥabbân anzunehmen, worauf er mir ein ſehr abſchreckendes Bild von den zügelloſen und räuberiſchen Gewohnheiten des auf dieſem Wege hauſenden Beduinenſtammes Ebs Dſiηahby entwarf und mir rieth, dieſe Reiſe nicht zu unternehmen. Jedoch einmal entſchloſſen, mich weder durch eingebildete noch wirkliche Gefahren abhalten zu lassen, erklärte ich, daß ich trotz dem Allen die Reise dennoch wagen wolle. Er sagte mir dann, daß Niemand mich sicherer dahin geleiten könne, als ein Mitglied der Familie 'Abb el Manâh, welche in jener Gegend hoch verehrt würde und daher im Lande den größten Einfluß hätte; wenn mich also der einzige hier wohnende 'Abb el Manâh dahin führen wolle, so würde ich vielleicht Nichts zu befürchten haben.

Mit dem Versprechen, am folgenden Morgen wo möglich diesen Mann zu gewinnen, zog er sich in sein Zimmer zurück.

Der Thermometer stand des Morgens bei Windstille und hellerm Himmel auf 15°, um Mittag bei Nordwestwind 25°, am Abend bei demselben Winde 25°. Die Richtung von El 'Aqyq bis hierher ist Süd.

14. Juli. Am Morgen des 14. brachte mein Wirth den erwünschten 'Abb el Manâh zu mir, einen jungen rüstigen Mann, von schwarzbrauner Hautfarbe und vielversprechendem Aeußern. Bald kam ich mit ihm überein, daß er mich über die Ruinen von 'Obne, Dschul-esch-Schaych, Naqb el Habschar und 'Ŋân nach Habbân bringen und sich überall mit mir so lange aufhalten müsse, als ich es für gut befinden würde. Dagegen versprach ich, bei unserer Ankunft in Habbân zu der ausgemachten Summe noch ein Geschenk hinzuzufügen, welches im Verhältniß zu seinem Betragen gegen mich stehen solle.

Nach dieser Uebereinkunft übergab mich ihm mein Wirth mit Beobachtung des schon früher bei Makalla beschriebenen Gebrauchs.

Dieses wichtige Geschäft beendigt, begab ich mich mit Schaych Sfalym (so hieß nämlich mein schwarzer Schutzengel) nach El Lähme, wo ich vom Schaych der Bâ Schoqahr freundlich empfangen wurde. Auch dieser rieth mir davon ab, auf dem Territorium der Dsjahby zu reisen, welche er als eingefleischte Teufel schilderte. „Es sind keine Beduinen wie wir (sagte er), die Gott fürchten und dem Reisenden das Seinige lassen, — sondern Mörder und Räuber, die weder Wort noch Eid bindet."

Die räuberischen Dsityaybh.

Mit diesem Lobe, welches er sich und den andern Beduinen auf diese indirecte Weise auf Kosten der Dsityaybh gab, war ich nun freilich nicht ganz einverstanden; bei alledem war es aber keineswegs beruhigend, einen Räuber, der nur durch die Macht herkömmlicher Gesetze oder durch Furcht abgehalten wird, den zu berauben, der unter dem Schutze seines oder eines andern befreundeten Stammes steht, sagen zu hören, daß für einen Stamm, dessen Gebiet man betreten will, alle diese durch die Länge ihres Bestehens geheiligten Conventionen ein leerer Schall sind und daß weder religiöses Gefühl noch Furcht ihn abhält, seinen räuberischen Gewohnheiten freien Lauf zu lassen. Doch beruhigte mich einigermaßen seine Meinung, daß unter dem Schutze eines 'Abb el Manâh die Gefahr geringer sei.

Auf meinen Wunsch, die Brunnen zu sehen, führte er mich in den Schloßhof, wo mehrere Beduinen Datteln auf Matten ausbreiteten. Ich bemerkte hier, daß die Fundamente der Gebäude frühern alten Bauten angehörten, während der obere Theil derselben in neuerer Zeit aufgeführt war. Auf einem der Mauersteine bemerkte ich zwei himyarische Buchstaben, sonst aber nichts von alten Inschriften. — Man führte mich dann in einen großen bedeckten Raum, der ein gemauertes Bassin umschließt, das 10 Fuß ins Gevierte enthält und zu dem das Wasser durch eine Rinne von Außen hergeleitet wird.

Der Schaych ließ eine kleine Thür öffnen, durch die wir ins Freie traten. Hier steht, etwas von der Mauer entfernt, ein runder Thurm, in welchen sich der erste Brunnen öffnete, der ungefähr 3 Fuß im Durchmesser und 4 Fuß Tiefe hat. In den Seiten des Brunnens sind Löcher gehauen, welche als Treppe dienen; denn ein anderer Weg zu den untern Brunnen existirt nicht.

In der Hoffnung, an den untern Brunnen eine Inschrift zu finden, stieg ich mit meinem Schaych und einem Beduinen hinunter. Etwa 3 Fuß oberhalb des Brunnenbodens ist ein Seitenkanal eingehauen, durch welchen das Wasser in ihn geleitet wird. Dieser Kanal ist so niedrig, daß ich nur gebückt hindurchgehen konnte, und führt in einen Thurm, der mit einem andern in Verbindung steht, in welchem der zweite Brunnen niedergeht. Durch diesen gelangten wir in den untersten Thurm, in dessen Nebengebäude der eigentliche, wasserspendende Brunnen bis unter dem Niveau des Flusses eingehauen ist.

Das Wasser wird in ledernen, konischen Eimern, ohne Hülfe einer Rolle oder Welle von Brunnen zu Brunnen gefördert, bis es das Bassin innerhalb der Schloßmauer erreicht.

Von Inschriften fand ich nicht die geringste Spur, auch sind die Thürme, die Grundmauern abgerechnet, neuerer Construction. Obgleich dieses Brunnenwerk den Brunnen 'Abens nicht gleichkommt (wenigstens hinsichtlich der Solidität des Gesteins), so ist es doch nichts desto weniger ein bewundernswürdiges Werk, welches auf Zeiten höherer Cultur hindeutet.

Welche Ursachen walteten ob, die Nachkommen jenes civilisirten Volkes in ihren jetzigen Zustand der Brutalität zu versenken und ein Land, welches die alten Geschichtsschreiber und Geographen ein reiches, fruchtbares und daher glückliches nannten, in eine wüste Einöde, in den Tummelplatz roher Horden zu verwandeln? — Auch hier hat sich der zerstörende Einfluß der Religion Mohammed's kund gegeben, deren sinnlose Formen und leerer Wortschwall im Verein mit der unseligen Lehre des Fatalismus die edlern Seelenkräfte der Völker entschlummern ließ. Das Heidenthum mit seinen Lehren voll Poesie, das Erblühen der Künste und Wissenschaften — das Christenthum pflanzte sie fort und baute auf unvergänglicher Basis das schönste aller Gebäude, „das Glück der Völker", indem es mit trostbringendem Licht die Macht der Barbaren verdrängte. Die Religion des Corans aber wie ein zerstörender Brand auf die Bahn der Zeiten geworfen, vernichtet jedes Gefühl für Humanität, erstickt jeden Keim, aus welchem sich eine beglückende Civilisation entwickeln könnte, und verwandelt blühende Länder in grauenerregende Wüsteneien.

Bei unserer Zurückkunft verabschiedete ich mich bei dem Schahch

Bewässerungssystem.

und verließ das Schloß, um noch einen Spaziergang im Thale zu machen. Auch hier ist das Bewässerungssystem im Gange, das ich im Wâdiy Do'ân beschrieben habe, jedoch mit dem Unterschied, daß hier weder das Flußbett, noch die Kanäle eingedämmt sind. Auf der kurzen Strecke von einer Stunde sah ich drei Wehre im Flusse, welches auf einen ziemlich starken Fall des Wassers schließen läßt.

Den Rest des Tages benutzte ich zum Niederschreiben meiner Notizen und zu den Vorbereitungen zur Reise.

Der Thermometer stand am Morgen bei Windstille und starkem Nebel 25°, um Mittag bei heiterm Himmel und Nordwestwind 36°, des Abends 28°.

Fünftes Capitel.

Die Ruinen von 'Obne.

Abreise von Hicn ben Dighâl. — Wâdih Ro'mân. — Dschul bd Doghuth. — Wâdih Dschiswel. — Dschebel Ro'âb. — Ein erloschener Vulkan. — Wâdih 'Obne. — Ruinen von 'Obne. — Wâdih 'Arâr. — Zur Characteristik der Urbuläen. — El Dschowayre. — Lobbet el 'Ayn. — Die Bay Hardscha. — Wâdih Mahsa'a. — Ankunft in Dschul esch Schaych. — Schaych 'Omâr ibn 'Abb er Rahmân ben 'Abb el Manâh. — Abreise. — Saqqume. — Anfall der Tschaybh. — Rückreise nach Dschul esch Schaych. — Abreise. — Wâdih El Hadhena. — Dschebel 'Alqa. — Wâdih Saqqayne. — El Hodayre. — Wâdih Scharab. — Zweiter Anfall der Tschaybh. — El Hobâ. — Wâdih Farhyr. — Ankunft in Hicn ben Dighâl.

15. Juli. Am 15. Juli verließen wir kurz vor 7 Uhr das Haus meines gastfreien Wirthes und befanden uns bald unter den fruchtbeladenen Palmen an den Ufern des Flusses, dem wir thalabwärts rüstig entlang schritten. Mein Schaych war nicht so gesprächig wie die Beduinen, mit denen ich bisher reiste, denn stillschweigend trieb er sein Kameel vor sich her und sang nur dann und wann einige an dasselbe gerichtete Worte, um es zum raschern Schritte aufzumuntern. Die Sitte, dem Kameele vorzufingen, herrscht im ganzen Orient, und die Kameele hören den Gesang gern und nehmen auch, sobald gesungen wird, einen raschern Schritt an. — Die Worte des Gesanges haben gewöhnlich Bezug auf die Eigenschaften des Thieres oder auf die Beschaffenheit des nächsten Anheplatzes. So hörte ich unter Anderm die Beduinen oft singen: „O! mein Kameel!

Reiselieder. Wâdiy No'mân.

Dein Rücken ist breit und fleischig! Du trägst mehr wie andere Kameele! Dein Gang ist rasch und sicher, und Du wirst nicht müde!" — Oder auch: „Vor uns liegt ein Brunnen! Ein Brunnen mit süßem Wasser! Du wirst unter den Bäumen einhergehen, unter Bäumen voll saftiger grüner Blätter" u. s. w.

Nach ⅓ Stunde sah ich rechts vom Wege, auf einer Anhöhe, fast in der Mitte des Wâdiy einen Wachtthurm, welcher Hiçn el Mifne genannt wird.

Zehn Minuten später kamen wir an das Dorf Dschul bâ Haghuth [105]), welches an der westlichen Seite der Mündung des Wâdiy No'mân liegt und gegen 200 Einwohner zählt. Der Wâdiy No'mân ist eine halbe Stunde breit und mit Dattelpalmen bedeckt, unter denen vortrefflich angebaute Felder liegen. — Wir hielten hier an, da der Schahch zu einem seiner Bekannten gehen mußte, um einen Wasserschlauch zu holen. Ungefähr 300 Schritt vom Dorfe entfernt, liegt unmittelbar am Dorfe ein Wachtthurm, welcher dazu dient, die Einwohner, während sie Wasser holen, zu beschützen. — Kurz vor 8 Uhr setzten wir unsere Reise weiter fort. Die Palmen und mit ihnen die Saatfelder verschwinden schon nach 10 Minuten, und das Thal verengt sich plötzlich zu einer etwa 40 Fuß breiten Schlucht, die einen Höhenzug durchschneidet, welcher die Dschebel No'mân und Malny [106]) verbindet.

Mit starkem Getöse stürzt sich der Fluß in diese Schlucht und drängt sich schäumend durch die Felsentrümmer, welche seinen Lauf hemmen. Der Weg führt etwas bergan und 1½ Stunde zwischen der Schlucht und dem Abhange des Dschebel No'mân hin. Dieser Berg entsendet einen Ausläufer nach Südost, welcher den Namen Dschebel Dschojahhe [107]) führt. Von diesem Höhenzuge stiegen wir in ein breites Thal hinab, welches Wâdiy Dschiswel genannt wird und mit einem Dickicht von Aréa, Platanen, Mimosen und Tamarisken besetzt ist, durch welches sich der Fluß schlängelt. Um 10 Uhr lagerten wir unter dem Laubdache einer riesigen Platane am linken Ufer des Flusses.

Gebirgsbildung. Wâdih Dschiswel.

Die dammartige Ablagerung des tertiären Kalksandsteins, welche die beiden Dschebel No'mân und Malny verbindet und durch welche sich der Fluß Bahn gebrochen hat, hat eine Höhe von ungefähr 150 Fuß.

Nahe bei unserm Ruheplatze braust aus der Schlucht der Fluß hervor und ergießt sich in ein kreisförmiges Becken, welches eine Tiefe von mindestens 20 Fuß mißt und augenscheinlich durch den Fall des im Anfang über den Damm fließenden Wassers entstanden ist. Denn allem Anschein nach war der Wâdih El Habschar früher von einem Landsee bedeckt, welcher nach vollendeter Auswaschung der Schlucht vollständig abfloß. Auch deuten die Süßwasserbivalven darauf hin, mit welchen ich später den westlichen Theil des Wâdih, von El Hodâ aufwärts, auf eine Strecke von 3 Stunden überdeckt fand. Der Fluß war hier reich an Forellen und karpfenartigen Fischen.

Gegen ½2 Uhr brachen wir auf und verfolgten den Lauf des Flusses bis ¼ nach 3 Uhr, wo wir die bisherige südöstliche Richtung verließen und, uns nach Süden wendend, eine Anhöhe erstiegen, auf welcher der Weg einem bedeckten Gebirge zuführt, welches den Namen Dschebel No'âb trägt und nur durch eine Niederung von dem hier steil abfallenden Dschebel Matny getrennt ist.

Um 4 Uhr genoß ich eine herrliche Aussicht in das Thal, an dessen westlicher Seite ein burgähnlicher Bau liegt, welcher Hizn et Tawhle heißt. In dem Bette des Wâdih No'âb, welcher bei diesem Bau in den Wâdih Dschiswel mündet, erblickte ich mehrere mit Saatfeldern umgebene Häuser, welche von den Beduinen des Stammes Bâ Dorus bewohnt werden. — Dieser Stamm ist eine Abtheilung des Stammes Benŷ Nuh. Von Hizn et Tawhle abwärts wird das Thal Wâdih Mahsa'a genannt. Das Bett des Wâdih No'âb verfolgten wir eine Stunde in südwestlicher Richtung und stiegen dann einen schroffen Abhang hinan, an welchem kein anderer Weg war, als die vorspringenden Schichten der Grauwacke.

Man ist in Europa der irrigen Ansicht, daß das Kameel nur auf ebenem Boden fortkommen könne und in den Gebirgen von wenigem

Geologisches.

Nutzen oder auch ganz und gar nicht brauchbar sei. Allein sowohl hier, als auch bei vielen andern Gelegenheiten habe ich mich vom Gegentheil überzeugt, und oft mit Erstaunen den sichern Tritt und die Leichtigkeit bewundert, mit welcher dieses Thier auf den schwierigsten Gebirgswegen einherschreitet.

Wir hatten 40 Minuten zur Ersteigung dieser Anhöhe gebraucht und betraten jetzt eine Gegend, welche in geologischer Beziehung eine der merkwürdigsten ist, die mir während meiner Reise aufstieß. Der Weg führte nämlich in eine kreisförmige Niederung von 10 Minuten Durchmesser, die von einem 20 Fuß hohen wulstigen Rande erstarrter Lava umgeben ist. Längs der innern Seite desselben erheben sich mehrere konische Hügel, welche man beim ersten Anblicke für Aschenhaufen ansehen könnte. Bei näherer Besichtigung jedoch fand ich, daß sie aus Bimstein bestanden, dessen Oberfläche schon sehr verwittert war. Sie sind von Strömungen eines schwarzen Obsidians durchsetzt, welcher als schwer zu verwitterndes Gestein über die Oberfläche der Hügel vorsteht. — Die Lava ist schwarz, voll runder, oft ganz schwarzer Blasenräume, Olivin und glasigen Feldspath, Krystallkeime enthaltend. — Die schauerlichen Klüfte, welche in den Wänden des nahen Gebirges gähnen, und die bedeutenden Hebungen der Schichten in der nächsten Umgebung des Kraters zeugen von der erschütternden Gewalt, mit welcher sich hier das plutonische Element Bahn brach, geben der Gegend einen höchst bizarren, wilden und großartigen Charakter, der auch auf die lebhafte Einbildungskraft der Araber einen starken Eindruck gemacht hat. „Gleich feurigen Phantomen" (erzählt man sich) „streifen hier nächtlicher Weile Geister umher und vernichten jeden tollkühnen Sterblichen, der es wagt, an diesem ihren Tummelplatze zu übernachten."

So hat sich die Sage von den Schrecknissen, deren Schauplatz dieser Ort einst war, bei dem Volke fortgepflanzt und dem Glauben an bösartige Feuergeister seine Entstehung gegeben. Sie nennen daher auch diesen Ort: Omm el Dschinn, d. i. Ort der Geister.

Nachdem wir den südwestlichen Rand des Kraters überstiegen

hatten, zogen wir bis zum Wâdiy 'Obne 40 Minuten lang eine sanft abgedachte Ebene hinab, welche von einem Lavastrom bedeckt ist. Noch eine kleine Strecke verfolgten wir den Wâdih und lagerten uns unter einer großen Mimose. Während wir nun hier an einem helllodernden Feuer sitzend unsere frugale Abendmahlzeit hielten, wurden wir durch das plötzliche Aufspringen des Kameels aufgeschreckt. Zu gleicher Zeit erblickten wir in einer Entfernung von 15 Schritten zwei große Hyänen, welche aber, als wir mit Feuerbränden bewaffnet, auf sie losgingen, eiligst die Flucht ergriffen. Wir banden das Kameel an den Baum, beendigten unsere Abendmahlzeit und legten uns zur Ruhe, die auch in dieser Nacht nicht weiter gestört wurde. Am Morgen stand der Thermometer bei starkem Nebel und Windstille 25°, am Mittag bei heiterm Himmel und Nordwestwind 36°, am Abend 25°.

16. Juli. Am 16. früh ¼ nach 5 Uhr machten wir uns auf den Weg, und verfolgten den Wâdih, der sich mit sehr starkem Gefälle durch ein Jura=Dolomit=Kalkgebirge windet. Die Thalsohle bildet eine vollkommene Treppe, deren Stufen eine Höhe von 1—5 Fuß haben. Eine Viertelstunde Weges hatten wir zurückgelegt, als uns der Schaych auf der zur Linken des Weges liegenden Anhöhe die Ruinen eines alten Baues zeigte. Ich stieg hinauf, fand aber Nichts als einen alten Schutthaufen, in dem man herumgewühlt hatte, wahrscheinlich um Schätze zu suchen. Behauene Steine, Ziegel und zerbrochenes Töpfergeschirr lagen umher. Das Gebäude war, nach dem Material zu urtheilen, gewiß aus sehr alter Zeit und mochte wohl ein Wachtthurm gewesen sein.

Um ½7 Uhr hörte die treppenförmige Abdachung des Thales auf, und ein sandiger, mit Gerölle bedeckter Pfad wand sich zwischen großen Felsblöcken.

Kurz vor 7 Uhr langten wir bei den merkwürdigen Ruinen an, welche von den Arabern Hiçu el 'Obne genannt werden. Von unserm Nachtlager bis zu diesen Ruinen hatten wir beständig die Richtung Süd, 20° West eingehalten. Ueberaus kümmerlich ist die

Die Ruinen von 'Obne.

Vegetation auf dieser Strecke, und nur unter einem großen schiefliegenden Felsblocke fanden wir Schatten.

Die Ruinen von 'Obne sind nicht die einer Stadt, wie ich mir vorgestellt hatte, sondern die einer Mauer, welche quer durchs Thal gezogen ist und dann über einen nicht sehr steilen Berg geht, welcher den Wâdih 'Obne in Westen begrenzt und im Osten an einer tiefen, wie ein Graben gestalteten Schlucht endigt, an deren entgegengesetzter Seite eine Anhöhe sehr steil abfällt. Diese Anhöhe und der Thalboden bestehen aus Grauwacke, der gegenüberstehende Berg aus Jura-Kalkstein. Dem östlichen Ende der Mauer gegenüber zieht sich von der Anhöhe eine schmale Schlucht nieder, welche auch durch eine Mauer geschlossen ist, an der man am Boden ein viereckiges Loch gelassen hat, um das Regenwasser durchfließen zu lassen. 100 Schritt südlich von der großen Mauer fällt die Thalsohle einige 30 Fuß ab, und der Wâdih, welcher von da an 'Arâr genannt wird, ist so ziemlich mit Arâa, Mimosen und Dompalmen bepflanzt. Einige 50 Schritt weiter mündet östlich ein anderer Wâdih ein, nach welchem obenbemerkte Anhöhe sehr steil abfällt, aber da, wo sie gleichsam ein Vorgebirge bildet, eine weniger steile, stufenförmige Abdachung zeigt. Da nun von diesem Punkte aus die Hauptmauer umgangen werden kann, so hat man den Gipfel des Vorgebirges mit einer Mauer gekrönt, die, wenn auch nicht so groß, doch hinsichtlich ihrer Bauart der großen Mauer gleicht. Die Hauptmauer ist im Thale gleich gut erhalten, dagegen am Berge und am Abhange desselben zerstört. Die großen Quadern sind sorgfältig behauen und mit einem Mörtel zusammengefügt, der beinahe so hart geworden ist, wie das Gestein selbst. Die Höhe dieser Mauer ist 6 Meter und 92 Centimeter, die Breite 6 Meter und 8 Centimeter. Die Länge von der Schlucht bis zum Fuße des gegenüberliegenden Berges 67 Meter. In der Mitte des Thals befindet sich ein Thorweg von 1 Meter und 64 Centimeter Breite, dessen Wände etwas abdachen und der augenscheinlich nie bedeckt war. An seinem südlichen Ausgange ist auf einem langen Quader, in der östlichen

Die Inschrift von 'Obne.

Wand eine 5 Zeilen starke, zierlich eingehauene, himyarische Inschrift. — Am nördlichen Ausgange hat der Thorweg eine Erweiterung von einigen Zollen, als wie für eine Thür bestimmt gewesen; jedoch fehlt jede Vorrichtung, sie einzuhängen. Die Wände der Mauer sind gleich denen des Thorwegs um ein Weniges abgedacht und treten an verschiedenen Stellen um ein Weniges hervor. An der Seite, welche an die Schlucht stößt, ist die Böschung etwas stärker und ein Strebepfeiler angebracht, der auf einem Vorsprunge des Felsens ruht. Auf der Mauer ist von den Dsiyahby-Beduinen eine mit Schießlöchern versehene Brustwehr aufgeführt worden, hinter der sie mit vorgestreckten Gewehren dem Reisenden ein Passagegeld abverlangen. Zum Glück waren bei meiner Anwesenheit keine dieser Wegelagerer zugegen.

Die Bestimmung dieser Mauer spricht sich schon in der Art ihrer Anlage aus; sie diente augenscheinlich zu nichts Anderm, als den Zugang zum Wâdih Habschar und dem Habhramaut zu versperren. Ihre Entfernung von Biyr 'Alyh, einer in alten Zeiten blühenden Hafenstadt, beträgt eine Tagereise. Nun führen von dort zwei Hauptstraßen nach dem Innern, von denen die eine durch den Wâdih Mayfa'a nach Habbân und nach der Provinz Yâfi'a, die andere durch den Wâdih 'Obne und El Habschar nach dem Habhramaut führt.

Jene wurde durch die Stadt beherrscht, deren Ruinen noch unter dem Namen Naqb el Habschar bekannt sind; diese durch die oben beschriebene Mauer.

Die Zeit der Erbauung dieser Mauer zu bestimmen, überlasse ich den Gelehrten, welche durch die beifolgende Copie der Inschrift hoffentlich genügende Aufklärung erhalten werden. (Ueber die Inschrift s. Anhang.)

Vergeblich suchte ich nach Ueberresten anderer Bauten; ich konnte in der ganzen Umgebung nicht das Geringste der Art finden. Wo wohnte die Besatzung? Vielleicht in dem Bau, dessen Ruinen ich thalaufwärts sah?

Sagen über die Mauer von 'Obne.

Gleich nach unserer Ankunft begab ich mich zu der Inschrift und copirte dieselbe, was freilich sehr langsam von statten ging, da mir die himyarischen Charaktere gänzlich unbekannt waren. Während ich mit dieser Arbeit beschäftigt war, vernahm ich einen Lärm, als wenn sich mehrere Personen zankten. Natürlich kam ich auf den Gedanken, daß Schaych Ssalym mit Dsiḥaḥby-Beduinen in Streit gerathen sei, und eilte deshalb zu ihm. Dieser aber kam mir bereits im vollen Lauf entgegen, weil er ebenfalls der Meinung gewesen, ich sei mit Dsiḥaḥby-Beduinen in Collision gerathen. Jetzt entdeckten wir erst auf der andern Seite der Schlucht die Ruhestörer, nämlich eine Truppe von einigen 60 Affen, die herabgekommen waren, um ihren Durst mit dem auf dem Boden der Schlucht stehenden Wasser zu löschen. In seinem Aerger schleuderte mein Schaych unter allen nur möglichen Verwünschungen Steine gegen sie, welches aber keine andere Wirkung hervorbrachte, als daß die ganze Gesellschaft in einer größern Entfernung niederkauerte. Schaych Ssalym sah ihnen nach und rief dann aus: „Nun, wie werdet ihr mir gehorchen, da ihr nicht einmal auf die Ermahnung Hub's, des Propheten Gottes, geachtet habt?"

Abergläubische Sagen, welche durch den ganzen Orient verbreitet sind, knüpfen sich an diese Bewohner der Klüfte; die Legende erzählt unter Anderm:

„Der König Scheddâd aus dem aramäischen Geschlechte der s'Ab» eroberte die Welt und brachte alle erbeuteten Schätze in seine Hauptstadt Iram-bsât-el-'Issnâd[104]), deren Bewohner so reich wurden, daß der König in einem goldenen Palaste und seine Unterthanen in silbernen Häusern wohnten. Dieser Reichthum hatte zur Folge, daß der König und seine Unterthanen ein höchst lasterhaftes Leben führten. Gott schickte daher seinen Propheten Hub, um sie zur Besserung zu ermahnen. Doch alle Ermahnungen waren vergeblich. Im Gegentheil verhöhnten sie nur den Mann Gottes. Ja der König entschloß sich sogar, Gott und seinem Propheten zum Trotz einen Garten anzulegen, dessen Pracht die des Paradieses übertreffen sollte. Diesem

Plane zufolge baute er einen Palast, dessen Mauern und Fundamente aus goldenen Quadern bestanden. Die Decken der Gemächer wurden von krystallenen Säulen getragen und mit Perlen und Brillanten ausgelegt. In den Wänden waren Rubine, Smaragde, Sapphire und Topase so fest gefaßt, daß Niemand sie herausbrechen konnte. 12000 Kuppeln bedeckten diesen Prachtbau, welcher dergestalt mit Edelsteinen übersäet war, daß bei Sonnenschein Niemand darauf hinsehen konnte. In 200 goldenen Kiosks wohnten ebenso viel Minister, welche in Gewändern einhergingen, welche von Perlen und Diamanten strotzten. Durch den Garten, welcher diesen Palast umgab, floß ein Bach wohlriechendes Wasser, statt über Kiesel, über Perlen und Edelgestein; immerblühender Saffran wuchs an seinen Ufern, anstatt der gewöhnlichen Gewächse. Längs dem duftenden Bach standen eine Menge goldener Belvedere, welche von Bäumen desselben Metalls umgeben waren, deren Früchte und Blüthen Rubinen und Perlen, das Laub aber Smaragde waren. — Auf diesen Bäumen saßen goldene und silberne Vögel mit Augen von Rubin, deren Inneres mit süßduftenden Essenzen angefüllt war, die ringsum die Luft mit Wohlgerüchen füllten. — Der Boden dieses Wundergartens endlich bestand aus Ambra und Moschus. — Tausend Generäle, deren jeder 1000 Mann Garde befehligte, waren zur Bewachung dieser Reichthümer bestellt. Es trugen diese Generäle goldene, und ihre Soldaten silberne Harnische.

„Kaum hatte der König Schebbâd erfahren, daß sein Garten fertig sei, so brach er mit allen seinen Ministern, Generälen und Garden auf, um sich an dem Anblick desselben zu laben. Aber noch ehe er des Gartens ansichtig wurde, erreichte ihn und sein Volk die Strafe Gottes. Denn plötzlich erblickte er eine silberne Figur mit goldenen Hüften, welcher von marmornen Beinen getragen wird und an welcher Rubinen die Stelle der Augen vertraten. Ohne Verzug sprengte er auf sie los. Allein ebenso schnell, als er reitet, weicht auch das Bild zurück. Schon hat er seine Gefährten aus den Augen verloren, und er sieht sich deshalb um, ob dieselben folgen. Als er

Zerstörung des Wundergartens.

um seine Blicke wieder der geheimnißvollen Gestalt zuwendet, ist dieselbe verschwunden. An ihrer Statt sieht er aber einen geharnischten Reiter, welcher ihm mit donnernder Stimme zuruft: «Elender Sclave! an was denkst Du in einer Lage wie die Deinige, oder was ist das, das Du so hartnäckig verfolgst? Bildest Du Dir ein, daß der Gegenstand, mit dem jetzt Dein Geist beschäftigt ist, oder die Thaten und Unternehmungen Deiner Vergangenheit, Dich vor den Streichen des Todes schützen?» — Mit diesen Worten öffnet der Tod (denn dieses war der geharnischte Reiter) die Erde unter seinen Füßen — und der König Schebbâd verschwindet. — Sein Volk aber wurde in Affen verwandelt, und ihre Stadt Jram-bsat-el-'Issnâd, ingleichen der Garten mit seinen leuchtenden Palästen verschwanden — und schwirren jetzt in der Luft umher, wo sie von Zeit zu Zeit als glänzende Meteore erscheinen, um das Geschlecht der Menschen an dieses Strafgericht Gottes zu erinnern."

Dieser Schebbâd ist derselbe, von welchem erzählt wird, daß er zur Zeit des Durchbruchs der Meerenge Bâb el Mândeb regiert habe. Man kann hier vermuthen, daß der Landstrich, welcher früher die Stelle eingenommen hat, in welcher jetzt die Meerenge fluthet und der Stamm der „'Ad" in einer und derselben Katastrophe untergingen, um so mehr, als die arabischen Schriftsteller die Stadt dieses Volkes und den Wundergarten ihres Königs in die Nähe von 'Aden setzen.

Bis 5 Uhr Nachmittags war ich mit der Aufnahme alles dessen zu Stande, was mir dieser merkwürdige Ort bieten konnte, und gab daher den Vorstellungen meines Schaych Gehör, der durchaus weiter thalabwärts übernachten wollte, weil einerseits das nöthige Futter für sein Kameel daselbst zu finden wäre, und andererseits, weil dort nicht zu befürchten sei, mit den an der Mauer nächtlicherweile umherschweifenden Geistern in Collision zu gerathen. Wir zogen also noch 1/4 Stunde weiter und lagerten an einer gebüschreichen Stelle des Wâdiy 'Arâr am Fuße des Dschebel 'Arâr. Der Thermometer stand am Morgen bei Windstille und heiterm Himmel 20°, um Mittag bei Nordwestwind 36°, am Abend bei sehr schwachem Südwestwind 25°.

17. Juli. Am 17. Juli früh (10 Minuten vor 5 Uhr) verfolgten wir den Wâdih 'Arâr in südlicher Richtung. Es herrschte vollkommene Windstille und die Hitze wurde um 8 Uhr schon so brütend, daß wir unser Vorhaben, erst um Mittag zu ruhen, aufgaben und uns schon um 9 Uhr unter einem Dome des herrlichsten Grüns lagerten. Das Thal ist hier ungefähr 400 Schritt breit und von niedrigen Hügeln des Numulitenkalks eingeschlossen. Die Vegetation ist herrlich. Riesige Palmen, schlanke Arâs, Mimosen und Nebek bilden hier ein Dickicht, welches von blumenreichen Schlingpflanzen durchflochten wird. Um das schmackhafteste Trinkwasser zu bekommen, braucht man nur höchstens 1 Fuß tief in den Sand des eigentlichen Flußbettes zu graben. Der Boden besteht aus mergeligem Thon, mit etwas Sand vermischt, und könnte Tausende von Menschen ernähren. Kaum hatten wir einige Minuten geruht, so hörten wir die Stimmen mehrerer Männer durch das Gebüsch schallen, und bald erblickten wir auch acht bewaffnete Beduinen, wie es schien, Freunde meines Schaychs; denn nachdem sie sich gegenseitig begrüßt hatten, setzten sie sich nieder.

Da sie mir weder die Hand gegeben, noch mich sonst begrüßt hatten, so ahnte mir nichts Gutes. Es dauerte auch nicht lange, so entfernten sich zwei von ihnen und riefen meinen Schaych, dem gleich darauf die übrigen folgten. Während ihrer langen Unterredung beobachtete ich ihre Bewegungen und Blicke, und sah auch bald, daß von mir die Rede sei, sowie daß sie es darauf abgesehen hatten, mir einige Thaler abzupressen. Ich hatte mich nicht geirrt; denn, nachdem sie zurückgekehrt waren, führte mich Schaych Ssalym auf die Seite und erklärte mir, daß ich den Beduinen 50 Thaler Passagegeld zu zahlen hätte, widrigenfalls würde er mich verlassen und allein nach dem Wâdih El Hadschar zurückkehren.

Schon bekannt mit solchen Beduinenkunststücken, verweigerte ich entschieden diese oder irgend eine noch so kleine Summe und erinnerte ihn, daß er sich verpflichtet habe, mich sicher nach dem Orte meiner Bestimmung zu bringen. Es sei daher seine Sache, sich mit den Beduinen abzufinden; übrigens möge er thun, was er verantworten könne.

Wie ich es vorausgesehen hatte, so geschah es. Er versuchte nun, mich zu überreden, und drängte einige Male, das Geld herzugeben; da ich ihn aber keiner Antwort würdigte, so brach er mit der ganzen Truppe auf, nahm sein Kameel und zog von dannen. Ich that, als bemerkte ich den Abzug nicht, und blieb ruhig auf meinem Platze sitzen. Mein Dachahl kam nach ¼ Stunde wieder und theilte mir ganz im Vertrauen mit, daß es seinem Einflusse gelungen sei, die Beduinen mit 25 Thalern zufrieden zu stellen. Ich solle doch nicht so hartnäckig sein und diese Summe zahlen; denn sonst müsse er mich ganz gewiß verlassen. „Und was wird dann Dein Schicksal sein?" setzte er hinzu. „Entweder bringen Dich die Beduinen um, oder Du wirst von wilden Thieren zerrissen, oder Du verhungerst in diesen Bergen! — Darum bezahle lieber das Geld, damit wir weiter ziehen können." — Ich erwiederte so barsch als möglich, daß ich auch nicht 25 Kaffeebohnen hergeben würde, und daß ich, was meinen Untergang anbelange, unter dem Schutze Gottes ständ, ohne dessen Willen kein Haar meines Bartes gekrümmt werden könne. Er aber sei nicht viel besser als ein Räuber, obgleich er sich einen Schatch und 'Abd el Manâh nenne; er möge also seiner Wege ziehen, wenn er es glaube zu dürfen.

Nach diesem Bescheid verließ er mich mit den Worten: „Du hast mich nicht hören wollen, Dein Blut komme über Dich!" — Worauf ich ihm zurief: „Nicht über mich komme es, sondern über Dich, der Du handelst wie ein Barwâq (Treuloser)! Schande über Dich und Deinen Stamm, 'Abd el Manâh!"

Nach Verlauf von ½ Stunde hörte ich die ganze Gesellschaft zurückkommen, ohne daß ich jedoch durch eine Bewegung verrieth, daß ich es bemerkte. Sie setzten sich wieder neben mich hin und verlangten zehn, dann fünf und endlich nur einen Viertelthaler, welche

Forderungen ich alle in einem sehr bestimmten Tone von mir wies.. Als sie sahen, daß mich bis jetzt Nichts eingeschüchtert hatte, versuchten sie es, mir auf eine andere Art Furcht einzujagen. Einer von ihnen zündete die Lunte seines Gewehrs an, öffnete die Pfanne und setzte mir die Mündung auf die Brust, mit der Drohung mich zu erschießen, wofern ich ihren Forderungen nicht Genüge leisten würde, ein Anderer versetzte mir zugleich Kolbenstöße in den Rücken.

Obgleich ich überzeugt war, daß der Beduine mich nicht erschießen würde, so hatte ich doch die Besorgniß, daß sich das Gewehr durch Unvorsichtigkeit entladen könne, zumal die brennende Lunte kaum 1 Zoll hoch über der offenen Pfanne schwebte. In der Hoffnung, daß sich mein Schaych ins Mittel schlagen würde, verhielt ich mich noch einige Augenblicke leidend. Als ich aber sah, daß derselbe lachend zusah, so machte ich dem Unfuge ein summarisches Ende; das heißt, ich riß mit der einen Hand die Mündung des Gewehrs von der Brust und gab mit der andern Hand meinem Gegner einen so derben Faustschlag vor die Stirn, daß er rücklings zu Boden fiel. Ich erwartete jetzt, daß mich der Beduine mit der Dschembihe angreifen würde, und zog deshalb die meinige. — Allein Nichts von Allem erfolgte. Im Gegentheil lachten Alle, selbst der Geschlagene. Man gab mir gute Worte, verzichtete auf jede Contribution und setzte sich mit der Bemerkung nieder: „daß ich ein Mann mit weitem Herzen, d. i. ein muthiger Mann sei". — Es wurde Kaffee getrunken. Mein früherer Gegner setzte sich mir zur Seite nieder, gab mir die Hand und wechselte zum Zeichen der Versöhnung die „Kaffeetasse" mit mir, kurz, Alles war wieder ins alte Gleis gebracht.

Im Verlauf meiner Reisen im Orient habe ich sehr oft Gelegenheit gehabt, zu bemerken, daß bei einem rohen Volke nur derjenige imponirt, der bei einer kräftigen Persönlichkeit Muth und Geistesgegenwart besitzt. Daher darf man nie unterlassen, solchen anmaßenden Forderungen gegenüber eine ruhige, feste Haltung anzunehmen, und sich nur dann Thätlichkeiten zu erlauben, wenn die Sache im Wege der Güte nicht beizulegen ist. Aber auch dann muß

Begriffe über Ehrenkränkungen. 157

man sich hüten, seinen Gegner auf eine Weise zu behandeln, welche in seinem und Anderer Augen für schmachvoll gilt. Hätte ich z. B. den Beduinen eine Ohrfeige statt des Faustschlages versetzt, so wäre eine solche Beleidigung nur mit meinem Blute abzuwaschen gewesen; dahingegen lag in dem Faustschlage nichts Beschimpfendes, und das gute Vernehmen wurde bald wieder hergestellt.

Bald nach Beendigung dieser Scene verließen uns die Beduinen, wir aber wanderten erst am Mittag weiter, wo wir noch eine halbe Stunde den Wâdih verfolgten und dann die den Wâdih zur Linken begrenzenden Anhöhen bestiegen, auf deren Rücken sich eine von aller Vegetation entblößte Ebene nach Südwesten ausdehnt, welche in dieser Richtung allmählich abfällt. Von diesen Punkten aus erhebt sich zur Rechten in einiger Entfernung ein hohes Gebirge, der Dschebel 'Arçime; links ragen die gezackten Gipfel des düstern Dschebel El Oçahbe.[109]) Drei Stunden bleibt der Boden felsig, dann aber beginnt ein tiefer Sand, aus dem im auffallenden Gegensatze zu seiner blendenden Weiße mehrere 100 Fuß hohe, kugelförmige, schwarze Hügel hervorragen. Im Hintergrunde endigt die Sandwüste an der feuchten Wüste des indischen Oceans.

Etwa ¼ Stunde vom Meere entfernt überstiegen wir einen Damm oder vielmehr einen lammartigen Durchbruch des Basaltes, der von Norden nach Süden streicht, nahe am Meere in einem kegelförmigen Hügel endigt und mit den früher erwähnten Hügeln in Verbindung steht. Kurz vor 6 Uhr lagerten wir zwischen Dünen, welche größtentheils mit einer grünen Laubdecke überzogen sind, auf welcher unser Kameel weidete. Von dieser Stelle aus lag uns Dschebel 'Arçime gerade im Norden. Am Fuße dieses Gebirges, welches ich auf 3000 Fuß Höhe schätzte, und in den Schluchten und Thälern desselben haben sich hohe Sandberge aufgethürmt. Ich lernte hier eine Art winzig kleiner Ameisen kennen, die oft in dieser Gegend zur Landplage werden, da sie Alles und sehr schnell zerstören. Hier hatten sie die Mimosen und Tamarisken von der Wurzel bis in die feinsten Spitzen der Zweige vollkommen ausgehöhlt, sodaß ich ohne große Mühe einen 20 Fuß hohen Baum umreißen konnte. Sie scheuen das Licht und bauen daher bedeckte Gänge, in denen sie bis zu irgend einer Oeffnung der Rinde laufen; denn diese verzehren sie nicht, nagen sie auch nirgend an. Ich zerstörte einen Gang, den diese Ameisen gebaut hatten, sie arbeiteten aber so emsig, daß der Schaden bald wieder ausgebessert war.

Diese kleine weiße Ameise heißt bei den Arabern El Arba und ist die Termes fatala des Linné.

Die Hauptrichtung von Ḥiçn el 'Obne hierher ist gerade Süd-west. Der Thermometer stand am Morgen bei heiterm Himmel und Windstille 22°, um Mittag bei schwachem Nordwestwinde 36°, am Abend 25°.

18. Juli. Am 18. früh um 5 Uhr verließen wir unser sandiges Lager und wateten in der Richtung Nordwest zwischen und über Sand-dünen hin. Nach einer Stunde betraten wir eine kiesige Ebene, die im Norden und Nordwesten von hohen Sandbergen begrenzt wird und auf denen sich mehrere kleine Waldungen von Dattelpalmen gruppiren. Um ¼ nach 7 Uhr erreichten wir El Dschowahry, ein 10 Minuten vom Meere, am Abhange eines Sandberges gelegenes Dorf des Stammes Eſſ Eſolaḥmânḥ, einer Unterabtheilung des Hauptstammes der Dſihaḥbḥ. Es besteht aus einigen 60 ärmlichen Hütten, zwischen denen eine Moschee und einige massiv gebaute Häuser stehen. Die Einwohner beschäftigen sich hauptsächlich mit Fischfang, liegen aber auch der Viehzucht und der Jagd ob. Ackerbau wird nur sehr wenig betrieben, da der sandige Boden nicht dazu geeignet ist.

Wir kehrten in das Haus eines Bekannten meines Schaychs ein, wo wir freundlich bewirthet wurden. Ich hatte in Ḥiçn ben Dighâl einem Kranken etwas Arznei gegeben, und der Hauswirth, der dieses durch Schaych Ssalym erfahren hatte, bat mich, einen armen kranken Mann zu besuchen, der am Ufer des Meeres in einer Hütte wohne. Ich besuchte den Kranken, der in einem sehr heftigen Fieber lag. Da man aber in Arabien mit Arzneiengeben sehr vorsichtig sein muß, so erklärte ich, daß ich bei dieser Krankheit Nichts thun könne. Man

Ein seltsamer Talisman.

bat mich, dem Kranken ein Amulett zu schreiben, welchem Verlangen ich auch nachkam, indem ich aus Schiller's „Lied von der Glocke" den bekannten Vers schrieb:

> Gefährlich ist's den Leu zu wecken,
> Verderblich ist des Tigers Zahn;
> Jedoch das Schrecklichste der Schrecken,
> Das ist der Mensch mit seinem Wahn.

Unterschriftlich fügte ich meinen Namen bei. Die Frau des Kranken legte das Papier sorgfältig zusammen, nähte es in ein Stück Leder ein und hing es dem Kranken um den Hals. Zugleich hörte ich sie zu ihrem Manne sagen: „er solle bis zu seiner Genesung zu irgend Jemand so hoch als möglich ins Gebirge gehen".

Ich hatte hier die Gelegenheit, die Fahrzeuge zu sehen, welcher sich die Araber beim Fischfang bedienen. Es waren ihrer zwei Arten, und ich muß gestehen, daß es wohl nicht etwas Primitiveres geben kann.

Die eine Art besteht aus 10—12 armstarken, 6—7 Fuß langen zusammengebundenen Aesten. Auf diesem Floß ist eine Matte ausgebreitet und einige aus Palmblättern geflochtene Körbe sind an ihr befestigt, um die gefangenen Fische darin aufzubewahren. Etwas nach vorn ist in der Mitte eine Vorrichtung, um eine Stange darin befestigen zu können, an der eine Matte als Segel aufgezogen wird. Ein Paar Stücke Holz dienen als Ruder.

Die zweite Art ist ebenfalls ein Floß, welches aus 6 aufgeblasenen Schläuchen besteht, auf denen eine Art Rost von zusammengebundenen Dattelzweigen ruht. Diese letzte Art der Flöße, und wahrscheinlich auch die erstere, war schon in den ältesten Zeiten in Gebrauch; denn Ptolemäus erwähnt derselben in seinem 6. Buche bei der Beschreibung des Sinus Sachalitorum, und Arrian in seiner Beschreibung des Erythräischen Meeres. — „Zur Zeit der Blüthe des sabäischen Reiches" (erzählt Diodor von Sicilien) „wohnte an der Küste des indischen Meeres, im glücklichen Arabien, ein Volk Debae genannt, mit welchem die Sabäer Handelsverbindungen pflogen." — Vermuthlich sind diese Debae und die Dsihaybŷ [110]) ein und dasselbe Volk. Wenigstens ist kein Grund vorhanden, die Identität in Zweifel zu ziehen.

Um 3 Uhr Nachmittags verließen wir diesen gastlichen Ort, welcher mich bei weitem günstiger für die verrufenen Dsihaybŷ gestimmt hatte. Wir stiegen den mit Dattelpalmen besetzten Sandberg hinan, auf welchem ein gemauerter Wasserbehälter die wenigen mit Tabak bepflanzten Felder bewässerte. Eine alte Wasserleitung, welche in ihn mündet, verliert sich nördlich in dem Sande. Um ¼ nach 3 Uhr gelangten wir wieder an eine Gruppe von Dattelpalmen und ein Bassin, welches, wie das frühere, durch eine Wasserleitung gespeist wird. Bis hierher sah ich bedeutende Substructionen eines alten Baues, wahrscheinlich einer Mauer, stellenweise vom Sande entblößt, deren behauene, sehr große Quader mit einem sehr festen Mörtel verbunden sind und daher einer sehr alten Zeit anzugehören scheinen. Eine Viertelstunde weiter lag zur Rechten des Weges das von Palmen umgebene Dörfchen 'Ayn bâ Mi'bet.

Hier kaufte mein Schaych einen ledernen Beutel voll gesalzener Fische von der Größe der Sardellen, von den Arabern Wark genannt. Von diesen gab er dem Kameele täglich eine oder zwei Hände voll, die von ihm mit Begierde gefressen wurden, sie ersetzen die Salzlecke, welche zur Erhaltung der Gesundheit dieser Thiere erforderlich ist. Ich sah auch in der Folge in andern Gegenden des Habhramauts die Beduinen ihren Kameelen von Zeit zu Zeit solche Fische reichen.

Um 4 Uhr trafen wir, gleichfalls zur Rechten des Weges, auf einen andern kleinen Ort, Namens 'Ayn 'Ahwayrŷ.

Im Norden erheben sich die Sandhügel noch bedeutend und sind hier und da mit Gruppen von Dattelpalmen besetzt. Diese aus dem dürren Flugsande stellenweis hervorbrechende Vegetation verdankt ihr Dasein dem Wasser des Wâdiŷ 'Arâr, welches auf dem vom Sande bedeckten, festen mergeligen Thone, der Tihâma

Wanderung der Küste entlang.

(Niederung) zufließt. Dieser Thon bildet nämlich eine dem Dschebel Arzlme vorliegende Terrasse, auf welche der Wâdly 'Arâr ausmündet. Der Weg wird nun, des tiefen Sandes wegen, außerordentlich beschwerlich; besonders wurde er uns aber noch dadurch ermüdender, daß sich kein Lüftchen regte und die Hitze durch den erhitzten Sand noch bedeutend gesteigert wurde. Erschöpft kamen wir um 5 Uhr in dem Dorfe Dobbel el 'Ahn an, wo wir bei einem Fremde Schahch Ssalhm's Nachtquartier nahmen.

Das Dorf zählt ungefähr 400 Einwohner vom Stamme der Ssolahmânh, liegt an dem Abhange der sandigen Höhen und besteht aus lauter massiven Häusern, zu deren Erbauung das Material größtentheils den Ueberresten alter Bauten entnommen ist. Seine Entfernung vom Meere beträgt ½ Stunde. Die Einwohner treiben Fischfang, Viehzucht, Jagd und etwas Ackerbau. Die Richtung von unserm Nachtlager hierher ist West, 10° Nord.

Das Meer bildet in diesen Gegenden eine Bucht, welche Scherm Hardscha genannt wird und sich 6 englische Seemeilen landeinwärts erstreckt. Im Westen schließt diese Bucht Râss Hardscha, eine niedere sandige Landzunge am Fuße des Dschebel El Hamrâ. Im Osten wird sie von dem düstern Vorgebirge Râss el Ogahbe begrenzt. Diese beiden Vorgebirge sind ungefähr 22 englische Seemeilen voneinander entfernt.

Nahe bei dem Vorgebirge El Ogahbe liegt ein befestigter Thurm, welcher dem Sultan von Bihr 'Alhh und Mebâha, Mahbh Ibn ben 'Abb el Wâhid gehört und den Namen Hign Bâ el Haff führt.

Von diesem Thurme aus begannen die Herren Wellsted und Cruttenden ihre Excursion nach Nagb el Habschar.

Wellsted bemerkt hier auf seiner Karte einen Stamm, den er Wâhibi nennt. Zu dieser unrichtigen Angabe hat ihn wahrscheinlich der Name des Sultans von Bihr 'Alhh verleitet; denn ein Beduinenstamm jenes Namens existirt nicht, wohl aber mehrere Glieder der Familie El Wâhid (Sclave des Einigen). Ebenso wenig wohnt in dieser Gegend der von Wellsted angegebene Stamm der Benh

Chorâb; denn bis Medâha wohnt der Stamm Dsihaybh, von dessen Abtheilungen keine diesen Namen führt. Beiden Herren fallen indeß diese unrichtigen Angaben nicht zur Last, da Nichts leichter ist, als von den Beduinen hintergangen zu werden. Sie sind sogleich mit einer Antwort bei der Hand und sagen gewöhnlich immer Ja, wenn man sie fragt, ob dieser oder jener Ort so und so heiße. Ich bin fest überzeugt, daß, hätte ich einen Beduinen gefragt, ob nicht in der Gegend ein Stamm existire, der Beny Borussia hieße, er ohne zu zögern, Ja gesagt haben würde. Man darf diese Leute nie fragen, ob ein Ort so oder so heiße, sondern muß sie jedesmal fragen, wie er heiße, und dann erst Andere, welche die Antwort nicht gehört haben, noch einmal fragen. Stimmen diese Angaben überein, so kann man von der Richtigkeit des Namens eines Ortes überzeugt sei.

Längs dieser Bucht zieht sich eine Tihâma hin, in deren nordöstlichem Winkel der Wâdih 'Arâr, in deren nordwestlichem dagegen der breite Wâdih Mahfa'a mündet.

Der Sand der Ebene ist reich an Glimmer, und in den Betten einiger Regenbäche fand ich kleine Stückchen Feldspath, Quarz, und wenn ich nicht irre, Augitkörner. Aus allen diesen Steinarten hat sich am Meere ein eigenthümlicher, merkwürdiger Sandstein gebildet, in welchem die verschiedenen Muscheln und Schneckenarten des indischen Oceans eingeschlossen sind. Dieser junge Meeresandstein bildet bei dem Dorfe El Dschowahre eine 18 Fuß lange Bank von ziemlicher Mächtigkeit, und ist bereits so hart, daß es mir viele Mühe kostete, ein Handstück davon zu trennen.

Ganz in der Nähe dieser Bank sieht man noch andere, die im Werden begriffen sind. Als Bindemittel dient der durch die Regenbäche herabgeschwemmte mergelige Thon.

Dieser Sandstein erinnerte mich lebhaft an die jüngste Sandsteinformation am Räss et Tyn in Alexandrien, in welcher man außer den Schnecken und Muscheln des Mittelmeeres auch Scherben von irdenen Gefäßen und Ziegeln eingeschlossen findet.

Der Thermometer stand am Morgen bei heiterm Himmel und

Flugsandhügel am Meeresufer.

Windstille 20°, um Mittag im Schatten 30°, am Abend bei schwachem Nordwestwinde 25°.

19. Juli. Am 19. Juli begannen wir unsern Tagemarsch bereits um 4 Uhr Morgens und stiegen in Begleitung unseres Wirthes, der merkwürdigerweise 'Abb el Jaghuth (Sclave des Jaghuth) hieß, in die mit Flugsand bedeckte Ebene bis zu einem Wasserbehälter hinab, wo eine Viertelstunde angehalten wurde, nur das Morgengebet zu verrichten und den Schlauch zu füllen. Hier nahmen wir von unserm Wirthe Abschied und wateten in der Richtung von West, 20° Nord eine Viertelstunde durch ermüdenden Sand, bis zu einer mergelig-kreidigen Ebene, welche mit Feuersteinen bedeckt war, auf der wir bis 10 Minuten nach 6 Uhr fortwanderten. Hier begannen die Mühseligkeiten aufs Neue, indem sich ein unabsehbares Labyrinth hoher Flugsandhügel vor uns ausdehnte, zwischen denen die Sonne mit entsetzlicher Gluth brannte. Kein Baum, kein Strauch, kein Grashalm war irgend zu erspähen, überall vollkommener Tod. — Kein Lüftchen regte sich, uns Kühlung zuzuwehen. Eine traurigere Wüste ist nicht zu denken. — Endlich erreichten wir ¼ vor 8 Uhr einige verkrüppelte Tamarisken, neben denen sich eine kleine Wasserlache befindet. — Wir waren von dem fortwährenden Auf- und Niedersteigen in den Flugsandhügeln so erschöpft, daß wir uns unter den dürftigen Schatten der Tamarisken lagerten. — Der Brunnen oder vielmehr die Lache war in ein Lager eisenschüssigen Thones gegraben, der mit kleinen Adern von Gypsspath und Steinsalz durchsetzt ist, weshalb denn auch das Wasser einen unangenehmen, stark bradigen Geschmack hat. Zum Glück bedurften wir seiner nicht, da wir hinlänglich mit gutem Wasser versehen waren.

Um ½12 Uhr setzten wir unsern mühseligen Marsch fort und erreichten um ¼1 Uhr das Ende dieses Sandmeeres, — am westlichen Abhange des Dschebel Massya, welcher sich mit dem Flußbette des Wâdih allmählich abdacht. Dieser Berg erreicht eine Höhe von ungefähr 500 Fuß und hat ein so auffallendes Aussehen, daß man in einiger Entfernung die Ruinen von Burgen auf ihm zu sehen vermesini. Sein Fuß besteht aus tertiärem Kalk, der, nach den herabgefallenen Blöcken zu urtheilen, weiter oben in quarzigen Kalksandstein übergeht. Der Wâdiy Mahsya, welcher den Namen dieses Berges führt, scheidet ihn von dem westlichen Abhange des Dschebel Arçme. Von hier aus konnte ich den ganzen untern Theil des Wâdiy Mahsa'a übersehen, in welchem mir Schaych Esalym in der Reihenfolge von Süden nach Norden, die Ortschaften Kosahçe, Kabun, Schomcha und Sahun zeigte, welche alle dem Stamme Esolahmânh gehören.

Wir zogen nun längs dem Abhange hin, auf welchem von Zeit zu Zeit noch Anhäufungen von Flugsand vorkommen, und gelangten um 4 Uhr in das Bett des Wâdiy, der durchaus mit hohen Platanen, Sykomoren und andern Gesträuchen besetzt ist. Der Flugsand nimmt stellenweis wieder überhand und zwar so, daß ich Hunderte der höchsten Bäume bis zum Gipfel damit bedeckt sah.

Diese konischen Hügel sind meistens mit Schlingpflanzen so dicht überzogen, daß man nur ganz in der Nähe den Sand durchschimmern sieht, und gleichen grünen Grasschobern; welches der Gegend ein ganz eigenthümliches Ansehen giebt. Von nun an führte der Weg fortwährend thalaufwärts, längs dem hohen steil abfallenden Dschebel Hamrâ hin. Vor der Mündung eines breiten Thales kamen wir $1/_2 6$ Uhr vorüber, und erreichten $1/_2$ Stunde später und im höchsten Grade erschöpft das Dorf Dschul esch Schaych und die Behausung des Oberhauptes der Familie 'Abd el Manâh, des Schaychs 'Omâr ibn 'Abd er Rahman.

Man findet in diesem Theile Arabiens oft, daß Familien noch jetzt Namen tragen, welche an Gottheiten der vorislâmitischen Mythologie der Araber erinnern, so die Familie des 'Abd el Daghuth oder Sclave des Götzen des Stammes Madhidj: Daghuth, bei welcher ich in Dobbet el 'Ayn übernachtete, und die Familie 'Abd el Manâh, Sclave des Manâh, des Götzen der Stämme Dosay. Nach Abu el Fidâ war 'Abd el Manâh, der Stammvater dieses Geschlechts, auch der mehrerer Stämme, welche alle verschwunden sind, mit Ausnahme der Beny Dighâl, welche, wenn auch nicht als großer

Die Engländer in Naqb el Habschar.

Stamm, so doch als Geschlecht, wie ich bereits oben erwähnt habe, im Wâdih Habschar leben. Kein Glied dieser Familie hat auch nur die leiseste Ahnung davon, wessen Sclaven sie sich nennen; denn, wenn sie es wüßten, müßten sie als orthodoxe Muselmänner dieselben im höchsten Grade anstößig finden. Der alte Schaych bewillkommnete uns auf der Terrasse seines Hauses. Nachdem die Begrüßungen vorüber waren, befahl er seinem Sclaven, uns die Füße zu waschen und mit geschmolzener Butter einzureiben, eine Operation, die ausnehmend restaurirt und die ich jedem Fußgänger empfehlen kann.

Ich übergab ihm dann mein Empfehlungsschreiben, welches er bei dem Scheine einer Laterne las. — Und da ihm in demselben mein Wunsch mitgetheilt worden war, Naqb el Habschar und Habbân zu besuchen, so sprachen wir nach beendigter Mahlzeit ein Langes und Breites über diesen Gegenstand. Während dieser Unterredung erzählte er mir, daß vor mehrern Jahren zwei Kâfir (Ungläubige; er meinte die Herren Wellsted und Cruttenden) die Ruinen von Naqb el Habschar besucht hätten. Hier ergoß er sich in Verwünschungen über das böse Treiben dieser Herren. „Daß ihr Name verflucht sei!" rief er aus. „Diese Ferenghy (so nennen sie die Europäer) haben ein böses Auge auf unser Land geworfen, denn im ganzen Jahre, das auf ihren Besuch folgte, ist weder im Wâdih Mayfa'a, noch in den Thälern, die in ihn münden, ein Tropfen Regen gefallen! Ohne Zweifel haben sie auch die Schätze entführt, die in den Ruinen begraben lagen, und sie dem Malik (König) der Ferenghy überbracht! — Denn der Eine ist zur Belohnung Dawla von 'Aden (Gouverneur von 'Aden; Cruttenden nämlich Adjutant des Gouverneurs) geworden. So lange ich lebe, soll keiner dieser Hunde wieder nach Naqb el Habschar kommen!"

Ebenso brachte der alte Schaych 'Omâr die Besitznahme von 'Aden mit dem Besuche der Herren Wellsted und Cruttenden in Verbindung, indem er behauptete, daß sie in den Ruinen Inschriften gefunden, welche sie über die Art und Weise aufgeklärt hätten, wie 'Aden zu nehmen gewesen sei. [111])

Thronstreitigkeiten in Habbân.

Außer diesen Herzensergießungen, welche meinen geehrten Lesern einen Begriff von dem Ideengange dieser Leute geben können, theilte er mir die Nachricht mit, daß der frühere Sultan von Habbân, Ahmed ibn 'Abb el Wâhid, durch seinen Vetter entthront und nebst seinem Sohne eingekerkert sei. — Sowohl in Habbân, als auch in der Umgegend herrsche vollkommene Anarchie, indem die Beduinenstämme sich theils für den entthronten Sultan, theils für den Usurpator erklärt hätten und die Wege unsicher machten. Alle Kaufmannsläden wären daselbst geschlossen und Jedermanns Leben schwebe in Gefahr. — Der neue Sultan (fügte er hinzu) kann dieser Unordnung nicht Einhalt thun, da die Sorge für seine eigene Sicherheit ihm gebietet, den Beduinen seiner Partei nicht zu nahe zu treten. Bei so bewandten Umständen wäre es eine Tollkühnheit gewesen, nach Habbân zu reisen. Ich änderte daher meinen Plan und beschloß, nur bis nach 'Içân zu gehen und von dort nach Hiçn ben Dighâl zurückzukehren.

Der Thermometer stand am Morgen bei Windstille und heiterm Himmel 20°, am Mittag im Schatten 45°, am Abend bei schwachem Nordwestwinde 25°.

20. Juli. Am 25. Juli Morgens um 5 Uhr traten wir unsere Reise nach Naqb el Habschar und 'Içân an. Von dem Dorfe Dschul esch Schaych aus führte der Weg eine Viertelstunde über angebautes Feld, neben dem eine Menge Heiligengräber stehen, die, wie der Schaych Esalym mit Stolz bemerkte, sämmtlich der Familie 'Abb el Manâh angehören. Wir stiegen dann in dem Bette des Wâdiy thalaufwärts und hielten schon um 6 Uhr neben den Ruinen von Saqquma, von welchen mir mein Schaych versicherte, daß sie aus der himyarischen Zeit stammten. Mehrere Beduinenfamilien lebten hier unter großen Sykomoren und Platanen, welche von einem Verhaue borniger Sträucher umgeben sind. Die zunächststehenden Bäume sind mit ähnlichen Verhauen umgeben und dienen den Heerden während der Nacht zum Aufenthalt. Milch- und Wasserschläuche, die wenigen Hausgeräthschaften, der Tragekorb und eine lederne Wiege in der

Form eines Troges hängen an den Aesten umher. In der Nähe des Stammes brannte ein Feuer, an welchem die Frau des größtentheils müßig liegenden Beduinen Kaffee bereitet, Brod bäckt und ihn und seine Gäste mit Feuer für die Pfeife versorgt. Wir ließen uns bei einer dieser Familien nieder, in welcher drei Männer, auf Strohmatten ausgestreckt, dem dolce far niente fröhnten. Sie empfingen uns sehr gut und warteten mit Kaffee, Brod, Datteln, Milch und Honig auf. Einer von ihnen vermochte es sogar über sich, mich nach den Ruinen zu geleiten.

In meiner Erwartung, Ueberreste alter Bauten oder gar interessanter Inschriften zu finden, wurde ich jedoch getäuscht, denn ich fand Nichts als einen Haufen in der Sonne getrockneter, größtentheils zerbrochener Lehmziegel, kurz „die Rudera eines modernen Dorfes". — Ich kehrte daher sogleich zurück und fand bei meiner Ankunft unter dem Baume ein Gericht aufgetragen, das aus einer Mischung von gekneteten Brod, Datteln und Milch bestand, über welche man frische Butter gegossen hatte.

Um 8 Uhr Morgens verließen wir dieses gastliche Laubdach und wanderten weiter thalaufwärts. Mein Schaych sang seinem Kameele vor, während ich die schönen Formen des zur Linken ragenden Gebirges und die pittoreske Lage zweier von Saatfeldern umgebenen Höfe bewunderte, als wir plötzlich ¼ Stunde nach unserm Aufbruch von 9 Beduinen, die mit Säbeln, kurzen Lanzen und Keulen bewaffnet waren, angehalten wurden; welche hinter einem dichten Gebüsche hervortraten; ein Zehnter stand schußfertig in einiger Entfernung seitwärts. Mit Ungestüm verlangte ihr Anführer, ein alter Graubart, 20 Thaler Wegegeld, welche mein Schaych entschieden verweigerte, da, wie er sagte, dieser Boden Arbh el 'Abd el Manâh (Land der 'Abd el Manâh) sei, und Niemand das Recht habe, von einem Mitgliede dieser Familie ein Wegegeld zu verlangen. Der Alte sprach ihm jedoch die Qualität eines 'Abd el Manâh ab, und bestand auf seiner Forderung. Da gegen so Viele Nichts auszurichten war, so traten wir den Rückweg nach Dschul esch Schaych an, wo wir hoffen konnten, von dem in dieser Gegend Alles vermögenden Schaych 'Omár unterstützt zu werden. Uns so ungeschoren ziehen zu lassen, lag jedoch nicht in dem Plane unserer Straßenräuber; denn kaum waren wir 100 Schritt weit von ihnen entfernt, so liefen sie hinter uns her und riefen uns zu, „anzuhalten". Schaych Ssalym übergab mir nun die Sorge für das Kameel, und ermahnte mich, es so viel als möglich anzutreiben. Er rief ihnen dann mit gebieterischer Stimme zu, „zurückzubleiben", und da sie wenig darauf achteten, griff er zu Steinen, welche er mit vieler Kraft und Geschicklichkeit warf. — Aber auch unsere Gegner blieben nicht müßig, und die Kiesel sausten von allen Seiten heran.

Man hielt es gar nicht der Mühe werth, mich mit einigen Steinwürfen zu beehren, und somit war nun mein armer Schaych die Zielscheibe aller. Mittlerweile waren wir auf eine erhöhte Stelle gekommen, wo man uns von Saqquma aus sehen konnte. Da ich bemerkte, daß uns die Beduinen von dort zu Hülfe kamen, der Schaych aber hart bedrängt wurde und mich zugleich auch die Geringschätzung meiner Person von Seiten dieser Buschklepper ärgerte, so ließ ich das Kameel stehen und nahm Theil an der Affaire. Kaum aber hatte ich einige Steine geworfen, so schenkte man mir zu viel Aufmerksamkeit und Kiesel um Kiesel sausten um meine Ohren; auch wurde ich an der linken Schulter getroffen, welches mir später eine schmerzhafte Geschwulst verursachte. Schaych Ssalym, dessen Gewandtheit bewundernswerth war, wurde ungeachtet derselben mehrere Male, jedoch glücklicherweise an keiner empfindlichen Stelle, getroffen. Als das Gesindel die Hülfe herankommen sah, floh es in die Gebüsche.

Was mich hierbei besonders Wunder nahm, war, daß der seitwärtsstehende Beduine ein müßiger Zuschauer blieb, und sich seines Gewehres nicht bediente.

Da es nach diesem Vorfalle nicht rathsam war, die Reise fortzusetzen, so kehrten wir nach Dschul esch Schaych zurück, wo sich Schaych 'Omár nicht wenig wunderte, uns so bald wieder zu sehen. Anfänglich war ich der Meinung, daß dieser Unfall durch Schaych

Der obere Theil des Wâdiḥ Mahfa'a.

Ssaljun absichtlich herbeigeführt sei, um Geld zu erpressen, oder um der Mühe überhoben zu sein, mich weiter zu geleiten; jedoch ließ ich diese Idee fahren, wie ich die Quetschungen sah, welche ihm die Steinwürfe verursacht hatten. Sowohl Schaych 'Omâr, als auch die Bewohner des Ortes waren der Ansicht, daß diese Wegelagerer aus dem Stamme verjagte Bawwâq (Treulose) wären, besonders schlossen sie dieses aus der schlechten Bewaffnung derselben.

Der Wâdiḥ Mahfa'a streicht, wie alle Hauptwâdiḥ, die von der Hochebene niedergehen, von Nordwest nach Südost, und mißt eine Breite von 2 Stunden. Nordwestlich von Dschul esch Schaych liegen an seiner östlichen Seite die Dörfer: Bâ Roqahẓ, El Manṣura und Mahfa'a, welches dem Wâdiḥ seinen Namen giebt.

An der westlichen Seite liegen Eff Ssahid und Dschul el Aqhq. Jedoch liegen mehr Ortschaften in dieser Gegend, denn die englischen Reisenden sahen ihrer eine Menge. Ich konnte aber nicht mehr in Erfahrung bringen und mögen diese wohl auch die Hauptorte sein.

Die ganze Gegend oberhalb Dschul esch Schaych bis Raqb el Habschar ist von Beduinen des Stammes Es Ssalmy bewohnt, welcher eine Abtheilung der Dschahḅh ist. Oberhalb des Dorfes Mahfa'a mündet an der Ostseite bei den Ruinen von Raqb el Habschar der Wâdiḥ 'Jçân, in welchem die Stadt 'Jçân liegt; hier beginnt das Gebiet des Stammes El 'Abfmy, gleichfalls eine Abtheilung der Dschahḅh. — Zwei Tagereisen von 'Jçân liegt nordwestlich im Wâdiḥ Dschanbân die Stadt Habbân. Der Wâdiḥ Dschanbân ist der obere Theil des Wâdiḥ Mahfa'a. Habbân soll nach der Aussage mehrerer glaubwürdiger Personen nicht weniger als 20,000 Einwohner zählen, darunter 2000 Juden, welche unter dem grausamsten Druck leben. Man erlaubt ihnen weder Handel zu treiben, noch die Stadt zu verlassen. Ebenso dürfen sie nur von den Moslims abgesondert leben. Ihre einzige erlaubte Beschäftigung ist die Bearbeitung der edlen Metalle und des Kupfers.

Von Dschul esch Schaych nach Mârib giebt es zwei verschiedene Wege, und zwar der erste, abgesetzt von Dschul el Schaych nach Naqb el Habschar 1 Tagereise, von da nach 'Ŋrân 1 Tagereise, von da nach Habbân 2 Tagereisen, von da nach 'Dschybum im Wâdih gleichen Namens, Provinz Ŋâsi'a, 1 Tagereise, von da nach Hârib 1 Tagereise und von da nach Mârib 3 Tagereisen; also im Ganzen 9 Tage.

Der andere Weg ist: bis Naqb el Habschar 1 Tagereise, von da nach Tsâhir 3 Tagereisen, von da nach 'Obâra 2 Tagereisen, von da nach Hârib 1 Tagereise und von da nach Mârib 3 Tagereisen; also im Ganzen 10 Tage.

Der Weg von Dschul esch Schaych nach Marbscha im Wâdih 'Dschybum führt zuerst über 'Ŋcân und Habbân nach 'Dschybum, dann weiter nach Nicâb im Wâdih 'Dschybum 1 Tagereise, und von da nach Marbscha 1 Tagereise; also im Ganzen 8 Tage.

In der Landschaft liegen von diesen Städten 'Dschybum mit 10,000 Einwohnern, Tsâhir mit 6000 Einwohnern, 'Obâra mit 6000 Einwohnern; Hârib ist ein Dorf, Nicâb mit 15,000 Einwohnern. — Habbân und 'Ŋcân liegen in der Provinz Beled el Habschar. Letzteres zählt ungefähr 5000 Einwohner und gehört dem Sultan von Habbân.

Von Tsâhir nach Baybhâ, einer Stadt in der Landschaft Ŋâsi'a mit mehr denn 10,000 Einwohnern, beträgt die Entfernung 2 Tagereisen. In allen Städten der Landschaft Ŋâsi'a wohnen Juden.

Dschul esch Schaych ist ein ansehnlicher Ort von etwa 600 Einwohnern, welche dem Stamme El Ahmedy angehören. Er liegt am Fuße des östlichen Abhanges des Dschebel Hamrâ. Der Stamm El Ahmedy ist eine Abtheilung der Dsihaybh und bewohnt den Wâdih und die angrenzenden Gebirge von Dschul esch Schaych südlich von Sahim. Die nächste Umgebung des Ortes ist gut angebaut und liefert Weizen, Durra, Dochen, Sesam, Tabak, Bohnen, Lupinen, Kürbis, Linsen, Bodingan, Zwiebeln, Knoblauch und Melonen, hier Hundschil genannt. Außerdem wird auch noch Viehzucht getrieben, welche sich auf Kameele, Esel, Schaafe, Ziegen und ganz wenige Kühe beschränkt. Das Costüm der Frauen ist, was den Schnitt der

Costüme im Wâdiy Mayfa'a.

Kleider betrifft, mit dem im Wâdiy To'dû vollkommen gleich; der Kopfputz aber und die Farbe der Kleider ist wesentlich von demselben verschieden. Die Haare werden hier in Flechten getragen, von denen gewöhnlich zwei nach vorn und zwei nach hinten hängen. Ueber den Kopf hängen sie jedoch so, daß das Gesicht unbedeckt bleibt; ein blaues Netz, welches, je nach dem Reichthume des Familienvaters, entweder aus Seide oder Baumwolle verfertigt ist. Die Farbe der Oberhemden ist roth. Im Uebrigen ist das Gelbfärben der Haut und das Bemalen des Gesichts auch hier Mode. Das Rothbeizen der Nägel an Händen und Füßen mit Henne, wie es in Aegypten und andern arabischen Provinzen der Fall ist, scheint hier ganz unbekannt zu sein. Verheirathete Frauen bedecken sich hier nicht allein das Gesicht, sondern — wenden auch den Männern den Rücken zu, wenn dieselben vorübergehen. Dagegen sieht man unverheirathete Frauenzimmer unbedeckt einhergehen.

Auch die Männer weichen hier in ihrer Kleidung etwas von den Beduinen anderer Gegenden ab. So sah ich unter Anderm Viele, welche weiße Tücher anstatt blaue um die Hüften trugen. Die Scheide ihrer Tscheinbiye (Dolche) hat eine stärkere Krümmung und ist so lang, daß die Spitze beinahe die Höhe der Schulter erreicht, während die, welche ich bisher sah, nur zur halben Brust hinanfreichten.

Des Nachmittags bat ich den Schaych 'Omâr, mir zu meiner weitern Reise behülflich zu sein, wozu er sich auch sogleich bereitwillig zeigte. Jedoch behauptete er, nur bis Naqb el Habschar verantwortlich sein zu können. Im Fall ich also nach diesen Ruinen und wieder zurückreisen wolle, würde er mir zur Bedeckung 4 Mann mitgeben, welche ich aber mit 8 Thalern zu bezahlen habe. Dieses Anerbieten schlug ich aus. Denn da ich nur bis zu den Ruinen und zurück garantirt war, alles dort Sehenswürdige aber von den englischen Reisenden bereits genügend beschrieben wurde, so hielt ich es für unnütz, der Neugierde Zeit und Geld zu opfern, welche anders besser benutzt werden konnten; verzichtete daher auf die Excursion und entschloß mich, geraden Weges nach Wâdiy el Habschar zurückzukehren.

Der Thermometer stand am Morgen bei Windstille und heiterm Himmel 20°, am Mittag 40°, am Abend bei schwachem Nordwestwind 25°.

21. Juli. Am 21. Juli, Nachmittags gegen ½3 Uhr, verließen wir Dschul esch Schaych und schlugen die Richtung nach den gegenüberliegenden Bergen ein. Unsere Gesellschaft hatte sich um den Bruder des Schaychs 'Omâr, den Schaych 'Alyy ibn 'Abd-el-Manâh, und einen Beduinen vermehrt, welche Geschäfte halber nach dem Wâdiy El Hadschar reisten. An der Grenze des bebauten Bodens hielten wir neben einem Brunnen an, um die Kameele zu tränken und die Wasserschläuche zu füllen. Der Brunnen war etwa 40 Fuß tief und lieferte vortreffliches Wasser, das auf eine ganz eigenthümliche Weise zu Tage gefördert wird. Man gräbt nämlich vom Brunnen aus eine schiefe Ebene in die Erde, deren Länge der Tiefe des Brunnens gleichkommt. Ueber den Brunnen ist ein Gestell erbaut, an dem eine Rolle angebracht ist, über welche ein Seil läuft, an dem ein großer lederner Schlauch befestigt wird. Ein Stock hält diese Art Eimer offen. Am andern Ende des Seils wird ein Kameel angespannt, welches, indem es die schiefe Ebene hinabgeht, den Schlauch heraufzieht. Diese Manier, Wasser aus einem Brunnen zu ziehen, ist auch in Jemen gebräuchlich).

Nach ¼ Stunde zogen wir weiter und bezogen bald die Region der wilden Gesträuppe, ohne jedoch einen gebahnten Weg zu verfolgen. Mehrere entlaubte Bäume, an denen kleine, bedeckte Erdgänge hinaufführten, deuteten die Gegenwart der kleinen, verwüstenden Arba (Termes fatalis Linn.) an.

Um ½3 Uhr deutete Hundegebell die Gegenwart von Menschen an, und gleich darauf erblickten wir mehrere Beduinenfamilien, die mit ihren Heerden ihren Wohnsitz unter Bäumen aufgeschlagen hatten. Alle drängten sich heran, um dem allverehrten 'Abd el Manâh die Hände zu küssen, und von allen Seiten ergingen bringende Einladungen, unter ihren von der Natur gebauten Wohnungen auszuruhen. Jedoch lehnte der Schaych Alles ab, da wir noch eine lange

Strecke zurückzulegen hätten. Nach einer Stunde trafen wir abermals Beduinen, gleichfalls unter Bäumen wohnend und uns einladend, Erfrischungen bei ihnen einzunehmen. Diesmal wurde die Einladung angenommen und wir setzten uns auf Matten außerhalb der Einzäunung nieder, wo Kaffee, Milch, Datteln, Brod und Honig mit solcher Freigebigkeit aufgetragen wurden, daß es mir schien, die guten Leute hätten ihren ganzen Vorrath hervorgeholt, um ihre Gäste würdig zu bewirthen. Sie klagten dem Schaych, daß in der verflossenen Nacht ein Panther in ihre Heerden eingebrochen und ihnen mehrere Ziegen erwürgt hätte, bevor sie hätten zu Hülfe kommen können. Meine Frage, ob es viele Panther im Wâdiy gäbe, bejahten sie, setzten aber hinzu, daß Wölfe noch häufiger und bei weitem mehr zu fürchten wären. Ebenso häufig sei der Dirbân (Crocuta des Strabo), welcher aber den Heerden nicht so gefährlich sei.

Nach 1 Stunde machten wir uns wieder auf und bestiegen nach 20 Minuten eine nur wenig über den Wâdiy erhöhte, traurig nackte, felsige Ebene, welche sich auf eine Strecke von 3 Stunden ausdehnt und dann von hohen Sandbergen bedeckt wird, über welche die dunkeln Massen des östlichen Gebirges ragen, welches die Wasserscheide zwischen den Wâdiys Mansa'a und El Hadschar bildet.

Nach ½ Stunde trafen wir einen alten, im Umziehen begriffenen Beduinen, der mit seiner zahlreichen Familie und einer bedeutenden Heerde sich soeben gelagert hatte. Wir folgten seinem Beispiele, und nach den üblichen Begrüßungen schlachtete der Alte, der sich als der zuerst Angekommene das Recht nicht nehmen lassen wollte, ein Schaaf, welches nach der bereits beschriebenen Methode geschlachtet wurde.

Neun Uhr Abends marschirten wir weiter und erreichten um 11 Uhr den Fuß der Sandberge. Ist das Besteigen eines steilen Berges schon ermüdend, so ist dieses um so mehr der Fall, wenn man es, wie hier, mit einem aus Flugsand bestehenden Berge zu thun hat, wo man mit jedem Schritt einen halben Schritt zurückweicht.

Zum Tod ermüdet erreichten wir endlich nach einer Stunde den Gipfel, setzten aber dennoch den Marsch, fortwährend im tiefen Sande

Der Wâdiy Habhena.

bergauf, bergab watend, fort. Nach einer Stunde versagten uns die Glieder ihre Dienste, und ein Jeder streckte sich ermattet auf das weiche Sandlager — um am andern Morgen neugestärkt den Rest dieser trostlosen Gegend durchwandern zu können, die im falben Lichte des Mondes sich noch meilenweit auszudehnen schien.

Der Thermometer stand am Morgen bei Windstille und heiterm Himmel 20°, um Mittag 40° und am Abend, bei schwachem Nordwestwind, 25°.

22. Juli. Am folgenden Morgen verließen wir schon um ½4 Uhr unser Lager und erreichten in 3 Stunden den östlichen Abhang der Sandberge. In der sandigen, spärlich mit Grasbüscheln bewachsenen Ebene, welche diese Sandanhäufungen vom Gebirge trennt, zieht sich ein grüner Strich, der Wâdiy Habhena, in welchem wir uns um 7 Uhr unter einer Platane lagerten. Um 1 Uhr Nachmittags setzten wir die Reise, den Wâdiy aufwärts verfolgend, fort, und kamen um 20 Minuten nach 2 Uhr an eine Stelle, wo sich derselbe zu einer Schlucht gestaltet. Hier hört der von einem bläulichen, salzführenden Thone getragene Diluvialsandstein auf, und es beginnt ein Conglommerat, in welchem die Gesteine des Hauptgebirges, als Granit, Syenit, Diorit, Grauwacke und einige oolithische Gebirgsarten, durch einen sehr festen, eisenschüssigen, mergeligen Thon verbunden sind, und in welchem sich der Wâdiy Habhena sein Bett gegraben hat. Kurz vor dem Eingange der Schlucht befinden sich rechts einige Sandhügel, in denen der Sand bereits in einen lockern Sandstein umgewandelt ist. In ihnen stehen theils abgestorbene, theils noch grünende Bäume, welche letztern aber auch schon kümmerlich ihr Leben fristeten. Beim Anblick dieses im Entstehen begriffenen Sandsteins drang sich mir die Frage auf: Werden diese vom Sande eingeschlossenen Bäume von der silieiösen Materie durchdrungen werden, und erklärt sich mir hier, während ich die schaffende Natur in ihrer Werkstatt belausche, auf eine ganz einfache Art das Entstehen jener merkwürdigen Anhäufungen fossilen Holzes, welche man in der Wüste zwischen Kairo und Suez antrifft?

Eine fromme Stiftung zur Kaffeebereitung.

Die Richtung des Weges, welche von Dschul-esch Schayach bis hierher Nordost, 10° Ost gewesen war, wird nun Nord, 20° Ost.

Einige 100 Schritt innerhalb der Schlucht öffnet sich rechts ein tiefes Thal, welches bis zur Höhe von einigen 100 Fuß mit Flugsand angefüllt ist. Der Weg führte um eine Stunde thalaufwärts durch dichtes Mimosengebüsch bis zum Fuße des steil abfallenden Abhanges eines Vorberges, der sich an den Hauptstock anlehnt und aus Grauwacke besteht.

Kurz vor 4 Uhr hatten wir dieses Vorgebirge erstiegen und lagerten in einem Hohlwege, unter einer Art Dach, welches durch zwei sich aneinander lehnende Felsblöcke gebildet wird. Unter diesem Dache lagen in einem ledernen Beutel: Kaffeetöpfe, Tassen, Mörser, eine Pfanne zum Brennen der Kaffeebohnen und selbst Kaffeebohnen, kurz alle Geräthschaften, deren man zur Kaffeebereitung bedarf; selbst ein vollständiges Feuerzeug war nicht vergessen. Wie man sich denken kann, wunderte ich mich nicht wenig, daß Gegenstände, nach deren Besitz der Beduine besonders lüstern ist, keine Mitnehmer fänden, und gab dem Schayach mein Erstaunen darüber zu erkennen. Der Schayach erklärte mir: daß dieses eine fromme Stiftung sei und es daher Niemand wagen würde, diese Sachen zu entwenden, indem ein solcher Diebstahl den, der ihn beginge, zum Baiwâq (Treulosen) stempeln würde.

Dieser zarte Gewissensscrupel ergötzte mich nicht wenig. Welch ein Volk! — Ohne sich ein Gewissen daraus zu machen, bemächtigt es sich des Eigenthums eines Jeden, dem es ohne Schutz auf der Landstraße begegnet, und ermordet ihn sogar. Ohne Bedenken zu tragen, ob er die Gottheit erzürnt, taucht er mit mörderischer Hand den Stahl in die Brust seines Freundes, Bruders, ja selbst seines Vaters! — Aber nach einem Kaffeetopfe, zum Gebrauche eines Jeden auf die Landstraße gestellt, wagt er die Hand nicht auszustrecken; denn sein Stamm würde ihn verdammen, wenn er den geheiligten Brauch der Väter mißachtet, und ausgestoßen würde er, wie ein

Raubthier von Kluft zu Kluft gejagt, endlich unter den Streichen seiner Feinde verbluten.

Etwa 10 Fuß über dem Hohlwege geht in der Grauwacke ein 5 Fuß mächtiges, quarziges, sehr reichhaltiges Eisenerz (Eisenglanz) zu Tage, und fällt, wie die Schichten des Muttergesteins, unter einem Winkel von 47° nach Westen ein. Ich zweifle nicht, daß in dieser Gegend ein ergiebiger Bergbau betrieben werden könnte, besonders da alle Thäler dieses Gebirges reich an Brennholz sind. Aber die Zeit ist noch weit entfernt, wo die rohen Bewohner des Landes die Wohlthaten der Civilisation genießen werden. Und so wird denn wohl auch dieses reiche Lager noch Jahrhunderte der mütterlichen Erde anvertraut bleiben, bevor der Hammer des Bergmanns es ihr entreißt.

Die Aussicht, welche man von diesem Punkte aus genießt, ist prachtvoll. Tief unten im Wâdiy Habhena ein Chaos marmorner Felsblöcke mit Bäumen und Gesträuppe durchwachsen. Rechts gegenüber der hohe, von dunkeln Schluchten zerrissene Dschebel 'Aṣfur. Links zieht sich der Bergrücken des Dschebel Matny nach Süden, und in der Richtung unseres Wegs endlich strebt in steilen Abhängen der Dschebel 'Alqa empor, dessen Gipfel das Ziel unserer Tagereise sein sollte.

Neugestärkt stiegen wir ½5 Uhr über loses Geröll den steilen Pfad hinan und erreichten nach einer Stunde mühsamen Kletterns den Gipfel des Dschebels 'Alqa. Auch hier war eine mit Schießlöchern versehene Brustwehr aus losen Steinen aufgeführt, welche den 'Aqaba (d. i. den Aufstieg) beherrscht und, wie schon bei den Ruinen von 'Obne bemerkt worden, den Zweck hat, im Falle eines Kriegs diesen Uebergang zu vertheidigen oder auch gelegentlich Reisende zu brandschatzen. Oben senkt sich das Gebirge nach Nordwesten und bildet eine Kesselvertiefung, welche sich als Wâdiy Soqqahme nach Norden öffnet. Wir stiegen in den Wâdiy hinab und lagerten unter einigen Mimosen, am Fuße eines Hügels, auf dem vier Cisternen eingehauen sind.

Geschicklichkeit des Kameels.

Die Formation des Gebirges ändert sich von dem Punkte aus, wo das Lager zu Tage steht. Die Grauwacke verschwindet nämlich unter dem Lias-Sandsteine, auf welchem dann weiter oben der Oolithen-Kalkstein liegt. Nach meiner ungefähren Schätzung steigt der Dschebel 'Alqa 3500 Fuß, Dschebel Achm 4000 Fuß und der Tschebel Matnh und 'Arçime jeder 3000 Fuß über den Meeresspiegel empor.

Der Thermometer stand am Morgen bei Windstille und heiterm Himmel 20°, um Mittag bei schwachem Nordwestwinde 45°, am Abend 18°.

23. Juli. Am folgenden Morgen um 5 Uhr begannen wir den östlichen Abhang des Gebirges hinabzusteigen. Am Ausgange der Schlucht, aus welcher der Wâdih hervortritt, schneidet er sich plötzlich als eine enge und sehr tiefe Kluft ein, längs der ein schmaler Pfad den Schlangenwindungen folgt, welche sie beschreibt.

Einige fünfzig Stellen kamen vor, welche mich an den Pfad erinnerten, auf dem ich den Wâdih Esch Schaqq niederstieg. Uebrigens ist das Gebirge reich an romantischen Partieen, welche den Reisenden einigermaßen für die Mühen und Gefahren schadlos halten. Gegen 6 Uhr hörte die Oolithenbildung auf und die Grauwacke, häufig mit Grauwackenschiefer wechsellagernd, trat wieder hervor. Etwas nach 10 Uhr stiegen wir wieder in den Wâdih hinab, welcher bereits eine Breite von 100 Fuß erlangt und der hier von straffen Wänden des Jura-Dolomit-Kalks begrenzt wird. Große Blöcke füllen das Thal oft dergestalt, daß man sie bis zu einer Höhe von 60 Fuß förmlich überklettern muß, wobei die dornigen Mimosen und Nebek, welche zwischen diesen Trümmern hervorwachsen, Gesicht, Hände und Kleider arg mitnehmen. Hier hatte ich wieder Gelegenheit, die Sicherheit zu bewundern, mit der die Kameele sich auf diesem Terrain bewegen, welches kaum für Menschen gangbar war.

Mit der größten Vorsicht setzten sie Fuß vor Fuß auf die oft sehr hohen Felsblöcke und thaten keinen Schritt, ehe sie nicht gewiß waren, ihn mit Sicherheit thun zu können. Bis 11 Uhr blieb der Weg im Wâdih und führte dann eine Anhöhe Brackenschuttlandes

Dorf Çobahre.

hinan, welche als unterste Stufe des Gebirges sich sanft nach dem Wâdih el Habschar abdacht, dessen üppige Fluren sich jetzt zu unsern Füßen ausbreiteten. Gerade vor uns, fast in der Mitte des Thals und am rechten Ufer des Flusses, lag Eç Çobahre, ein ansehnliches, von Thürmen flankirtes Dorf von etwa 300 Einwohnern, welche den Stämmen Bâ Hâfir und Bâ Çaura, Abtheilungen des Stammes Benh-Ruh, angehören.

Auf der andern Seite des Dorfes öffnet sich der Wâdih Scharab, aus welchem ein starker Bach hervorbricht, der in keiner Jahreszeit versiegt.

Im Nordwesten des Dorfes verengt sich der Wâdih el Habschar zu einer engen Schlucht, welche sich bis zum Fuße des Dschebel Bâ Dschanaf hinaufzieht und dem Hauptflusse das Rinnsal giebt. In einer halben Stunde erreichten wir das Dorf, wo wir bei einem Freunde Schahch Ssalhm's Einkehr nahmen. Es gehört jetzt dem Sultan von Habbân, welcher die Wachtthürme mit Bedulnen des Stammes Hawalhk aus der Gegend von Niçâb besetzt hält. Diese Leute wußten bereits die Entthronung ihres Herrn und waren auf den Ausgang gespannt, wollten aber von einer Uebergabe Çobahre's an den neuen Sultan nichts hören.

Die Stämme Bâ Hâfir und Bâ Çaura bewohnen den Wâdih el Habschar von seinem Entstehungspunkte bis zum Ausflusse des Wâdih Scharab und diesen in seiner ganzen Ausdehnung. Die Gebirge zwischen den Dschebel Bâ Dschanaf und Malnh werden von einer andern Abtheilung der Benh Ruh, nämlich von dem Stamme Bâ Maur bewohnt.

Trotzdem, daß wir bereits 7 Stunden eines beschwerlichen Weges zurückgelegt hatten, entschlossen wir uns, noch bis Hiça ben Dighâl zu gehen. Schahch 'Alhh 'Abd el Manâh blieb zurück. Dagegen fanden wir eine andere Reisegesellschaft in fünf Bedulnen des Stammes Bâ Schoqahr, und Freunde meines Schahchs. Da dieselben noch Geschäfte abzumachen hatten, so kamen wir überein, daß wir vorausgehen sollten; sie selber wollten $^1/_2$ Stunde später auf-

Der fruchtbare Wâdiy Habschar.

brechen und uns dann einholen. Um ¼ vor 2 Uhr verließen wir Eç Ḉodahre und verfolgten thalabwärts die Richtung Ost, 10° Süd. Dem angebauten Boden, der sich ¼ Stunde vom Orte erstreckt, folgte eine dichte Waldung von Platanen, Sykomoren, Aréa, Mimosen und Nebek, unter der ein Pflanzenteppich den fetten, mergelig-thonigen Boden bedeckt.

Um 20 Minuten nach 3 Uhr lag uns rechts am nahen Gebirge Ḥlçn Bâ Ṣṣolaḥmân ein kleines Dörfchen mit einem Wachtthurm. Gleich darauf durchwateten wir den Fluß, der hier etwa 30 Fuß Breite und 2 Fuß Tiefe hält. Mit tropischer Fülle breiten hier Platanen und Aréa ihre dichtbelaubten Kronen und verschlingen sich über dem Fluß zu einem undurchdringlichen Laubdach, in dessen Schatten Tausende von kleinen, silberglänzenden Fischchen in der klaren Fluth des spiegelhellen Wassers ihr munteres Wesen treiben. Nur wer je durch trostlos nackte Sandwüsten oder über kahle Gebirgsrücken unter den senkrecht herabschießenden Strahlen der tropischen Sonne gewandert ist, kann begreifen, mit welcher Freude, ja mit welchem Entzücken ich diesen Fluß und diese Vegetationsfülle und die grüne Decke betrachtete, welche sich über den Fluß wölbt.

Schahch Ṣṣalhm sah mich ganz erstaunt an, als ich ihm den Vorschlag machte, an dieser Stelle zu übernachten, und wahrscheinlich mochte er glauben, daß mir es im Gehirn nicht ganz richtig sei; denn er antwortete keine Silbe, schüttelte mehreremale den Kopf und trieb das Kameel zum raschern Gehen an, wobei er folgende Strophen sang, deren Inhalt seine Gedanken über den kranken Zustand meines Kopfes aussprach. Er sang nämlich:

„Geh' rasch, mein Kameel! Geh' rasch! Nicht jeder Kopf ist heute gesund! Nicht jeder! Die Sonne hat heiß geschienen in unsern Bergen und der Sand hat die Augen geblendet, der heiße Sand! Nicht jeder Kopf ist heute gesund, mein Kameel! Geh' rasch! Geh' rasch!"

Ich lachte laut auf und fragte: ob es denn nicht vorzuziehen sei, an einem so schönen Orte zu schlafen, anstatt sich in einer dumpfen Stube einzuschließen. Er erwiederte hierauf: „ob ich denn nicht wisse, daß eine unzählige Menge von Dschinnh und Ghul (böse Geister) an solchen Orten des Nachts ihr Wesen trieben und ich glaube, daß er so ein Narr wäre, sich den Mißhandlungen derselben auszusetzen?" — Gegen solch ein Argument war natürlich Nichts einzuwenden, und im Grunde konnte er auch Recht haben, wenn er unter den Mißhandlungen der Geister das Fieber verstand, welches in diesem Thale sehr häufig und bösartig ist, und das man am leichtesten in der unmittelbaren Nähe eines Flusses bekommen kann, der von einer so üppigen Vegetation umgeben ist.

Jenseits des Flusses windet sich der Weg noch eine kurze Strecke durch das Dickicht und führt dann etwas bergan auf eine dürre, kiesige Ebene, welche hier und da mit verkrüppelten Mimosen und einzelnen Gruppen Aloë (Aloë spicata) umherstehen. Diese Ebene besteht aus Süßwasserbiluvien, und der Sandstein derselben schließt viele Versteinerungen ein, welche aber, wie das Gestein selbst, sehr verwittert sind. Er liegt einem röthlich-braunen mergeligen Thone auf.

Um 4 Uhr kamen wir an eine Stelle, von der aus man rechts am Abhange des Gebirges ein kleines Dorf nebst Wachtthurm liegen sieht, welches den Namen Hign ben Dommân führt. Der Wâdih macht hier eine Wendung nach Nordosten, welche aber schon nach ½ Stunde um 10° östlicher wird. Rechts am Gebirge zeichnet sich eine Schlucht durch ihr frisches Grün aus, in welchem das kleine Dörfchen 'Ayn benh Mo'hin schimmert.

Um 5 Uhr überschritten wir den mit dichtem Gestrüpp bedeckten Wâdih Hassh, welcher links aus einer Schlucht der nackten Kreidehügel hervortritt und die Ebene bis zum Flusse grabenartig durchzieht. Der Fluß ist zur Rechten durch die Gebüsche seiner Ufer sichtbar, welche gleich einem grünen Bande die trockne Ebene durchschlängeln.

Kaum hatten wir den Wâdih Hassh überschritten, so wurden wir von derselben Bande angefallen, welche uns noch von Ssaqqunta aus in frischem Andenken war.

Neuer Kampf mit Steinwürfen.

Mit lautem Geschrei stürzte sie, den Alten an der Spitze, aus dem Dickicht des Wâdih auf die Ebene. Schahch Ssalym empfing sie mit Steinwürfen und sagte mir schnell, mich in Nichts zu mischen, bis er mich dazu auffordern würde, und das Kameel anzutreiben. Obgleich er die Steine mit außerordentlicher Geschicklichkeit schleuderte, so hielt sie das doch nicht ab, ihm auf den Leib zu kommen. Auch diesmal dachte Niemand daran, mich zu beunruhigen, dahingegen waren Lanzen, Dschembihe und Keulen gegen den Schahch erhoben, der auch seine Dschembihe gezogen hatte und, rückwärts gehend, damit hin- und herfuhr, ohne jedoch einen seiner nachdrängenden Gegner zu verwunden, welche auch keinen Gebrauch von ihren Waffen, wohl aber einen besto bessern von ihren Zungen machten. Voller Erwartung und staunend sah ich der Scene zu und hatte große Lust, mit meinem eisenbeschlagenen Arbut ernstlich darein zu schlagen; denn es kam mir im höchsten Grade lächerlich vor, so schreiend, lärmend, Dolche zuckend, rückwärts zu gehen und nachzubrüngen, ohne sich die Haut zu ritzen, da doch die Sache auf die eine oder die andere Art ein Ende nehmen mußte.

Etwa eine Minute mochte der Auftritt gedauert haben, als er einen sehr ernsten Charakter annahm. Schahch Ssalym konnte nämlich, da er gegen die Räuber Front gemacht hatte, den Weg übersehen, den wir zurückgelegt hatten, und erblickte die fünf Beduinen, welche uns einzuholen versprochen hatten und die jetzt im vollen Laufe herbeieilten. Jetzt schrie er mir zu: „Abb el Hub! Schlag nieder die Hunde!" und stieß in demselben Augenblick den alten Anführer nieder. Ich war mit dem Kameel etwa 20 Schritt entfernt und eilte auf seinen Ruf sogleich herbei, hatte aber kaum einige Schritte gethan, als zwei Schüsse fielen, welche zwei der Räuber todt niederstreckten. Die Uebrigen hielten es nicht für rathsam, die Beduinen zu erwarten, und verschwanden hinter dem Gebüsch. Unsere Beduinen hatten dies erwartet und daher zwei der Ihrigen in das Dickicht des Wâdih Hasih gesandt, die auch einen der Flüchtlinge fingen und brachten. Diesem wurden die Hände auf den Rücken gebunden und dann an den

Schweif des Kameels befestigt. Keiner der Unsrigen ließ es sich einfallen, die Gefallenen zu begraben, wohl aber setzten sie sich in den Besitz ihrer Kleidungsstücke und Waffen.

Während dem Marsche wurde mit dem Gefangenen ein förmliches Verhör angestellt, und wir erfuhren nun, wer sie waren und warum sie so erpicht auf uns gewesen. Sie gehörten dem Stamme der Beny 'Olbschyh an, welcher jenseits des Dschebel Hamrâ längs der Küste wohnt, und standen in dem Wahn, es habe der Schaych mit meiner Hülfe die Schätze gehoben, welche der Sage nach in den Ruinen von Hiçn el 'Obne vergraben liegen.

Auf meine Frage, warum sie uns denn hier und nicht im Dschebel 'Alga angegriffen hätten, gab er mir die Antwort, daß die Furcht vor dem alten Schaych, 'Alyy ibn 'Abd el Manâh, sie davon abgehalten habe. Man sagte ihm dann, daß Schaych Sfalym ebenfalls ein 'Abd el Manâh sei, worauf er den Schaych sehr reuig um Verzeihung bat und seine Hand zu küssen wünschte, welche ihm denn auch mit vieler Würde dargereicht wurde.

Schaych Sfalym erklärte ihm hierauf, daß er Rabiet sei und als solcher behandelt werden würde. Rabiet heißt nämlich derjenige, welcher auf einem Raubzuge oder im Kriege zum Gefangenen gemacht wird, und gehört nicht dem Stamme, sondern dem Beduinen, der ihn gefangen hat und der dann Rabbât genannt wird. Sie behalten ihn so lange, bis er das Lösegeld bezahlt hat; von dem Augenblicke an, wo Jemand gefangen worden ist, kann er das Recht des Dachayl (das Recht des Schutzes) nicht mehr beanspruchen, wie es im nördlichen Arabien der Fall ist.

Zwanzig Minuten von dem Wâdiy Haßy kamen wir an einem Warithurm vorüber, welcher hart am linken Ufer des Flusses liegt und zum Schutze eines Wehres erbaut ist, welches hier das Wasser staucht und in Kanäle drängt, die das im untern Theile des Wâdiy längs dem Gebirge, also höher liegende Terrain bewässern.

Um 6 Uhr erreichten wir das Ende der unfruchtbaren Ebene und traten in einen dichten Dattelpalmenwald, in dem wir ¼ Stunde

Rückkehr nach Ḥiçn ben Dighâl.

später einen Wachtthurm zur Rechten des Weges liegen ließen, in welchem einige Beduinen zur Bewachung der Anlagen wohnen.

Von hier aus liegt das Dorf Maṣnhat el Dâhime zur Rechten, Ḥiçn eç Çobâḥh zur Linken des Wâdiḥ. Wir näherten uns nun der linken oder nördlichen Seite des Thals, verließen 20 Minuten nach 6 Uhr den Palmenwald und stiegen am äußersten Ende eines niedern, schmalen Gebirgsvorsprunges zum Dorfe El Hobâ hinan.

Die Häuser dieses Dorfes sind nicht so groß und gut gebaut, wie die der andern Orte des Wâdiḥ, und liegen zerstreut umher. Die Einwohner, etwa 200 an der Zahl, gehören dem Stamme Bâ Schoqaḥr an. Bei unserm Durchzuge hatten wir Alt und Jung auf den Fersen, welche mich und den Gefangenen begafften. Jedoch war ich, als ein fremdartiges Geschöpf, ganz vorzüglich der Gegenstand ihrer Neugier, und besonders war die Dorfjugend so zudringlich, daß ich froh war, als wir auf der andern Seite des Dorfes in den Wâdiḥ Çarhyr hinabstiegen. — Dieser Wâdiḥ führt dem Flusse des Wâdiḥ El Habschar einen starken, nie versiegenden Bach zu. — Jenseits dieses Baches führt der Weg wieder unter Palmen fort, am Schloßberge von Ḥiçn el Dâhime und den Mündungen der Wâdiḥ Eç Çafrâ und Linnyne vorüber. Nach ½8 Uhr langten wir wieder vor dem Hause des Schaych Bâ Râss in Ḥiçn ben Dighâl an.

Der Abend verging unter allerlei Gesprächen und Mittheilungen des Schaych Bâ Râss, welche von großem Interesse waren. Ich erzählte unsere Reiseabenteuer, verschwieg aber den Vorfall im Wâdiḥ 'Arâr, da Schaych Esalhm durch sein späteres Betragen den Eindruck verwischt, den er damals auf mich gemacht hatte. Ich frug meinen Wirth nach der Entfernung Mârids und nach dem Wege, welcher dahin führt, da ich später denselben zu reisen gesonnen war. Er sagte mir, der Weg führe über Habbân, 'Dschybum u. s. w. und daß die Entfernung 11 Tagereisen bis Mârib betrage; bis Habbân, wie er mir angab, 6 Tagereisen.

Der Wâdiḥ El Habschar, den ich jetzt, so weit er bewohnt ist, gesehen habe, hat, von Eç Çobâḥre an gerechnet, bis Dschul Bâ

Daghulh eine Länge von 6 Stunden und seine größte Breite 2 Stunden. Mit Ausnahme von Eʒ Cobahre, welches dem Sultan von Habbán gehört, steht er unter der Herrschaft des Beduinenstammes Bá Schoqahr, welcher von den Dörfern, die von Personen bewohnt werden, welche nicht zu dem Stamme gehören, sehr starke, oft ganz willkürlich erhöhte Abgaben erpreßt. Verweigert eines dieser Dörfer die Bezahlung der Abgaben, so wenden die Beduinen nie offene Gewalt an, sondern schneiden die Verbindung mit dem Flusse ab, wodurch denn, da keines derselben Brunnen oder Cisternen hat, die Einwohner gezwungen werden, die Beduinen zu befriedigen. Dieser Wâdiy ist der ungesundeste oder vielmehr der einzig ungesunde des ganzen Landes, und Krankheiten, wie Fieber, Ruhr, Pocken, Aussatz, sind sehr häufig. Ebenso sah ich Viele, welche an dem oben beschriebenen Yemengeschwür und Guinea-Wurm (Ferentit; Gordius-Vena medinensis) litten. Die Ursache dieser Krankheiten liegt in dem Flusse, besonders aber in der in Anwendung gebrachten Bewässerungsmethode. Wie schon erwähnt, ist der Lauf des Flusses mehreremal durch Wehre gehemmt, wodurch das Wasser immer zwischen zweien derselben stagnirt. Da nun die Ufer stark mit Bäumen besetzt sind, so fallen eine Menge Blätter u. s. w. hinein, die natürlich im stehenden Wasser in Fäulniß übergehen und schädliche Dünste im Thale verbreiten.

In keinem Theile des von mir besuchten Arabien sah ich so viele Sternschnuppen, wie in diesem Thale. Dieses hat wahrscheinlich seinen Grund in den Dünsten, welche sich fortwährend aus dem Bette des Flusses entwickeln. Ebenso erklären sich auch die übelriechenden Nebel, welche jeden Tag bis gegen 10 Uhr Morgens so dicht über dem Thale liegen, daß man auf 10 Schritt Weite einen Gegenstand kaum unterscheiden kann.

Die Hauptproducte des Wâdiy sind Datteln und Tabak. Außerdem werden noch, jedoch in geringer Quantität, Weizen, Durra, Bohnen, Baumwolle, Linsen, Dochen, Sesam und Lupinen gebaut. Cocospalmen sah ich keine, dagegen Tamarhinden-, Amba- oder Mango-, Area-, Citronen- und Bananenbäume. Da ich mich nicht

Stämmeversammlung.

aufhalten wollte, so bat ich meinen Wirth, mir für den folgenden Tag einen Führer nach dem Wâdih Do'ân zu verschaffen, welches er mir versprach. Er erzählte mir, daß zwischen den vereinigten Stämmen Bâ Marbagha und Châmih̭e und den Stämmen Bâ Schahbe und Bâ Kaschwhn Feindseligkeiten ausgebrochen wären, und daß in einigen Tagen eine Cabahl Bakrh (Versammlung der Stämme) der beiden letztgenannten Stämme im Wâdih Hafar stattfinden würde, um über Krieg und Frieden zu berathen. Viele, jetzt hier zum Dattelmarkte anwesende, neutrale Beduinen würden über den Wâdih Hafar ziehen und dort verweilen, bis die Berathungen beendigt seien; ich müsse daher zufrieden sein, diesen Umweg zu machen. Was der Schahch als für mich unbequem hielt, kam mir gerade erwünscht; denn erstens brauchte ich nicht denselben Weg zurückzumachen, auf welchem ich gekommen war, und zweitens erwartete mich das höchst interessante Schauspiel einer Cabahl Bakrh (Stammversammlung), bei welcher Krieg und Frieden beschlossen werden sollte.

Das Thermometer stand jetzt am Morgen bei heiterm Himmel und Windstille 15°, am Mittag bei Nordwestwind 36°, am Abend 25°.

Sechstes Capitel.

Stämmeversammlung im Wâdiy Hasar.

Abreise von Hign ben Dighâl. — Ankunft in Hobâ. — Meine gefährliche Lage daselbst. — Lager am Wâdiy Hassy. — Nachtlager am Wâdiy Minzäh. — Nachtlager am Wâdiy Hasar. — Eine interessante Scene. — Aufbruch. — Wegelagerer. — Metelle. — Wâdiy Khaybe eb Dyn. — Delâ'. — Kaybâm. — Chowayre. — Nachtlager am Wâdiy Maghâra. — Ankunft in Choraybe.

24. Juli. Am 24. Juli übergab mich Schaych Bâ Râss einem Beduinen, Namens Bâ Dinm Esadusf, einer Abtheilung des Stammes Eb Dayin.

Nachmittags holte mich derselbe nach El Hobâ ab, wo er mit mehrern Beduinen seines Stammes lagerte.

Auf dem Rücken des Gebirgsvorsprunges, an dessen äußerster Spitze der Ort liegt, machten wir neben einem Dattelhaufen Halt, wo mir mein Dachayl unter Gottes freiem Himmel einen Platz anwies, auf welchem ich von den brennenden Sonnenstrahlen gebraten und fast vom Staube erstickt wurde, den die umherwogende Menge verursachte. Denn hier lagerten mehr denn 3000 Kameele mit ihren Führern, welche aus allen Gegenden des Habhramaut herbeigezogen waren, um die Producte ihrer Thäler gegen Datteln einzutauschen.

Eine Viertelstunde ungefähr war seit meiner Ankunft vergangen, als sich plötzlich das Gerücht verbreitete, ich sei ein Christ und Ferenghy (Europäer) aus 'Aden. In einem Augenblicke waren

Beschimpfung und Mißhandlung des Reisenden. 187

Hunderte von wilden, drohenden Gestalten um mich versammelt, welche ihren Christenhaß gegen mich austobten. Man stieß mich mit Füßen, man spie auf mich herab, Staub und Steine wurden auf mich, als einen Kafir (Ungläubigen), geworfen; kurz ein Jeder beeiferte sich, es dem Andern im Mißhandeln zuvor zu thun. Der ganze Haufe schrie wie besessen, Zwanzig auf einmal fragten mich, wer ich sei, woher ich käme, wohin ich ginge, während Andere mich aufforderten, die mohammedanische Glaubensformel zu sprechen. Dagegen schrieen meine Beduinen aus Leibeskräften: „Ich sei ein Moslim aus Aegypten, ich verrichte die fünf Gebete", — und ließen es weder an Bitten, noch an Drohungen fehlen, um die aufgeregten Gemüther zu besänftigen. Jedoch alle ihre Bemühungen blieben fruchtlos, sie wurden nur ausgelacht, worauf mich diese einzigen Beschützer meinem Schicksale überließen. — Kaum hatten sie den Rücken gewandt, als sich auch der Kreis, den man um mich geschlossen hatte, immer enger zusammenzog und mir ärger denn zuvor mitgespielt wurde. Der Eine stieß den Andern auf mich, und ich erstickte fast im Staube, den dieser Auflauf erregte. Endlich brachten sie einen Verrückten herbei, dessen Hände an eine kurze eiserne Stange geschlossen waren. Als man ihm gesagt hatte, ich sei ein Kafir, warf er sich mit einem den Wahnsinnigen eigenen Schrei auf mich, riß mir den Turban herab und kratzte mich an Hals und Kopf, während die Umstehenden in schallendes Gelächter ausbrachen. Obgleich ich mir vorgenommen hatte, dem Zwecke meiner Reise zulieb, so geduldig als möglich zu sein, so überstieg doch, was ich hier erduldete, die Grenzen von alle dem, was ich selbst inmitten dieser wilden, fanatischen Horden befürchten zu dürfen je gedacht hatte. Beim Angriffe dieses Menschen verließ mich der letzte Rest der Geduld. — Außer mir vor Wuth sprang ich auf, warf mit aller mir zu Gebote stehenden Kraft den rasenden Menschen zurück und zog meine Dschembihe, fest entschlossen, mein Leben so theuer als möglich zu verkaufen; denn, wie man denken kann, hielt ich mich für verloren.

Bei dem Anblick der von mir angenommenen drohenden Stellung

erhob sich von allen Seiten ein wüthendes Geschrei, aus dem ich die Ausrufungen: „Der Käfir hat seine Dschembihe gezogen! Schlagt den Hund nieder! Steinigt ihn! Schlagt ihn!" verstehen konnte. Vertraut mit gewaltsamen Scenen und rasch zur blutigen That, griff der fanatische Haufe zu Steinen, um mich den Tod des heiligen Stephan sterben zu lassen, und Einige drangen mit gezogener Dschembihe auf mich ein.

In diesem kritischen Momente erschien der Schahych von El Hobá mit meinen Beduinen, welche ihn aufgefordert hatten, mir zu Hülfe zu kommen. Man machte ihm ehrerbietig Platz und dem rasenden Wuthgeschrei folgte tiefe Stille. Nach den gewöhnlichen Begrüßungen setzte der Schahych sich mir zur Seite und begann ein Verhör, welches ich wörtlich hierhersetzen will.

Der Schahych: Wer bist Du?

Antwort: Ein Aegypter.

Der Schahych: Du hast aber nicht das Ansehen eines Arabers! Wer war Dein Vater?

Antwort: Ein Maghreby (Bewohner des Westens).

Der Schahych: Und Deine Mutter?

Antwort: War ebenfalls aus dieser Gegend.

Der Schahych: Wie heißt Du?

Antwort: 'Abd el Hud.

Der Schahych: Was machst Du hier im Lande?

Antwort: Ich wallfahrte nach Qabr Hud, zufolge eines Nedjr (Gelübde) zur Sshára (Wallfahrtsfest).

Der Schahych: Bist Du ein Moslim?

Antwort: El hambullah! (Gott sei Dank!)

Der Schahych forderte mich dann auf, Glaubensformel und Fátiha herzusagen, an deren Schlusse die aus wenigstens 100 Mann tief umgebende Menschenmasse das „Amen" laut wiederholte.

Hierauf untersuchte der Schahych meine Arme, Hände, Beine und Füße, und verlangte endlich, daß ich die Arme so weit als möglich über den Kopf legen sollte. Hiermit war die Untersuchung

Körperliche Kennzeichen des Unglaubens.

beendigt und der Schahch theilte dem Volke das Resultat derselben in folgenden Worten mit: „Ya halq Allah!" (Ihr Volk oder Menge Gottes!) rief er aus, „dieser Mann ist ein Moslim, denn er hat Glaubensformel und Fâtiha gesagt; dann ist er ein Aegypter, welche alle gute Moslims sind; ferner kommt er aus dem Hause des Schahch 'Abb Allah bâ Ssubân, dessen Wohnung kein Aufenthalt für Ungläubige ist; auch hat er keine Zeichen auf seinen Gliedern, wie sie die Ungläubigen zu haben pflegen; und endlich kann er, wie wir, die Arme über den Kopf zusammenlegen, welches die Ferenghy nicht können." Hiernächst forderte er die Leute auf, mich in Ruhe zu lassen, da sie sonst eine schwere Sünde auf sich laden würden. — Wie man sieht, hatte der gute Mann seine Logik inne und war besonders in der Naturgeschichte der Europäer bewandert, die er auf den ersten Blick zu erkennen meinte. Ueber die Arme der Franken herrscht hier die sonderbare Meinung, sie seien so kurz, daß die Hände den Mund nicht erreichen könnten, weshalb sie Speisen mit Hülfe der Löffel und Gabeln genössen. Nachdem die Gelehrsamkeit des Alten vermittelst so schlagender Beweise meine Qualität als Moslim dargethan, und mich aus einer so drohenden Gefahr errettet hatte, veränderte sich das Benehmen der Leute gegen mich. So gefährlich mir vorher ihr Fanatismus gewesen war, so belästigend wurde er mir jetzt, indem Jeder das mir zugefügte Unrecht durch Freundschaftsbezeigungen wieder gut machen wollte. Alles drängte sich heran, mir die Hand zu reichen, ja Viele küßten sie mir. Ich verlangte Wasser, und gleich liefen Einige fort, um mir solches zu bringen; Milch, Datteln, Brod wurden mir gebracht, kurz, man that alles Mögliche, mich die erduldete Mißhandlung vergessen zu machen. — Aus diesem Vorfalle kann man abnehmen, wie gefährlich es für einen Christen, selbst unter der Maske des Islams ist, diese Gegenden zu bereisen, und daß es unvermeidliches Verderben nach sich ziehen würde, als Christ aufzutreten.

Eine halbe Stunde nach diesem Auftritte beluden die Beduinen ihre Kameele, und bald darauf befanden wir uns auf dem Wege, den

Amulet gegen Ameisenverheerung.

ich am vorigen Tage herwärts verfolgt hatte. Bei dem Wachtthurme, dessen ich schon früher als hart am linken Ufer des Flusses gelegen, erwähnt habe, wurde mein Führer von den dort Wache haltenden Beduinen gebeten, mit mir heraufzukommen, um einen Kaffee zu trinken. Da ich begierig war, das Innere dieses Thurmes zu sehen, willigte ich ein. Auf einer Leiter stiegen wir zu einer kleinen Thür hinein, welche ungefähr 8 Fuß über dem Boden angebracht ist, und traten in einen Raum, der das ganze Innere der untern Etage einnimmt. Längs der Mauer führte uns eine Treppe in die obere Etage, die in mehrere kleine Kammern abgetheilt ist. Das dritte Stockwerk hatte dieselbe Einrichtung, so auch das vierte, wo uns die Beduinen in ein langes, schmales Zimmer führten, welches durch 4 kleine Fensteröffnungen erhellt wird und an dessen Wänden einige 30 Gewehre hingen. Nachdem wir Kaffee zu uns genommen und einige Dutzend Fragen beantwortet hatten, klagten sie mir, daß das kleine Insect El Arda schreckliche Verwüstungen in ihren Vorräthen anrichte, und baten mich, ihnen gegen diese Unholde ein Amulet zu schreiben. Ich sagte ihnen aber, daß es mir leid thäte, ihrem Wunsche nicht willfahren zu können, indem ich weder mit der Dorâ, noch mit andern verborgenen Künsten vertraut sei. Dieses wollten sie mir nicht glauben, und ich mußte mir alle nur erdenkliche Mühe geben, sie von meiner Unwissenheit in solchen Dingen zu überzeugen. Sie zeigten mir hierauf die Vorräthe, die fast alle zerfressen waren und von Millionen dieser Zerstörer wimmelten. Sie baten mich dann noch einmal, ihnen das gewünschte Amulet zu schreiben; jedoch blieb ich bei dem einmal Gesagten, und so mußten sie sich damit begnügen, daß ich auf ihre Bitten eine Fâtiha über ihre Vorräthe sagte. Wir empfahlen uns dann und eilten den Kameelen nach. Mit Sonnenuntergang erreichten wir die Cafila, welche jenseits des Wâdih Haßy, zwischen der Heerstraße und dem Flusse, lagerte. Rechts von dem Platze, wo 'Abd el Manâh und ich am vorigen Tage angefallen wurden, bezeichneten drei Steinhaufen die Ruhestätte der Beduinen, welche ihre Lüsternheit mit dem Leben büßten.

Wâdiy Ḥaſſy. Wâdiy Minſâſ.

Der Thermometer ſtand am Morgen bei Windſtille und dichtem Nebel 20°, am Mittag bei heiterm Himmel und ſchwachem Nordweſtwinde 36°, am Abend 25°.

25. Juli. Bis zum 25. Juli Mittags waren alle Abtheilungen der Qâfila verſammelt, und eine Viertelſtunde ſpäter entfaltete ſich der 600 Kameele ſtarke Zug zu einer unabſehbaren Linie, welche ſich längs dem Wâdiy Ḥaſſy nach den Höhen hinbewegte. Unſere Abtheilung war die vorderſte und erreichte nach ¼ Stunde eine abſchreckende, nackte, ondulirende Ebene, welche ſich nach Norden ausdehnt und über welcher in weiter Ferne die impoſanten Maſſen der Haḫramauter Hochebene ragen, welche ſich mit dunkelvioletten Farben auf dem tiefen Blau des Himmels zeichneten.

Glühende Sonnenſtrahlen ſchoſſen auf uns herab und verwandelten die baumloſen, dürſtenden Schluchten dieſer traurigen Ebene in wahre Gluthöfen. Es dauerte nicht lange, ſo fühlte ich die Einwirkung der von dem weißen Kreideboden zurückprallenden Sonnenſtrahlen auf meine Augen.

Ich ſah alle Gegenſtände in blutrother Färbung und nach einigen Stunden beläſtigte mich ein ſtechender Schmerz in dem Innerſten der Augen, welches mich eine Ophthalmie befürchten ließ.

Um ½ 6 Uhr lagerten wir uns am Rande des Wâdiy Minſâſ. Meine Befürchtungen, an den Augen zu erkranken, waren glücklicherweiſe unbegründet, denn mit dem Aufhören der Urſache verſchwand auch die Wirkung und meine Sehorgane kehrten zu ihrem normalen Zuſtande zurück. Da ſich auf der nackten Ebene kein Futter für die Kameele vorfand, ſo mußten die Beduinen daſſelbe noch aus dem ziemlich entfernten und tiefen Wâdiy Scharab heraufholen. Von hier aus erblickte ich in einer Entfernung von etwa 3 Stunden den ſteilen Dſchebel Scharab im Weſten und in einer etwas bedeutendern Entfernung die hohen Gipfel des Dſchebel El Ghowaḥla [112] im Nordoſten. Die Richtung unſers heutigen Tagemarſches war durchgehends Nord, 10° Weſt.

Der Thermometer ſtand am Morgen bei Windſtille und ſtarkem

Nebel 20°, um Mittag bei heiterm Himmel und Nordwestwind 36°, am Abend 25°.

26. Juli. Da unser Wasservorrath bis auf einen kleinen Rest verbraucht war, so brachen wir am folgenden Morgen bereits ¼ nach 4 Uhr auf.

Die Gegend erhebt sich von hier aus allmählich, gleicht aber im Allgemeinen der, welche wir gestern durchzogen. Um 9 Uhr bestiegen wir eine Anhöhe, von der aus mich der Anblick des mit dichter Waldung überzogenen Dschebel Hafar höchst angenehm überraschte. Mit welcher Lust schwelgte mein ermattetes Auge an dem freundlichen Grün der üppigen Vegetation, welche die dürren Hügel gleich einem Bande durchzieht, welches im obern Theile des Wâdih einem Hügel entrollt zu sein scheint, der auf seinem Rücken eine Ruine trägt. Im Hintergrunde dieser Landschaft ragen die steilen zerklüfteten Wände der hadhramauter Hochebene. Eine Menge Rauchsäulen entstiegen dem lachenden Grün, in welchem unzählige Kameele, sich an den saftigen Blättern labend, weideten, und ein vielfaches Echo trug den Schall von Gewehrschüssen und das dumpfe Gemurmel der lagernden Menge zu unsern Ohren. Kurz, reges Leben herrschte in dieser Gegend, welche gewöhnlich nur dann und wann eine Dâfila oder der irre Fuß des Bawwâq betritt, und deren Stille sonst nur vom Geheul der Raubthiere unterbrochen wird.

Wir stiegen in den Wâdih hinab und verfolgten ihn thalaufwärts bis jenseits der Ruinen, wo wir neben einer Wasserlache, auf einer mit Mimosen bewachsenen Anhöhe unsere Lagerstätte einnahmen. Während des Marsches durch den Wâdih kamen wir an mehr denn 200 Feuern vorüber, an denen zusammengenommen mehr als 2000 Beduinen lagerten. Uns gegenüber brannten in geringer Entfernung voneinander die Feuer der Stämme Bâ Sschahbe und Bâ Kaschwyn.

Die bisherige Kreideformation hört im Süden des Thals auf. Die Anhöhen, welche den Wâdih im Osten und Westen einschließen, bestehen aus einem sehr feinkörnigen Quader-Sandstein, dessen horizontale Schichten eine Mächtigkeit von 10 Fuß haben. — Am Fuße

Sagenhafte Riesenbaute.

dieser Höhen und besonders im Bette des Wâdih sah ich viele große, regelmäßig geformte Blöcke dieses Gesteins, welche meistens auf 20 Fuß Länge 10 Fuß Breite und Höhe hatten. Viele dieser Blöcke waren durch die Einwirkung des Wassers zur Säule abgerundet. Der Thalboden besteht aus einem fetten, mergelig-thonigen Alluvium und ist des Anbaues im höchsten Grade fähig. Aber wie viele Jahrhunderte werden noch vergehen, bevor der Pflug darüber Furchen zieht, wo jetzt nur Räuber und wilde Thiere hausen?

Der Bau, welcher sich in der Ferne so malerisch ausnahm, hat in der Nähe gesehen nichts Interessantes und ist weiter nichts, als ein schlecht gebauter, zerstörter Thurm, dem sich die Trümmer eines Gebäudes von ebenso schlechter Construction anschließen. Dahingegen sind die Substructionen, auf denen die Ruinen liegen, wahrhaft riesenhaft, denn sie bestehen aus den obenerwähnten Blöcken des Quadersandsteins und gehören wahrscheinlich der anteislamitischen Zeit an, während der obenerwähnte Bau ein Machwerk späterer, schon in Barbarei versunkener Generationen ist. — Wie gewöhnlich an alle Ruinen, so knüpft sich auch an diese eine Sage. Ihr zu Folge baute ein Riese diese Burg und versperrte von ihr aus die ganze Umgegend, wobei ihm seine sieben Söhne getreulich beistanden. Der Prophet Hud kam dann eines Tages dieses Wegs und wurde von diesen Unholden angefallen; aber Gott rettete seinen Liebling, indem er die ganze Rotte durch einen Blitzstrahl tödtete. — Diese Riesen waren nach der Meinung des Volks nichts Anderes als 'Abileu, denen sie eine außerordentliche Größe und eine solche Kraft zumessen, daß ein Jeder von ihnen im Stande war, mehrere hundert Centner zu tragen. So vergrößert die Einbildungskraft, vorzüglich bei rohen Völkern, Alles, was entfernt liegt.

Gegen Abend langten noch mehrere Züge Beduinen an, welche ihr Lager in unserer Nähe aufschlugen und dann hinübergingen, ihre Schaychs zu besuchen. Obgleich der größte Theil der hier zur Berathung erwarteten Beduinen angelangt war, so wurde doch an diesem Abende Nichts unternommen, da der Aberglaube das Erscheinen des neuen Mondes als den glücklichen Zeitpunkt bezeichnet, in welchem Unternehmungen berathen werden können. Es war der letzte Tag des Monats Dschomâda eth lhâny, und die Stunde der Berathung war daher auf den folgenden Abend, als den Anfang des Monats Redscheb festgesetzt, an welchem die schmale Sichel des ersten Mondviertels sichtbar werden mußte. Die ganze Nacht leuchteten die Thalwände von den Wachtfeuern wider, um welche sich die dunkeln Gestalten der Beduinen gruppirten. Bis spät erscholl wohltönender Gesang durch das Thal, der theils von Einzelnen, theils im Chore gesungen wurde. Alle diese Gesänge wurden aus dem Stegreife vorgetragen und bezogen sich meist auf das Ereigniß, welches zu der Versammlung der Stämme Veranlassung gegeben hatte, oder lobten die Tapferkeit der Anführer, Andere besangen die Thaten der Väter und Krieger.

Den ganzen Abend brachte ich in Gesellschaft der Schaych zu, und wie man sich denken kann, mußte ich Vieles vom Sultan der Beny Ottoman und den Ferenghy und von Mohammed 'Alyy erzählen, welchen letztern sie erwarteten, um vereint mit ihm die Engländer aus 'Aden zu vertreiben. Auch Sultan Fadhl 'Alyy wurde erwähnt, welchen sie als den einzigen Koryphäen des Glaubens ansehen. Es ist unglaublich, wie populär sich dieser Mann durch sein feindliches Auftreten gegen England gemacht hat. Von Sultan Mahassin sprachen sie nur mit Verachtung und nannten ihn einen Käfir.

Gegen Mitternacht kehrte ich zu unserm Lager zurück. Hier und da durch den Schatten eines Baumes oder durch vorspringende Felsen verdunkelt, leuchteten die Thalwände noch immer im rothen Scheine der Wachtfeuer, jedoch hatten die Gesänge aufgehört, und nur in unserer Nähe tönte eine Stimme, die nach einer sehr anmuthigen, aber schwermüthigen Melodie einen Hobschaÿn (Lied erotischen Inhalts) sang. Sie gehörte einem arabischen Werther an, wenigstens schloß ich dieses aus den Worten des aus dem Stegreif gesungenen Klageliedes. Mit sehr gewählten Ausdrücken besang er die unwiderstehlichen Reize seiner Schönen, und klagte dann diese Unvergleichliche der tigermäßigsten Grausamkeit an. Die Allegorien, deren er sich

Gesänge der Bedninen.

bediente, waren größtentheils nach echt orientalischem Geschmack und so ziemlich denen ähnlich, welche weiland König Salomo seinem „Hohen Liede" einverleibte. Ja, einige waren sogar sehr unpoetisch, und ich zweifle nicht, daß eine europäische Schöne ihrem Anbeter sofort den Abschied geben würde, hätte er sich unterstanden, sie „ein widerspenstiges Kameel" zu nennen, wie es der in Rede stehende habhramauter Liebhaber that.

Auch andere Vergleiche kamen vor, welche in Arabien zwar als sehr gelungen gelten, in Europa aber wahrscheinlich wenig Glück machen würden. So verglich er den Hals seiner Geliebten mit einem „Gänsehalse" und ihre Ohren mit „Kameelsohren". Doch ist der gute Mensch zu entschuldigen, denn Schwäne giebt es im Habhramaut nicht, wohl aber Gänse, und unter allen Thieren, die er kennt, hat das Kameel, im Vergleich mit seiner Größe, die kleinsten Ohren. Die Natur behauptete endlich ihre Rechte und der hoffnungslose Liebhaber entschlummerte, wenigstens verstummten seine Lieder.

Seinem Beispiele war ich im Begriff zu folgen, als ein Beduine unseres Zuges mit geheimnißvoller Miene neben mein Lager sich niederließ und die Pantomime des Geldzählens machte. Aergerlich sagte ich ihm, er solle sich deutlicher erklären, worauf er mir ins Ohr flüsterte, daß in jenen Ruinen unermeßliche Schätze begraben lägen; ich sollte deshalb die Geister bannen, damit wir sie miteinander heben könnten. Ziemlich heftig und laut sagte ich ihm, er solle mich in Ruhe lassen, da ich von dergleichen Künsten weder etwas wisse, noch wissen wolle, worauf er mich ganz verdutzt ansah und sich, ohne ein Wort zu sagen, wieder ans Feuer setzte.

Der Thermometer stand am Morgen bei klarem Himmel und Windstille 22°, um Mittag 36°, am Abend bei Nordwestwind 25°.

27. Juli. Um kein Aufsehen zu erregen, blieb ich den ganzen folgenden Tag in unserm Lager. Jedoch fehlte es nicht an Besuchern, die mich weidlich mit Fragen quälten, mir aber manches Interessante mittheilten. Die Bedulnen übten sich im Scheibenschießen und Steinewerfen, worin sie sehr viel Geschicklichkeit zeigten. Die Schußweite

wechselte von 300 bis 500 Schritt, und selbst mit letzterer verfehlten sie selten ihr Ziel. — Was ihre Geschicklichkeit im Steinewerfen betrifft, so habe ich ihrer schon früher erwähnt, wo sie eine Probe auf meine Kosten ablegten.

Gegen Abend hatte eine Anzahl Beduinen die Höhen bestiegen, um den Mond vor seinem Verschwinden sehen zu können. Sowie die Dunkelheit hereinbrach, waren Aller Augen mit gespannter Aufmerksamkeit nach dem Gebirge gerichtet, von dem das Signal gegeben werden sollte. Es dauerte auch nicht lange, so verkündete lautes Jauchzen und Gewehrschüsse, daß mit dem Erscheinen unseres Trabanten die glückliche Stunde gekommen sei, in welcher die Berathungen vorgenommen werden konnten. Ein donnerndes Allah hâfidh el Qabâyl (Gott segne die Stämme!) ertönte aus dem Lager der zur Berathung versammelten Stämme, und ein lautes „Amen!", welches Tausende der neutralen Beduinen in die Lüfte sandten, wurde vom Echo von Berg zu Berg getragen und verhallte in den Klüften des nahen Hochlandes. Eine Fâtiha wurde dann vom ältesten Schaych laut gebetet und von den Uebrigen leise nachgesummt, wonach dann die Tarr [113]) erscholl, welche die betreffenden Individuen zur Berathung rief. Auch die neutralen Beduinen strömten herbei, blieben aber in bescheidener Entfernung vom Sammelplatze stehen.

Die beiden Schaychs ließen sich nieder und ihre Beduinen setzten sich im Kreise um sie herum. Eine Zeit lang herrschte tiefe Stille und Alle schienen in Nachdenken versunken zu sein. Dann erhob sich einer der Schaychs und hielt eine lange Anrede, welche mit gespannter Aufmerksamkeit gehört wurde. Die Entfernung hinderte mich, die Worte zu verstehen, und Alles, was ich bemerken konnte, war, daß er seine Rede mit sehr lebhaften Gesticulationen begleitete. Dann und wann entstand eine Bewegung unter den Zuhörern und ein dumpfes Gemurmel ließ sich vernehmen. Nachdem der zweite Schaych und einige der Aeltesten das Wort geführt hatten, erhoben sich auch zu wiederholten Malen Stimmen aus der Reihe der Beduinen, worauf dann abermals der zweite Schaych das Wort nahm und eine, nach

Opfer und Waffentanz.

seinen Gesten zu urtheilen, heftige, aber kurze Rede hielt, nach deren Beendigung ein „Allah hâfits el Dabahl!" die Luft erschütterte, denn ein paar tausend Kehlen ein „Amen!" nachriefen.

Die Berathung war beendigt — und der Krieg beschlossen.

Das Feuer, welches in der Mitte des Kreises gebrannt hatte, wurde durch einen großen Haufen Holz neu belebt und die auflodernde Flamme mit lautem Jubel begrüßt. Man brachte dann einen grünen Ast des Nebekbaumes und einen fetten Hammel, welchem der älteste Schahch die Füße band. Nach diesen Vorbereitungen ergriff er den Ast, sprach ein Gebet über ihm und übergab ihn den Flammen. Wie jede Spur von Grün verschwunden war, entzog er ihn dem Feuer, sprach abermals ein Gebet und durchschnitt mit seiner Dschembihe die Kehle des Hammels, mit dessen Blute der noch brennende Ast gelöscht wurde. Er riß dann mehrere kleine Zweige von dem verbrannten Aste und übergab sie ebenso vielen Beduinen, welche damit nach verschiedenen Richtungen forteilten. Der schwarze, blutige Ast wurde dann in die Erde gepflanzt. Die Beduinen lösten ihre gewöhnlich zusammengebundenen Haare, nährten das Feuer aufs Neue und begannen einen ausdrucksvollen, kriegerischen Tanz, welcher von der Tarr und dem Hobs (Kriegsgesang) begleitet wurde. Das magisch beleuchtete Thal hallte von dem rauhen, aber harmonischen Kriegsgesange wider, und die nackten schwarzen Gestalten, welche sich mit fliegendem Haar in wildem Takte um das blutig geweihte Panier bewegten, glichen entfesselten Dämonen, der Ruine entflogen, die im Hintergrunde ihre schwarzen Schatten auf die hellerleuchtete weiße Thalwand warf. Tanz und Gesang dauerten bis nach Mitternacht, wann sich die beiden Schahchs an die Spitze ihrer Beduinen stellten, dem sonderbaren Banner folgend sich nach Osten wandten und bald im Dunkel verschwanden.

Tiefe Stille folgte dieser interessanten Scene, und Jeder suchte noch den Rest der Nacht zu benutzen, um sich zu den Mühen des kommenden Tages zu stärken. Die Begierde aber, etwas Näheres über die Bedeutung des eben Geschehenen zu erfahren, ließ mich kein

Auge schließen. Ich setzte mich deshalb zu dem wachehaltenden Beduinen ans Feuer und brachte nach vielen Umschweifen das Gespräch auf meinen Gegenstand. Der Beduine machte auch nicht viel Schwierigkeiten, meine Wißbegierde zu befriedigen, und theilte mir Folgendes mit:

Von dem Gebrauche, „einen Ast des Rebelbaumes abzubrennen", wußte er weiter nichts, als daß es ein herkömmlicher sei und daß kein Ast eines andern Baumes dazu verwandt werden könne. In dem Augenblick, da der Schaych den Ast ins Feuer wirft, sagt er die Worte: „So wie dieser Ast verdorrt, so mögen auch unsere Feinde verdorren!" und nachdem er ihn mit dem Blute des Opferthieres geröthet hat, sagt er: „Wer zurückbleibt in der Stunde der Gefahr und wer dieses Zeichen verläßt, der verdorre, er und die Seinigen, gleichwie es verdorrt ist!" — Die kleinen Zweige, welche der Schaych abreißt und an die Beduinen vertheilt, dienen als Lärmzeichen, mit denen die Abgesandten von Thal zu Thal eilen, die Söhne des Stammes zum bevorstehenden Kampfe zu laden. Keiner darf es bei Verlust seiner Ehre wagen, zurückzubleiben, wenn das gewählte Zeichen an seiner Lagerstätte erscheint und die Stimme des Trägers zum Kampfe ruft. Aus allen Höhlen und Schluchten stürzen der greise Krieger, der kräftige Mann und der kaum dem Knabenalter entreißte Jüngling hervor und eilen dem Kampfplatze zu, für die Ehre und Rechte des Stammes zu siegen oder zu sterben. — Voran zum Kampfe wird das blutige Sinnbild getragen. Um dieses entbrennt der Streit am heftigsten, denn Ehre ist es, es dem Feinde zu entreißen; unauslöschliche Schande ist es, es zu verlieren.

Beim Friedensschlusse übergeben die Schaychs der versöhnten Stämme ihre Aeste dem Feuer und lassen sie zu Asche verbrennen. Nach diesem geben sie sich die Hände und sprechen: „Unsere Feindschaft ist vernichtet, wie diese Zweige vernichtet sind; Friede sei fortan zwischen mir und meinen Kindern und Dir und Deinen Kindern." Ein Jeder schlachtet dann einen Widder zum Opfer. Hal

Die Blutrache.

eine Partei mehr Todte wie die andere, so sagt der im Vortheil stehende Schaych: „Wähle zwischen Blut und Milch!" welches soviel heißen will: er könne die Gefallenen rächen oder die Dihe (Blutgeld) annehmen. Bei dieser Gelegenheit wird gewöhnlich das Blutgeld angenommen, da man nicht genau wissen kann, wer Jemand getödtet hat. Der Ausdruck „Milch" bedeutet hier „Dihe", weil sie gewöhnlich in Kameelen oder Schaafen bezahlt wird. Die Araber nehmen im Allgemeinen an, daß 'Abd el Motallib ibn Hischâm, der Großvater Mohammed's, der Erste gewesen sei, der eine Dihe bezahlt habe, und daß es seitdem in Gebrauch geblieben sei. 'Abd el Motallib hatte nämlich ein Gelübde abgelegt, daß er dem Götzen, der damals in der Ka'ba (Tempel zu Mekka) verehrt wurde, einen seiner zehn Söhne opfern wolle. Er ließ deshalb seine Söhne loosen und das Loos fiel auf seinen Lieblingssohn. Jedoch konnte er es nicht über sich gewinnen, ihn zu opfern, und schlachtete an seiner Statt 100 Kameele. — Viele Stämme haben dieses beibehalten und 100 Kameele oder ein Aequivalent von 8 Thalern pro Kameel als Sühne des vergossenen Blutes festgesetzt; Andere weichen von dieser Summe ab und bestimmen das Blutgeld nach dem Reichthum des Todtschlägers. Im Hadhramaut ist dieses überall im Gebrauch.

Der Thermometer war am Morgen bei Windstille und heiterm Himmel 22°, am Mittag 36°, am Abend bei schwachem Nordwestwinde 25°.

28. Juli. Am 28. Juli kurz vor 7 Uhr setzten wir unsere Reise fort und gelangten in einer Stunde über ein allmählich ansteigendes Terrain und durch eine tief eingeschnittene, steile Schlucht auf das Plateau oder vielmehr auf die untere Terrasse desselben; dann in einer Entfernung von 3—4 Stunden ragte eine zweite steile, unabsehbare Wand. Da der Weg durch die Schlucht sehr ermüdend gewesen war, so lagerten wir uns schon um ½9 Uhr in einer mit Mimosen besetzten Niederung.

Kurz vor 1 Uhr setzte sich die Dâfila wieder in Bewegung und befolgte bis ¼4 Uhr die Richtung von Nord, 20° Ost. Das

Plateau stieg in steilen Wänden vor uns auf, konnte aber von uns nicht mehr erstiegen werden, weshalb wir unser Nachtlager unter einem Mimosenwäldchen nahmen, welches den Entstehungspunkt eines Wâdih umsäumt. Am Abend hatten wir ein Gewitter, welches jedoch seinen Segen über eine andere Gegend ausschüttete. — Am Morgen hatten sich uns fünf Schertyfe angeschlossen, welche nach dem Wâdih 'Amb ristten und die ich als die zudringlichsten und frechsten Bursche kennen lernte, die mir je vorgekommen sind. Trotzdem, daß sie reichlich mit Proviant versehen waren, nahmen sie die Säcke der armen Beduinen ohne Weiteres in Anspruch. Auch die meinigen hatten den Mittag das gleiche Schicksal gehabt, und um des Glaubens willen hatte ich es geschehen lassen. Diesen Abend aber wollten sie meinen Proviantsack ebenfalls in Contribution setzen, fanden ihn jedoch verschlossen. Ohne Umstände und in einem Tone, als hätten sie das größte Recht dazu, verlangten sie, daß ich das Schloß öffnen solle, welche freche Zumuthung ich aber mit barschen Worten zurückwies. Dieses schien sie zu befremden, und Einer von ihnen frug mich: „ob ich nicht wisse, daß sie Schertyfe seien?" „Es ist möglich, aber ich glaube es nicht", entgegnete ich, „denn ein Schertyf muß mehr wie jeder Andere wissen, daß Gott in seinem Buche (dem Corân) jedem Muselmanne verbietet, sich der Habe seines Nächsten zu bemächtigen. Wäret ihr also Schertyfe, so würdet ihr die Provisionen verzehren, mit denen ihr reichlich versehen seid, und nicht die meinigen und die der Beduinen ohne Erlaubniß fortnehmen." Diese Sprache war ihnen unerwartet und neu, und in Gegenwart der Beduinen beschämend, um so mehr, als diese mir beistimmten und sie weidlich auslachten. Höchlichst entrüstet verlegten sie ihre Lagerstätte unter einen andern Baum, als befürchteten sie, durch die Nähe eines solchen ruchlosen Menschen an ihrer Heiligkeit Schaden zu leiden.

Der Thermometer stand am Morgen bei Windstille und hellem Himmel 22°, um Mittag bei schwachem Nordwestwinde 30°, am Abend bei Südostwind und bewölktem Himmel 20°.

29. Juli. Am 29. Juli brachen wir kurz vor 5 Uhr Morgens

Gelderpressung der Herren des Weges.

auf und erreichten nach einer Stunde den Fuß der ungeheuern, fast 3000 Fuß hohen Gebirgswand. Die Aqaba (der Aufstieg) wird hier durch eine etwa 10 Minuten breite, sehr steile Abdachung, welche wahrscheinlich durch einen Bergsturz entstand, gebildet. — Das Ersteigen dieser Höhe war sehr ermüdend, da man auf dem losen Gerölle fortwährend ausglitt. Wir hatten noch ungefähr 100 Schritt zu steigen, als wir oben einen Beduinen erblickten, der uns das Wort: „El Ghaffar!" (Wegegeld!) zurief. Diese Aufforderung wurde durch 10 Gewehre unterstützt, welche aus den Schießlöchern einer aus losen Steinen errichteten Brustwehr hervorblinkten. Unsere Beduinen riefen hinauf, „wie viel ein Jeder zu zahlen habe und wohin das Geld zu legen sei?" worauf die Summe von 1 Thaler festgesetzt und ein großes Felsenstück auf halbem Wege zwischen ihnen und uns als Ablieferungsort bezeichnet wurde. Mein Thaler war bald gezogen, aber die Scherhfe behaupteten, daß sie als solche nicht verbunden wären, irgend ein Wegegeld zu zahlen. Man rief diese Einwendungen hinauf, jedoch die da oben wollten von solchen Prärogativen Nichts wissen, sondern erklärten, „daß ein Jeder der Reisenden (denn die Beduinen selbst zahlen kein Wegegeld), der nicht zahlen wolle, zurückbleibe und daß der sofort zusammengeschossen würde, der es wage, dieses Gebot zu übertreten".

Diesem Argument war nun freilich Nichts entgegenzusetzen und die Herren Scherhfe machten deshalb auch keine weitern Umstände und legten Jeder ihren Thaler in die Hand eines Beduinen, welcher zu dem bezeichneten Platze hinaufstieg, das Geld deponirte und dann zu uns zurückkehrte. Der oben stehende Beduine stieg nun behend hinunter, nahm das Geld und verschwand ebenso schnell hinter der Brustwehr. Bald darauf langten wir oben an. Ich sah mich aber vergebens nach den Wegelagerern um, sie waren spurlos in einer der nächsten Schluchten verschwunden.

Bis ½9 Uhr zogen wir über die einförmige Gegend und stiegen sodann in den Wâdih Metelle hinab, an dessen oberm Ende das Dorf Metelle liegt.

Dieses Dorf besteht aus ungefähr 20 Häusern, in welchen beiläufig 150 Einwohner des Stammes Dothâm, einer Abtheilung des Stammes Beny Ssahbân, wohnen. In der Umgebung des Dorfes stehen einige Dattelpalmen auf gut angebauten Feldern umher, welche von einem Wachtthurme beschützt werden. Kurz nach 9 Uhr lagerten wir oberhalb des Dorfes unter einigen Mimosen. Von Metelle eine Stunde Weges liegen im Nordosten die Dörfer Minter und Schorul im Wâdih Minter, welcher in den Wâdih Rhayde eb Dyn mündet. Der Wâdih Metelle streicht von dem Dorfe aus von Südost nach Nordwest, macht dann einen Bogen nach Nordosten und vereinigt sich dann mit dem Wâdih Rhayde eff Ssowayde. [114]) Er ist wenig eingeschnitten und nicht, wie die bisher beschriebenen Wâdih der Hochebene, von steilen Felswänden, sondern von sanften Abhängen begrenzt, die mit Mimosen und Nebel bewachsen sind.

Mein Beduine kaufte von einem der Einwohner Vorrath von einer Art Mehl, welches aus der Frucht des Nebelbaumes gemahlen wird und, mit Wasser vermischt, ein sehr nahrhaftes und kühlendes Getränk gewährt. Auch getrocknete Heuschrecken wurden uns feilgeboten. Die Heuschrecken, welche hier genossen werden, sind auf folgende Art zubereitet. Nachdem man denselben Kopf, Flügel und Beine abgerissen hat, wirft man sie in kochendes, stark gesalzenes Wasser und läßt sie etwa eine Minute darin liegen. Dann werden sie auf einer Matte ausgebreitet, mit Salz bestreut und an der Sonne getrocknet, und so zum Gebrauche aufbewahrt. Viele ziehen sie auch auf Fäden, wie bei uns die Beeren. Diese Heuschreckenart wird von den Arabern Melun genannt und ist nach Forslål der Grillus gregarius. Dieser Gelehrte ist der Meinung, daß sie nicht Grillus migratorius des Linné sind, welche in der Tartarei vorkommen. Diese Thiere richten greuliche Verwüstungen an und kommen oft in so erstaunlicher Menge, daß ein einziger Zug während eines ganzen Tages gleich einem Schneegestöber über eine Stadt zieht. Der größte Zug, den ich gesehen habe, ließ sich im Jahre 1835 in der Nähe von Mochâ in einer Ebene nieder und bedeckte dieselbe etwa 4 Zoll hoch auf einer Strecke von ½ Quadratmeile.

Wâdih Rhaybe eb Dyn.

Um Mittag setzten wir unsere Reise fort und erreichten bald die Ebene, wo sich 50 Kameele von der Dâfila trennten und dem Wâdih Minter zuzogen. Nach einer Stunde stiegen wir einen sanften Abhang entlang in den Wâdih Rhaybe eff Sforwahbe hinab, der ungefähr ½ Stunde Breite haben mag.

Bis ½ 2 Uhr durchschnitten wir ihn thalabwärts in nordöstlicher Richtung und betraten dann den Wâdih Rhaybe eb Dyn, der sich wie eine 2 Stunden breite Ebene unabsehbar nach Norden zieht. Links vom Wege ragten, etwa ½ Stunde entfernt, zwei Wachtthürme und 20 Minuten später erblickte ich in einer Entfernung von 1 Stunde die Stadt Delâ. Hier residirt ein Sultan, der aber wenig Macht besitzt, indem er, gleich seinen Stammesgenossen im Wâdih Do'ân, unter dem Schutze oder vielmehr der Botmäßigkeit der Beduinen steht, die hier, wie fast überall, die Machthaber sind. Der hier herrschende Stamm heißt Bâ Dumt Sfabuff und ist eine Abtheilung des Stammes Eb Dahin.

Die obern Theile der Wâdih Rhaybe eb Dyn und Rhaybe eff Sforwahbe werden von zwei Abtheilungen des Stammes Benty Sfaybân, den Stämmen El Dothâm und Dschahâdeme, bewohnt, welche auch die kleinern, in sie mündenden Thälern inne haben.

Trotz dem fruchtbaren Boden dieser Wâdih findet sich in demselben, außer in der nächsten Umgebung der Ortschaften, keine Spur von Anbau, und die ganze Vegetation beschränkt sich auf einige zerstreut umherstehende Mimosen, mächtig wuchernden Oschr (Asclepias procera) und einige andere Pflanzen, worunter hauptsächlich Hyoschamus.

Unser Weg lag jetzt quer über den Wâdih und führte uns um ¼ nach 2 Uhr an drei Thürmen vorüber, welche die hier beginnenden angebauten Ländereien beschützen. Von hier aus sah ich auch rechts vom Wege die Dörfer Schâbith und Esch Schillât, das eine ½, das andere 1 Stunde entfernt liegen. Wir zogen längs der äußersten Grenze der angebauten Felder hin, auf denen Weizen, Sesam, vor allem der Indigo in üppigster Fülle standen. Kurz vor

3 Uhr passirten wir die beiden dicht beisammen und hart am Wege liegenden Dörfer Kaybâm und Ghowahre. Ein dritter Ort lag dicht hinter diesen beiden; ich konnte aber seinen Namen nicht erfahren. Diese Ortschaften sind ganz regelmäßig im Viereck gebaut und zwar so, daß die äußere Häuserreihe das Ganze mauerartig umgiebt; an jeder der vier Ecken steht ein starker viereckiger Thurm, von dem aus die Seiten bestiegen werden können. Zwischen den drei Dörfern zählte ich noch acht Wachtthürme, welche so angelegt sind, daß einer den andern vertheidigt. Alle diese Orte sind von Beduinen des Stammes Bâ Omm Sfabuss bewohnt, dessen ältester Shaych in Kaybâm residirt. Die Seelenzahl dieser Dörfer wird wohl nicht 1500 übersteigen. Längs des Weges vor diesen Dörfern sah ich eine Menge irdener Töpfe, in welchen der Indigo bereitet wird, der ein Haupthandels-artikel dieses Wâdih ist. Oestlich vom Wege entspringt am Abhange des Plateaus eine Quelle, die sich in ein natürliches Bassin ergießt, welches mit Lotosblättern bedeckt war. Kurz vor 3 Uhr bogen wir in den Wâdih Maghâra ein, stiegen aber gleich darauf auf den entgegengesetzten Abhang zum Plateau hinan und lagerten neben einer Waldung von Mimosen und Nebekbäumen. Zehn Minuten thalaufwärts liegt im Wâdih Maghâra das bedeutende Dorf Horrahn, welches von Wachtthürmen umgeben ist.

Im Verhältniß zu seiner Ausdehnung und Fruchtbarkeit ist der Wâdih Rhaybe eb Dyn nur wenig bevölkert. Demungeachtet ist er als einer der Hauptwâdih der habhramauter Hochebene anzusehen. Nach der übereinstimmenden Angabe mehrerer Personen liegen folgende Ortschaften in ihm: Esch Schillât, Schi'be [115]), Kaybâm, Ghowahre, Olâmiss, Chalyt [116]), Hiçn bâ 'Abb, Hiçn Bahdra [117]), Soyut, El Hibschelyn und Reshua. Auf der Westseite, ebenfalls von Süden nach Norden, Detâ, Rhaybe, Hiçn bâ Omm Sfabuss, Esch Scheryn [118]), Esch Scherka [119]), 'Anil, Nhr. An der Ostseite münden Wâdih Maghâra mit dem Dorfe Horrahn [120]), Wâdih Ghaura [121]) mit den Dörfern Ghaura und Bâ 'Amr, Wâdih Rabadh und Hafrâ und der Wâdih Hibschelyn. An der Westseite münden: Wâdih

Angebliche Zauberkunst der Scheryfe.

Rhaybe eſſ Sſowahbe, Wâdih Minjer [122]) mit den Dörfern Minjer und Schorul, Wâdih Bâ Tarhq mit den Orten Ghebeſſ [123]), Ghaydyn und Bâ Tarhq, und endlich der Wâdih Ahr [124]), von deſſen Mündung an der Wâdih Rhaybe eb Dyn den Namen 'Aucb [125]) annimmt.

Unſere Dâſila war jetzt nur noch 20 Kameele und 14 Beduinen ſtark, da die Uebrigen nach den verſchiedenen Ortſchaften der Wâdih Rhaybe eb Dyn und 'Amb beſtimmt waren.

Am Abend wurde mancherlei über den treuloſen, habſüchtigen und filzigen Charakter der „Scheryfe" geſprochen und die Beduinen waren herzlich froh, von der Geſellſchaft dieſer Leute befreit zu ſein. Zwar freuten ſie ſich, daß ich dieſe Leute zurechtgewieſen hatte, ſie befürchteten aber, daß mir ein Unglück zuſtoßen würde; „denn", ſagten ſie, „die Scheryfe ſind falſch und rachſüchtig und können Jemanden ſehr viel Böſes zufügen, da ihnen viel Macht durch die geheime Wiſſenſchaft des Ssihr geworden iſt." — „Gott iſt groß", erwiderte ich, „und ohne ſeinen Willen kann mir nichts Uebles widerfahren. Ich fürchte dieſe Scheryfe nicht." — Die Beduinen ſagten hierzu ihr „Amen!" und legten ſich zur Ruhe.

Die Hauptrichtung der heutigen Tagereiſe war Nord, 20° Oſt. Der Thermometer ſtand am Morgen bei Windſtille und heiterm Himmel 15°, am Mittag bei ſchwachem Nordweſtwind 20°, am Abend 18°.

30. Juli. Am 30. brachen wir erſt des Morgens ½8 Uhr auf. Die Gegend auf der Hochebene bleibt ſich fortwährend gleich. Daſſelbe Geſtein, dieſelbe Form der in allen Richtungen zerſtreut liegenden Hügel waltet hier wie dort vor, wo ich dieſelben zum erſtenmale betrat. Ueberall ermüdet eine traurige Einförmigkeit das Auge des Reiſenden, welches das Ende der unermeßlichen Ebene vergebens zu erſpähen ſucht. Etwas vor 9 Uhr erblickte ich zur Linken den Wâdih Ghaura, aus welchem die Minarets (Thürme der Moſcheen) der Dörfer Ghaura und Bâ 'Amr hervorragten.

Nach einer Stunde kamen wir an einem in den Felſen gehauenes

Bassin vorüber, welches mit Wasser gefüllt war. Von hier aus legten wir noch eine Stunde Wegs zurück und lagerten dann unter einer großen Mimose, neben welcher zwei Cisternen eingehauen sind. Ganz in der Nähe steht eines der mehrerwähnten Schutzhäuschen.

Nach einer Ruhe von 2½ Stunden wurden die Kamerle beladen und die Reise fortgesetzt. Um 20 Minuten vor 3 Uhr genoß ich eine hübsche Aussicht in den Wâdih Rababh, in welchem sich das Dorf gleichen Namens aus einem dichten Gebüsche von Mimosen und Tamarisken erhebt. An den Seiten des Thales befinden sich terrassenförmige Anlagen, welche im herrlichsten Grün prangten. Zum Schutz derselben steht im obern Theil derselben ein Wachtthurm. Die Bewohner des Orts sind Beduinen des Stammes Bâ Sjowahde, welcher eine Abtheilung des Stammes Eb Dahin ist. Um ¼ nach 3 Uhr trafen wir eine Cisterne und ¼ Stunde später sah ich das Dorf Çafrâ im Wâdih gleichen Namens liegen, dessen Bewohner gleichfalls dem Stamme Eff Sjowahbân angehören. Der kleine Wâdih Çafrâ vereinigt sich mit dem Wâdih Rababh und dieser bei dem Orte Hçn Bahbra mit dem Wâdih Rhahde eb Dyn. Wir legten noch zwei Stunden Weges zurück, während welcher wir an sechs Cisternen vorüberkamen, und lagerten dann auf einer mit Feuersteinen besäeten Niederung unter einigen Mimosen, welche in voller Blüthe standen und die Gegend mit ihren Wohlgerüchen erfüllten.

Der Thermometer stand am Morgen bei Windstille und heiterm Himmel 10°, am Mittag 20°, am Abend bei schwachem Westwinde 18°.

31. Juli. Am 31. Juli verließen wir Morgens 7 Uhr unser Nachtlager und zogen dem nahen Wâdih Do'ân zu. Um ½ 9 Uhr stiegen wir in eine enge Schlucht hinab, und einige Minuten später stand ich am Rande des reizenden Thales, oberhalb der Residenz El 'Arr.

Mehr wie einmal war während dieser Reise mein Leben in Gefahr gewesen; glühende Sandgefilde und Ebenen von trostloser Nacktheit und erdrückender Monotonie, nur hier und da von einem freund-

Rückkehr nach Chorahbe.

lichen Ruhepunkte unterbrochen, hatte ich bisher durchwandert. Man kann sich also denken, mit welcher Lust mein Auge an den in voller Farbenpracht prangenden Fluren hing, mit welch inniger Freude ich den dunkeln Hain der Palmen und das gastliche Chorahbe wieder begrüßte.

Mit vorsichtigen Schritten zog die Kâfilah den äußerst gefährlichen Weg hinab, erreichte ohne Unfall das Thal, und schon um 10 Uhr saß ich in der Mitte der Familie meines ehrwürdigen Schahchs 'Abb Allah bâ Sfudân, welche ungeheuere Freude blicken ließ, mich wohlbehalten wiederzusehen.

Am Morgen stand der Thermometer bei Windstille und heiterm Himmel 10°, um Mittag 25°, am Abend bei Nordwestwind 20°.

Siebentes Capitel.

Das eigentliche Haḋhramaut.

Zweiter Besuch bei dem Sultan. — Abreise. — Ankunft in 'Amd. — Schaych
'Abd er Rahmân bâ Dyâl ben 'Anudy. — Abreise. — Nachtlager bei Hallet
bâ Salib. — Nachtlager bei Dirbe. — Ankunft in Haura. — Der Wâdiy
'Amd. — Der Wâdiy El Haḋscharyn. — Die alten Königsgräber im Wâdiy
Ghanibun unsern Meschhed 'Alyy. — Der Wâdiy Oaçr.

1. August. Am folgenden Morgen stattete ich, in Begleitung des ältesten Sohnes vom Hause, dem Sultan meinen Besuch ab, der mich aber diesmal sehr kalt empfing und überhaupt vieles Mißtrauen zeigte. Er hörte nicht auf, von Mohammed 'Alyy zu sprechen, und ließ nicht undeutlich merken, daß er eine Invasion des Aegyptiers befürchte und daß ich von demselben geschickt sei, das Land zu erspähen. Obgleich weder geschmeichelt noch erfreut, für einen Spion Mohammed 'Alyy's zu gelten, mußte ich doch über die Wichtigthuerei des alten Herrn lachen, der sein aus einer Stadt, einem Dorfe und einigen Morgen Landes bestehendes Reich für bedeutend genug hielt, die Eroberungslust eines so entfernten Fürsten zu reizen. Um ihm diese Meinung zu benehmen, frug ich ihn, wie viel er wohl glaube, daß eine Expedition nach dem Haḋhramaut kosten würde? Nach einigem Besinnen gab er mir zur Antwort: „Nun, an 100,000 Thaler." Worauf ich ihm entgegnete: daß 3 Millionen nicht hinreichen würden, und daß, da der ganze Wâdiy nicht so viel werth sei, er von einer Invasion des Pascha Nichts zu befürchten habe. Jedoch blieb er bei

Furcht vor dem Pascha von Aegypten.

der Meinung, daß der Wâdih Do'ân mit seinen vielen Städten und Dattelwäldern sich doch wohl der Mühe verlohne.

Als ich ihm nun erzählte, daß die einzige Stadt Kairo mehr Einwohner zähle, als der ganze Wâdih, daß mehr als 100 Städte wie Chorahbe, und mehr als 3000 Dörfer in Scharq unter der Botmäßigkeit des Pascha von Aegypten ständen, und daß, bloß in der Umgegend von Kairo, mehr Datteln, Durra, Weizen, Bohnen, Lhifen u. s. w. geerntet würde, als alle Bewohner des Habhramaut in einem Jahre verzehren könnten — da schien dem alten Herrn der Verstand stille zu stehen. Mit erstaunten Blicken und offenem Munde starrte er mich eine Weile an und brach dann in die Worte aus: „Gott ist Gott! Es ist nur ein Gott und Mohammed ist sein Gesandter! Mohammed 'Alyh ist ein mächtiger Sultan, der uns alle verderben kann. Du siehst, daß ich wohl Ursache habe, ihn zu fürchten." — Da meine Bemühungen, dem alten Herrn seine Furcht zu benehmen, gerade das Entgegengesetzte bewirkten, so hielt ich es für das Rathsamste, mich zu beurlauben und nach der Stadt zurückzukehren.

Am Ausgange des Bafars begegneten mir mehrere der angesehensten Einwohner, welche, wie mir mein Begleiter sagte, in Finanzangelegenheiten zum Sultan gingen. Schahch Bâ Dorra, der auch mit ihnen war, wünschte mir zu meiner Zurückkunft Glück und bat mich, ihn zu besuchen, welches ich ihm für den Nachmittag zusagte, da ich Willens war, unter dem Schutze seines Stammes nach dem Wâdih 'Amd zu reisen.

Nachmittags erfüllte ich mein Versprechen und besuchte den Schahch, bei welchem ich auch seinen Collegen Hoffahn bâ Sohra, Schahch der Châmlye, antraf, der mich ebenfalls beglückwünschte, so glücklich aus dem Lande der verrufenen Dsjahbh zurückgekehrt zu sein. Ich erzählte ihnen meine Reiseabenteuer und theilte ihnen meinen Entschluß mit, noch vor der Esphâra von Cabr Hud einen Ausflug nach Norden zu machen. Zu gleicher Zeit bat ich sie, mir einen sichern Führer aus einem der beiden Stämme zu geben.

210 Der Sultan läßt Thorayde beschießen.

Meine Reiselust kam ihnen komisch genug vor, und sie fragten mich lachend, was ich denn eigentlich an den Steinen des Hadhramaut Merkwürdiges fände? „Oder", setzten sie hinzu, „habt ihr in Aegypten etwa keine Steine?" — Ich entgegnete ihnen: „da ich nun einmal auf einer Pilgerreise in diesem Lande begriffen sei und ich mich bis zur Zeit der Sjâra langweile, es aber ein verdienstliches Werk sei, auch die in andern Gegenden befindlichen Heiligen-Gräber zu besuchen, so wolle ich meine Zeit zum Besuch derselben verwenden." — Waren sie nun auch nicht so ganz von dem religiösen Zwecke meiner Reise überzeugt, so thaten sie doch wenigstens, als glaubten sie daran, und Bâ Dorra [126]) versprach mir, am folgenden Morgen einen Beduinen zu schicken, mit dem ich mich verständigen könnte.

Mein Wirth, dem ich am Abend meinen Reiseplan mittheilte, war nicht so sehr dafür, gab aber doch, da er sah, daß mein Entschluß feststand, seinem Sohne den Befehl, mir einen Empfangsbrief an einen sehr einflußreichen Schahch in 'Amd mitzugeben.

Der Thermometer stand am Morgen bei Windstille und heiterm Himmel 15°, um Mittag bei Nordwestwind 25°, am Abend 20°.

2. August. Am folgenden Morgen weckte mich ein lebhaftes Gewehrfeuer und ein durchdringendes Geschrei, das in allen Häusern von den Weibern erhoben wurde. Anfangs war ich der Meinung, daß die Stadt überfallen worden sei, ein Blick nach El 'Arr belehrte mich jedoch, daß man von dort aus die Stadt beschoß. Ich ging nach der Thür, um mich nach der Ursache des Schießens zu erkundigen. — Hatte mich ein Einwohner der Residenz am Fenster erblickt oder schoß man aufs Gerathewohl, genug, daß eine Kugel durch das Fenster in die gegenüberliegende Wand schlug, nachdem ich mich kaum davon entfernt hatte.

Im Gange fand ich bereits alle männlichen Mitglieder der Familie installirt, während die Frauen sich in die untern Zimmer zurückgezogen hatten.

Ich erfuhr jetzt, daß einige Individuen dem Sultan 10 Thaler

Seltsame Steuereintreibung. Folgen der Beschießung.

Abgaben schuldeten, welche sie nicht auftreiben könnten. Um nun die Stadt zu zwingen, diese Summe einstweilen zu erlegen, wurde sie von dem Sultan beschossen.

Das System, eine Stadt für einzelne Individuen solidarisch haften zu lassen, findet sich also nicht blos in Aegypten, sondern ist seit undenklichen Zeiten im ganzen Hadhramaut gebräuchlich, wo noch obendrein, wie man sieht, die Zwangsmittel höchst energischer Natur sind.

Den ganzen Tag wurde auf die Stadt geschossen, sodaß es Niemand wagen durfte, den Basar oder die Straßen zu betreten, welche von El 'Arr aus bestrichen wurden. Besonders war ersterer den Kugeln ausgesetzt und die Kaufleute daher gezwungen, ihren Handel einzustellen.

Der Thermometer stand am Morgen bei Windstille und hellerm Wetter 15°, um Mittag 25°, am Abend bei schwachem Nordwestwind 20°.

3. August. Mit dem Beginn des nächsten Tages begann das Schießen aufs Neue, währte aber nur bis gegen Mittag, da die Reichen unter den Bewohnern der Stadt die Summe zusammengelegt und sie dem Sultan durch einen Beduinen übersandt hatten. — Dieser Auftritt war nicht ohne traurige Folgen gewesen, denn ein Mann wurde auf der Stelle getödtet, ein anderer starb am Morgen an der erhaltenen Wunde, und 7 Individuen, darunter auch eine Frau, waren minder oder mehr schwer verwundet. Niemand aber wunderte sich über diese Gewaltthätigkeit, noch war darüber aufgebracht. Im Gegentheil fand man sie sehr natürlich und versicherte mir, daß dieses das einzige Mittel sei, welches die Sultane anwendeten, um rückständige Steuern einzutreiben; auch käme dieses sehr häufig vor.

Des Nachmittags schickte ich zu Bâ Dorra und ließ ihn bitten, mir den versprochenen Beduinen zu schicken, da ich gesonnen sei, des folgenden Morgens nach dem Wâdih 'Amd zu reisen.

Er schickte auch sogleich einen jungen Mann seines Stammes, mit dem ich bald einig und dem ich von dem Schaych 'Abd el Dâbir in aller Form übergeben wurde.

Den Abend brachte ich in Gesellschaft einiger Scheryfe und Schaychs zu, bei denen ich mich nach der Gegend erkundigte, welche ich besuchen wollte; aber keiner von ihnen konnte mir etwas Bestimmtes mittheilen.

Der größte Theil dieser Leute zeichnet sich durch eine großartige Ignoranz aus und ist so wenig mit dem eigenen Vaterlande bekannt, daß man fast Nichts von ihnen erfahren kann. Unglücklicherweise war der Schaych abwesend, der mir so viele Nachrichten von Beled el Habschar gegeben hatte. Es ist in diesem Lande immer am Besten, sich an die Aussagen der Beduinen zu halten, die jeden Schritt im Gebirge kennen. Freilich findet man dann und wann Scheryfe, welche eine rühmliche Ausnahme machen und sich um andere Gegenstände bekümmern, als um den Corân; aber leider sind sie sehr selten.

Der Thermometer stand am Morgen bei Windstille und heiterm Himmel 15°, um Mittag bei schwachem Nordwestwind 25°, am Abend 20°.

4. August. Am 4. August früh Morgens um 6 Uhr verließ ich Choraybe, um die nördlichen Gegenden des Plateaus zu besuchen. Ich erstieg es auf demselben Wege, auf dem ich es vor einigen Tagen verlassen hatte, jedoch ging das Hinaufsteigen sehr langsam von Statten, sodaß wir sie erst nach zwei Stunden erreichten. Während 1½ Stunde blieben wir auf dem Wege nach Rhaybe ed Dyn und zwar bis zur Stelle meines letzten Nachtlagers, wo wir uns nach Nord, 25° West wandten. Um ¼ vor 11 Uhr lagerten wir neben einer Cisterne, wo wir einige Kaufleute mit ihren Beduinen fanden, welche Tags zuvor den Wâdih 'Amd verlassen hatten. Um 2 Uhr verließen wir diesen Platz und legten noch eine Stunde Weges bis zu einer Cisterne zurück, neben welcher wir uns für die Nacht einrichteten. Hier entsteht zur Rechten des Weges ein Wâdih, dessen Namen mir mein Beduine entweder nicht sagen konnte oder wollte; jedoch wußte er so viel, daß dieser Wâdih bei der Stadt „Matruch" in den Wâdih Do'ân mündet.

Etwa ¾ Stunde von dieser Cisterne erhebt sich ein Hügel von

ziemlicher Ausdehnung, der wie viele andere der Hochebene die Form eines Dachstuhles hat. Ueberhaupt ändert sich auf dem Plateau der Charakter der Gegend nirgends; überall dieselbe Nacktheit, dieselbe Einförmigkeit. Die Cisternen, deren man auf dem Wege von Ma= kalla nach dem Wâdih Do'ân und den andern Gegenden so viele an= trifft, werden hier seltener, denn ich traf während dieser Tagereise auf einer Strecke von sechs Stunden nur drei an.

Mein junger Beduine schien sich vor meiner Persönlichkeit ge= waltig zu fürchten und es war augenscheinlich, daß ich ihm ein höchst unheimlicher Geselle war. Er hielt sich fortwährend in einiger Ent= fernung und sah sich nach allen Seiten um, als ob er befürchte, ein Dutzend böser Geister erscheinen zu sehen; eine Wirkung des Gerüchts, welches sich seit meiner Zurückkunft aus dem Wâdih el Habschar ver= breitet hatte, nämlich, daß ich ein Geisterbanner sei. Alle meine Handlungen beobachtete er auf das Genauste und besonders schien seine Aufmerksamkeit am gespanntesten zu sein, wenn ich nach der Uhr sah, in welcher er, wie ich später erfuhr, nichts Anderes sah, als einen Behälter, in welchem ich einen jener bösen Dämonen ein= gesperrt hielt. Man kann sich denken, daß ich bei so bewandten Um= ständen keinerlei Unterhaltung mit ihm anknüpfen konnte. Zum Glück bot die Gegend, welche ich durchreiste, wenig Interessantes dar, und so verlor ich Nichts durch seine Verschlossenheit.

Der Thermometer stand am Morgen bei Windstille und heiterm Himmel 15°, um Mittag bei Nordwestwind 20°, am Abend 18°.

6. August. Am 5. August des Morgens 6 Uhr machten wir uns auf den Weg, passirten nach dreistündigem Marsch eine Cisterne und machten um 11 Uhr an einem Wâdih Halt, welcher sich bei dem Orte Dschahhs mit dem Wâdih 'Amd vereinigt. Einige Beduinen= frauen trieben hier eine bedeutende Schaafheerde vorüber. Kaum hatten sie uns bemerkt, so umringten sie mich und meinen Führer und setzten uns weidlich mit Fragen zu. Besonders komisch fanden sie, daß ich als Mann Unterbeinkleider trug, welches bei ihren Sansculotten von Männern etwas Unerhörtes ist. Sie gehörten zum

Stamme der Murat Çobaḥḥ, einer Abtheilung des Stammes El Dscha'da. Ihr Anzug unterschied sich in Nichts von dem, welchen ich früher bei dem Wâdiḥ Dahme beschrieben habe; ein kleiner Sprößling lag, mit zwei Lämmern treulich gepaart, in dem Korbe der einen.

Um 1 Uhr Nachmittags setzten wir unsere Reise fort und erreichten um ½4 Uhr den Rand des Wâdiḥ 'Amd. — Dieser Wâdiḥ ist zwar bedeutend breiter, als der Wâdiḥ Do'ân, gewährt aber keinen so malerischen Anblick. Hier fehlen die großartigen Felsenpartieen und die amphitheatralische Lage der Ortschaften, hier laden keine schattigen Baumgruppen zur Ruhe ein und kein Palmenhain erquickt mit seinem dunkeln Grün das Auge; — überall dürre Steppen, nur hier und da von grünen Streifen durchzogen, und in der Ebene liegende Dörfer, welche, gehüllt in gelbliches Grau, mit dem Boden gleichsam verschmelzen. In demjenigen Theile des Wâdiḥ, welchen ich übersehen konnte, bemerkte ich folgende Oerter. Gerade unter mir die Stadt 'Amd, weiter hinüber, weiter östlich, die Dörfer Rowaḥre und El Hobul [127]), links im Südwesten das Dorf Reṯhun [128]), im Norden das Dorf Lohun [129]) und in nordöstlicher Richtung thalabwärts das Dorf Dschaḥḥe. Wir langten, nachdem wir den sanften Abhang der Thalwand hinabgestiegen waren, kurz vor 6 Uhr in der Stadt 'Amd und im Hause des Schaḥḥ 'Abb er Raḥmân bâ Thal ben 'Amudy an, dem mich mein alter Wirth in Chorāḥbe empfohlen hatte. Während wir klopften, lief aus allen Gassen ein Haufen Kinder heran, welche sich um den besten Platz balgten, von dem aus sie ein so seltenes Geschöpf, wie mich, am Besten in Augenschein nehmen könnten. Nach einigem Warten öffnete endlich eine Negersclavin die Thüre und führte uns in das Gastzimmer, wo wir mit Kaffee und Datteln bewirthet wurden. Bald darauf führte man uns nach einem auf einer Nebenterrasse angebrachten Zimmer, in welchem sich der Schaḥḥ aufhielt. Bei meinem Eintritt überraschte mich der Anblick eines „Tisches" und „einiger eleganter, europäischer Lehnsessel". Aus einem derselben erhob sich der Schaḥḥ, ein schöner Mann in der vollen Kraft seiner Jahre und von imponirendem Aeußern. Er ging mir einige Schritte

Ein civilisirter, vorurtheilsloser Araber.

entgegen und führte mich, nach Beendigung des üblichen Ceremoniels, zu einem der Stühle, indem er mich Platz zu nehmen bat. — Er verabschiedete hierauf meinen Dachahl, der seinerseits höchlichst erfreut war, der Sorge für meine ihm so unheimliche Person enthoben zu sein. Nachdem sich der Schaych nach meinem Vaterlande und dem Zwecke meiner Reise erkundigt hatte, stellte er in sehr gutem Englisch die Frage: „Ob ich diese Sprache verstehe?" Obgleich es mir nicht sehr angenehm war, diese Frage hier, aus solchem Munde und in der Sprache der in diesem Lande so gehaßten Engländer zu hören, so erwog ich doch gleich, daß der Araber, welcher sie an mich richtete, nicht zu den fanatischen gehöre, und wagte es daher, dieselbe in derselben Sprache zu bejahen. Er sagte mir nun, daß er schon von mir gehört habe und daß es ihn freue, mich hier in seinem Hause zu sehen. Er leitete dann das Gespräch auf die Politik, welche die Engländer vermocht haben konnte, Aden zu besetzen. Wie alle Araber, beunruhigte auch ihn das Festsetzen der Engländer auf arabischem Boden, ohne jedoch, wie jene, die thörichten Hoffnungen zu hegen, die Eindringlinge mit Waffengewalt vertreiben zu können. Nach diesem Thema kam ich auf den Zweck meiner Reise zu sprechen, und da er gehört hatte, daß ich Vieles geschrieben, so bat er mich, ihm meine Notizen zu zeigen, welches ich, obgleich sehr ungern, that.

Er betrachtete die Schrift mit vieler Aufmerksamkeit und erklärte dann, daß, wenn es auch keine englische, so doch eine europäische sei. „Auch sind Sie kein Moslim", setzte er hinzu, „denn sonst würden Sie nicht so angelegentlich unsere Berge und Thäler beschreiben und sogar, wie man mir gesagt hat, einen jeden Stein mit so vieler Aufmerksamkeit betrachten."

Ich betheuerte, „ein echter Moslim zu sein"; aber er sagte mir mit einem Zeichen der Ungeduld: „Mein Lieber! in Ihrem Sinne wohl, nicht aber in meinem! Freilich haben Sie alle Ursache, es zu behaupten, — und glücklich für Sie, wenn man es glaubt. Ich aber, der ich lange Jahre mit Europäern in Indien Umgang gepflogen und ihre Sprache erlernt habe, bin über Ihre Nationalität nicht in Zweifel. Indeß sind Sie mir deshalb nicht minder willkommen, denn ich weiß die Beweggründe zu würdigen, welche Sie bestimmt haben, eine Reise in diese den Europäern noch-unbekannten Gegenden zu unternehmen, und Fanatismus ist mir fremd. Von meiner Seite haben Sie Nichts zu befürchten, im Gegentheil werde ich mir ein Vergnügen daraus machen, Ihnen zur Erreichung Ihres Zweckes behülflich zu sein."

Nach diesem Ausspruche, auf den Nichts zu erwiedern das Beste war, öffnete er einen Wandschrank und zeigte mir seinen Schatz von englischen Büchern. Walter Scott's „Geschichte Napoleon's", ein „Lehrbuch der Physik", eine „Geographie" und ein „geographischer Atlas" machten die Hauptbestandtheile dieser kleinen Bibliothek aus. — Man kann sich meine Ueberraschung denken, in einem Winkel dieses von „Halbwilden" bewohnten Landes einen Mann zu finden, dem die Wissenschaften nicht fremd waren, und der Geist genug besaß, sich für mein Unternehmen zu interessiren!

Diesem Manne verdanke ich Vieles, was mir ohne ihn unbekannt geblieben wäre und welches ich am geeigneten Orte mittheilen werde.

Am Abend kamen mehrere Scherzse, welche aber nicht dazu beitrugen, das Gespräch interessant zu machen. Mein Wirth, welcher bemerkte, wie lästig mir das gehaltlose Gespräch und die albernen Fragen dieser Leute waren, gab mir, indem er meine Müdigkeit vorschützte, eine schickliche Gelegenheit, mich auf mein Zimmer zurückzuziehen.

Der Thermometer stand am Morgen bei klarem Wetter und Windstille 10°, am Mittag bei Nordwestwind 20°, am Abend 10°.

6. August. Am folgenden Morgen ersuchte ich den Schatzch 'Abd er Rahmân, mir für den folgenden Tag einen sichern Dachatyl nach Haura, an der Mündung des Wâdih 'Amb in den Wâdih Dagr zu verschaffen. Obgleich es sein sehnlichster Wunsch war, mich noch länger bei sich zu sehen und ich selbst die interessante Gesellschaft dieses

Mannes gern noch länger genossen hätte, so war doch keine Zeit zu verlieren, wenn ich, meinem Plane gemäß, den Wâdih Er Râchite besuchen und am 25. in Chahdun sein wollte. Diese Gründe und das Versprechen, auf meiner Rückreise nach dem Wâdih Do'ân einen Tag bei ihm zu bleiben, bewogen ihn endlich in meine Abreise zu willigen. Er schickte seinen Sclaven auf den Bafar, der auch bald einen Beduinen, vom Stamme Murat Cobahh brachte, dem er mich übergab. Am Morgen machte ich mit meinem Wirthe einen Spaziergang in die Stadt und ihre Umgebungen und besuchte auf dem Rückwege den Dâbhh und zwei der angesehensten Scherhfe, bei denen ich jedoch nichts Bemerkenswerthes hörte und nur eine Menge Fragen zu beantworten hatte, unter denen, wie gewöhnlich, mehrere höchst originelle vorkamen. Unter Anderm war eine der Art, daß wir, der Sitte zuwider, laut auflachten. Der Dâbhh, ein aufgeräumter, sehr rüstiger Sechziger, frug mich nämlich nach den körperlichen Dimensionen der — Königin von England und wie viel Eunuchen sie habe. Ganz erstaunt sah er unserm Lachen zu, lachte aber endlich selbst mit auf seine Kosten und konnte sich gar nicht darein finden, daß die Königin gar keine Eunuchen (Verschnittene) haben sollte; „denn", sagte er, „die Frauen sind zu schwach, um allen Versuchungen widerstehen zu können, und eine Königin muß deren doch eine bedeutende Menge haben."

Des Nachmittags führte mich der Schahch in ein Haus, in welchem soeben eine Hochzeit gefeiert wurde. Schon von weitem scholl uns der Sugharith der Frauen und der Ton der Rhobâba und Dacâba entgegen, welche einen harmonischen Gesang begleiteten. Von Zeit zu Zeit hörte man auch den Schall der Tarr, welche, wie mir mein Begleiter sagte, am Ende jeder Strophe fünf- bis sechsmal geschlagen wird. Bei unserm Eintritt wurden wir von dem Vater des Bräutigams empfangen und in ein großes Zimmer geführt, wo der Bräutigam regungslos (denn es ist Sitte, daß der Bräutigam, ohne sich zu rühren, mit möglichst steifer Gravität bis zum Ende des Festes sitzen muß) auf einer eigens dazu errichteten, mit hellfarbigem geblümten Katun bedeckten Estrade zwischen zwei Anverwandten der

Braut saß. Vor dieser Estrade stand ein kupfernes Gefäß, welches mit einem seidenen Tuche bedeckt war und dazu bestimmt ist, die Geschenke aufzunehmen, die jeder Besucher, der Sitte gemäß, machen muß. Neben dieser Schüssel saßen zwei aufgeputzte Knaben, von denen der eine ein Rauchfaß, der andere eine mit Rosenwasser gefüllte Tissqihe in der Hand hielt. — Die Tissqihe sind im ganzen Orient gebräuchlich und werden aus Böhmen dahin verschickt. Es sind kleine, mit Blumen gezierte Flaschen mit langem engen Hals, welche vermittelst darauf geschraubter Stücke verschlossen werden, die mit kleinen Oeffnungen versehen sind. — Beide, Braut und Bräutigam, hatten einen Haufen kleiner, grüner Zweige neben sich liegen. Da ich bereits zu Hause mit diesem Gebrauch bekannt gemacht war, so hatte ich ein Rasirmesser, eine Scheere, eine kleine Spiegeldose und eine Schnur Glaskorallen mitgebracht, welches ich Alles unter das Tuch in die Schüssel schob, ohne die bereits darin liegenden Geschenke aufzudecken. Wir bekamen ein Jeder einen der kleinen grünen Zweige, und nachdem uns einer der Knaben mit Rosenwasser bespritzt hatte, beräucherte der andere unsere Kleider mit Weihrauch. Hierauf nahmen wir unter den andern Gästen Platz, welche auf den bereits erwähnten schwarzen Teppichen umhersaßen und sangen. Ich konnte nun den Bräutigam mit Muße betrachten, welcher, mit einem rothen Kaftan und großmächtigen Turban angethan, wie eine Bildsäule zwischen seinen beiden Gefährten saß. Vorn auf dem Turban ragte ein voluminöses Bouquet Knoblauchzwiebeln, welches, wenn es auch nicht zur großen Zierde gereicht, doch den Nutzen hat, die Macht des bösen Blickes unschädlich zu machen. Ueber eine mit geblümtem Katun verhangene Thür, welche aus diesem Zimmer in ein Nebengemach führte, in dem sich die Braut mit den weiblichen Gästen befand, hing zu demselben Zweck eine Aloëpflanze nebst einem Bouquet Knoblauch und einem Säckchen Alaun. — Süßes Gebäck und Kaffee wurde in Menge herumgereicht, und später gebratenes und gekochtes Fleisch mit Reis aufgetragen. Nach der Mahlzeit sangen abwechselnd Frauen und Männer Achâmer und Hodschaßny.

Brautstands- und Hochzeitsgebräuche.

Der Achâmer ist ein Gesang, in welchem die Tapferkeit, Religiosität und Freigebigkeit irgend einer Person gepriesen wird, der Hobschaynī ist, wie ich schon früher bemerkte, erotischen Inhalts.

Nach dem, was mir gesagt wurde, kommt das Brautpaar bei der ganzen Hochzeitsbelustigung am schlechtesten weg; denn Beide, Braut und Bräutigam, müssen von Mittag bis Mitternacht, ohne auch nur das Geringste zu sich zu nehmen, fortwährend in der Stellung verbleiben, in der ich den Bräutigam von Anfang an sitzen sah.

Die Phasen, welche ein habhramauter Liebeshandel bis zum Augenblicke der Verlobung durchläuft, sind so ziemlich dieselben, wie bei uns. Der junge Mann sieht das Mädchen sowohl im väterlichen Hause, als auch beim Brunnen, dem Hauptversammlungsorte der orientalischen Liebenden. Der Liebhaber stellt sich in der Nähe des Hauses seiner Geliebten auf und singt Hobschaynī u. s. w. Von dem Augenblicke an, wo der Vater für seinen Sohn um sie anhält, ändert sich Alles. Das Mädchen darf sich vor keinem Manne unverschleiert sehen lassen. Die Ständchen werden nicht mehr gebracht; kurz, Beide sind bis zur Hochzeit auf das Strengste voneinander geschieden. Am Hochzeitstage wird die Braut nebst ihrer kleinen Aussteuer, welche ihr der Vater giebt, in Procession in das Haus des Bräutigams gebracht, wo sie gleich ihm die obenerwähnte Geduldsprobe aushalten muß. Um Mitternacht bekommen zwar Beide die Erlaubniß zurück, ihre Glieder zu rühren, dürfen sich aber bis zur vierten Nacht nach der Hochzeitsfeierlichkeit nicht sehen. In der ersten Hälfte dieser Nacht muß der Bräutigam sowohl seine Anverwandten und Freunde, als auch die der Braut bewirthen; erst nachdem er seine Gäste entlassen hat, ist es ihm erlaubt, seine Ansprüche als Ehemann geltend zu machen. — Die Braut bekommt von ihrem Bräutigam eine Aussteuer, welche ihr in keinem Falle und selbst dann nicht genommen werden kann, wenn sie durch ihre üble Aufführung dem Manne Gelegenheit gegeben hat, sich von ihr zu scheiden. Der Vater verkauft seine Tochter förmlich an ihren zukünftigen Ehemann, muß aber ⅗ des Kaufpreises zurückzahlen, wenn dieselbe durch ihre

Schuld vom Ehemanne verstoßen wird. Die Beweise öffentlich zu zeigen, daß ein Mädchen bei ihrer Verheirathung ihrem Bräutigam als unbefleckte Jungfrau übergeben wurde, wie es in Aegypten und der Türkei der Fall ist, findet hier nicht statt; sie werden jedoch von ihren Anverwandten in Empfang genommen, damit sie dieselben im Falle der Noth zur Rechtfertigung vorzeigen können.

In Arabien ist kein Band lockerer, als das eheliche, denn der Mann braucht nur seiner Frau, ohne irgend eine Ursache anzugeben, die Worte „Ent' 'alahi" („Du gehörst Dir selber!") zu sagen, um von ihr geschieden zu sein. Sollte er sich ja herablassen, ihren Verwandten die Ursache seines Verfahrens zu nennen, so braucht er bloß zu sagen: „Sie behagte mir nicht", so sind dieselben zufriedengestellt. Eine solche Scheidung bringt der Frau und ihrer Familie keine Schande, und sie kann sich nach Verlauf von 1 Jahr und 1 Tag wieder verheirathen. — Ganz anders verhält es sich jedoch, wenn der Mann seine Frau wegen begangener Untreue verstößt und diesen Grund ihren Verwandten anzeigt. In diesem Falle wird die Ehebrecherin von ihren Brüdern oder sonstigen männlichen Anverwandten in aller Stille an einen einsamen Ort geführt und dort zu Tode gesteinigt.

Oft aber geschieht es, daß der Mann eine solche Frau verstößt, ohne ihr die Scheidungsformel mitzugeben; so lange nun der Mann ihr diese Formel vorenthält, kann dieselbe nicht heirathen und wird dann Tamahhe genannt.

Die Stadt 'Amd liegt an der südlichen Seite des Wâdih der Mündung des Wâdih Nhr gegenüber, der sich mit dem Wâdih Rhahbe ed Dhn vereinigt, welcher dann den Namen 'Amd annimmt.

Sie hat ungefähr 6000 Einwohner, welche theils zu dem Stamme der 'Anudh, theils zur Klasse der Scherhfe und Sjahhbh gehören. Ihre Erwerbsquellen sind der Handel, Ackerbau und die Bereitung des Indigo, der hier in bedeutender Menge gewonnen wird. Die Häuser sind wie die im Wâdih Do'ân gebaut, und wie dort findet man in den enggepflasterten Straßen Schmutz und ominöse Mistlachen. Am Ausgange der Stadt sind die Straßen mit starken eisenbeschlagenen Holzgittern verschlossen. Am östlichen Ende befindet sich der „Basar", ein kleiner, mit dunkeln Kaufläden umgebener Platz, welcher wahrscheinlich aus dem schon bei Choraybe angegebenen Grunde sehr spärlich mit Waaren ausgerüstet ist. Die drei Moscheen, welche die Stadt besitzt, zeichnen sich weder durch ihre Größe, noch Architectur aus, und sind weiter nichts, als höchst einfache, flach gedeckte Bethäuser mit Vorhöfen versehen, in deren Mitte mit Wasser gefüllte Bassins angebracht sind, vor denen die zum Gebet gehenden Gläubigen die vorgeschriebenen Ablutionen verrichten. Der Sultan heißt Issmâhyl ibn Moghtafir ibn ben 'Yssà el 'Antuby und residirt mit seinen Familien in einigen Thürmen, welche auf einer südlich neben der Stadt liegenden Anhöhe stehen. Seine Macht ist sehr beschränkt, da er unter dem Schutz oder vielmehr unter der Herrschaft des Bebuinenstammes Murat Cobahy steht, dessen Schaych, welcher in dem nahen Lohun wohnt, eine Garnison von einigen 30 Bebuinen in der Residenz liegen hat. Der Druck, unter dem der Sultan und seine Unterthanen leben, muß unausstehlich sein. So erzählte mir der Schaych 'Abd er Rahmân, daß die Bebuinen die Stadt oft ganz willkürlich brandschatzten und sie von der Residenz aus so lange beschössen, bis ihren Forderungen Genüge geleistet wird.

Mehrere tiefe Brunnen liefern vortreffliches Wasser, versiegen aber bei regenlosen Jahren, wo dann der Bedarf aus großen Entfernungen herbeigeschafft werden muß. In solchen Jahren steigt dann die Noth auf das Aeußerste; denn nicht allein, daß die ausgedorrten Felder keine Früchte liefern, sondern die Bebuinen, welche alle außerhalb der Stadt befindlichen Brunnen als ihr Eigenthum betrachten, erheben auch noch von jeder Kameelladung Wasser eine verhältnißmäßig sehr starke Abgabe. Tausende von Reisenden würden in einer solchen Zeit verdursten, wenn nicht die wohlthätigen Stiftungen reicher Verstorbener die Armen mit Trinkwasser versorgten. Es existiren nämlich, sowohl in der Stadt als auch auf den Wegen, welche den Wâdiy durchkreuzen, gemauerte, mit Kuppeln bedeckte kleine Behälter, Sfabyl genannt, die fortwährend mit Wasser gefüllt sind, dessen Herbeischaffung von dem Ertrage der vom Stifter zu diesem Zwecke bestimmten Summe bestritten werden. Solche Sabyl findet man in allen bewohnten Wâdiys in Menge und sind nebst den Cisternen unstreitig die segensreichsten Stiftungen in diesem von der Mutter Natur so stiefmütterlich ausgestatteten Lande.

Der Thermometer stand am Morgen bei heiterm Himmel und Windstille 15°, am Mittag bei Nordwestwind 25°, am Abend 20°.

7. August. Am 7. August Morgens 6 Uhr verließ ich unter dem Schutze meines greisen Führers die Stadt 'Amb und nahm die Richtung Nord, 40° Ost. Eine halbe Stunde durchzogen wir angebautes Land und betraten dann eine dürre Steppe, mit sandigthonigem Boden, auf der hier und da Tamarisken, Mimosen, Oscher, Hoschamms und rankende Coloquinten umherstanden. Eine Stunde Marsch durch diese Wüste brachte uns in das trockene, sandige Flußbette des Wâdiy, welches wir aber schon nach einigen Minuten verließen und wieder die öde Steppe betraten. Links vom Wege lag in geringer Entfernung das von angebauten Feldern umgebene Dorf Lohun, von einem hohen Wachtthurm überragt, in welchem der Schaych der Murat Çobayh residirt. Es mag ungefähr 400 Einwohner fassen, welche diesem Stamme angehören. In einer Stunde, während welcher wir die Richtung Ost, 10° Süd verfolgten, kamen wir an die fleißig bebauten Felder des großen Dorfes Dschahys, welches von ungefähr 1000 Individuen des Stammes Murat Çobayh bewohnt wird. Es liegt an der Mündung eines von Südosten kommenden Wâdiy und wird von einigen Wachtthürmen überragt. Von hier aus zieht sich der Weg nach Norden fortwährend über angebautes Feld bis zum Dorfe Schó'be, welches wir in ½ Stunde erreichten. Seiner Größe nach zu urtheilen, wird die Seelenzahl dieses Ortes wohl der des Dorfes Dschahys gleichkommen; auch hier hausen die Murat Çobayh. Während wir hart am Dorfe hinzogen, hatte ich das Vergnügen, die neugierige nackte Dorfjugend auf den Fersen zu haben. Jedoch begnügte sie sich damit, mich zu begaffen, und verließ uns bald, nachdem wir das Dorf im Rücken hatten. Von diesem Dorfe

Betrachtung der Beduinen den Städtern gegenüber.

aus wanderten wir ½ Stunde in der Richtung Nord, 30° Ost über angebautes Feld und betraten dann eine öde, gebüschreiche Gegend. Nach ½ Stunde gelangten wir an den Rand eines Durrafeldes, wo wir unter einer großen laubreichen Platane lagerten.

Um 2 Uhr setzten wir die Reise fort und kamen nach ¼ Stunde in geringer Entfernung an der Stadt Mâ-Stabhh [130]) vorüber, welche wir rechts liegen ließen. Diese Stadt zählt ungefähr 4000 Einwohner, welche theils dem Stamme der 'Amubh, theils der Klasse der Scherhfe und Sfahhbh angehören und von einem der Schattenfürsten regiert werden, welche den pompösen Titel „Sultan" führen; auch hier herrscht der Stamm der Mural Çobahh.

Mein gemüthlicher alter Beduine, mit dem ich über ihr Verhältniß zu den Städtebewohnern sprach und meine Verwunderung äußerte, daß sich eine Bevölkerung, die ihnen an der Zahl weit überlegen sei, so geduldig brandschatzen lasse, beantwortete diese Bemerkung mit der Frage: „Kann denn eine Heerde Schaafe einen Wolf erlegen?" — Diese Antwort, welche mein alter Führer mit einem verächtlichen Blicke nach der Stadt begleitete, bezeichnet hinlänglich die Meinung, welche die Beduinen von dem Muthe der Städter hegen. Auf den Feldern, welche die Stadt umgeben, standen Durra, Dochen, Weizen, Indigo in üppigster Fülle, und auf den niedern Dämmen, welche die einzelnen Abtheilungen umgeben, standen Platanen, Nebek, Tamarisken und Mimosen umher. Der Weg führt nun nach Norden ½ Stunde zwischen den angebauten Feldern hin, worauf wir wieder die Region der wilden Gestrüppe betraten. Es fehlt auf allen diesen wildliegenden Strecken nicht an Anzeichen, daß der im höchsten Grade anbaufähige Boden in frühern, bessern Zeiten den Fleiß seiner Bearbeiter belohnt hat; denn überall sieht man regelmäßig abgetheilte Vierecke, welche mit Erdwällen umgeben waren, die jetzt noch erkennbar sind, und aller Augenblicke sieht man verschüttete Brunnen. Nach 1½ Stunde überschritten wir das Flußbette, an dessen gegenüberliegender Seite bebaute Felder liegen, längs denen wir in 1½ Stunde hinzogen und dann neben einem von mehrern Platanen beschatteten Brunnen für die Nacht lagerten. Im Osten sah ich an jeder Seite eines hier mündenden Wâdih ein Dorf amphitheatralisch am Abhange des Plateaus liegen, über den einige Wachtthürme hervorragten. Das südlich gelegene Dorf trägt den Namen El Medsarre; das nördliche heißt Hallet Bâ Çalyb. Beide gehören dem Stamme Murat Çobahh, und jedes derselben mag ungefähr 500 Einwohner zählen. Das Territorium der Murat Çobahh hört hier auf und es beginnt das des Stammes der Benh Schamlân, einer Abtheilung des Stammes El Dscha'da. Ganz in der Nähe unseres Lagerplatzes wohnte eine Beduinenfamilie unter einer Platane, welche uns mit süßer und saurer Milch bewirthetete, eine Erfrischung, deren ich schon lange entbehrte und die mir deswegen sehr willkommen war.

Auf dem ganzen Marsche von 'Amd hierher begegneten wir keiner Menschenseele, sodaß es schien, als wäre die Communication zwischen den verschiedenen Ortschaften aufgehoben. Ueber Mangel an Wasser hatte ich keine Ursache zu klagen, denn ich traf auf diesem Wege 10 der schon erwähnten Ssabyl, welche fast alle mit Wasser gefüllt waren. Ganze Strecken der brachliegenden Gegenden, welche ich heute durchwandert hatte, waren mit der Aloë spicata (Es Succul) bedeckt, aus der, wie mir mein Führer sagte, eine bedeutende Quantität Gummi gewonnen und an die Küste von Makalla und Schihr versandt wird; noch bedeutender soll die Menge sein, welche aus den weiter östlich liegenden Provinzen in den Handel kommt.

Der Thermometer stand am Morgen bei Windstille und heiterm Himmel 15°, um Mittag bei Nordwestwind 25°, am Abend 20°.

8. August. Am 8. August des Morgens ¼ vor 6 Uhr verließen wir unsere Lagerstätte und schritten in der Richtung Nord, 10° Ost längs des bebauten Feldes hin, betraten aber schon nach ¼ Stunde die traurige Einöde. Eine Menge Hasen und Gazellen, welche auf Kosten der Beduinen ihr Frühstück in den Durrafeldern eingenommen hatten, flüchteten bei unserer Annäherung in die Gebüsche und erweckten die Jagdlust unseres Dachahl, der auch sogleich

Dörfer Habab und Dâmile. Neugierde der Jugend. 225

dem Wilde behutsam nachschlich, während ich das Kameel vor mir hertrieb. Es dauerte auch nicht lange, so fiel ein Schuß und beladen mit einer prächtigen Gazelle trabte bald mein brauner Nimrod heran. Nach einem Marsche von ¾ Stunde zeigten sich rechts vom Wege bebaute Felder und das Dorf Habab, welches von etwa 500 Individuen des Stammes Beny Schamlân bewohnt wird; ein Wachtthurm ragte zur Linken des Dorfes. Die Aecker hörten bald wieder auf, und die öde Steppe dehnte sich mit ihrer verstimmenden Einförmigkeit abermals vor uns aus. Nur am südlichen Ende des Wâdih erhebt sich ein Wachtthurm von einigen Wohnungen umgeben, welchen Ort mein Beduine mit dem Namen Rababh Bâ Kaubât benannte.

Nach ¾ Stunde änderte sich die Richtung in Ost, 10° Nord, welche wir 1 Stunde beibehielten, uns dann nach Nordosten wandten und ¾ Stunde weiter unter einigen Tamarisken das Kameel entluden, um die gewöhnliche Ruhestunde zu halten; ein halbverschütteter Brunnen lieferte gerade noch Wasser genug, um uns und unser Thier zu erquicken. Im Nordwesten bemerkte ich die Mündung eines Thals, dessen Namen mir mein Führer nicht sagen konnte, nur soviel wußte er mir von ihm zu sagen, daß es unbewohnt sei. Die erlegte Gazelle wurde von meinem alten Führer auf übliche, bereits beschriebene Weise zubereitet und wir hielten im dürftigen Schatten der Tamarisken ein im Vergleich zu dem gewöhnlichen herrliches Mittagsmahl.

Um 2 Uhr Nachmittags machten wir uns wieder auf und gelangten in 1½ Stunde durch eine mit Aloë bewachsene Gegend nach dem Dorfe Dâmile, an welchem wir dicht vorbeizogen. Die ganze Dorfjugend und sogar Erwachsene liefen eine Strecke mit uns, um das seltene Schauspiel eines „Fremden", der noch dazu ein „Aegyptier" war, zu genießen. Dâmile mag ungefähr 300 Einwohner fassen, welche dem Stamme Beny Schamlân angehören; hinter dem Dorfe befinden sich einige Felder. Nach 1½ Stunde wandte sich der Weg nach Ost, 40° Süd. Zwei hohe Wachtthürme ragten in der Richtung des Weges und bezeichneten die Lage des Dorfes Dirbe, welches dem Stamme der Beny Schamlân gehört und etwa 1000 Einwohner haben mag. In seiner Nähe lagerten wir uns nach einem Marsche von 1¾ Stunde unter einem Tamariskengebüsch, welches die angebauten Felder umsäumte. Von Dâmüe bis hierher ist die ganze Gegend dicht mit Aloë bewachsen, zwischen denen hier und da Mimosen und Tamarisken kleine Gebüsche bilden.

Am Abend kamen mehrere Einwohner, welche uns vom Felde aus bemerkt hatten, um sich mit uns zu unterhalten, wobei ich dann, wie gewöhnlich, weidlich mit Fragen gequält wurde.

Der Thermometer stand am Morgen bei heiterm Himmel und Windstille 15°, um Mittag 25°, am Abend 20°.

9. August. Am 9. August brachen wir schon um 4 Uhr auf, um die starke Tagereise bis Haura zurücklegen zu können. Der Weg führte in der Richtung Ost, 30° Nord, am Saume der Felder und dann an der Mündung eines Thales vorüber, hinter welchem sich wieder eine weite, mit Mimosen, Tamarisken und Aloë bewachsene Ebene vor uns ausdehnte. Nach einem Marsche von 2¼ Stunde sah ich links die Mündung eines Wâdih und das Dorf Chamfa. Die Richtung des Weges wurde Ost, 10° Nord, welche wir 1½ Stunde verfolgten und uns dann nach Ost, 20° Nord wandten. Wir legten noch 1¼ Stunde Wegs zurück und lagerten uns dann neben einem Ssabih unter einer schönen Platane. Hinter Chamfa beginnt die Landschaft Habhramaut.

Wir mochten ungefähr 1 Stunde gesessen haben, als ein Beduine auf uns zukam, den Arm meines Dachayle umfaßte und sprach: „So wahr Deine Kinder und meine Kinder in Frieden leben, Du bist mein Beschützer!" — Mein greiser Führer sah ihn eine Weile schweigend an und sagte dann: „Es ist gewährt!" — Der Fremde setzte sich hierauf zu uns und erzählte, daß er zum Stamme El Mahfus gehöre und daß zwischen ihm und der Familie der Beny Schamlân Blut sei, indem sein Bruder ein Mitglied derselben erstochen habe. Er habe einen Brief nach Reschun gebracht, seine Feinde hätten dieses erfahren und er wüßte ganz genau, daß

Schutzflehende gegen die Folgen der Blutrache.

man auf allen Wegen nach Meschheb 'Alyh, wohin er reise, seiner Person auflauere. Mein Dachahl versprach ihm darauf nochmals seinen Schutz bis Hauta und theilte ein Stück Brod mit ihm, als stillschweigenden Schwur „bei der Heiligkeit des Brodes", daß er sein Versprechen halten wolle.

Um ½1 Uhr setzten wir unsere Reise in der Richtung Ost, ¼° Süd fort. Nach 2½ Stunde sah ich links des Weges in einer Stunde Entfernung das Dorf Eß Sfah'i liegen, welches dem Stamme Beny Schamlân gehört und etwa 600 Einwohner zählt. Von hier an wird der Wâdih gebüschreicher und die Aloëpflanzen zeigen sich nur in einzelnen Gruppen. 1½ Stunde weiter sah ich noch zur Rechten des Weges das von 500 Beny Schamlân bewohnte Dorf Anbâl, dessen Felder theilweise mit Dattelpalmen bepflanzt sind. Die Aussage des Schützlings meines Führers, daß man ihm auflauere, bestätigte sich 1 Stunde hinter Anbâl bei einem Sfabyl.

Hier standen nämlich drei Männer, welche unser Gefährte als Mitglieder der Familie des Ermordeten erkannte. Mein Führer blieb stehen und winkte Einen derselben zu sich, worauf aber alle drei herankamen und sich sogleich an ihren Feind wandten. Mit größter Gelassenheit und Ruhe sprach zu ihm einer von ihnen: „Du und die Deinigen sind Blutshunde, das Blut unseres Bruders steht noch über der Erde [1]), und wir brauchen das Deinige, damit es verschwinde. Komm hervor denn! Mit Deinem warmen Herzblute will ich mein Geschlecht von dem Schmutze reinigen, mit welchem Du und die räudigen Hunde, Deine Brüder, es beschmutzt haben!" Auf diese Art hatte er sich gleichsam in den Zorn geredet und ich dachte jeden Augenblick, daß sie aneinander gerathen würden; aber mein alter Beduine, der wohl dieselben Befürchtungen hegen mochte, legte sich ins Mittel. „Gott ist groß! Es ist nur Ein Gott und Mohammed ist sein Gesandter!" rief er aus; „das Blut dieses Mannes gehört mir bis zur morgenden Sonne! Ist diese aufgegangen, so möge es das Eure sein. Bis dahin bin ich und mein Stamm Dachahl dieses

15 *

228 Streit mit den Bluträchern. Ankunft in Haura.

Mannes. Ich habe mein Recht ausgesprochen und ihr kennt es jetzt. Die Dschembihe der Bâ Schoqahr sind scharf und ihre Kugeln reichen weit und sicher." — Die drei Beduinen sahen den Alten eine Weile schweigend an, und einer von ihnen erwiederte: „Die Bâ Schoqahr haben einem räudigen, blutigen Hunde, dessen Angesicht in den Dörfern der Beny Schamlán schwarz ist, den Dachahl angedeihen lassen; aber wir kennen Dein Recht, denn Gott ist groß! Es ist nur Ein Gott und Mohammed ist sein Gesandter! Möge Dein Tag weiß sein!" — Hierauf gaben sie ihm und mir die Hände und verschwanden in den Gebüschen.

Unser Gefährte hatte die ganze Zeit die Hand am Griffe der Dschembihe und betrachtete seine Gegner mit funkelnden Blicken, erwiederte aber keine Silbe auf alle die Epitheta, welche man ihm und den Seinigen gab. Eine Stunde später langten wir glücklich in der Behausung des Schahch Hossahn ibn Abu Ssalâm el 'Amudy in Haura an, dem ich durch 'Abd er Rahman empfohlen war und der mich auf das Freundlichste empfing.

Der größte Theil des Wâdih 'Amd ist, wie man aus dem Vorhergehenden ersieht, ein zwar fruchtbares, aber brachliegendes Thal von 1 Stunde Breite, welches wenigstens zweimal soviel Einwohner ernähren könnte, als es jetzt der Fall ist. Früher muß es noch bei weitem bevölkerter gewesen sein, denn darauf deuten die vielen Brunnen und die halbverwischten Spuren einer Eintheilung der Aecker hin, welche man in den öben Strichen zwischen den Dörfern trifft. Trotzdem liefert dieser Wâdih eine erstaunliche Menge Gummi, Aloë; denn der alte Beduine sagte mir, daß alle Jahre über 1000 Kameelladungen, also 3000 Centner, nach der Küste geschafft würden. Datteln liefert er sehr wenig und Getreide kaum soviel, daß es für den Bedarf der Bevölkerung auf sechs Monate hinreicht. Dahingegen wird ein ziemliches Quantum Tabak und Indigo angebaut und ausgeführt. Der Alluvialboden scheint das Thal bis zu einer Höhe von 40 bis 50 Fuß auszufüllen; denn dieses war ungefähr die Tiefe der Brunnen. Die Abhänge des Plateau haben ungefähr eine Höhe von

100 bis 150 Fuß über dem Thalboden, sodaß also der ganze Thaleinschnitt ungefähr 200 Fuß betragen mag.

Am Abend kamen mehrere Scherhfe, um mich zu sehen, denn die Nachricht von der Ankunft eines Fremden hatte sich schnell durch die ganze Stadt verbreitet. Ich mußte Vieles erzählen, erfuhr aber auch viel Interessantes. So erzählte mir ein Scherhf, der mehreremal am Qabr Hub gewesen war, daß der berühmte Bihr Borhut vier Stunden nördlich von Qabr Hub am Rande des Wâbih läge, daß er die Form eines langen, in der Mitte breitern Spaltes habe; die Länge desselben betrage ungefähr 500 Schritt und die größte Breite etwa die Hälfte; der Spalt stoße fortwährend Schwefeldämpfe aus und man höre in der Tiefe ein immerwährendes Rauschen, wie das Fallen eines Wassers. Ferner sagte er mir, daß in den Spalten und Höhlungen der naheliegenden Felsen sich sehr viel Schwefel fände, welchen die Beduinen zur Bereitung ihres Pulvers brauchten. Obgleich dieser Schwefel immer fortgeschafft würde, so wüchse er doch immer wieder aus dem Steine hervor. Natürlich hatte mein Berichterstatter keine Ahnung, daß dieser Schwefel das Resultat der Condensirung der Schwefeldämpfe ist. Auf meine Frage, wie die Steine beschaffen wären, sagte er mir, daß sie schwarz seien und ein zerspaltenes, gezacktes, schroffes Ansehen hätten. Auch sagte er mir, die Bestimmung des Brunnens sei, die zur Hölle verdammten Seelen aufzunehmen. Dieses mochte auch wohl schon Claud. Ptolemäus gehört haben, als er seine „Quellen des Sihr" hierher verlegte.[132])

Qabr Hub (d. i. das Grabmal Hub's) besteht aus einer Moschee, in welcher die Asche des Patriarchen ruht, und aus einigen Häusern, die von einigen Priestern bewohnt werden, welchen die Bewachung des Grabmals anvertraut ist. Bei Haura[133]) mündet der Wâdih 'Amd in den Wâdih El Hadscharhn[134]), welcher dann den Namen Wâdih Qarr annimmt und bis Qabr Hub beibehält, von wo aus er als Wâdih Moghte[135]) eine südöstliche Richtung nimmt und bei dem Orte Sfâh Hub[136]) (die Ebene Hub's) an der Küste ausmündet. — Bei Haura hat er eine Breite von 1½ Stunde, welche

230　Städte und Dörfer im Wâdih Daçr.

bis Dabr Hud bis zu 6 Stunden zunimmt. Wâdih Moeyle bildet die Grenze zwischen den Landschaften Habhramaut und El Hamum und der Landschaft El Mahra. Nach der Aussage des Berichterstatters, welche später durch mehrere glaubwürdige Personen bestätigt wurde, liegen im Wâdih Daçr 137) folgende Orte, unter welchen mehrere sehr bedeutend sind.

An der nördlichen Seite liegen von Westen nach Osten:

El Ghafar 138), Dorf, von Beduinen des Stammes El 'Arâba bewohnt; El Ghilamm 139), Dorf, dem Stamme El 'Arâba gehörig; El Ghoraf 140), Stadt von 6000 Einwohnern, die von einem Sultan regiert werden; Schibâm 141), Stadt von 20,000 Einwohnern mit einem eigenen Sultan; Terhse 142) mit 10,000 Einwohnern und einem Sultan; 'Äribha 143), Dorf mit 500 Einwohnern, steht unter dem Sultan von Terhse; Bor 144), Stadt mit 600 Einwohnern, mit einem eigenen Sultan; Thârbh 145), Stadt von 6000 Einwohnern, unter dem Sultan von Terhm. Beide letztgenannte Städte liegen an der Mündung des Wâdih Nâchihe 146) einander gegenüber; Terhm 147), Stadt von 20,000 Einwohnern, hat einen eigenen Sultan.

Auf der südlichen Seite des Wâdih liegen von Westen nach Osten: Esch Scha'be 148), Dorf an der Mündung des Wâdih Tschur 149), gehört dem Stamme El 'Arâba; Hanân 150), Dorf der El 'Arâba 151); Ma'budh 152), Dorf des Sultans von El Ghoraf; Aquâb 153), Stadt mit einem Sultan und 6000 Seelen; Tiss'a, Stadt an der Mündung des Wâdih 'Obhme mit einem Sultan und 6000 Einwohnern; Thowahrh 154), Stadt mit einem Sultan und 6000 Einwohnern, und Dabr Hud.

Nur um die Städte umher soll das Land etwas angebaut sein, das Uebrige aber brach liegen; der Wâdih liefert eine bedeutende Menge Gummi, Aloë und Indigo.

Der Wâdih Habscharyn erhält diesen Namen bei Eff Ssahf, wo sich der Wâdih El Ahssar mit dem Wâdih Do'ân vereinigt. In ihm liegen von Norden nach Süden an der östlichen Seite:

Sibbe, Dorf des Stammes El Mahsus; Hiçn Dahbra 155),

demselben Stamme angehöriges Dorf; Meschhed 'Alyy, Stadt von 4000 Einwohnern, die von einem Sultan regiert werden. Neben dieser Stadt befinden sich sehr alte Gräber, von den Eingeborenen Torbet el Molut [156]) genannt; Ma'qq [157]), Dorf des Stammes El Aßwab; Chorahchyr [158]), Dorf der El Aßwab, und Sſowahq [159]), Dorf desselben Stammes.

An der Westseite liegen von Norden nach Süden: Marâwá [160]), Homahſcha [161]), diese beiden Dörfer gehören dem Stamme El Mahfus; El Monahqhyra [162]), Qarret Sfudân, Dörfer, welche dem Stamme El Aßwab angehören; Qahbun, Stadt mit einem Sultan und 6000 Einwohnern, und Eſſ Sfahf, Stadt mit 2000 Seelen, von einem Sultan beherrſcht.

Die Stadt Meſchhed 'Alyy (erzählte man mir ferner) sei früher viel größer gewesen, als jetzt; denn außerhalb der Stadt wäre eine Strecke von wenigstens einer halben Stunde mit alten Mauern bedeckt, die aus großen behauenen Steinen beständen und so feſt gemauert wären, daß man sie nur mit vieler Mühe losbrechen könne, welche man zum Bau neuer Häuser brauchen wolle. Nahe bei der Stadt befänden sich innerhalb des dort mündenden Wâdih Ghahbun gegen 40 Gräber, Torbet el Molut genannt.

Diese Gräber sähen aus wie kleine Häuser von der Höhe eines Zimmers (also ungefähr 20 Fuß), wären aus behauenen Steinen aufgemauert und hätten einen Eingang, in welchem sich eine Inschrift befände, die Niemand lesen könne. Ich zeichnete einige himyarische Buchstaben auf ein Papier und frug, ob die Inschriften aus diesen Charakteren beständen, und der Berichterstatter bestätigte das mit einem unzweideutigen „Ja".

Meschheb 'Alyy ist ein neuer Name, der ohne Zweifel aus der Zeit stammt, wo der Islâm in diese Thäler drang. Außer, daß dieser Name auf die Bedeutendheit der Stadt hinweist; — denn Meſchheb bedeutet ein Ort, an welchem man niederknirt, oder Zeugniß ablegt, also Moschee, Tempel, und 'Alyy bedeutet erhaben, groß. Also Meſchheb 'Alyy, große Moschee, großer Tempel. In Yemen gebrauchen die Einwohner das Wort 'Alyy oft auch nur, um eine große Stadt damit auszudrücken, und gebrauchen dann den Ausdruck Bender [163]) 'Alyy, die große Stadt. Es gestatten auch die daselbst befindlichen Ruinen und Gräber, den Schluß zu ziehen, daß hier in jener Zeit, von welcher nur Traditionen spärlich berichten, eine Hauptstadt stand, die entweder vor oder nach Darr el Medschyd oder auch zu gleicher Zeit mit demselben, die Residenz der Könige aus dem Geschlechte Hodun's (d. i. Peleg's) war.

Mein Wirth sagte mir, daß vor etwa 10 Jahren ein Fremder im Habhramaut umhergereist sei und alle im Wâdih Ghaybun befindlichen Inschriften copirt hätte; er habe gehört, daß er später bei Riçâb in der Landschaft Ḥâsi'a von Beduinen ermordet worden sei, welche ihn für einen Kâfir (Ungläubigen) gehalten, weil er rothes Haar und Bart getragen hätte.

Andere Anwesende erzählten mir viel Wunderbares von ihm. Unter Anderm habe er Verkehr mit Dschinny und Ghul gehabt, oft ganze Nächte durch ein sonderbar gestaltetes Ding nach den Sternen gesehen u. s. w. Auch Schätze habe er in Menge gehoben, weshalb eigentlich die Beduinen ihn auch wohl ermordet hätten.

Heute stand der Thermometer am Morgen bei klarem Wetter und Windstille 15°, um Mittag 25° und am Abend bei Nordwestwind am offenen Fenster des Zimmers 20°.

10. August. Am folgenden Morgen machte ich in Begleitung des Schaych Hossayn, meines Wirthes, einen Spaziergang durch die Stadt und besuchte einige Scherybe, welche ich am vorigen Abend kennen gelernt hatte. Bei einem derselben war man beschäftigt, Oel aus Sesam zu pressen, wozu man sich einer ganz eigenthümlichen Maschine bediente. Der Sesam wurde nämlich in einen aufrechtstehenden, etwa 6 Fuß hohen, ausgehöhlten, steinernen Cylinder geschüttet, dessen innerer Raum oben 1½ Fuß, unten aber nur 1 Fuß im Durchmesser hat. Unten ist ein kleines Loch angebracht, durch welches das Oel in ein kleines Gefäß abläuft. Das Auspressen ge-

Besuch bei einem Alchymisten.

schicht vermittelst einer hölzernen Walze von 1 Fuß Stärke, welche unten abgerundet und oben mit einem Querholze versehen ist, welche zwei auf einem erhöhten Gestelle stehende Männer dergestalt vor- und rückwärts bewegen, daß die Walze an der innern Wand des Cylinders herumstreift und so die sich zwischen ihr und dem Cylinder befindlichen Samenkörner zerquetscht.

Auch einen Alchymisten besuchten wir, der trotz seiner Kunst in höchst dürftigen Umständen lebte. Er behauptete geradezu, daß er Gold machen könne und daß er einzig und allein davon lebe. Auf meine Frage, warum er dann aber so arm sei, erwiederte er, daß er nicht mehr Gold machen dürfe, als gerade zu seinem Unterhalte erforderlich sei; denn nur unter dieser Bedingung habe er die Geister in seiner Gewalt, welche ihm bei seiner Arbeit helfen müßten. Er zeigte mir mehrere alte Retorten, welche er aus Indien mitgebracht hatte, wo er, wie er sagte, die Alchymie erlernt habe. Als wir fortgingen, bat er mich um eine Gabe, weil ihm zu seiner nächsten Goldfabrikation eine Kleinigkeit fehle, zu deren Anschaffung er dieselbe verwenden wolle. Wir gaben ihm Jeder ein Sechstaroffi und lachten über die sterile Kunst, Gold zu machen, und über ihren armen Adepten; mir aber wurde es klar, was er unter Goldmachen und den Geistern verstand, welche ihm dazu behülflich sein müßten, nämlich die Almosen und die Leichtgläubigen, denen er sie abbettelte.

Bei unserer Zurückkunft benachrichtigte uns der Sohn meines Wirthes, der am Morgen den Auftrag bekommen hatte, mir einen Beduinen zur Reise nach Meschhed 'Alyy aufzusuchen, daß er keinen habe finden können, der mich dahin geleiten wolle. Da Meschhed 'Alyy auf dem Wege von Chorabye nach Dabr Hub lag, welchen ich später doch zu machen gedachte, so tröstete ich mich und beschloß geradeweges nach Cahwa [164] im Wâdih Er Râchiye zu reisen. Der Schahch gab demzufolge seinem Sohne abermals den Auftrag, mir einen Führer dahin zu verschaffen. Nach ½ Stunde kam er mit einem Beduinen zurück, welcher in der Umgegend von Cahwa zu Hause war und dem Stamme Benh Tâhir ben Rabschym gehörte.

Wir wurden bald Handels einig, und mein Wirth übergab mich dann seinem Schatze auf die mehr erwähnte Weise.

Des Nachmittags begab ich mich mit meinem Wirthe in das Haus meines Nachbars, dessen Sohn am Morgen gestorben war und nun beerdigt werden sollte.

Der Todte lag auf seinem Resen in einer sargartigen Bahre, neben der auf jeder Seite aus einem kupfernen Gefäße Weihrauchdämpfe aufstiegen. Zu seinen Füßen saßen zwei Priester und lasen die Stellen aus dem Qorân, welche den Umständen angepaßt werden sollten. Die Hände des Todten waren über den Leib zusammengelegt und die großen Zehen zusammengebunden. In den Ohren, den Nasenlöchern, zwischen den Daumen und Zeigefingern der Hände und zwischen der großen und zweiten Zehe eines jeden Fußes stak ein Stück Baumwolle, und ebenso auf den Augen und dem Munde. Bald nach unserer Ankunft wurde der Resen über den Todten zusammengelegt und oberhalb des Kopfes, unter den Füßen und um die Mitte des Körpers zusammengebunden. Hierauf betete die Versammlung ein Fâtiha und der Zug setzte sich nach der Moschee in Bewegung. Bis dahin hatten die Frauen nur ein leises Wimmern vernehmen lassen, jetzt aber brachen nicht allein die des Hauses, sondern auch die der Nachbarschaft in ein so durchdringendes Klagegeschrei aus, daß man sein eigenes Wort nicht hörte. Am Eingange der Moschee setzte man die Bahre auf eine eigens dazu bestimmte Erhöhung, und der Imâm der Moschee betete dann über derselben mehrere Kapitel des Qorân.

Nach dieser Art von Einsegnung wurde der Todte seiner Ruhestätte zugetragen, neben welcher dann vor der Einsenkung noch ein Fâtiha gebetet wurde.

Neben und zur Seite des ungefähr 8 Fuß tiefen Grabes hatte man in der ganzen Länge eine nischenartige Vertiefung ausgegraben, welche so hoch war, daß ein erwachsener Mann bequem darin sitzen konnte. In diese Nische wurde der Todte durch zwei untenstehende Priester gelegt, welche dann die Bänder des Resen über dem Kopfe

Die Grabesengel. Die Stadt Hanra.

und unter den Füßen lösten, Aeste schräg vor diese Nische stellten und eine Strohmatte darüber deckten, damit keine Erde hineinfallen konnte. Ein Jeder der Anwesenden warf dann dreimal eine Hand voll Erde in das Grab, betete eine Fâtiha und überließ es dann den dazu bestellten Leuten, es vollends zu füllen. Mit der Nische hat es folgende Bewandniß: „Kaum hat sich das Grab über einem Menschen geschlossen, so kommen die beiden Grabesengel Monqir und Neqr [*]) zu ihm, um ihn über seinen Glauben u. s. w. zu befragen."

Diesen Engeln muß nun der Verstorbene in sitzender Stellung Rede und Antwort stehen, und damit er nicht gehindert wird, sich in diese Stellung zu bringen, wird ihm eine hinlänglich geräumige Nische erbaut.

Kaum waren wir nach Hause zurück, so brach ein heftiges Gewitter los, welches ¾ Stunde anhielt und einen wahren Wolkenbruch herniedersandte. Da es hier seit 20 Tagen nicht geregnet hatte, so war in der ganzen Stadt ein unendlicher Jubel und die ganze Dorfjugend eilte zur Stadt hinaus, um in den sich füllenden Pfützen ihr Wesen zu treiben.

Die Stadt Haura liegt am Abhange des Vorgebirges, welches hier das Plateau zwischen den beiden Wâdih El Habscharyn und 'Amd bildet, und zählt ungefähr 8000 Einwohner, welche den Stämmen 'Amudh und Dorahsch angehören. Die Straßen gleichen vollkommen denen, welche ich bereits bei Chorayhe beschrieben habe. — Der Sultan heißt 'Abb el 'Asys ibn Ahmed ibn ben 'Amudh und wohnt mit seiner Familie in einigen Thürmen, welche am obern Ende der Stadt stehen und sie beherrschen. Der ihn beschützende Stamm El 'Arâba hat, wie in den übrigen Städten, einige 20 Mann in den Thürmen des Sultans liegen und bedrückt die Stadt mit beispielloser Willkür. Außerhalb der Stadt am Fuße des Abhanges liegen einige Gärten und mit Dattelpalmen besetzte Felder, auf welchen meist Getreide, Tabak und Indigo gebaut wird. Am untern Ende der Stadt befindet sich auf einem kleinen Platze ein dürftig ausgestalteter Bajar und die größere der beiden Moscheen, welche die Stadt besitzt.

Der Thermometer stand am Morgen bei heiterm Himmel und Windstille 15°, um Mittag 26°, am Abend bei Nordwestwind 20°.

Achtes Capitel.

Ausflug nach der Wüste El Ahqáf.

Abreise von Haura. — Vatermord eines Beduinenknaben. — Ankunft in Gahwa.
— Excursion nach dem Bahr eṣṣ Ṣafy. — Die Wüste El Ahqáf. — Ein altes
Grabmal. — Der Wâdih Er Nâchije. — Rückreise über 'Amd nach Choraybe. —
Der neue Sultan.

11. August. Am 11. August des Morgens um 5 Uhr verließ ich Haura mit einer 'Dâfla, bestehend aus 15 Kameelen und 9 Beduinen des Stammes Beny Tâhir ben Radschym, einer Abtheilung des Stammes El Dscha'da, unter denen sich zwei Knaben von 10 bis 12 Jahren befanden. Der Weg führte quer über den Wâdih bis zu einem Gehöfte, welches inmitten einer Gruppe von Dattelpalmen stand und von wo aus er sich zum Plateau in die Höhe zieht, welches wir bald erreichten. Nach einem dreistündigen Marsch kamen wir an eine Cisterne, und nach ¾ Stunde ebenfalls an einer solchen vorbei, von der aus wir noch 2 Stunden Wegs zurücklegten und uns dann zwischen niedrigem Gebüsch lagerten. Der Grünsandstein, welcher südlich vom Wâdih 'Amd gelblich ist, zeigt hier eine braune, ins Violette spielende Farbe und enthält handgroße Krystalle des Eisenoxydhydrats, welche dem Gestein ein eigenthümlich geflecktes Aussehen geben.

Gleich nach Mittag war ich Zeuge eines Auftritts, welcher meinen Lesern einen Begriff von dem gesetzlosen Zustande dieser Länder und von dem Charakter ihrer Bewohner geben wird. Wir wollten nämlich aufbrechen, und da die Kameele sich zwischen den spärlich umherwachsenden Mimosenbüschen zerstreut hatten, so befahl ein alter Beduine seinem Sohne, dem jüngsten der beiden Knaben, seine Kameele zu holen. Dieser aber blieb ruhig beim Feuer sitzen, stöberte mit einem Stocke in den Kohlen und antwortete, als der Befehl wiederholt wurde, daß er sie selber holen könne. Dem Alten verging nun die Geduld und er gab seinem ungehorsamen Sohne eine gebührliche Ohrfeige. Aber in demselben Augenblicke hatte der Bube seinen Dschembije gezogen und ihn seinem Vater in die rechte Seite gestoßen, worauf er dann 100 Schritt fortlief und dann stehen blieb. Der Vater ergriff trotz der erhaltenen gefährlichen Wunde sein Gewehr, zündete die Lunte an und zielte nach seinem Sohne, der auch mit der größten Kaltblütigkeit die Kugel seines Vaters erwartete. Jedoch übermannte den Vater die Liebe zu seinem Sohne, denn nachdem er einige Secunden im Anschlag gelegen, senkte er sein Gewehr mit den Worten: „Nein! Es ist ein Mann!" und bat seine Gefährten, seinem Sohne zu sagen, daß er nichts zu fürchten habe und zurückkommen könne. Der Bube kam auch ohne Scheu zurück, jedoch ohne ein Wort des Bedauerns oder der Reue an seinen Vater zu richten, holte die Kameele, belud sie mit Hülfe der Andern und setzte seinen Vater, der mittlerweile verbunden war, auf eins derselben. Alles dieses aber mit einer Gleichgültigkeit, als wäre Besonderes gar nicht vorgefallen. Keiner der Beduinen dachte nur im Entferntesten daran, dem Sohne Vorwürfe zu machen, im Gegentheil schienen sie die That des Knaben ganz natürlich zu finden. Einer, den ich frug, was den nun für eine Strafe erwarte, gab mir zur Antwort: „Gar keine; wenn ihn nicht sein Onkel umbringt. Es ist ja sein Vater, und Brüder hat er keine."

Einige Minuten nach 1 Uhr setzten wir unsere Reise fort und lagerten uns nach einem Marsche von 4 Stunden neben einer Cisterne, welche am Entstehungspunkte des Wâdih eingehauen ist, der bei dem Dorfe Chamfa in den Wâdih 'Amd mündet. Schon während des

Beerdigungsgebräuche der Beduinen.

Marsches war es mit dem Verwundeten schlimmer geworden, mehreremale wurde er ohnmächtig und man hatte ihn deshalb auf dem Kameele festbinden müssen. Bei unserer Ankunft setzten ihn unsere Geführten unweit des Feuers an die Waarenballen und ersuchten mich, ihm die Hand auf den Kopf zu legen und Gebete herzusagen, damit die bösen Geister keine Gewalt über ihn hätten. Da es den armen Mann beruhigte, so that ich, was sie verlangten, war jedoch nicht vermögend, den Todesengel zu verscheuchen, dessen Wirken bereits in den entstellten Zügen und den halbgebrochenen Augen erkennbar war. Sein Puls gerieth bald darauf von Zeit zu Zeit ins Stocken, die Hände fingen an zu erkalten, und als die Sonne am Horizonte untertauchte, beleuchteten ihre letzten Strahlen die letzten Zuckungen eines von seinem Sohne ermordeten Vaters. Die Beduinen hatten sich um den Sterbenden gruppirt und starrten ihn schweigend und sichtbar ergriffen an, und nur sein Sohn saß am Feuer und bedeckte sein Gesicht mit den über das Knie gelegten Armen. Ich betete dann laut ein Fâtiha und überließ die Leiche den Beduinen, welche auch sogleich zu seiner Bestattung Anstalt machten. Nachdem sie außer dem Schurze Alles von dem Todten genommen und neben den noch immer in seiner gebückten Stellung sitzenden Sohn gelegt hatten, trugen sie ihn etwa 100 Schritt von der Cisterne an den Rand des Wâdih und banden ihm dann die Kniee dergestalt an den Hals, daß sie das Kinn berührten. So gekrümmt legten sie die Leiche in der Art auf die rechte Seite, daß ihr Gesicht nach Osten gewandt war, beteten ein Fâtiha und bedeckten ihn dann mit einem Haufen Steine.

Hier finden sich die Spuren eines sehr alten heidnischen Cultus, welche darauf hindeuten, daß die Bewohner des südlichen Arabien schon in der frühesten Zeit in enger Verbindung mit den Völkerschaften der gegenüberliegenden ostafrikanischen Küste gestanden haben müssen, und daß damals sogar eine Vermischung beider Völker stattgefunden hat; denn Eratosthenes erzählt (beim Strabo), daß die Troglodyten der Ostküste Afrikas ihre Todten auf eine ähnliche Art bestatten. Ich werde jedoch später auf diesen Gegenstand zurückkommen.

War es Reue über den begangenen Batermord oder war es nur die Beobachtung des Gebrauchs, ich weiß es nicht, kurz der Sohn blieb den ganzen Abend in der von Anfang an angenommenen Stellung, ohne auch nur das Geringste zu sich zu nehmen, und sang dann und wann in gedämpftem Tone einige Strophen, welche wie ein Klagelied lauteten.

Der Thermometer stand am Morgen bei hellerm Himmel und Windstille 15°, um Mittag 25° und am Abend bei Nordwestwind 22°. Die Hauptrichtung dieser Tagereise war West, 40° Nord.

12. August. Am 12. früh Morgens 5 Uhr verließen wir unser Nachtlager und zogen über die nackte steinige Ebene, ohne irgend ein lebendes Wesen anzutreffen, als vielleicht dann und wann eine Eidechse, welche bei unserer Annäherung in den Spalten des Gesteins verschwand. Nach einem Marsche von 6½ Stunde machten wir bis 1 Uhr Halt und setzten dann die Reise fort. Nach 1 Uhr passirten wir eine Cisterne, aus der wir unsere Wasserschläuche füllten, kamen dann nach einem Marsche von 4 Stunden abermals an einer Cisterne vorüber und lagerten ½ Stunde weiter neben einigen verkrüppelten Mimosen. Unterwegs frug ich meinen Führer, warum sie ihre Todten nicht nach der Art der Städter begrüben und weshalb sie ihnen die Kniee an den Hals bänden? Auf beide Fragen bekam ich zur Antwort, daß es so Sitte sei und daß sie auf dem Plateau keine Gräber machen könnten. Die Frage, ob sie in den Wädihs, wo doch Erde genug sei, ihre Todten ebenfalls mit Steinen bedeckten, beantwortete er mir mit „Ja".

Während der heutigen Tagereise hielten wir die Richtung von West, 10° Nord ein.

Der Thermometer stand am Morgen bei Windstille und hellerm Wetter 15°, um Mittag 25° und am Abend bei schwachem Nordwestwinde 20°.

13. August. Am 13. brachen wir des Morgens ½5 Uhr auf und kamen nach einem Marsche von 3¼ Stunde an einem Wädih vorüber, welcher sich links vom Wege hinzieht und in welchem wir

Aufbruch nach der Wüste El Ahqâf.

nach 1½ Stunde neben einem dichten Mimosengebüsch lagerten. Gegen 2 Uhr machten wir uns auf den Weg und gelangten in drei Stunden nach Çahwa, wo ich in dem Hause des Schaych 'Abd-er Rassul ibn 'Omâr ibn ben 'Amuby, zu welchem mein Dachayl beauftragt war, mich zu bringen, eine freundliche Aufnahme fand.

Am Abend hatte ich wieder ein bedeutendes Auditorium, welches mich weidlich mit Fragen plagte. Jedoch erfuhr ich auch manches Interessante, unter Anderm, daß die große arabische Wüste El Ahqâf [166]) ganz nahe sei, und daß sich am Fuße des Plateau, welches wie eine steile Wand abfiele, auf eine Strecke von acht Tagereisen eine Menge Stellen befänden, in denen Alles verschwindet, was das Unglück hätte, darauf zu treten. Diese Strecke (sagte man mir) würde Bahr ess Ssafy [167]) genannt, weil ein König Namens Ssafy, welcher von Beled ess Sjaba' Wabiân aus mit einer Armee durch diese Wüste marschirt sei, um in den Hadhramaut einzufallen, den größten Theil seiner Truppen in diesen Stellen verloren habe. Diese Mittheilung reizte meine Neugierde im höchsten Grade, und ich bat daher meinen Schaych, mir Führer dahin zu verschaffen, welche er mir auch für den folgenden Tag versprach.

Der Thermometer stand am Morgen bei Windstille und heiterm Wetter 15°, um Mittag 25° und am Abend bei Nordwestwind 21°. Die Hauptrichtung dieser Tagereise war West, 20° Nord.

14. August. Am folgenden Tage hatte sich mein Wirth schon früh nach einem Dachayl umgesehen. Keiner der anwesenden Beduinen aber hatte allein gehen wollen, weshalb er mir zwei brachte, mit denen ich den Handel dahin abschloß, daß sie mich bis zu den Stellen bringen und wieder nach Çahwa zurückführen müßten. Nachdem mein Wirth mich ihnen in aller Form übergeben hatte, versorgte er mich zugleich mit dem nöthigen Proviant, und schon um 9 Uhr trat ich die Wanderung nach der Wüste Ahqâf an. Der Weg führte, nachdem wir in ¾ Stunde den Wâdly überschritten hatten, längs der steilen Wand des Plateaus auf einem gefährlichen Wege bis auf die Ebene, die sich mit ihrer einförmigen Nacktheit vor uns ausdehnte.

Im Wâdih erblickte ich, von Dattelpalmen umgeben, das kleine Städtchen Wa'la von 4000 Einwohnern von den Stämmen der 'Amudh und Donahschy bewohnt, dem Sultan von Cahwa zugehörig.

Der größte Theil des Wâdih, welchen ich übersehen konnte, war mit weißem Flugsand bedeckt, der hier und da bis zu einer Höhe von 100 Fuß anstieg.

Nach einem dreistündigen Marsche ruhten wir zwei Stunden aus und erreichten dann in drei Stunden den Rand der Hochebene, welche etwa 1000 Fuß jäh zur Ahqâf abfällt. Links zur Seite zog sich eine tiefe, theilweise mit Flugsand gefüllte Schlucht zur Wüste nieder. Und vor mir weit unten die Ahqâf, die unabsehbare Sandfläche, die mit ihrer unendlichen Menge wellenförmiger Hügel einem bewegten Meere gleicht. Keine Spur von Vegetation, sei es auch die kümmerlichste, belebt die weite Oede, und kein Vogel unterbricht mit seinem Gesange die Todtenstille, welche auf dem Grabe des sabäischen Heeres ruht.

„Das ist Bahr eff Sfafy", sagten meine Beduinen, indem sie auf die drei blendendweißen Stellen deuteten, um die sich hier und da bunkle Felszacken über die Sandfläche erheben. „Geister bewohnen ihn und haben mit trügerischem Sand die Schätze bedeckt, welche ihrer Wachsamkeit anvertraut sind. Ein Jeder, der sich ihnen nähert, wird hinabgezogen; darum gehe nicht hin." — Natürlich achtete ich ihrer Warnungen nicht, die im Grunde nur darauf berechnet waren, der Mühe überhoben zu sein, vom Plateau hinab und wieder hinauf zu steigen, und verlangte, der Uebereinkunft gemäß, zu den Stellen geführt zu werden. Da wir wieder eine tüchtige Strecke zurückgehen mußten, um in die Schlucht zu kommen, durch welche man allein zur Wüste gelangen konnte, so brauchten wir noch über 2 Stunden bis zum Fuße der Gebirgswand, wo wir mit Sonnenuntergang neben zwei enormen, aus dem Sande hervorragenden Felsen Halt machten und lagerten. Auf dem Wege durch die Schlucht bemerkte ich an dem untern Theil derselben eine Menge Stellen, an welchen zwischen den Straten Petrol hervorbringt.

Räthselhaftes Versinken des Senkblei's im Staube.

Der Thermometer stand am Morgen bei heiterm Himmel und Windstille 15°, um Mittag 25° und am Abend bei schwachem Nordwestwinde 22°. Die Hauptrichtung von Cahwa bis hierher ist Nord, 15° West.

15. August. Es war bereits 8 Uhr, als ich am andern Morgen erwachte, denn trotz der Ermüdung des vorigen Tages hatte die Erwartung den Schlaf von meinen Augenlidern gescheucht, und erst lange nach Mitternacht behauptete die Natur ihre Rechte. Nachdem ich gefrühstückt hatte, forderte ich die Beduinen auf, mich nach den Stellen zu führen, wozu sie aber nicht zu bewegen waren; denn die Furcht vor den Geistern hatte sich ihrer schon bei unserer Ankunft dergestalt bemächtigt, daß sie kaum zu sprechen wagten. Ich entschloß mich also, allein zu gehen, und trat, mit einem Kilogewicht und 60 Faden Schnurr versehen, die gefährliche Wanderung an.

In 36 Minuten erreichte ich die zunächstgelegene Stelle, welche auf ½ Stunde Länge 25 Minuten Breite hält und sich nach der Mitte hin allmählich abdacht; wahrscheinlich die Wirkung des Windes. Mit aller nur möglichen Vorsicht näherte ich mich dem Rande, den ich mit einem Stocke sondirte. Aus dieser Untersuchung ergab sich, daß der Boden des Randes steinig ist und dann plötzlich abfällt. Beim Hineinstoßen des Stabes in den den Abgrund bedeckenden Staub fühlt man fast gar keinen Widerstand, sodaß es mir vorkam, als stieße ich ins Wasser. Ich legte mich dann der Länge nach hin, um den Sand oder vielmehr Staub zu untersuchen, welchen ich beinahe unfühlbar fand. Hierauf warf ich das Gewicht, an welchem ich die Schnur befestigt hatte, so weit als möglich hinein; es sank auf der Stelle und mit abnehmender Schnelligkeit, und nach Verlauf von 5 Minuten verschwand das Ende der Schnur, welches mir beim Wurfe entschlüpft war, in dem Alles verschlingenden Grabe.

Mich jedes Urtheils enthaltend, überlasse ich es den Gelehrten, dieses Phänomen zu erklären, und beschränke mich darauf, die Thatsache zu beschreiben, so wie sie mir erschien.

Nur muß ich bemerken, daß der Staub eine weiße, etwas ins

Graue spielende Farbe hatte und von dem gelblichen Sande der Wüste vollkommen abstach. Gern hätte ich von demselben etwas mitgenommen, ich fürchtete jedoch den Verdacht der Beduinen zu erregen, welche etwas näher gekommen waren und alle meine Bewegungen aufmerksam beobachteten. Die Felsen, welche hier und da an der Oberfläche des Sandes erscheinen, bestehen aus einem schwärzlich braungefärbten Sandsteine, welcher an seiner Oberfläche stark verwittert ist.

Um ½ 11 Uhr traten wir den Rückweg nach Cahwa an, in der Hoffnung, dasselbe noch zu erreichen; jedoch war der Weg in dem Sande der ziemlich steil ansteigenden Schlucht so beschwerlich, daß wir erst nach einem dreistündigen Steigen die Hochebene ganz erschöpft erreichten und daher eine Stunde ruhten. Es war bereits dunkel, als wir an dem Rande des Wâdih Er Râchtye anlangten, und da es nicht zu wagen war, in der Dunkelheit den gefährlichen Pfad hinabzusteigen, so lagerten wir uns daselbst.

Der Thermometer stand um Mittag in der Schlucht bei Windstille und heiterm Himmel 30°, und am Abend bei Nordwestwind 20°.

16. August. Am 16. fliegen wir um 6 Uhr zum Wâdih nieder und erreichten um ½ 8 Uhr Cahwa, wo fast die ganze Stadt zusammenlief, um den Wundermenschen zu sehen, der mit den Dschinny des Bahr ess Ssafy gesprochen hatte, wie es meine Beduinen Jedem erzählten, der es hören wollte.

Mein Wirth lachte herzlich über meine Narrheit, Alles sehen zu wollen, wie er sich ausdrückte, und sagte mir, daß eine Viertelstunde von der Stadt ein Grabmal aus den Zeiten der Käfir (Ungläubigen) existire, und er wette darauf, daß ich das auch wohl sehen möchte. Als ich seine Meinung bestätigte, lachte er noch lauter und versprach mir, mich am Nachmittage selbst dahin zu führen. Da ich den Wunsch äußerte, den folgenden Tag nach 'Amd zu reisen, so ging er sogleich, um einen Führer zu suchen, kam aber nach ein Paar Stunden unverrichteter Sache zurück, da keiner der Beduinen es wagen wollte, mit einem Menschen zu reisen, der mit Geistern verkehre. Zum Glück

Ein wahrscheinlich himyarisches Grabmal.

kam kurz nach Mittag eine Gâfila von 32 Kameelen und 20 Beduinen von Wa'la an, welche nach 'Amd bestimmt war und von denen sich Einer herbeiließ, den fremden, unheimlichen Menschen mitzunehmen.

Am Nachmittage führte mich mein Wirth zu dem Grabmale, vermied auch auf dem Hinwege die betretensten Straßen der Stadt, um nicht die ganze Jugend auf den Fersen zu haben. Dieses Grabmal steht am Fuße der Gebirgswand unter einigen Dattelpalmen und ist aus gehauenen, ziemlich großen Quadern aufgeführt. Es nimmt ungefähr einen Raum von 25 Fuß im Quadrat ein und hat auch ungefähr dieselbe Höhe. Die Mauern haben 2 Fuß Dicke und das ganze Gebäude ist oben schmäler als unten, ungefähr in der Form der ägyptischen Tempel. Innerhalb ist es in zwei Kammern getheilt, deren Scheidewand der Mitte des Eingangs gegenüber und 6 Fuß von ihr entfernt steht. Das Dach besteht aus 2 Fuß breiten, steinernen Balken. Außer dem Eingange, welcher oben enger als unten ist, sind noch in jeder Seitenwand ein und in der Hinterwand zwei dreieckige Luftlöcher angebracht, deren eine Seite nach unten gekehrt ist. Auf dem Dache sind an jeder Seite am Rande drei kleine stufenförmige Pyramiden als Zierrath angebracht, in der Art, wie man sie oft auf den maurischen Moscheen sieht.

Ueber dem Eingange existirte früher eine himyarische Inschrift, von der nur noch zwei Buchstaben erkennbar waren und die der Fanatismus irgend eines Schaychs vernichtet hat. Im Uebrigen war keine Spur eines eigentlichen Grabes oder Sarkophags zu sehen. Ein Gewitter, welches schon seit einer Stunde drohend am Himmel stand, brach bei unserm Heimwege über uns los, und bis auf die Haut durchnäßt langten wir zu Hause an. Das Gewitter währte zwei Stunden und es regnete so heftig, daß der größte Theil des Wâdly in einen Strom verwandelt ward.

Die Stadt Cahwa liegt an der südlichen Seite des Thals und zählt ungefähr 6000 Einwohner, welche den Stämmen der 'Amudy und Doraychy angehören.

Der Sultan Namens Tâleb ibn El Mobâd ibn ben Yfsâ el

'Amud gehört zum Stamme der 'Amudy. Der schloßähnliche Bau, in dem er residirt, steht auf einem niedern Vorsprung der Gebirgswand und beherrscht die Stadt vollkommen. Abtheilungen von Beduinen des Stammes Beny Tähir ben Radschym liegen als Garnison in der Burg, von wo aus sie von Zeit zu Zeit die Einwohner ranzioniren.

Die Stadt ist von einigen Gärten und angebautem Feld umgeben, auf dem ein Wald von Dattelpalmen steht.

Der Wâdih Er Râchiye ist größtentheils mit Flugsand bedeckt und daher nicht sonderlich fruchtbar und bevölkert. Nur vier Städte nannte man mir in ihm liegend: Gahwa, Wa'la, Bâ Dschenân an der nördlichen Seite und am Vereinigungspunkte des Wâdih gleichen Namens mit dem Wâdih Er Râchiye gelegen, von einem Sultan regiert, mit 4000 Einwohnern, und Er Râchiye, eine Stadt von 5000 Einwohnern, an der südlichen Seite des Wâdih und der Mündung eines Wâdih gelegen, gleichfalls von ihrem eigenen Sultan beherrscht. Der Wâdih Er Râchiye mündet acht Tagereisen östlich von Gahwa, oberhalb Terym bei Borr und Thârby in den Wâdih Dogr. Das Hauptproduct des Wâdih ist Gummi, Aloë.

Der Thermometer stand am Morgen bei Windstille und heiterm Himmel 20°, um Mittag 27°, am Abend bei einem Gewitter bei Nordwestwind 18°.

17. August. Kaum graute der Morgen des 17. August, als auch schon mein Führer an die Hausthür klopfte, um mich zur Cáfila abzuholen, welche außerhalb der Stadt lagerte. Ich nahm Abschied von meinem Wirthe und folgte dem Beduinen ins Lager, welches auch sogleich aufbrach und den steilen Abhang des Plateaus hinaufzog. Mein Dachahl und seine Gefährten gehörten zu dem Stamme Beny Tähir ben Radschym und sahen wo möglich noch wilder aus, wie die Beduinen, welche ich bisher gesehen hatte. Sie waren der festen Meinung, daß ich in Bahr ess Sfafy Schätze gehoben hätte, und fragten mich: „mit wie viel Geistern ich gesprochen, wie sie ausgesehen und wie groß der Schatz sei, den sie mir nach meinem Vater-

lande bringen müßten?" und andern Unsinn mehr. Ob ich gleich von ihnen Nichts zu fürchten hatte, da ich unter ihrem Schutze stand, so war es mir doch nicht gleichgültig, daß solche Gerüchte in Umlauf kamen. Aber was war zu thun? Ausreden konnte ich ihnen solche Ideen nicht, ich hielt es also fürs Beste, sie ins Lächerliche zu spielen, welches mir auch insoweit gelang, daß Mehrere anfingen, die starken Geister zu spielen und den Geisterspuk ebenfalls belachten. Unterweges wurde fast von nichts als von mir gesprochen und Einer behauptete, ich müsse gegen Hieb und Stich fest sein. Diese Idee fand allgemeinen Anklang und wäre mir fast theuer zu stehen gekommen; denn als wir nach einem Marsche von 6 Stunden lagerten, schlich sich Einer hinter mich, um zu probiren, ob ich kugelfest sei. Zum Glück bemerkte ich, daß Aller Augen auf ihn geheftet waren und daß ein vor mir sitzender Beduine auf die Seite rückte, um von der vielleicht durchschlagenden Kugel nicht getroffen zu werden. Dies veranlaßte mich, hinter mich zu sehen, wo ich denn die Ursache ihrer Aufmerksamkeit entdeckte und aufsprang. Ich erklärte ihnen, daß ich keineswegs kugelfest sei und machte meinem Beschützer Vorwürfe, daß er nichts gethan habe, um seinen Gefährten an seinem Vorhaben zu verhindern. Sie lachten dann Alle laut auf und riefen: „Er hat Furcht! Er ist nicht kugelfest!" — Gegen 1 Uhr reisten wir weiter und legten noch 5 Stunden bis zu einer Cisterne zurück, neben der wir uns für die Nacht lagerten.

Am Morgen stand der Thermometer bei Windstille und heiterm Himmel 18°, um Mittag 26°, am Abend bei Nordwestwind 20°.

18. August. Am Morgen des 18. August brachen wir gegen 6 Uhr auf und lagerten uns nach einem Marsche von 2¾ Stunden neben einer Cisterne, welche am Rande des Wädih eingehauen ist, der bei Hallet bä Calyb in den Wädih 'Amd mündet. Gegen 2 Uhr zogen wir weiter und kamen in 3¾ Stunden in 'Amd an, wo ich vom Schaych 'Abd er Rahman aufs Herzlichste empfangen wurde.

Nachdem ich ihm meine Erlebnisse mitgetheilt hatte, sagte er mir, daß bei den Beduinen Vater- und Brudermord keine Seltenheiten wären, und in solchen Fällen dem Mörder nur dann Vergeltung drohe, wenn Brüder oder Vater des Ermordeten vorhanden wären. — Als ich des Alchymisten erwähnte, versprach er mir, mich am folgenden Tage zu einem Collegen desselben zu führen, der jedoch in allem Ernste sich bestrebe, „Gold zu machen" und bereits den größten Theil seines Vermögens dabei zugesetzt habe.

Uebrigens bestätigte er mir Alles, was man mir bezüglich der Wâdih Dagr und El Hadscharhn gesagt hatte, und fügte dann hinzu, daß es mir leicht würde, von Qabr Hud aus nach dem Lande Mahra zu gelangen, indem ich unter der Menge von Scherfsen, welche dort zur Sjâra kämen, wohl Einen finden würde, der mich nach seiner Heimath brächte.

Der Thermometer stand am Morgen bei Windstille und heiterm Himmel 20°, um Mittag bei Nordwestwind 25°, am Abend 21°. Die Richtung des Weges von Sahwa nach 'Amb ist Süd, 15° West.

19. August. Im Verlauf des folgenden Tages besuchte ich mit meinem Wirthe den Alchymisten, der mir sein Laboratorium zeigte, in welchem Retorten, Tiegel und allerlei Geräthe bunt durcheinander standen. Jedoch war er so ehrlich zu gestehen, daß er es noch nicht dahin habe bringen können, Gold zu erzeugen; glaubte aber an das Gelingen, wenn er nur erst ein Kraut gefunden habe, welches er mit dem Namen Haschhsch ebs Dsahab [200]) nannte. Die Mitwirkung der Geister läugnete er gänzlich.

Des Nachmittags verschaffte mir der Schaych 'Abb er Rahmân einen Führer nach Thorahbe, und war dann so gütig, mir die Namen der Hauptstämme der Beduinen, ihrer Unterabtheilungen und deren Wohnsitze, sowie auch ihre ungefähre Seelenzahl zu dictiren. Außerdem verdankte ich ihm noch viele interessante Mittheilungen.

Der Thermometer stand am Morgen bei Windstille und heiterm Himmel 20°, um Mittag bei schwachem Nordwestwinde 20° und am Abend 22°.

Nachrichten über den Reisenden Arnaud.

20. August. Auf demselben Wege, den ich von Chorahbe nach 'Aurd eingeschlagen hatte, kehrte ich am 20. dahin zurück und langte daselbst am 21. nach Mittag glücklich an. Sowohl der alte Schahch 'Abd Allah, als auch seine Söhne nahmen mich mit der mir früher bewiesenen Herzlichkeit auf und konnten sich nicht genug nach meinen Reiseabenteuern erkundigen. Einen sehr einflußreichen Mann aus Meschhed 'Alyh lernte ich hier kennen, welcher mit mir das Gastzimmer bewohnte. Er bekleidete die Würde eines Qâdhy (Richter) in seiner Stadt und interessirte sich besonders für die Arzneikunde. Besonders begierig war er zu wissen, wie man am Arme zur Ader lasse, und da Niemand sich zu der Probe hergeben wollte, so mußte ich ihm selbst zur Ader lassen, obgleich die Uebrigen ihr Möglichstes thaten, ihn von seinem Vorhaben abzubringen. Die Operation gelang vollkommen, und da er ein sehr fetter und vollblütiger Mann war, so bekam sie ihm auch sehr gut.

Nachdem erzählte man mir, daß ein Scherhf aus Mârib vorbeigekommen sei, welcher gesagt habe, daß ein ganz weißer Mann angekommen wäre, der nicht bete und alle alten Inschriften, die sich in Mârib befänden, copire. Später traf ich diesen Mann in 'Aden. Es war kein Anderer, als der durch seine Reise nach Mârib bekannte Th. Arnaud. Man hatte ihm in Mârib dieselbe Schilderung von mir gemacht.

Am 20. stand der Thermometer des Morgens bei Windstille und heiterm Himmel 20°, um Mittag bei Nordwestwind 27°, am Abend 22°. Derselbe Thermometerstand fand auch am 21. statt.

21. August. Während meiner Abwesenheit war in der Regierung der Stadt eine bedeutende Veränderung eingetreten und drohte den Einwohnern mit den traurigsten Folgen. Der alte Sultan Menâchh war nämlich durch seinen Neffen Mohammed ibn 'Alyh entthront worden, wozu ihm der Schahch des Stammes El Châmihe, Hossahn Bâ Faura, behülflich gewesen war. Dahingegen hatte der Moráschide, 'Abd er Rahmân Bâ Dorra, den alten Sultan in Schutz genommen und ließ ihn in einem der Thürme der Residenz durch seine Beduinen bewachen. Die Einwohner hatten sich gleichfalls in zwei Parteien getheilt und es war vorauszusehen, daß es wegen der keineswegs beneidenswerthen Herrschaft zu ernstlichem Kampfe kommen werde.

22. August. Wahrscheinlich um diesem Uebel vorzubeugen und der Sache auf echt orientalische Manier ein Ende zu machen, kamen am 22. Nachmittags der neue Sultan in Begleitung des Schaychs der Chânihe zu meinem Wirthe, welcher mit seiner Familie zu seinem Anhange gehörte. Hierauf wurde ich gerufen, und hier verlangte man von mir, — daß ich dem Sultan eine Dosis schnell tödtenden Giftes geben möchte, mit welchem er den Schaych Bâ Dorra aus dem Wege räumen wollte. Um mein Gewissen zu beruhigen, sagte mir der alte Schaych, daß Bâ Dorra Wittwen und Waisen beraube und die Muselmänner bedrücke, außerdem auch schon mehrere Morde begangen habe; einen so schlechten Menschen zu vergiften, sei keine Schande, sondern vielmehr ein verdienstliches Werk vor Gott. Auf diese Zumuthung aber antwortete ich ihnen: „daß ich wohl Arzneien besäße, durch welche kranke Menschen gesund würden, jedoch keine, um sie zu tödten, und daß, wenn Bâ Dorra ein so ruchloser Mensch sei, wie sie ihn mir geschildert hätten, ihn Gott dafür ganz gewiß strafen würde, übrigens verstünde ich auch kein Gift zu bereiten." Dieses schienen sie mir aber nicht zu glauben, denn sie versuchten es, mich durch Geldanerbietungen ihrem Wunsche geneigt zu machen, und boten mir nach und nach bis 100 Thaler, eine dort sehr bedeutende Summe. Wie sie sahen, daß ich bei dem früher Gesagten blieb, verlangten sie, daß ich auf den Dorân schwören solle, von der hier stattgehabten Unterredung gegen Niemand etwas zu erwähnen.

Natürlich willfahrte ich ihrem Begehren, da sie es im Verweigerungsfalle nicht unterlassen haben würden, mir auf der Stelle den Mund auf ewig zu schließen. — Später erfuhr ich in Kairo durch die sich dort aufhaltenden Kaufleute aus dem Habhramaut, daß sowohl Bâ Dorra als auch Sultan Menâçih kurze Zeit nach meiner Abreise aus dem Wege geräumt worden seien.

Ein wißbegieriger Dâbhy.

Gegen Abend händigte mir Schaych Ahmed Bâ Sjudân die versprochene „Liste der himharischen Könige" ein, welcher er noch „eine kurze Reihe der Könige aus dem Geschlechte Hobun's (Peleg's)" beifügte und mir noch andere Mittheilungen machte, welchen ich weiter unten einen Platz anweisen werde. Die Zeit zur Shâra von Qahbun, der die Shâra von Qabr Hud 8 Tage später folgt, war herangekommen, und ich bat daher meinen Wirth, mir einen Beduinen zu verschaffen. Jedoch versicherte mir Schaych Habyb 'Abd Allah ibn ben Hobun, der Dâbhy von Meschhed 'Alyy: „daß ich während dieser Reise unter seinem und Schaych 'Abd el Câdir's Schutz stehen würde, und es daher keines Beduinen bedürfe". — Auch wolle er mich alle bei Meschhed 'Alyy befindlichen Inschriften copiren lassen, jedoch müsse ich ihm versprechen, nach meiner Rückreise von Qabr Hud wenigstens einen Monat bei ihm zu bleiben, damit er die Arzneikunst von mir erlerne, welches ich gern versprach, da es nicht einmal soviel Zeit brauchte, um ihm meine Kenntnisse in der Medicin beizubringen. Nur um diese Zeit ist es möglich, unangefochten nach Qabr Hud zu gelangen, da dem Gebrauche gemäß die Beduinen innerhalb der 14 Tage vor und ebenso viel Tage nach der Shâra alle Räubereien einstellen und einen Jeden ruhig seines Weges ziehen lassen.

Der Thermometer stand am Morgen bei Windstille und heiterm Himmel 20°, um Mittag bei schwachem Nordwestwind 27° und am Abend 22°.

Neuntes Capitel.

Letzte Katastrophe und Rückkehr nach Makalla.

Abreise. — Darrahn. — Ankunft vor Ssahl. — Meine kritische Lage daselbst. — Entscheidung der 'Olamâ. — Betragen des Sultans 'Aляh Mohammed ibn 'Abd Allah ibn Ka'män ben Ssa'hib ibn 'Yssâ el 'Amud. — Abreise. — Der Wâdih El Ayssâr. — Gastfreundschaftliche Aufnahme in einem Gehöfte unweit Chorahbl. — Doqum el Ayssâr. — Wohnungen der Bedwinen im Wâdih Kotahl. — Eine Bedwinenhochzeit. — Umzug der Bedwinen. — Neue Wohnungen im Wâdih Howahre. — 'Ahu er Rass ed Dhu. — Ankunft in Makalla. — Freundliche Aufnahme von Seiten des Sultans.

23. August. Am 23. August Nachmittags verließen wir Chorahbe, nachdem ich meinem ehrwürdigen greisen Wirthe, dem Schahch 'Abb Allah Bâ Esubân, meinen herzlichsten Dank für seine mir bewiesene Güte abgestattet hatte, und gingen bis zur Stadt Darrahn, wo wir bei einem Verwandten des Schahch Habyb über Nacht blieben.

Darrahn ist eine Stadt von 5000 Einwohnern, von einem Sultan regiert, der wie alle Sultane des Wâdih Do'ân unter dem Schutze der Stämme Moràschibe und Chàmthe steht. Es liegt nur 1¼ Stunde von Chorahbe entfernt, an der südöstlichen Seite des Wâdih und an der Mündung des Wâdih Ess Ssabal. Auf diesem Wege kam ich an die Stadt Raschhd, am Dorfe Bâ Dschiçàç und an der Stadt El Wa'ra [149]) vorüber.

Raschhd hat ungefähr 5000 Einwohner, einen eigenen Sultan und liegt an der nordwestlichen Seite des Wâdih.

Ortschaften im Wâdih Do'ân.

Wa'ra liegt an der südöstlichen Seite des Thales, zählt ungefähr 4000 Einwohner und wird von einem eigenen Sultan regiert.

Darrahn gegenüber liegt die Stadt Cho'ahre mit 4000 Einwohnern mit einem eigenen Sultan.

Bâ Dschiḍâḍ ist ein Dorf an der südöstlichen Seite des Wâdih, welches dem Stamme Moráschlbe gehört.

Der Thermometer stand am Morgen bei Windstille und heiterm Himmel 20°, um Mittag 27° und am Abend bei Nordwestwind 22°. Die Richtung des Thales von Chorahbe bis Darrahn ist Nord, 35° Ost.

24. August. Am folgenden Tage, den 24. August, legte ich mit einem Kameele, welches ein Bediener des Schahch Habjb unter seiner Obhut hatte — denn der Schahch und die beiden Söhne des Schahch 'Abd Allah Bâ Sjubân, nämlich 'Abd el Ḳâdir und Abu Bekr, waren auf Eseln vorausgeritten —, bis zur Stadt Sjahj 6 Stunden Weges zurück, auf welchen ich folgende Ortschaften passirte.

Auf der nördlichen Seite:

Ghalbun, Stadt von 4000 Einwohnern, von Darrahn ½ Stunde entfernt; Hobun, eine Stadt mit 3000 Einwohnern, von Ghalbun ½ Stunde entfernt.

Hier befindet sich das Grabmal Hobun's (Peleg's), des Sohnes Hud's (Eber's), zu dem nach der Sghâra von Ḳabr Hud eine Wallfahrt stattfindet. Fünfzig Minuten weiter befindet sich die Stadt Tsâhir mit 5000 Seelen und ¼ Stunde von ihr entfernt Matruch, Stadt mit 4000 Seelen.

Bis hierher führt der Weg fortwährend durch einen dichten Dattelpalmenwald, in welchem das Terrain vortrefflich angebaut ist, und führt dann weiter über Felder fort. Ferner Sjabal, Stadt mit 4000 Einwohnern, welche den Dattelpalmenwald ¼ Stunde hinter sich zurückläßt. Nach 20 Minuten folgt ihr die Stadt 'Abd eṣ Ḳamri mit 6000 Einwohnern. Acht Minuten davon liegt Bedâ mit 10,000 Einwohnern, die größte Stadt des Wâdih. Das Dorf El Mâ, an welchem man 50 Minuten von Bedâ vorüberkommt, wird von ungefähr 300 Seelen des Stammes Chámiße bewohnt. Chobahsch, Stadt mit 6000 Seelen, folgt dem Dorfe El Mâ nach ¼ Stunde Weges. Ssahf, Stadt, ist 2 Stunden von Chobahsch entfernt.

An der südöstlichen Seite des Wâdih Do'ån liegen die Orte: Er Rhâb, Stadt mit 6000 Seelen und 40 Minuten von Darrahm. El Kossufe, Dorf von 200 Köpfen der Chámiße bewohnt, ½ Stunde weiter. Von diesem Dorfe 1 Stunde 40 Minuten mündet der Wâdih Hebut, wo ein Wachtthurm steht, von einigen Häuschen umgeben, in welchen Beduinen des Stammes Chámiße wohnen.

Eine Stunde weiter führt der Weg bei Darr el Medschhd, einem großen Dorfe, vorüber; dieses Dorf zählt ungefähr 600 Einwohner, die dem Stamme Chámiße angehören. Neben diesem Dorfe befinden sich bedeutende Substructionen, welche auf die frühere Existenz einer bedeutenden Stadt schließen lassen. Ein ganzer Theil der frühern Stadtmauer steht noch aufrecht und schließt das Dorf auf der einen Seite ein. El Arssam, Stadt mit 5000 Einwohnern ungefähr, liegt an der Mündung des Wâdih El Ayssâr, der sich 1 Stunde 50 Minuten von Darr el Medschhd öffnet.

Alle diese Städte haben eine jede ihren Sultan. Von der Stadt Maïruch an erweitert sich das Thal zusehends, sobaß es schon an der Mündung des Wâdih El Ayssâr eine Breite von 1 Stunde hält. Ebenso zeigen sich die Thalwände nicht mehr als jähe Mauer, sondern unter einem Winkel von 45° abfallend. Das Bewässerungssystem ist durch die ganze Länge des Thales dasselbe, wie ich es bei Chorahbe beschrieben habe, und überall sah ich gut unterhaltene Bewässerungskanäle durch alle Theile des Wâdih gezogen. Auf diesem Wege traf ich einige 20 der schon früher beschriebenen Ssabyl und etwa 10 Brunnen, welche bis zu einer Tiefe von 40 Fuß eingesenkt und mit einer Mauerbekleidung versehen sind.

Vor der Stadt Ssahf fand ich mehrere Tausende von Beduinen versammelt, die am folgenden Tage der Sshâra des Schaÿch Ssa'hid ibn 'Yssâ el 'Amud in dem ½ Stunde entfernten Dahbun beiwohnen wollten.

Der Reisende wird mißhandelt und eingesperrt.

Kaum im Gewühl angelangt, rief man von allen Seiten: "Das ist der Spion der Ferenghy!" Und der ganze Haufe stürzte auf mich los, riß mich vom Kameele, entwaffnete mich, band mir unter Mißhandlungen die Hände auf den Rücken, und führte mich mit blutendem Gesicht und staubbedeckt vor den daselbst herrschenden Sultan 'Alyy Mohammed ibn 'Abd Allah ibn Ro'mân ben Sa'hib ibn 'Yssâ el 'Anud. — Alles drängte sich mir nach bis in die Stube, wo der Sultan sich befand, und die bald bis zum Ersticken mit Beduinen erfüllt war. Wie rasend schrien diese durcheinander, daß ich von den Ferenghy in 'Aben ins Land geschickt sei, um es zu erforschen, und daß er mich solle hinrichten lassen.

Der Sultan fing nun an mich auszufragen, und ich beantwortete seine Fragen so ausführlich wie möglich. Jedoch ließ man mich nicht lange reden und der ganze Schwarm übertobte mit seinem Geschrei meine Worte. Meine Lage war im höchsten Grade kritisch; denn ob ich gleich bemerkte, daß der Sultan unentschlossen umhersah, wußte ich doch zu gut, daß er am Ende seinen Beschützern nachgeben mußte, und ich erwartete deshalb jeden Augenblick, daß er den Befehl zu meiner Hinrichtung geben würde. In diesem Augenblick voll unbeschreiblich bitterer Gefühle, den ich für alle Schätze der Welt nicht noch einmal durchleben möchte, — in welchem die Ereignisse meines Lebens und die Gestalten meiner fernen Lieben gleich den immer wechselnden Bildern eines Kaleidoskops an meiner Seele vorüberzogen, — in diesem entscheidenden Augenblicke drängten sich die Schaychs Habyb und Abd el Dâbir durch die tobenden Beduinen und erklärten laut, daß, da ich unter ihrem Schutze stände, der Weg zu mir nur über Leichen gehen könne, und zu gleicher Zeit löste Habyb die Stricke, mit welchen ich gebunden war.

Gleich darauf kam auch der Schaych des Stammes El Mahfus und erklärte sich, als Beschützer der Stadt Meschhed 'Alyy, auch zum Dachyl des Schützlings Schaych Habyb's. Andere Schaychs kamen nun auch herzu und verlangten, daß die 'Olamâ und der Dâbyy über mein Schicksal entscheiden und ich bis dahin Gefangener

256 Die Entscheidung der Gottesgelehrten über den Reisenden.

sein sollte. Man brachte nun eine kurze eiserne Stange, an deren Enden Fußschellen angebracht waren, schloß meine Füße hinein und brachte mich eine Treppe höher in ein kleines Gemach, wohin mir durch die Fürsorge meiner Beschützer meine Sachen gebracht wurden.

Gegen Abend kamen meine beiden Freunde mit dem Schaych der Mahfus, und sagten mir, daß die Entscheidung der 'Olamā erst nach der Sphāra stattfinden würde; ich solle daher nur unbesorgt sein, denn sie würden nicht zugeben, daß mir ein Leides geschehe. Uebrigens würde ich mit Allem versehen, was ich brauchte.

Die Stadt Ssahf zählt ungefähr 3000 Einwohner und ist mit Feldern umgeben, welche durch zwei Kanäle bewässert werden, deren Lauf ich von meinem Gemach aus deutlich sehen konnte; einer derselben kommt aus dem Wâdih Do'ān, der andere aus dem Wâdih El Ayssâr. So weit mein Blick reichte, sah ich weder Dattelpalmen noch andere Bäume, und der ganze Wâdih hatte ein ödes und trauriges Ansehen. Ssahf gehört schon zum Wâdih Hadscharyn.

Der Thermometer stand am Morgen bei Windstille und heiterm Himmel 20°, um Mittag 27° und am Abend bei Nordwestwind 22°. — Die Richtung des Thales von Chorayhe bis Ssahf ist Nord, 30° Ost.

26. August. Am 26. Abends kam Schaych Habyb zu mir und benachrichtigte mich, daß die 'Olamā und die Schaych den Ausspruch gethan hätten, daß ich unter der Bedingung freigelassen werden solle, alles das herauszugeben, was ich während der Reise geschrieben, und direct nach Makalla zurückzukehren. — Dieser Nachricht zufolge sammelte ich alle die kleinen Heftchen, in welchen ich während der Reise meine Notizen mit Bleifeder verzeichnet hatte und die mir nichts mehr nutzten, da sie immer mit Tinte von mir ins Reine geschrieben waren. Zu diesen fügte ich noch zwei Ansichten und einen Bogen, auf welchem Instructionen zur Anwendung der Medicamente geschrieben standen; von der himharischen Inschrift machte ich eine Abschrift und fügte sie zu den andern; alles Andere versteckte ich in den Körben unter den Arzneien.

Raubsucht des Sultans von Sfayf.

27. August. Am 27. früh kamen der Sultan, der Dâbhy von Sfayf, drei 'Olamâ, meine Beschützer und die Schaych von Mahfud und El Affwad zu mir ins Zimmer und verlangten, nachdem sie sich niedergelassen hatten, die Auslieferung der Papiere. Nachdem ich ihnen die für sie bereiteten Schriften übergeben hatte, frug mich der Dâbhy, „was das für für eine Schrift sei?" worauf ich ihm zur Antwort gab, „es sei türkisch". Zum Glück war Keiner zugegen, der die türkischen Charaktere kannte oder wußte, daß sie mit den arabischen ein und dieselben sind. Der Dâbhy verlangte hierauf einen Napf mit Wasser, in welchen er die Papiere, nachdem er sie in kleine Stückchen zerrissen hatte, warf, einige Gebete über sie sprach, sie hierauf zu einem Brei verarbeitete und mit einem „Bismillah" („im Namen Gottes!") zum Fenster hinauswarf. Nun setzte sich der Sultan neben mich und machte sich über meinen Quersack, aus dem er Alles hervorzog und betrachtete. Alle Gegenstände, welche ihm gefielen, legte er auf die Seite und sagte, daß ich sie ihm zum Andenken schenken möchte; so beschenkte er sich denn mit einer Scheere, Rasirmesser, Spiegel und andern Kleinigkeiten. Endlich fand er auf dem Boden des Quersacks den Beutel, in welchem ich mein Geld verwahrte, und erklärte mir ohne Weiteres, daß er mir das nicht zurückgeben könne, indem ich sonst meine Reise wieder fortsetzen würde. Hierin hatte er auch vollkommen Recht, denn im Fall er es mir gelassen hätte, würde ich, einmal aus seiner Gewalt, unter Beduinenschutz meine Reise nach Meschheb 'Alyy und Qabr Hud fortgesetzt haben. Aus diesem Grunde protestirte ich gegen die Fortnahme meines Geldes und frug ihn, wie ich es denn ohne Geld anfangen sollte, seinem Willen gemäß nach Makalla zu reisen? Worauf er mir erwiederte, daß das seine Sache sei, er würde mir Proviant genug und einen Dachayl bis ans Meer geben. Hiermit stellte ich mich aber nicht zufrieden und bemerkte, daß ich von Makalla bis Aegypten noch einen weiten Weg habe und ohne Geld nicht dahin gelangen könne. Auf diesen Einwand nahm er aber keine Rücksicht und steckte den Beutel mit den Worten in seinen Gürtel: „Gott ist groß! Er wird Dir schon weiter helfen!"

Den Korb mit den Medicamenten ließ er unbeachtet, als ich ihm sagte, was er enthielt.

Man nahm mir nun die Fesseln ab und übergab mich einem Beduinen des Stammes El Hammâm ed Dyn, einer Abtheilung des Stammes Beny Esaybân, mit dem Auftrage, mich geraden Weges nach Mukalla zu bringen, und darauf zu achten, daß ich während der Reise das Land nicht „aufschriebe".

Schon glaubte ich Alles berichtigt, als der Sultan mich fragte: „Wo ich die Dose hätte, in der sich Etwas bewege?" Ich that, als wenn ich ihn nicht verstände, und erklärte, keine solche Dose zu besitzen. Damit ließ er sich aber nicht abspeisen, sondern öffnete mein Oberhemde und zog mir den Chronometer aus der Tasche, welchen ich sogleich öffnen mußte. Der Chronometer ging nun von Hand zu Hand, und ein Jeder stöberte mit dem Finger darin herum. Endlich erklärte der Sultan ihn als sein Eigenthum, da er mir dazu diene, „das Land aufzuschreiben".

Ungefähr eine Stunde später trat ich, ohne einen Pfennig Geldes zu besitzen, meine Rückreise nach Mukalla an.

Man kann sich denken, mit welchen Gefühlen ich den Wâdin Habscharyn hinabsah, in welchem die merkwürdigen Gräber von Ghaybun lagen.

Bei einem Esabyl ungefähr ½ Stunde von Esayf, bis wohin mich die Schaych Habyb, 'Abd el Dâdir und Abu Bekr begleitet hatten, machten wir Halt, und hier versuchte ich noch einmal, den Beduinen zu bewegen, mich zuerst nach Meschhed 'Alpy und dann nach Mukalla zu bringen. Allein er blieb unbeweglich, obgleich die Schaychs mich unterstützten und ihm sogar einen Thaler boten. Er sagte: „daß er sein Wort gegeben habe und es halten müsse". — Da Alles vergeblich war, meinen Beduinen anders zu stimmen, so nahm ich Abschied von meinen Freunden und wahrlich mit schwerem

Herzen, denn ohne ihren Beistand wäre ich den wilden Beduinen-
horden Preis gegeben und von ihnen gesteinigt worden.

Nachdem sie mich noch einmal dem Beduinen empfohlen hatten,
gingen sie zurück und wir verfolgten unsern Weg, welcher auf den
Wâdih El Ayssâr zuführte.

Ich muß hier bemerken, daß ich höchst wahrscheinlich unangefochten bis Oabr Hud hätte reisen können, wenn ich es vermieden
hätte, bei der Sjhâra von Caljdun zu erscheinen. In einem Lande,
wo man den Fremden von Haus aus mit Mißtrauen betrachtet, ist
es nie rathsam, einen Ort in der Zeit zu besuchen, wo daselbst große
Feste begangen werden; denn wenn auch die Anwesenheit eines Fremden
Verdacht erregt, so bleibt er doch bei den verschiedenen Individuen
vereinzelt und das Ansehen seines Wirths ist gewöhnlich hinreichend,
den übeln Folgen zu begegnen. Ganz anders gestaltet sich die Sache
bei großen Festen, wo Tausende versammelt sind. Hier braucht nur
Einer seinen Verdacht laut werden zu lassen, und sogleich hat er sich
auch der ganzen Versammlung mitgetheilt. Was bei dem Einzelnen
nur Vermuthung war, das wird bei der Menge zur Gewißheit, und
der Fremde wird als ein der ganzen Gesellschaft gefährlicher Ver-
brecher angesehen. Die Stimme der Vernunft verhallt spurlos in
dem Geschrei des wilden Haufens.

Der Einfluß der Einzelnen, welche sich des Fremden annehmen
wollen, wird in diesem Momente der Aufregung nicht beachtet, und
er fällt, ein Opfer der Volkswuth.

Wie man aus der Beschreibung meiner Reise nach dem Wâdih
El Habschar ersehen haben wird, war ich bei einer ähnlichen Veranlassung nahe daran, „ermordet zu werden", und ich rathe daher denjenigen, welche in diesen Ländern zu reisen beabsichtigen, alle Volks-
versammlungen so viel als möglich zu vermeiden; denn nicht Jeder
würde vom Glücke so begünstigt werden, als ich es wurde.

Wir erreichten bald darauf die Mündung des etwa 1 Stunde
breiten Wâdih El Ayssâr, den wir aufwärts bis an ein zur linken
Seite des Weges liegendes Gehöfte verfolgten, wo wir einkehrten

und freundlich aufgenommen wurden. Nachdem wir ungefähr eine Stunde geruht hatten, setzten wir die Reise fort und gelangten nach ungefähr zwei Stunden bei Doqum el Ayssâr an, wo wir abermals ungefähr eine Stunde unter Mimosen ruhten.

Die Entfernung von der Mündung des Wâdih El Ayssâr bis hierher mag ungefähr 4 bis 4½ Stunde betragen, und die Richtung, in der sich das Thal hinaufzieht, ist Süd, 30° Ost.

Auf dieser Strecke kam ich an folgenden Städten vorüber: Cobayh zur Rechten des Weges mit ungefähr 4000 Einwohnern; diesem gegenüber El 'Drayssime, ebenfalls mit 4000 Einwohnern. Zur Rechten des Weges El Ossahf mit 4000 Seelen ungefähr; 'Dorahf, ebenfalls zur Rechten, ist etwas kleiner als die vorigen. Kâfira, rechts am Wege, hat etwa 4000 Einwohner. Die drei letztgenannten Städte liegen ganz nahe beieinander. Etwas oberhalb von Kâfira liegen links vom Wege nahe beieinander die Städte Tâlibe und Hausa, von denen die erste 4000, die andere ungefähr 6000 Einwohner zählt.

Das Dorf Doqum el Ayssâr liegt auf einem 200 Fuß hohen Inselberge an dem Vereinigungspunkte der Wâdih Chârit und El Ayssâr. Die Form des Wâdih El Ayssâr ist ganz dieselbe, wie die oberhalb des Wâdih Do'ân. — Von El 'Drayssime bis oberhalb Hausa führt der Weg fortwährend durch dichten Dattelpalmenwald, unter welchem der sehr fruchtbare Boden vortrefflich angebaut ist. Wie im Wâdih Do'ân war auch hier das Flußbett eingedämmt und mit Wehren versehen, und eine Menge Nebenkanäle gingen von ihm aus. Eine jede der Städte dieses Wâdih hat ihren Sultan, welche zur großen Familie der 'Amudh gehören. Doqum el Ayssâr gehört dem Stamme Hammâm eb Dyn und zählt ungefähr 200 Einwohner.

Wir verließen den Wâdih El Ayssâr und betraten den hier mündenden Wâdih Kotayfa, welcher sich eine ziemliche Strecke in der Richtung Ost, 30° Süd bergaufzieht und dann das Plateau mit sehr geringem Gefälle etwa 60 Fuß tief durchschneidet. Nach einem Marsche

Gastfreundschaft der Beduinen.

von 2 guten Stunden langten wir bei dem Wohnsitze meines Führers an einer Höhle an, wo ihn seine Frauen und Kinder begrüßten. Etwa 200 Schritt weiter, thalanfwärts mündet ein anderes schlucht= ähnliches Thal, in welchem 13 Familien, die meines Führers nicht mitgerechnet, Höhlen bewohnen. Diese Höhlen waren ungefähr 10 Fuß über dem Thalboden erhaben und sind durch die Auswaschungen der welchern Straten des Jura=Dolomitkalks entstanden. Ihre Tiefe betrug hier ungefähr 15 Fuß und ihre Höhe 8 Fuß. Um sich und ihre Heerden, welche auch darin untergebracht sind, vor wilden Thieren zu schützen, ziehen sie ein Gehege dorniger Sträucher davor. Eine solche Scheidewand sondert auch die Wohnungen der einzelnen Familien voneinander ab. Eine Anzahl sehr bösartiger Hunde bewachte dieses Troglodytendorf, welches im Ganzen, wie ich später sah, 93 Köpfe zählte. Die Kameele, deren sie etwa 50 Stück besitzen, liegen wäh= rend der Nacht mit krummgebundenen Vorderbeinen im Wâdiy. An Pflöcken, welche in den Ritzen des Gesteins eingeschlagen waren, hingen die Proviantschläuche umher.

Wie man sich denken kann, war bald die ganze Colonie um mich versammelt, und mein alter Führer erzählte ihnen, was mir wider= fahren war, verschwieg aber die wahre Ursache, nämlich, daß man mich für einen königlichen Kundschafter gehalten hätte, und setzte die Habsucht des Sultans von Sfahß an ihre Stelle. — Alle bedauerten mich und waren im höchsten Grade zuvorkommend, welches wahr= scheinlich nicht der Fall gewesen wäre, wenn er auch hier das Gerücht verbreitet hätte. Der alte Beduine ließ durch eine seiner Frauen, deren er vier hatte, sogleich Brod backen, dann wurden hölzerne Näpfe hereingebracht, mit Milch gefüllt und Brod hineingebrockt, welches dann eine Frau mit ihren Händen zu einem Brei zerquetschte und mit Butter begoß. Obgleich dieses Gericht nicht auf die rein= lichste Art zubereitet war, so mundete es mir doch, denn der heutige Marsch hatte meinen Appetit geschärft.

Am Abend sagte mir mein Dachayl, daß wir den folgenden Tag hier bleiben würden, weil einer ihrer jungen Männer heirathe, und daß sie alle am nächstfolgenden Tage in eine andere Gegend zögen, welche auf dem Wege nach Makalla läge.

Der Thermometer stand am Morgen bei Windstille und heiterm Wetter 20°, am Mittag bei Nordwestwind 27°, am Abend 22°. — Die beiden folgenden Tage (der 26. und 27. August) blieb der Thermometerstand derselbe.

28. August. Am folgenden Tage (den 28. August) war bis Mittag lange keine Anstalt zur Hochzeit zu sehen. Im Gegentheil waren die Beduinen alle ihren Geschäften nachgegangen, d. h. nämlich „die Frauen"; die Männer überließen sich dem dolce far niente. Ich meinerseits sah erst zweien dieser geplagten Geschöpfe zu, wie sie Butter bereiteten, und trieb mich die übrige Zeit auf dem Plateau oder im Wâdih umher. Zur Butterbereitung bedienten sie sich eines Ziegenschlauchs, dessen härene Seite nach innen gekehrt ist und an dessen Hinter- und Vorderbeinen Stöcke befestigt sind. Nachdem sie die mit Milch vermischte Sahne hineingegossen und den Schlauch zugebunden hatten, zogen sie ihn so lange hin und her, bis sich die Butter abgesondert hatte. Die Butter wurde dann sogleich über dem Feuer zerlassen und in die dazu bestimmten Schläuche gegossen. Ungefähr gegen 4 Uhr Nachmittags kehrten die Frauen mit den Heerden zurück, sie selbst mit großen Bündeln Holz beladen, und nun wurde es im ganzen Thal lebendig. Die Frauen trillerten den Sunharith und die Männer schossen ihre Gewehre ab. Kurz, die Hochzeit nahm ihren Anfang. Alle Männer begaben sich vor die Höhle des Bräutigams und die Frauen vor die der Braut, die Väter des Brautpaares schlachteten Jeder mehrere Schaafe, große Feuer loderten auf, und nun wurde geschmaust und gesungen bis etwa zwei Stunden nach Sonnenuntergang. Die jungen, unverheiratheten Männer nahmen hierauf den Bräutigam in die Mitte und zogen hierauf nach der Höhle der Braut, um sie abzuholen. Hier aber wurde ihnen der Bescheid, daß sich die Braut geflüchtet habe und man nicht wisse, wohin. Nachdem der Bräutigam und seine Gefährten die ganze Höhle durchstöbert und nichts gefunden hatten, eilten sie mit einem gräßlichen

Scheinkampf um den Besitz der Braut.

Geschrei zu ihren Waffen, zündeten die Lunten an und machten sich auf, die Flüchtige zu suchen. Ich schloß mich dem Schwarme an und zog mit ihnen wenigstens zwei gute Stunden umher. Endlich erfahen wir einen Trupp junger Mädchen, welche eine Höhle bewachten, in die sich die Braut versteckt hatte. Der Bräutigam forderte sie auf, die Flüchtige auszuliefern, allein anstatt der Antwort warfen sie mit Steinen und zwar dergestalt, daß man es wohl für Ernst nehmen konnte. Nun liefen die jungen Männer mit vor das Gesicht gehaltenen Armen Sturm, welcher mit einem Hagel von Steinen empfangen wurde. Dieses war aber auch die letzte Vertheidigung, denn als die jungen Leute auf sie eindrangen, flüchteten sich die Mädchen mit Wehklagen nach allen Seiten und ließen die Braut als gute Beute zurück. — Der Bräutigam setzte sich nun ungehindert in deren Besitz, und die Uebrigen zogen sich dann etwa 100 Schritt zurück, wo sich dann auch die Mädchen einfanden. Es währte nicht lange, so kam das Paar, welches als Braut und Bräutigam die Höhle betreten hatte, als Mann und Frau wieder daraus hervor, Letztere mit einem großen Tuche verhüllt. Sie wurden jetzt in die Mitte genommen und unter Gewehrschüssen und Sugarithtrillern nach der Höhle des Mannes gebracht. Bevor sie jedoch eintraten, schlachtete der junge Ehemann zwei Schaafe zum Opfer, welche auch sogleich auf glühenden Steinen gebraten und verzehrt wurden. Hiermit war die Festlichkeit beendet und Jeder legte sich zur Ruhe.

Die Anzahl der Frauen, welche ein Beduine heirathet, richtet sich nach der Zahl seiner Ziegen und Schaafe, denn sowie eine Heerde, die sie beaufsichtigt, für sie zu groß wird, heirathet er noch eine Frau und theilt die Heerde in zwei Theile.

29. August. Die Sonne stand schon hoch, als die sämmtlichen Familien am 29. August ihre Kameele zu laden begannen und die Heerden unter der Aufsicht der Frauen, einiger Männer und der Hunde auf das Plateau getrieben wurden. Der Zug über die Hochebene gewährte einen eigenthümlichen Anblick. Auf den Kameelen waren die Hausgeräthschaften, einige Frauen, deren Zustand das

Gehen nicht erlaubte, und die Kinder geladen. Rechts und links vom Wege wanderte die in verschiedene Haufen vertheilte Heerde, welche ungefähr aus 1500—2000 Schaafen und Ziegen bestehen mochte, und die rechts und links von einigen bewaffneten Männern flankirt wurden. Ein Vortrapp von sechs Männern ging ungefähr ¼ Stunde voraus. Da diese Ordnung immer beibehalten wird, und die Schaafe und Ziegen weidend vorwärtsgehen, so bewegt sich der Zug nur sehr langsam seinem Ziele zu.

Wir kamen bei einem kleinen Dörfchen Kolahfa und an einer Cisterne vorüber und lagerten ungefähr gegen 4 Uhr neben einer Cisterne, welche am Entstehungspunkte, einem kleinen Wâdih, eingehauen ist, der in den Wâdih El Ahssâr mündet.

In zwei Tagereisen erreichten wir den Dschebel Mathârun, eine mit Gebüsch bewachsene Erhöhung der Hochebene. Bei einem Grabmale, in welchem die Gebeine eines Heiligen, Namens 'Omâr ruhen, wandte sich der ganze Zug nach Osten und stieg in den Wâdih Mathârun, seinem Bestimmungsorte, hinab, wo gleich eine Reihe von Höhlen bezogen wurden. In 10 Minuten waren alle Familien häuslich eingerichtet, denn die Gehege von dornigen Sträuchern und die Pflöcke in den Felsspalten existirten hier noch von früher her, und als alle Schläuche aufgehangen und die Feuer angezündet waren, schien es, als hätten sie von jeher hier gewohnt. Auf unserm Wege von unserm letzten Nachtlager bis hierher kamen wir an fünf Cisternen und den Entstehungspunkten von acht Wâdih vorüber, von denen sechs westlich in den Wâdih El Ahssâr und zwei östlich in den Wâdih 'Odhme münden. Die Entfernung von den verlassenen Wohnsitzen im Wâdih Kolahfa bis hierher beträgt ungefähr 10—11 Stunden, die Richtung des Weges war Süd, 30° Ost.

Am Abend wurde ich mit einem mir ganz neuen, eigenthümlichen Aberglauben bekannt; mehrere Beduinen nämlich lagen ausgestreckt um das Feuer meines Dachahl, während ich mein Lager einige Schritte von ihnen aufgeschlagen hatte. Um meine Pfeife anzuzünden, wollte ich zum Feuer gehen, und da ich keinen Raum zum Durchgehen fand,

Aberglaube über die Mittheilung von Krankheiten.

schritt ich über die Beine eines Beduinen. Ich erstaunte nicht wenig, als derselbe aufsprang und mir im heftigsten Zorne die bittersten Vorwürfe machte, daß ich ihn mit Krankheiten überschüttet hätte. Mein Führer trat dazwischen, machte mir auch, jedoch in sanfterm Tone, Vorwürfe und erklärte mir, als ich ihn frug, was ich denn eigentlich verschuldet habe, daß ich durch mein Ueberschreiten des Körpers seines Freundes, nicht allein die Krankheiten, an denen ich jetzt vielleicht litte, sondern auch alle die, welche ich noch bekommen würde, auf ihn übertragen hätte. — Um den guten Mann zu beruhigen, antwortete ich ihm: „daß, da dem so wäre, ich erbötig sei, ihn wieder über mich wegschreiten zu lassen". — Dieses Anerbieten wurde auch sogleich angenommen. Ich legte mich dann der Länge nach hin und der Beduine schritt über mich weg. Ich sah an seiner zufriedenen Miene, daß er sich im Innern Glück wünschte, mir nicht allein meine, sondern auch seine jetzigen und zukünftigen Krankheiten übertragen zu haben.

30. August. Während der letzten drei Tage, nämlich am 28. Morgens bis zum 30. Abends, stand der Thermometer am Morgen bei Windstille und heiterm Wetter 20°, um Mittag bei Nordwestwind 27° und am Abend 22°.

31. August. Am 31. August reiste ich mit meinem Führer früh Morgens weiter und traf am Entstehungspunkte des Wâdih, wo wir die Hochebene betraten, eine Cafila von 50 Kameelen und einigen 30 Beduinen des Stammes meines Führers, welche Tabak und Gummi-Aloë nach Makalla brachten. Wir schlossen uns ihr an und kamen nach ungefähr 1 Stunde an eine Cisterne, wo gelagert wurde. Ungefähr um 2 Uhr Nachmittags brachen wir wieder auf und kamen nach ungefähr 1½ Stunde an den Rand eines kesselförmigen Thales, welches sich gegen Südosten zu einer engen Schlucht gestaltet. Wir stiegen in ihr herab und lagerten unter einer Gruppe von einigen 20 Platanen, neben welchen sich ein Bassin mit Wasser befand. Mit diesem Kesselthale beginnt einer der Hauptwâdih der untern Bergregion, nämlich der Wâdih Howahre. Viel erzählten die

Sage über die Leuchtkäfer.

Beduinen von Räubereien und Mordthaten, welche in dem vor uns liegenden Engpasse von den aus ihren Stämmen gestoßenen Beduinen (Barowâq) verübt worden. Diese Banden sind so gefürchtet, daß die Kaufleute von Makalla, Schihr und den Städten des Innern ihnen förmlich Tribut zahlen, um die Wege offen zu erhalten. Jedoch schienen die Beduinen nicht sehr darauf zu bauen, denn die ganze Nacht hielten fortwährend 10 bis 12 Mann Wache. Am Abend wimmelte es auf allen Büschen von leuchtenden Insecten, welche meinem Beduinen Veranlassung gaben, mir eine ihrer Volkssagen mitzutheilen. Nach ihr giebt es im Gebirge eine Schlange, welche einen großen Diamant auf dem Kopfe trägt. Wenn nun die Schlange an ein Wasser schleicht, um zu trinken, legt sie den Edelstein ab, damit er ihr nicht entfällt, und nimmt ihn wieder auf, wenn sie ihren Durst gelöscht hat.

Kann nun Jemand ihr den Stein entwenden, wenn sie ihn abgelegt hat, denn zu einer andern Zeit ist es nicht möglich, so stehen ihm alle Dschinnen der Welt zu Gebote, und er ist folglich der Glücklichste unter allen Menschen. Die Beduinen glauben, daß der König Salomo ein so Glücklicher gewesen sei, weshalb er auch die Sprache der Thiere verstanden habe, in welcher ihn die Dschinnen unterrichtet hätten.

Der Thermometer stand am Morgen des 31. bei Windstille und heiterm Himmel 28°, um Mittag bei Nordwestwind 24°, und am Abend 20°.

1. September. Am 1. September theilte sich ein Trupp von 20 Beduinen in zwei Parteien, von denen die eine rechts, die andere links von der Schlucht auf den sie begrenzenden Höhen blieb und die Cāfila begleitete. Diese Vorsicht war auch nicht überflüssig, denn längs dem ganzen Hohlwege, welcher auf eine Länge von 2 Stunden ungefähr nur eine Breite von 25 Schritten mißt, befinden sich oben an den ziemlich steilen Thalwänden aus übereinander gelegten Steinen Brustwehren, von denen aus die Wegelagerer die Reisenden erschießen und dann berauben. Ich zählte 17 Steinhaufen, unter denen Er-

mordete begraben lagen, und wenigstens 40 Stellen, an welchen die Spuren sichtbar waren, welche die Kugeln auf dem Gestein zurückgelassen hatten. Der untere Theil dieses Engpasses ist mit großen Felsblöcken bedeckt, welche einen Hohlweg bilden und zwischen denen Gesträppe emporwächst. Längs dieses Abhanges führt der Weg auf den Vorsprung eines tertiären Kalkgebirgs bis zu einem von wenigen kleinen Häusern und angebauten Feldern umgebenen Thurm, in welchem Beduinen des Stammes Aqaybere wohnen und der den Namen Hem Howayre führt.

Hier lagerten wir bei einem natürlichen, sehr tiefen Bassin, welches am Fuße obenerwähnten Abhanges liegt und dicht mit Lotusblättern bedeckt ist. Im Südwesten von diesem Thurme erheben sich die riesigen Koppen des Kaur Tsaybân und Mlâyile Majar, und weiter nach Süden die Gipfel des Tschebel Lebde. Ganz in der Nähe des Bassins stehen mehrere Bäume, von denen ich auf meiner Reise bis hierher noch keine gesehen hatte. Nämlich der Hibiscus mutabilis, ein Baum, der zu gleicher Zeit weiße und rothe Blüthen trägt, welche die Form und Größe einer Rose haben. — Der Baum ist von der Größe eines großen Apfelbaums, dem er auch in der Form gleichkommt. Es standen eine Menge dieser Bäume umher, und da sie in voller Blüthe waren, gaben sie dem Thale das Ansehen eines Rosenhains. — Nächst diesem der Aralbaum (Er Rak), welchen Forskâl (Flor. pag. XXXII) Salvadora persica nennt; Andere geben ihm den Namen Cissus arborea.

Wir lagerten hier den ganzen Tag, nur noch 10 Kameele zu erwarten, welche zur Dâfila gehörten und einen andern Weg genommen hatten. Des Nachmittags donnerte es oben auf dem Plateau heftig, und da wir zwischen zwei sehr steilen Felswänden gelagert waren, so hielten es die Beduinen für rathsam, die Schlucht zu verlassen und sich auf einen etwas weiter unten liegenden Hügel zurückzuziehen. — Kaum ¼ Stunde nach unserm Umzuge hörten wir ein heftiges Rauschen und ein Beduine rief: „Eç Gâl! Eç Gâl!" („Die Fluth! Die Fluth!") Der Anblick, der sich mir jetzt darbot, war erhaben und prachtvoll. Der ganze mit Felsblöcken bedeckte Abhang war in einen schäumenden Wasserfall verwandelt und es dauerte nicht lange, so tobte in dem früher trockenen, hier etwa 200 Fuß breiten Flußbette ein wenigstens 6 Fuß tiefer, reißender Strom. Jedoch genoß ich dieses Anblicks nicht lange; denn schon in ½ Stunde konnte man trockenen Fußes durch den Wâdih gehen. — Auf der höchsten Koppe des Kaur Esaybân befindet sich ein Kuppelgebäude, das Grabmal Esaybâns ibn Redsch, das ich von meinem Lagerplatze sehen konnte.

Des Morgens stand der Thermometer bei Windstille und heiterm Wetter 20°, um Mittag bei Nordwestwind 30°, und am Abend bei Südostwind 24°.

2. September. Die erwarteten Kameele kamen erst am Mittag des 2. September, und da sie ausruhen mußten, brachen wir erst gegen 2 Uhr auf, machten aber nur ungefähr 2 Stunden, bis wir bei einem gemauerten Bassin anlangten, zu welchem das Wasser vom Gebirge in gemauerten Rinnen geleitet wird und das eine ungeheuere Menge von Blutigeln enthält, weshalb die Beduinen ein Tuch über das Wasser ausbreiteten und einige Steine darauf warfen, wodurch eine von Blutigeln freie Stelle gebildet wurde, aus der sie ihre Schläuche füllten und die Kameele tränkten. Diesem Bassin gegenüber an der rechten Seite des Wâdih steht ein sehr schönes Dioritrümmer-Gestein, welches sich auf eine Strecke von 5 Stunden bis zur Mündung des Wâdih Mâhile Matar ausdehnt.

Am Morgen des 2. stand der Thermometer bei Südostwind 22°, um Mittag bei Windstille 33°, und am Abend bei Nordwestwind 26°.

3. September. Nur eine sehr kleine Tagereise von 3½ Stunde machten wir am 3. September bis zu einem Gehöfte, welches, von Dattelpalmen und Saatfeldern umgeben, an der Mündung des Wâdih Kamîsch liegt. Die zehn zuletzt gekommenen Kameele sollten hier mit Tabak und Indigo beladen werden; da jedoch die Waaren noch nicht verpackt waren, so bequemten sich die Beduinen, darauf zu warten.

'Ayn er Râff ed Dyn.

Dieser Wâdiy ist ungefähr 200 Schritt breit und etwa 1 Stunde thalaufwärts mit Dattelpalmen besetzt, unter denen das Land bebaut ist. Das Gebirge besteht aus tertiärem Kalk. Jedoch fand ich im Flußbette Rollstücke von Granit, Gneis, Chlorit und Quarz, welches auf die Formation der weiter oben liegenden Gebirge schließen läßt. Die Gegend ist von Beduinen des Stammes El Hamum bewohnt, zu welchem auch die Bewohner des Gehöftes gehören.

Der Thermometer stand am Morgen bei Südostwind und heiterm Himmel 22°, um Mittag bei Windstille 36°, und am Abend bei Nordwestwind 28°.

4. September. Da die Ballen erst am Abend des 4. bereit waren, so setzten wir die Reise erst am Morgen des 5. fort, legten aber nur eine Strecke von ungefähr 6 Stunden bis 'Ayn er Râff ed Dyn zurück. Von der Mündung des Mâhile Mtajar an wird der Wâdiy immer breiter und hat bei 'Ayn er Râff ed Dyn eine Breite von 2 Stunden. Der Weg führt längs dem Fuße des Dschebel Lehbe hin, dem auf dieser ganzen Strecke Höhen eines tertiären Kalfsand-steins vorliegen. Der Wâdiy ist mit Flugsand bedeckt und reich an Mimosen-, Tamarisken- und Nebekbäumen, zwischen denen die Gift-pflanzen El Dschr und El Marh (Asclepias procera und Asclepias ignivoma) zu einer außerordentlichen Stärke gediehen. 'Ayn er Râff ed Dyn ist ein niederer, flacher und mit einem üppigen Graswuchs bedeckter Vorsprung des Gebirges, auf welchem sich zwei kleine, sumpfige, mit Rohr umwachsene Teiche befinden, in denen sich eine Unzahl von Blutigeln aufhalten. Hier und da sieht man Gruppen von Dattel - und Dompalmen. Da wir an diesem Tage nicht weiter reisten, kauften die Beduinen von einer mit ihrer Heerde vorüberziehenden Beduinenfrau 5 Schaafe, wofür sie einen öster-reichischen Thaler bezahlten. Obgleich ich zum Ankaufe derselben nichts beigetragen hatte, so verlangten sie doch, daß ich meinen An-theil nehmen sollte; das Fleisch wurde auf die schon früher beschrie-bene Art zubereitet. — Auf der entgegengesetzten Seite zieht sich der Dschebel El Hamum bis an das Meer und erhebt seine schroffen

Schihr. Wâdiy Moçaÿre.

Gipfel bis zu einer Höhe von beiläufig 4000 Fuß über dem Meeresspiegel; ja die höchste Kuppe desselben, welche den Namen Eutal el Hamum führt, schien mir noch höher zu sein. Am Fuße dieses Gebirges liegt die Stadt Schihr [170]), eine der Haupthafenstädte des Littorals, welche von Sultanen beherrscht wird, die zu der aus der Provinz Jâfi'a stammenden Familie Bâ Rahle gehören; der jetzt (1843) lebende Sultan heißt 'Alyy Nah bâ Rahle.

Der Thermometer stand an den Tagen des 4. und 5. am Morgen bei Südostwind und heiterm Himmel 22°, um Mittag bei Windstille 36°, und am Abend bei Nordwestwind 28°.

6. September. Am 6. September brachen wir ungefähr gegen 10 Uhr auf und zogen durch eine öde traurige Gegend, in welcher bleabendweiße Hügel eines tertiären Kalks mit dürren, sandigen Schluchten abwechselten. Nach einem Marsche von etwa 5 Stunden lagerten wir in einem gebüschreichen Wâdiy, Namens Moçaÿre.

Der Thermometerstand blieb derselbe, wie der des vorigen Tages; während der Nacht war ein starker Thau gefallen. Die Richtung des Weges von Kotaysa ist Süd, 30° Ost.

7. September. Am 7. September durchzogen wir wieder öde, dürre Schluchten, welche die Kalkhügel durchbrechen, und betraten nach ungefähr 3 Stunden den Wâdiy Ḥalaby, in welchem wir bis etwa 2 Uhr Nachmittags ausruhten. Links vom Wege in einer Entfernung von 1 Stunde sah ich die blaue Fläche des Meeres und das an ihm liegende Dorf Rohsch, welches von Fischern bewohnt wird. Von diesem Ruheplatze an legten wir noch 1½ Stunde zurück und lagerten dann einer Quelle im Wâdiy Dhyq edh Dhyâq, 1½ Stunde vom Meere; rechts ragten die Dattelpalmen des Dorfes gleichen Namens herüber. Die Richtung des Weges ist Süd, 30° West.

8. September. Am 8. September setzte sich die Dâfila mit Tagesanbruch in Bewegung und gelangte nach etwa 2 Stunden nach dem Dorfe Harr Schiwâis und von da in 4 Stunden nach — Malalla, wo sie außerhalb des Thores ihr Lager aufschlug. Mein Beduine nahm meine Sachen auf den Rücken und führte mich ins Haus meines

Rückkehr nach Makalla, Ende der Reise.

frühern Wirths, den ich aber nicht fand, da er nach Schihr verreist war. Da ich Niemand anders kannte und ohne Geld war, so blieb mir nichts Anderes übrig, als in der großen Moschee ein Unterkommen zu suchen; ich sagte daher meinem Dachahl, mich dahin zu bringen.

Als wir über den freien Platz schritten, welcher die neue Stadt von der alten trennt, trat ein Schwarzer zu mir heran und kündigte mir an, daß mich der Sultan sprechen wolle. Der Titel „Sultan" machte mich stutzen, denn die arabischen Sultane waren mir von Sfahf aus bedeutend zuwider geworden. Jedoch die Nothwendigkeit gebot zu gehorchen, und in Erwartung der Dinge, die da kommen sollten, stieg ich mit schwerem Herzen hinter dem Schwarzen her eine Treppe hinauf und trat in das Gemach des Herrschers von Makalla.

Ich wurde freundlich von ihm empfangen und gebeten, mich neben ihm niederzulassen.

Er sagte mir dann, daß er bereits von dem Vorfalle in Sfahf gehört habe und ersuchte mich, ihm Alles ausführlich zu erzählen. Als ich mit meiner Erzählung fertig war, befahl er einem Sclaven, meine Sachen in eine Stube zu bringen, und sagte mir, daß ungefähr in sechs Tagen eines seiner Schiffe nach 'Aden abginge und daß er mich mit demselben dahin befördern wollte; bis dahin sollte ich ruhig bei ihm bleiben.

Der Thermometerstand der beiden letzten Tage war am 7. Morgens bei Nordostwind 20°, um Mittag 30°, am Abend 22°; des Morgens am 8. bei Nordostwind 20°, um Mittag 28°, und am Abend 22°. So lange ich in Makalla blieb, blieb auch dieser Stand des Thermometers constant. — In den Nächten fiel sehr starker Thau.

Bemerkungen und Ausführungen

zu

A. v. Wrede's Reise in Hadhramaut

von

Heinrich Freiherrn von Maltzan.

———

1) Nâchodâ, ناخدا, ein ursprünglich persisches Wort, bedeutet „Schiffsherr" und ist in ganz Arabien an Stelle des arabischen Ausdrucks für Schiffscapitain, welcher „Rahhsi" lautet, getreten.

2) Ebrus, fehlerhafte dialektische Aussprache für Ibryss, Name des Heiligen, unter dessen besonderm Schutze der Süden von Jemen und namentlich das Land um 'Aden steht.

3) Râfidhh (eigentlich Râfidhhh), d. h. strenggenommen nur wer zur Secte Râfidha, welche Sayd, ben 'Alyy, ben Hossayn, ben 'Alyy als Imâm anerkannte, gehört, wird aber auch auf alle Ketzer und Ungläubige im Allgemeinen ausgedehnt.

4) Tarâd ist eine Art von Dâuw, d. h. ein Segelschiff von 50—100 Tonnen Tragkraft, mit 2 Masten, einem großen und einem ganz kleinen, der mehr wie ein Flaggenstock aussieht, beide mit lateinischen Segeln. Die Tarâd unterscheidet sich vom Dâuw nur dadurch, daß ihre Planken nicht angenagelt, sondern durch Stricke miteinander verbunden sind.

5) Abu Sjaryr, d. h. der „Besitzer des Ruhebettes" war ein heiliger Derwisch aus Indien, der aus Armuth nicht zu Schiff nach Dschibbe fahren konnte, um die Pilgerschaft zu machen. Da er aber Wunder wirken konnte, so benutzte er seinen Sjaryr, d. h. ein Ruhebett von geflochtenen Binsen, um auf diesem die Ueberfahrt zu machen, und langte glücklich in Dschibbe an, wo er nun als Heiliger in hohem Andenken steht.

6) Borum findet sich bei keinem arabischen Geographen. Nach Wellsted (Reise in Arabien, übersetzt von Rüdiger) liegt Borum am Eingange eines engen Gebirgspasses, hat viel Wasser, leidet in Folge der eingeengten Lage sehr von Hitze. Das Rff Borum besteht nach Haynes (Survey etc.) aus dunklem Kalksteinfels von schroffen abschüssigen Formen.

7) Dschebel Resch, d. h. der „Berg des geringen Regens", رَش, heißt „pauca pluvia".

8) Wâdiy Dahss. Das Wort Dahss, دَهَس, bedeutet einen weichen und ebenen Boden, der weder sandig noch lehmig ist (Freytag, Lexikon).

9) Bagla oder Bagala ist kein arabisches Wort, sondern indischen Ursprungs. Im Sanskrit heißt es Bahala oder Bahana. Jetzt versteht man

darunter ein größeres Schiff von 100—150 Tonnen Tragkraft, das sich nur durch die Größe von dem Ddaw (s. Note 4) unterscheidet, sonst aber diesem und der Taräd ähnlich ist.

10) Neby Allah Hud heißt der Prophet Allah's Hud. Hud war ein echt arabischer Prophet, den Allah zu den gottlosen 'Adyten sandte, um ihnen Buße zu predigen, der aber von diesen getödtet wurde (Coran, Cap. 26, 124). Er ist der in Hahramaut vorzugsweise verehrte Prophet. Nach Einigen war er der Eber der Bibel. Ueber seine Nachkommenschaft sehe man unten im Anhang I, B. Ueber das Grab des Propheten Hud vergleiche man Ibn Batuta ed. Defrémery et Sanguinetti, Paris 1854, Tome II, p. 401. Ebenso Ibryssy in Jaubert's Uebersetzung, Paris 1836, Tome I, p. 61. Man sehe auch unten Note 166 über die Wüste el Ahqäf, wo nach Jâqut das Grab des Propheten Hud sein soll.

11) Fátiha, vulgo Fat-ha ausgesprochen, ist das erste Capitel des Coráns, das sehr kurz ist und das beliebteste Gebet des Moslims bildet.

12) Eschhed Allah, d. h. „Ich bezeuge, daß Gott ist" oder „Ich rufe Gott zum Zeugen an", die Anfangsworte des Glaubensbekenntnisses der Mohammedaner.

13) Zur Zeit von Wellsted's Reise (1833) regierte in Dorum Mohammed ibn 'Abd el Abyb, der seine Nebenbuhler im Sultanat verdrängt und mit Hülfe der Beduinen den Thron behauptet hatte. Also konnte der von Wrede beschriebene Sultan, obgleich ein Greis, 1843 noch nicht lange geherrscht haben.

14) Dahtän wird allgemein als der Stammvater aller Südaraber angesehen. Wenn er, wie die Habhramauter annehmen, ein Sohn Hud's war, so müssen wir in ihm wohl den Joktan und in Hud den Eber der Bibel erblicken. Himyar, der Stammvater der Himyariten, war ein Abkömmling Dahtân's, sein Vater war 'Abd Schamff oder Sjába, sein Großvater Jaschdschob, sein Urgroßvater Ja'rob, Sohn Dahtân's. Himyar gilt für den vierten König von Jemen. Nach Caussin de Perceval (Tab. I) hätte er um 695 vor Christus gelebt. (Man sehe unten im Anhang I Wrede's Königsliste.)

15) Sjaybän. Nach Sjam'ády wären die Sjaybán vom himjarischen Stamme der Schaybän und stammten von Sjaybän, Sohn des Ghauth, des andern, Sohn des Schaybän (El Offnúy, Lobb el Lobáb, ed. Wejers, S. 145). Damit steht in Widerspruch die Tradition dieses Stammes, welche Wrede vernahm, wonach Esaybán kein Himjarite und nicht einmal ein Cahtänite, sondern von Hodun, einem Bruder von Cahtán, abstammen soll, in welchem wir dann den Peleg der Bibel erblicken müßten.

16) Dschembije gesprochen, aber Dschenbije geschrieben. N lautet bekanntlich vor B in M über.

17) Wáçy, واصِي, Participium von وصي, verbinden, heißt also eigentlich der „Verbinder", d. h. der „Vermittler" zwischen dem Fremden und dem Stamme, der ihn beschützt.

18) Tihâma, تِهَامَة, bedeutet weiter Nichts als „Tiefland", und es ist gänzlich unrichtig, das Wort für einen bestimmten Provinzialnamen zu halten. Dieser Fehler ist jedoch so sehr verbreitet und schon so alt, daß es schwer sein dürfte, ein Aufgeben desselben von Seiten der Geographen zu hoffen, um so mehr als sie eine so gewichtige Quelle, wie Abu el Fidâ, für ihre Ansicht aufführen können. Dieser Geograph theilt Arabien, das er übrigens sehr schlecht kannte, in fünf Districte ein. Diese nennt er 1) Tihâma, 2) Nedschd, 3) Hidschâs, 4) 'Lrubh, 5) Yemen. Nun soll Tihâma eine im Süden von Hidschâs, im Norden von Yemen, gelegene Provinz sein. Aber in Wirklichkeit heißt der ganze Küstenstrich von Arabien, von Hidschâs, Yemen, 'Aden, Dsâf'a, Hadhramaut bis nach 'Omân „Tihâma". Will man ein „Tihâma" vom andern unterscheiden, so setzt man hinzu das „Tihâma von Hidschâs", von „Yemen" u. s. w. Abu el Fidâ's Irrthum ist jedoch erklärlich aus dem Grunde, daß sowohl er wie seine Landsleute, die Syrier, von Arabien nur vorzugsweise Hidschâs kannten und daß sie deshalb das „Tihâma von Hidschâs" für das „Tihâma κατ' εξοχην", ja für das einzige „Tihâma" hielten, während es doch nur einen Theil einer sich um ganz Arabien ziehenden Küstenlandschaft bildet.

19) Wâdin Halle heißt „Thal der Flecken". Halle, خَلَّة, bedeutet einen Flecken oder einen bewohnten Ort.

20) Fuwa (kann auch Fowwa geschrieben werden) bedeutet „Färberröthe" (rubia tinctorum) und führt seinen Namen gewiß von dieser hier nach Wrede vielfach wachsenden Nützlichkeitspflanze (فُوَّة).

21) Wâdin Sahâh, d. h. das gesunde Thal. صَحَاح bedeutet sanus, gesund.

22) Wâdin Chomyr. Die Etymologie ist weniger deutlich. Es könnte von خِمَار, Plural خُمُر, kommen. Dies heißt „Alles was bedacht ist", könnte also im Sinne von „die Hütten" stehen.

23) Wâdin Dscharre. Thal der irdenen Geschirre. Es darf uns um so weniger wundern, hier ein Thal nach einem Wassergeschirre, der Dscharre (جَرّ) benannt zu finden, da auch der große Hauptwadhi dieser Gegend „Wâdin Oirbe" nach einem andern Wasserbehälter, der Oirbe (vulgo Girbe), قِرْبَة, benannt ist.

24) Aqaybere. Dieser Stammesname findet sich weder bei Wüstenfeld, Cauffin de Perceval, noch einer andern mir bekannten Stammestafel. Nach Wrede soll er einer der 15 Unterstämme der Sfayhân sein.

25) Oabyla (Plural Oabâyl) heißt eine größere Stammesgruppe im Gegensatz zu Batn und 'Arsch, Bezeichnungen für einzelne Stämme. Es giebt übrigens im Arabischen zehn verschiedene Bezeichnungen für größere oder kleinere

Stammesgruppen und Familienvereinigungen, von denen obige drei die geläufigsten sind, und zwar bezeichnet jede eine andere Ausdehnung des Stammesbegriffes. Das Wort „Arsch" ist in Nordafrika für „arabische", das Wort „Qabyla" daselbst für einheimische (labylische) Stämme gebräuchlich.

26) Bauwáq, kann auch Bawwáq geschrieben werden, doch ziehen wir vor, das erste B vocalisch als U zu fassen, da es sich in der Aussprache so gestaltet. Vulgo wird das Wort fast wie Bo'ûq ausgesprochen. Seine Ableitung dürfte die eines Adjectiv der Form فَعَّال von بَاق, „boshaft, treulos handeln" sein. Seine arabische Schreibart ist بَوَّاق.

27) Qirbe, قِرْبَة, ist der bekannte, arabische Wasserschlauch, den alle Reisenden mit sich führen.

28) Qobbe, قُبَّة, heißt „Kuppel, Kapelle". El Irme, الإِرْمَة, ist ein zum Wegweiser in der Wüste errichteter Denkstein. Bahḍhâ, بَيْضَاء, d. h. die Weiße. Qirbet Qahwe, قِرْبَةُ قَهْوَة, d. h. das Kaffeehaus von Qirbe. Modahne, مُدَيْنَة, d. h. die kleine Stadt, Diminutiv von Medyna. Dâra, دَارَة, d. h. der Hügel.

29) 'Ayn el Ghassâny, عَيْنُ الغَسَّانِي, d. h. die Quelle des Ghassâniten. Die Ghassâniten haben ihren Namen vom Wasser Ghassân in Jemen, etwa sechs Stunden nördlich von Sebyd. Wir können also das Vorkommen dieses Namens hier nicht dadurch erklären, daß dies die Heimath der Ghassâniten war, wie Wrede an einer andern Stelle annimmt. Ghassâniten wanderten jedoch, wie alle Völker Jemens, vielfach aus und deshalb genügt uns die Annahme, daß ein solches zerstreutes Stammesmitglied diesem Orte den Namen gegeben habe.

30) Omm Bâyha, أُمُّ بَايِحَة, wörtlich „Mutter — d. h. Inhaberin — der Schönheit", also der „schöne Ort".

31) Wo'ayla, وَعَيْلَك, „der heiße Ort", von وَعْك, „Hitze" in der Diminutivform.

32) Dachayl von دَخَل, „hineingehen", im Causativ „hineinführen". Also eigentlich der „Einführer".

33) Bei Caussin de Perceval, Histoire des Arabes, Bd. I, findet sich die Geschichte dieses Weibes und ihres Schlachtenruhmes sehr abweichend von der Tradition, nach welcher Wrede hier zu berichten scheint. Von ihr soll die Provinz Damamá ihren Namen erhalten haben.

34) Bâ Darrahn. Bâ ist der in Südarabien übliche Verkürzungs-ausdruck für Benu oder Beny. Darrayn, قَرْيَين, heißt die „zwei Wohnungen", Dualform von قَر, mansio. Der Dual wird nämlich heut zu Tage niemals im Casus rectus „âni", sondern stets im Casus obliquus (der für alle Fälle stehen muß) „ayn" gebraucht.

35) Omm Dschirdsche, d. h. „die Mutter des Drehrades", was so viel bedeutet, als ein an Drehrädern (zum Bewässern) reicher Ort. Dschirdsche kommt von جرج, „in gyrum duxit".

36) Falh ebh Dhayq. نَقْم ٱلضَّيق, d. h. die „enge Oeffnung", Name der Felsschlucht.

37) Harr Schiwâts, حَرّ شِوَاط, d. h. „Sitze des rauchlosen Feuers". حَرّ heißt Sitze. شِوَاط heißt flamma fumi expers.

38) Dschebel Lahab (Feuer, لَهَب) heißt der „Feuerberg". Der Name scheint also auf einen erloschenen Vulkan zu deuten.

39) Dhyq ebh Dhyqâq, ضِيق ٱلضِّياق, d. h. „Enge der Engen".

40) Hotsihe gesprochen, ist wahrscheinlich Hotfahha, حَظْفَة, das nach dem Kâmus „incessus lenis", „ein langsamer Gang der in Karawanen fort-schreitenden Kameele" bedeutet und wohl auf Wegesschwierigkeiten in diesem Bâdiy zu beziehen.

41) Falh ell Sfisle, قَلْم ٱلسِّفْلَة, d. h. „aratio imae terrae", also etwa „niedrig gelegenes Aderland".

42) Bâdiy Mahniye, مَحْنِيَة, „ein sich windendes, unebenes Thal".

43) Fedsch, فج, „ein hochgelegener Pfad zwischen zwei Bergen".

44) Harf el Hasys, حَرْف ٱلْحَصِيص, heißt der „wenig belaubte" oder der „kahle Bergesgipfel". Hasys bedeutet „kahl", sowie „mit wenig Haaren versehen" und steht natürlich hier bildlich.

45) Harmal, هَرْمَل, dürfte eine ähnliche Bedeutung wie Hasys haben. هَرْمَل heißt nämlich depilavit „der Haare berauben".

46) Rughyll, رُوغِيس, dürfte von رَغَس, „bereichern" abzuleiten sein, würde also dem Berge den Beinamen „der Reiche", d. h. „der Fruchtbare", geben. Von Reichthum durch Bergwerke kann hier nicht die Rede sein, da die Araber solche nicht bearbeiten und nicht schätzen.

280 Bemerkungen und Ausführungen

47) Dschebel Wāssib, جَبَل وَاسِب, d. h. „der grasreiche Berg".
Wāssib ist adj. verb. act. von وَسَبَ, „grasreich sein".

48) Dschebel Haubare, خُنَبَرَة, d. h. der „kleine Berg".

49) Walyme, رُلَيْمَة, heißt das „Hochzeitsmahl". Die Bedeutung scheint kaum hierher zu passen.

50) Dschebel el J'dme, „Berg der Armuth", von إِعْدَمَة, „Armuth".
Dschebel el Chliṇa, „Berg der weißen Disteln", von أَخْلِيَة, eine weiße Distelart.

51) Wādiy Lachme, وادى لخمة, „Thal der Zermalmung".

52) Schura, شُورَة, heißt „Schönheit", also Wādiy Schura, „das schöne Thal".

53) Dhamīs, ذَمِيس, das „Abnehmen des Wachsthums der Pflanzen".

54) Mahassa von حَسّ, „frigus herbas exurens".

55) Rāyāt, رَايَات, heißt „die Signale", also würde Dschebel er Rāyāt, der „Signalberg" heißen.

56) Nach dem Lobb el Lobāb gab es einen Stamm der Redschb Himyar, der östlich von den Sarw Himyar wohnte. Da Habhramaut auch von Himyariten bewohnt war, könnten wir den Hassān ibn Redschb als diesem Stamme entsproßen annehmen. Nach den von Wrede gesammelten Volkstraditionen gehören jedoch die 'Amudy einem andern Stamme an, sind nicht Dahsduiten, sondern Nachkommen von Habūn, der ein Bruder Dahsdū's gewesen sein soll.

57) Hayt el Darr. Hayt, حِيط, heißt „die Mauer" und Darr, دَرّ, „eine Burg, ein Schloß", bildlich auch wohl ein burgähnlicher Felsen, also Hayt el Darr, die „Schloßmauer" oder die „burgähnliche Felsmauer".

58) Mohqaq ist als part. pass. der IV. Conjug. von يَقَّ, „albus fuit" auszulassen, dürfte also „die Weiße" heißen.

59) Schowayye, شُوَيَّة, adverbialisch „wenig", substantivisch „die kleine Sache", hier also „der kleine Ort".

60) Lohbr, لُحْبَر, excavatio, eigentlich eine künstliche Aushöhlung, eine Cisterne im Felsen angelegt u. s. w.

61) Bd Dschāh. Alle mit Bd (statt Bnay, Söhne, stehend) beginnenden Ortsnamen sind von Stämmen entlehnt. Dschāh scheint mir jedoch kein eigentliches nom. propr., sondern ein Appellativ in der Bedeutung die „Herrschaft",

die „Macht". Der Stamm Bû Dſchîh heißt alſo „Söhne der Herrſchaft" oder „die Mächtigen".

62) Silh, ميلي, von صَلَا, aestuabat fervorem ignis, alſo „Hitze".

63) Sidâra, اِزَار, „der Bruſtpanzer". Dſchebel Sidâra heißt alſo der „Panzerberg". Nach dem Berge iſt der Bâdih benannt.

64) Joghar, نَغَر, heißt „Flußmündung", alſo Dſchebel Joghar, „Berg der Flußmündung", wobei man freilich hier nicht an einen wirklichen Fluß, ſondern höchſtens an einen Gebirgswâdih denken kann, d. h. einen nur nach ſtarken Regen waſſerführenden Gießbach.

65) Choraybe. Dieſer häufig vorkommende Name könnte als Verkleinerungswort von Charib, خَرِب, „die Wüſte", angeſehen werden. Wahrſcheinlicher iſt er jedoch Verkleinerungswort von Chorbe خَرْبَ. Wir finden nämlich im Wâdih Do'ân dicht nebeneinander zwei Städte, Chorbe und Choraybe, d. h. Chorbe und das „kleine Chorbe". Die Bedeutung von Chorbe, welches ein „Loch im Boden", d. h. ein „Keſſelthal", heißt, entſpricht auch ungleich beſſer der Localität, als die Bedeutung „Wüſte".

66) Fardſchaldi von فَرجَلَ, „mit weiten Schritten gehen". Der Berg heißt alſo der „Berg der weiten Schritte", d. h. der Berg, wo man ſchnell ſchreiten muß, wegen der Gefahren der Reiſe oder der Unwirthbarkeit der Gegend. Solche Benennungen ſind ganz im Geiſte der Bedninen.

67) Montiſch, مُنتَش, adj. verb. act. der IV. Conj. von نَتَش, „feucht ſein". Wâdih Montiſch heißt alſo „das feuchte Thal".

68) Rochs, رَخْص, heißt „ſanft, weich, milde", alſo wird man Dſchebel Rochs etwa der „ſanft abfallende Berg" bezeichnen müſſen.

69) Mâhile Matar dürfte etwa der „Regenanzeiger" oder das „Regenwahrzeichen" bedeuten. Matar, مطر, heißt „Regen" und Myl, ميل, wovon مَايِلَة, Mâhile, „ein Wahrzeichen für Reiſende errichtet". Es giebt in arabiſchen Ländern ebenſo gut wie in europäiſchen ſolche Berge, die man gleichſam als Wetterpropheten anſieht und aus deren Umhüllheit oder Unverhülltheit man auf gutes oder ſchlechtes Wetter ſchließt. Ich ſelbſt habe mehrere ſolcher Berge in Arabien und andern Gegenden des Orients gefunden.

70) Moſſaſſaq, مُسَقَّق, Part. pass. IV. Conj. von سَقَق, „abgewendet".

71) 'Ofwe, غَفْوَة, „Verwüſtung".

72) El 'Âi, غاي, „ad aquam veniens", also Wâdih el 'Âi etwa „das zum Wasser führende Thal".

73) Al Bathâ, بَطْحَا, „ein niederer Thalkessel, in dem viel Kies ist".

74) Kaur oder Kur, كُور, „der Kameelsattel". Eine Benennung für einen Berg, welche sich dem Reisenden in Arabien fast von selbst aufdrängt, so richtig ist der Vergleich.

75) Haçarḥayan, قَصَرحَيَا, der „Regenbrecher", von قَصَر „brechen", und حَيَا, Regen.

76) Doru, دُرُو, „terra quae vix peragrari potest" oder „unwirthbares Land".

77) Lalal Lalal, so schreibt Wrede. Ein solcher Name hätte freilich gar keine Bedeutung. Wir glauben jedoch, daß wir hier el Dalqâl, القَلْقَال, nomen act. von تَلْقَل, „tönen", lesen können. Bei dem Tönen in Verbindung mit einem Bergdistrict könnten wir vielleicht an ein Echo denken.

78) Hiçn el Ghowayr, „Schloß der Höhle". Hiçn, حصن, „das Schloß". Ghowayr, غوير, ist Diminutiv von Ghur, غور, die Höhle, heißt also eigentlich „die kleine Höhle".

79) El 'Ayṣâr, العَيْصَار, „die Fülle, der Reichthum", also Wâdih el 'Ayṣâr, das Thal der Fülle", d. h. „der Fruchtbarkeit". Doqum, ذُقُوم, in Pluralform, heißt die „Eingänge".

80) Tjâhir, ظاهر, „offenbar, ansehnlich". Dieser Städtename ist sehr verbreitet. In Hadhramaut giebt es zwei Städte Tjâhir, eine im Wâdih Do'ân, eine im Wâdih Daçr und in der daran grenzenden Provinz Ḥâff'a ein anderes Tjâhir.

81) Dolahle, تُلَيْلَة, „der kleine Gipfel", Diminutiv von تَلّ, „Gipfel".

82) Ell Sjabal, السَّبَل, „der Regen", also Wâdih eff Sjabal „Regenthal".

83) Darrayn, قَرَّيْن, die „zwei Wohnungen oder Schlösser". Dual von Darr, قَرّ, mansio firma, sedes (f. oben Anmerkung 34).

84) Elch Schaff, الشَّف, „tenuis", also Wâdih elch Schaff „das schmale Thal".

85) Chobâra, خَضَارِ, „olera in hortis nascentia".

86) Dolfe, ذُلّ, „Gipfel".

87) 'Awra, عَوْرَ, fissura montium, also Wâdiy 'Awra „Thal des Bergspaltes".

88) Elſch Scharq, الشَّرْقِ, „das östliche".

89) Qabr Bayt, قَبْر بَيْت, „Grabesstätte", wörtlich „Grabeshaus".

90) In Arabien macht man einen Unterſchied zwiſchen den Nachkommen des Propheten, welche von Haſſan ben 'Aly, und denen, welche von Hoſſayn, deſſen Bruder, abſtammen und nennt letztere Sayyyd, erſtere Scheryf. In Nordafrika heißen beide „Scheryf", auch gebraucht man dort die Pluralform „Schorafā" oder „Schorfā", in Arabien dagegen „Scherāf". Die Ceremonie des Beriechens der Hände kommt von dem Wahnglauben, daß dieſe Nachkommen Mohammed's einen „Geruch der Heiligkeit" aushauchen.

90*) Do'an. Die urſprünglich und literariſch allein richtige Schreibart iſt nach Jâqût (Jacut ed. Wüſtenfeld, II, 621) دَوْعَن, was wir durch „Daw'an" oder „Dau'an" wiedergeben können. In der Ausſprache verſchmilzt ſich aber der Diphtong „au" zu einem langen „o" und ein Alif prolongationis ſchiebt ſich nach dem Fatḥa ein, woraus zuerſt Do'an und dann Do'ān wird. Uebrigens begeht Jâqût den Irrthum „Dan'an" eine Stadt zu nennen, der in alle unſere Geographien übergegangen iſt und zuletzt noch von dem Pſeudoreiſenden du Couret in ſeinen „Mysteres du desert" ausgebreitet wurde, in welchem er behauptet, Do'ān ſei die Stadt, welche zugleich den Namen „Raſchyd" führe. Bekanntlich iſt „Raſchyd" eine Stadt des Wâdiy Do'ān, aber Niemand giebt ihr ſelbſt den Namen des Thales.

91) Nach el Offqurry's Lobb el Lobâb ſind die Harodiyy eine Abtheilung des Stammes Aſd (Azd) von 'Abd Allah ben Haula oder Hawâla. Eine Abtheilung der Azditen wohnte ſchon zu Mohammed's Zeit im Süden zwiſchen den Himyariten und den Ghâſſaniten (Sprenger, Leben und Lehre des Mohammed, III, 823).

92) Qodâr, ben Sſalif, ben Dſchid'ʒ, tödtete die heilige Kameelin, welche Gott auf den Ruf des Propheten Ssâlih aus dem Fels hervorgehen ließ. Sie ernährte die 'Adyten mit ihrer Milch, aber ſie trank jeden zweiten Tag ihren Brunnen leer. Man beſchloß ſie zu tödten, aber Niemand wagte ſich daran, bis endlich Qodâr unter ausnahmsweiſen Umſtänden geboren wurde, der das ſchreckliche Werk vollbringen ſollte. Von ſeiner Rothhaarigkeit verlautet bei den mir bekannten Autoren Nichts.

93) Ghobâba, غُبَابَ, iſt eine Art Alluviale, die zwiſchen den Brinen

gehalten, wie ein Violoncell gespielt wird. Oaçâba, صَابَة, ist eine einfache Flöte aus Binsenrohr.

94) Dababh, قَبَض, heißt „Besitzthum" oder „Landgut", also Dababh Schaŷch „Landgut des Stammeshäuptlings".

95) Hâŷif heißt „Abhang des Gebirges", ebenso der „Ungerechte", also würde Dababh Hâŷif „das Landgut am Bergesabhang" oder „das Landgut des Ungerechten" bedeuten.

95*) Diese Ansicht Wrede's ist wohl schwerlich stichhaltig. Die persischen Ebnâ wohnten in Yemen; daß sie je in Hadhramaut gewesen, davon verlautet nicht das Geringste. Die Ableitung des Wortes „Ebnâ", ابناء, ist übrigens sehr einfach. Es bedeutet lediglich „die Söhne", worunter man wohl die „Söhne des Landes", d. h. die autochthone Bevölkerung verstehen kann.

96) Ma'ŷsche, معيشة, heißt „Lebensmittel".

97) Thahâ von ضحا „ausschwitzen", d. h. das vom Baume aus der Rinde „ausgeschwitzte" Harz.

98) Schedscheratel Ṭâ'a, شَجَرَةُ الطَّاعَة, d. h. der „Baum des Gehorsams", weil er bei der Berührung die Blätter einzuziehen scheint, b. h. bildlich der berührenden Hand „gehorcht".

99) Dârel es Sohâ, قَارَةُ الزُّخَا, d. h. „Hügel der Heerden".

100) Bihr Schŷh, بِيرْ شِيخ, d. h. „Brunnen des Schŷh", d. h. der Absinthpflanze.

101) Ghowaŷṭe, غُوَيْطَة, terra ampla et plana in Diminutiv.

102) Dâhlme, قَائِمَة, d. h. das „aufrechte, feste, erhabene" (Schloß).

103) Olnnŷne, يَنِينَة. Die Bedeutung dieses Wortes ist „ein Gefäß von Glas" oder „ein Glasfläschchen". Wir haben oben schon Qirbe (Schlauch) und Qolle (Krug) als Ortsnamen gehabt, aber diese sind dadurch leicht in solcher Anwendung zu erklären, daß beide Utensilien von den Arabern vielfach gebraucht und verfertigt werden. Die Olnnŷne dagegen wird jetzt nirgends in Arabien fabricirt und Glas überhaupt nicht gemacht. Der Name ist deshalb ein auffallender und vielleicht auch von Wrede nicht richtig wiedergegeben.

104) 'Abd el Manâh, d. h. „Diener des Manâh", ist ein höchst auffallender Name für einen Moslim, denn Manâh war eine Gottheit der heidnischen Araber vor Mohammed, und zu dieser Zeit war der Eigenname 'Abd el Manâh ein sehr gebräuchlicher, wurde jedoch, wie alle heidnischen Namen, durch den Propheten verboten. In Hadhramaut allein scheint er sich, ähnlich wie der andere

heidnische Name „'Abd el Jaghuth" (Anm. 106) erhalten zu haben. Die Leute sind zu unwissend, um damit irgend eine Bedeutung zu verbinden, sondern glauben wahrscheinlich es seien höchst orthodoxe Benennungen.

105) Dschul bd Jaghuth. Dschul oder Dschaul (جول) heißt „der Brunnen". Bd Jaghuth ist ein Stammesname, die „Söhne des Jaghuth". Jaghuth aber ist wieder ein heidnischer Völkername, über dessen Verehrung s. Krehl, Religion der vorislamitischen Araber, Leipzig, Serig 1863, S. 78.

106) Matny, Relativum von Matn, مَتْن, pars dura terrae et elata.

107) Dscholaye, Relativum von Dschold, جَفَا, quod propellit secumque fert aquae fluxus.

108) Iram dsát el issnad, d. h. „die Veste mit den Säulen. Es wäre Unsinn eine Stadt dieses Namens oder unter der Benennung „Dsát el 'Amud" (Maqrthy) zu suchen, obgleich der Cordu sie als Hauptstadt der 'Aditen bezeichnet. Aber es ist bekannt, daß die Araber unter „Aditische Werke" das bezeichnen, was wir etwa unter „Cyklopenbauten" verstehen, d. h. Gebäude aus einer unbekannten räthselhaften Vorzeit. Auch brauchen wir kaum zu bemerken, daß Wrede hier nur eine Volkstradition citirt, die auf den wahren Ursprung der Ruinen von 'Obne nicht das geringste Licht wirft. Die himyarische Inschrift, welche Wrede hier copirte, giebt uns auch nicht erhebliche Aufschlüsse. Nur lehrt uns ihr Vorhandensein, daß Habhramaut zur Zeit der Erbauung der Mauern von 'Obne unter himyarischen Fürsten, entweder als mittelbar oder unmittelbar (durch einen Kahyin, Dayl oder Wair, wie die himyarischen Satrapen hießen) verwaltete Provinz des Königreiches Jemen stand. Habhramaut war nicht der eigentliche Sitz der Himyariten, sondern Jemen, und nur zur Glanzzeit des himyarischen Reiches in Jemen wurde diese Provinz tributpflichtig. Dieser Umstand erklärt auch die geringe Anzahl himyarischer Schriftdenkmäler im oceanischen Arabien, denn außer den Inschriften von 'Obne, Naqb el Habschar, Nasár und Hiçn el Ghorab sind bis jetzt keine Denkmäler dieser Sprache östlich von Jemen entdeckt worden, während in Jemen selbst die Ausbeute eine reiche war. Interessant ist die Inschrift von 'Obne hauptsächlich dadurch, weil wir auf ihr deutlich den Namen Habhramaut lesen, jedoch etwas anders geschrieben als der heutige arabische, nämlich Habhramaut, ohne Diphtong in der letzten Sylbe. Dieser Umstand straft die arabische Etymologie Lügen, welche aus Habhramaut gern (der heutigen Orthographie gemäß) „die Bezirkheit des Todes" oder „die Wohnung des Todes" machen möchte. (E. Wrede's Inschrift am Schluß des Werkes und über den Namen Habhramaut die Wrede'sche Königsliste, Anhang I.)

109) Oçayde, Diminutiv von Açåd, اسأل, ein „kahler Ort im Gebirge".

110) Dsiçaybq kommt von Dsiçb, ذيب, Wolf oder Schakal. Es war bei den ältesten Bewohnern Arabiens und zum Theil noch bei den spätern eine Ehrensache für einzelne Menschen, wie ganze Stämme, sich nach Thieren zu benennen, denen sie kriegerische Eigenschaften zuschrieben. Dsiçaybq hieß also das

„Wolfsgeſchlecht" und Jollē ſoviel bedeuten, als „die muthigen Räuber", denn die offene Raubfehde galt von jeher bei den Arabern für ehrenvoll.

111) Die von Wellſted copirte Inſchrift von Naqb el Hadſchar findet ſich in Rödiger's Ausgabe von Wellſted's Reiſen in Arabien (Halle 1842) erklärt. Sie iſt inſofern intereſſant, als ſie zweimal den Namen Mahſa'a in der himjariſchen Form „Mahſat" enthält, alſo ein Beweis, daß der „Wâdiy Mahſa'a" ſchon in älteſter Zeit dieſen Namen führte. (S. auch Wrede's Inſchrift am Schluß dieſes Werkes, die gleichfalls den Namen Mahſat zeigt.)

112) Ghowahle, Diminutiv von Ghauța, غَرْطَة, heißt „weiche Erde" (ſ. oben Anm. 101).

113) Tarr, eine Art Trommel, aus einem ausgehöhlten Kürbis gemacht.

114) Rhaybe, nach Wrede's Schreibart ſollte man hier غَيْضَة (arboretum, palus) vermuthen, alſo würde Rhaybe eſſ Sfowaybe (Dim. von أَسْوَد, ſchwarz) der „ſchwärzliche Schilfſumpf" bedeuten. Wahrſcheinlich iſt jedoch die richtige Schreibart Rayde, رَيْدَة, ein ſehr häufig in Arabien vorkommender Ortsname. Auch Jâqut (Jacut ed. Wüſtenfeld, II, 776) erwähnt ausdrücklich zwei Ortſchaften dieſes Namens in Hadhramaut, wofür El Hamdâny ſein Gewährsmann iſt. Die eine heißt „Rayde el 'Ibâd" oder vielleicht „Rayde el 'Abbâd", ريد العبّاد (ohne Vocaliſation). Rayde heißt eine „Felſenſpitze", 'Ibâd „die Sclaven" und 'Abbâd عَبّاد, daſſelbe wie عَابِد der „Anbeter". Alſo dürfte vielleicht das „Rayde el 'Abbâd", d. h. die „Felſenſpitze des Verehrers", welche Jâqut anführt, mit dem vielgenannten „Rayde ed Dyn" Wrede's, d. h. der „Felſenſpitze des Glaubens", identiſch ſein. Halten wir aber die Ausſprache „'Ibâd" (Sclaven) feſt, ſo führt uns der Sinn derſelben auf „Rayde eſſ Sfowaybe"; denn die 'Ibâd (die Sclaven) ſind faſt immer „Schwarze", und von ihnen konnte wohl der Ort die Bezeichnung „ſchwarz" bekommen. (Ein Schwarzer und ein Sclave iſt im Vulgärarabiſch einerlei Sinnes.) Das andere Rayde nennt Jâqut „Rayde el Haramyhe", d. h. das „verbotene oder geheiligte Rayde", und dieſes könnte gleichfalls für „Rayde ed Dyn" ſtehen. Solcher Angaben von Orten in Hadhramaut (bei Jâqut ſtets im weitern Sinne als großer Ländercomplex gebraucht) ſind bei Jâqut ſo außerordentlich wenige, daß wir dieſe koſtbaren Fingerzeige unendlich hoch ſchätzen müſſen.

115) Schi'be, شِعْبَة, ein „Gebirgsweg".

116) Thalyf, خَلِيف, ein „Weg zwiſchen zwei Bergen".

117) Baydra, بَيْدَر, „Tenne, in der Getreide gedroſchen wird".

118) Scheryn, شَرِين, die „Läufer" oder „Laufleute".

119) Schirta, شَرْكَة, die „Gemeinde" oder „Association".

120) Dorraja, قُرَيَّة, horreum frumentarium, „Getreidespeicher".

121) Ghaura, غَوْرَة, „abschüssiges Land", auch „Ebene".

122) Minser, مَنْظَر, „Wachthaus".

123) Ghebess, غَبَس, „Dunkelheit".

124) Nyr, نير, „jugum aratorium".

125) 'Amd, عَمَد, wahrscheinlich nom. act. von عَمَل, columna, palo fulsit, also „das Stützen durch Säulen oder Pfeiler"; ohne Zweifel eine Anspielung auf antike Ruinen.

126) Ein Dorra ben Mo'awiha kommt in Wüstenfeld's genealogischen Tabellen vor, 4, 16.

127) Hobul, خُبُول, Plural von حَبَل, eine „weit ausgebreitete Sandfläche".

128) Reshun, derivatum von نَفَح, „wohlriechen", also „Ort des Wohlgeruches".

129) Lohun von لها, delectatus fuit, also „Lust, Freude, Glückseligkeit".

130) Má Radhy, مَاءٌ رَضِيَ, das „liebliche Wasser".

131) Die Beduinen glauben, daß das Blut eines Ermordeten so lange die Erde röthet, bis es durch den Tod des Mörders oder eines seiner Verwandten gerächt ist und daß bis dahin Nichts im Stande ist, seine Spur zu vertilgen.

132) Bihr Borhut, بِيْر بَرْهُوت, und Bihr Barahut, بِيْر بَرَهُوت, beide Lesarten finden sich bei Jâqut (Jaout ed. Wüstenfeld, I, 594); ja dieser Geograph führt sogar noch eine dritte Lesart, „Balhut" بَلْهُوت, an (die sich übrigens auch bei Ibn Haulal findet), wonach der Ort, in welchem der Brunnen liegt, zwar „Borhut", der Brunnen selbst aber „Balhut" heißen soll. Da dieser Brunnen auch unserm Autor Anlaß zur Anführung arabischer Fabeln über den Styx gegeben hat, so dürfte es wohl passend sein, hier die ältern dieser Fabeln, wie sie Jâqut gesammelt hat, anzuführen. Jâqut sagt: Es heißt „Barahut" sei ein Brunnen in Habhramaut, Andere aber sagen, so heiße die Ortschaft, in welcher besagter Brunnen liegt. Ibn Dorayd aber schreibt „Borhut" und sagt, es sei dies ein bekannter Widhy. Mohammed ben Ahmed sagt: Nahe bei Habhramaut ist ein Brunnen „Borhut" und das ist der, von welchem der Prophet gesagt hat, daß in ihm die Seelen der Ungläubigen und der „Heuchler" (die Monâfiqyn von Medyna, die nur lau im Glauben waren)

weisen. Es wird behauptet, daß 'Alyy (der Schwiegersohn des Propheten) gesagt habe: Verhaßt ist bei Gott ein Ort auf Erden, nämlich der „Wādiy Borhut" in Ḥaḍramaut; in ihm wohnen die Seelen der Ungläubigen, und hier ist ein Brunnen, dessen Wasser ist schwarz und stinkend. Nach einer andern Version sagte er ('Alyy): Verflucht ist ein Brunnen auf der Erde, nämlich der „Bi'r Balhut" in „Borhut"; es sammeln sich in ihm die Seelen der Ungläubigen. Aṣma'y aber erzählt, daß ein Mann aus Ḥaḍramaut ihm Folgendes berichtet habe: Einst stieg aus aus dem Grunde des Borhut ein über die Maßen abscheulicher Geruch, von ganz ausnahmsweisem Gestank, und siehe da! wir erfuhren nachher, daß gerade zu jener Zeit eine ungeheure Menge von Ungläubigen gestorben war, und wir erkannten, daß dieser Geruch von ihnen herstammen müsse (d. h. von ihren Seelen, die in den Brunnen geschleudert wurden). Nach 'Abbās (dem dritten Chalyfen) sind die Seelen der Gläubigen in einer reinen Wasserburg (wörtlich Aquarium) im Lande Syrien, die der Ungläubigen dagegen in Borhut in Ḥaḍramaut. Ibn 'Oḥayna sagt: Ein Mann erzählte mir, daß er einst in Borhut übernachtet habe, und da „hörte ich, so sprach er, die ganze Nacht ein Chaos wild durcheinander streitender Stimmen und ein unsägliches Geschrei". Abān ben Taghlib erwähnt, daß ein Mann, welcher einst im Wādiy Borhut zur Nachtruhe eingekehrt war, ihm Folgendes gesagt habe: Ich hörte die ganze Nacht hindurch fortwährend den Ruf: „O Duma! O Duma!" und da dachte ich an jenen Mann vom Volke der Bücher (Christen oder Juden), welcher ansagt, daß der König der verdammten Seelen „Duma" heiße.

133) Haura, حَوْرَة, die „Zerstörung", von der zerstörenden Kraft der winterlichen Gießbäche so genannt.

134) Ḥaḍscharyn, حَجْرين, „die Steine", also Wādiy Ḥaḍscharyn das „steinige Thal".

135) Moçyle, مصيلة, von صال, „überschwemmen"; der Wādiy Moçyle führt zur Regenzeit außerordentliche Wassermassen dem Meere zu.

136) Sāḥ, ساح, die „Niederung am Meere". Der „sandige Strand", was die Franzosen „la plage" nennen.

137) Ḳaçr, قَصْر, „Festung". Der Wādiy Ḳaçr ist wahrscheinlich so benannt von den zwei mittelalterlichen Festungen Schibām und Teryn, welche bereits Ibryšy erwähnt.

138) Ghofar, von غَفَر, „bedecken", also „Stadt der Dächer".

139) Ghiṭamm, غِطَمّ, „mare magnum", hier natürlich im bildlichen Sinn für „große Ebene" oder „Wüste".

140) Ghoraf, غُرَف, Plural von غُرْفَة, coenaculum.

141) Schibâm, شِبَام. Nach Jâqût (Jacut ed. Wüstenfeld, III, 247) gab es vier Orte, welche diesen Namen führten: 1) Schibâm Kaukebân eine Tagereise westlich von Çan'â, auf einem hohen Berge gelegen, zu dem nur ein einziger Weg führt. 2) Schibâm Sochaymu, سُخَيْم, dreizehn Parasangen süd östlich von Çan'â. 3) Schibâm Harâz, جَرَاز, zwei Tagereisen westlich von Çan'â. Endlich 4) Schibâm in Habhramaut, eine der zwei Hauptstädte Habhramauts, deren andere „Terŷm" ist. Dieses Schibâm, mit dem wir es allein hier zu thun haben, ist oft mit dem ersten der vier Schibâm, mit dem Schibâm Kaukebân, كَوْكَبَان, verwechselt und die unzugängliche Lage des letztern auf das erstere bezogen worden, so von Maqrŷzŷ (M. de valle Hadhramaut, ed. Dr. P. Berlin, Bonn 1866, p. 7 et 18) und von Jdrŷsŷ (ed. Jaubert, I, p. 149—162), welcher zwar sein Schibâm ausdrücklich Schibâm „in Habhramaut" nennt, aber dessen Lage doch so schildert, daß wir bei seiner Beschreibung nur an das Schibâm Kaukebân des Jâqut denken können. Auch der Umstand, daß Jdrŷsŷ die Entfernung Schibâms von Mârib als nur vier Tagereisen betragend angiebt, während die Stadt in Habhramaut wenigstens zehn bis zwölf Tagereisen davon entfernt ist, dürfte auf derselben Verwechselung beruhen, denn die angegebene Entfernung paßt recht gut auf Schibâm Kaukebân, wenn wir berechnen, daß in Gebirgsgegenden die Tagereisen (nach dem Maßstab der Entfernung in geographischen Graden) sehr klein ausfallen. Daß das Schibâm in Habhramaut ohne Zweifel mit dem Sabota oder Saubatha der Alten identisch, wurde schon in der Einleitung erwähnt. Im Mittelalter hieß die Stadt Schabwa,

شَبْوَة, oder Schabut, شَبْوَت, und unter diesem Namen führt sie Jâqut an einer andern Stelle an (Jacut ed. Wüstenfeld, III, 257). Die Stelle lautet: Ibn Hâzil sagt: Schabwa war eine Stadt der Himyariten, und als diese mit den Madschidsch kriegten, wanderten die Leute aus, und nach ihnen wohnten daselbst Habhramauter und von diesen wurde erst die Stadt „Schibâm" benannt.

Der Ursprung dieses Namens war, daß die Stadt vorher „Schibâh", شِبَاه, (das s ist hier nicht Finale), hieß und daß das „h" für das „m" als Schluß buchstabe ausgetauscht wurde (d. h. aus Schabwa wurde erst Schibah und daraus später Schibâm). Eine andere Uebergangsepoche in der Aussprache dieses Namens bezeichnet die Lesart des Maqrŷzŷ (M., a. a. O., S. 32), welcher „Schibwa",

شِبْوَة, vocalisirt, eine Variante, die in der Mitte zwischen Schabwa und Schibâh steht. Bei fast allen arabischen Geographen heißt es, daß bei Schibâm und Terŷm zwei Flüsse sich vereinigen, aber keiner sagt, wohin sie ihren weitern Lauf wenden (Maqrŷzŷ, a. a. O., S. 4). Diese Flüsse sind ohne Zweifel der Wâdŷ Oaçr und der Wâdŷ Nachine (s. Karte).

142) Tarh̊le, طَرِيزَ, die „Schöne".

143) 'Âribha, عَارِضَـة, die „Weite".

144) Borr, بَر, „Weizen".

145) Tyårbh, Relativ. von تُرْب, „Staub", also die „Staubige".

146) Râchihe, رَاخِيَة, „weich, sanft", also Wâdiḥ Râchihe, der „sanft-fließende Fluß".

147) Teryn, تَرِيم, dieses und Schibâm sind die einzigen Städte des eigentlichen Haḥramaut, welche die arabischen Geographen kennen. Ḥâqut (I, 746) sagt, Schibâm und Teryn waren die Namen zweier Stämme und von diesen wurden die beiden Städte benannt.

148) Scha'be, شَعْبَة, „Menge" oder ein „großer Stamm".

149) Tsohur, ظَهُور, „Weg in der Wüste".

150) Ḥanân, حَنَان, „Ueberfluß".

151) 'Arâba ist ein öfters vorkommender Eigenname. 'Arâba ben Aus ben Daybḥ, der zu Mohammed's Zeit lebte, war vom Stamme Aṣd ben Kaḥlân ben Saḥṭân.

152) Ma'budh, Relativ. von مَعْقَد, das „Gezählte", vielleicht das „Dorf".

153) Aqnâb, أَنْقَاب, Plural von Qanaba, der „Hanf", also etwa die „Hanfpflanzung". Dieser Name wurde auf den alten Karten stets Aqnab oder Ainab geschrieben, bei Wrede findet sich aber nur ganz deutlich q und nie b in der Vulgärform des Namens, da Aqnab wie Aguab gesprochen wird.

154) Thowayry, Relativ. von ثَوْر, „Stier", im Diminutiv. Etwa der „stierreiche Ort".

155) Ḥiçn Baḥdra. Baḥdra, بَيْدَرَة, die „Tenne"; also „Schloß der Tenne".

156) Torbel el Molul, Torbet, تُرْبَة, „Grabstätte"; also Torbel el Molul, „Grabstätte der Könige".

157) Ma'ḥq, مَعِيق, „tiefgelegen" oder auch „tief" von einem Flußbett.

158) Choraychyr, خُرَيْخَيْر, Diminutiv von خُرْخَار, aqua fluens copiosa; also ist das Dorf nach einem „kleinen, aber nicht versiegenden Gewässer" benannt.

159) **Sjowahq**, Dim. von سوق, „Markt".

160) **Marâwâ**, مراوى, nomen loci von روى, „Wasser schöpfen"; also etwa „der brunnenreiche Ort".

161) **Homahſcha**, Dim. von حميشة, „die Versammlung"; also etwa „die kleine Gemeinde".

162) **Monaqqhra**, Dim. von منقرة, „ausgegraben", „ausgemeißelt", im Fem.

163) **Bender oder Bander** ist kein arabisches, sondern ein persisches Wort und wird oft für „urbs, portus, locus" gebraucht.

164) **Gahwa**, غهوة, „in terra aequali scroba, in quo aqua est". Die Bedeutung bezieht sich jedenfalls auf eine sumpfartige Lage, in der das Wasser keinen Ausfluß hat, und trifft nach Wrede's Beschreibung hier ein. Gahwa ist nach Jâqut (III, 235) ein erhöhter Ort oder hohes Gebäude in oder bei einer Stadt.

165) **Monqir und Neqr**, beide vom Verbum نقر, „erforschen", das erste des adj. verb. activum IV, منقر, „der Erforscher", das andere das nom. actionis I, نقر, „die Erforschung", doch bildlich hier auch für „Erforscher" stehend.

166) **Ahqâf**, أحقاف, Plural von حقف, „arena obliqua". Nach Jâqut (Jacut ed. Wüstenfeld, I, 154) giebt es bei den Arabern darüber, welche Oertlichkeit eigentlich unter „el Ahqâf" zu verstehen sei, drei verschiedene Versionen. Nach der einen wäre el Ahqâf ein Wâdin zwischen 'Omân und Mahra, nach der andern eine Wüste zwischen 'Omân und Habhramaut, nach der dritten eine hochgelegene Sandstrecke über dem Meerbusen von Schihr gegen Jemen zu liegend. Jâqut bemerkt, daß alle diese drei Ansichten sich sehr gut vereinigen lassen, denn in der That ist el Ahqâf eine große „schiefe Sandebene", die sich im Norden von Habhramaut und Mahra zwischen Jemen und 'Omân hinzieht. Ihre genauen Grenzen sind uns aber noch ein Räthsel. Nach einer Tradition, welche Jâqut erwähnt, ist in der Wüste el Ahqâf eine Höhle, in welcher der Prophet Hud begraben liegt. (Auch das von Wrede genannte Qabr Hud liegt ganz im Norden von Habhramaut, nach Einigen schon in der Wüste el Ahqâf.) Das Grab des Hud in der Wüste el Ahqâf wird von Jâqut auf folgende fabelhafte Weise beschrieben: Einst kam ein Mann von Habhramaut zu 'Alyy (dem Schwiegersohn des Propheten) und dieser fragte ihn nach dem Grabe des Propheten Hud, worauf denn der Mann erzählte: In meiner Jugend zog ich einst mit mehreren Gefährten aus in die Wüste, um sein (des Propheten Hud) Grab zu suchen, und wir kamen in das Land el Ahqâf und bei uns war ein Mann, der die Gegend kannte; da gelangten wir an einen rothen Sandhügel, in welchem viele Höhlen waren, und wir drangen in eine derselben ein, welche

wir sehr groß fanden; hier kamen wir an zwei Felsen, deren einer den andern
bedeckte, und zwischen beiden fanden wir eine weite Spalte; In diese trat ich ein
und da sah ich einen Mann auf einem Throne sitzen, von dunkler Farbe und
kraftvoll, mit großem Kopf und dichtem Bart, aber sein Leib war ganz aus-
getrocknet und wie ich eine Stelle seines Körpers berührte, fand ich sie hart,
sodaß sie nicht nachgab, und bei seinem Haupte sah ich eine Aufschrift in arabischer Sprache, die aussagte: „Ich bin der Prophet Hud, der gegen die 'Abiten
eiferte wegen ihres Unglaubens und weil sie dem Befehle Gottes widerstrebten."
Als 'Aluy dies hörte, sagte er: „Ganz dasselbe habe ich von dem Propheten
Gottes (Mohammed) vernommen."

167) Ssafy, سَفَى, Relativ. von سَفَى, „sandig"; also „Bahr eṣ Ssafy",
بَحْرُ السَّفَى, das „sandige Meer" oder „Sandmeer".

168) Haschyisch ed Dsahab, حَشِيشُ الذَّهَب, das „Goldkraut", ein
wunderwirkendes Pflänzchen, das freilich nur die Phantasie der Araber geschaffen,
aber noch nie einer auch nur gesehen zu haben behauptet hat.

169) Ba'ra, بَعْرَة, die „Sandige".

170) Schihr, شِحْر; nach Jāqut (Jacut ed. Wüstenfeld, III, 263) heißt
die ganze schmale Küstenlandschaft zwischen Yemen und 'Oman „Schihra",
شِحْرَة, Schihr aber nur ein Theil dieser Küstenlandschaft; außerdem ist es
der Name einer Stadt. Aṣmaʿy sagt, daß der Ambra, genannt Schihry, an
diesem Strande gefunden werde. Wie wenig bekannt diese ganze südliche Landschaft unter den Arabern von jeher war, beweist der Umstand, daß gerade sie
vorzugsweise zu einem Schauplatz von Fabeln und Monstruositäten gemacht wird.
Wir haben schon oben die Fabeln über Cabr Hud, el Ahqáf und den Brunnen
Barhut angeführt. Ebenso ist das Werk des Maqryzy über Hadhramaut fast
Nichts als ein Gewebe von Fabeln, in denen Menschen fliegen, sich in Thiere
verwandeln, Zauberreien aller Art verüben u. s. w. Von Schihr im Besondern
berichtet Jāqut die Fabel vom Nassnás, نَسْنَاس, eine Art von Halbmenschen,
die hier ihrer Originalität wegen eine Stelle finden möge. Ein Araber erzählte:
Ich reiste durch Schihr und kehrte daselbst bei einem Manne aus Mahra ein,
einem vornehmen Häuptling. Nachdem ich bei ihm einige Tage gewohnt hatte,
brachte ich das Gespräch auf den Nassnás und er sagte: „Wir jagen ihn und
essen ihn. Es ist das ein Thier, welches nur einen Arm und ein Bein hat
und ähnlich ist's mit allen seinen Gliedern." Da rief ich: „Bei Gott, ich möchte
das wohl sehen!" Darauf sprach er zu seinen Dienern: „Jaget eins von diesen
Thieren und bringt es uns!" Am folgenden Tage, siehe da! da kamen die
Jünglinge an mit einem Wesen, das hatte das Gesicht eines Menschen, jedoch
so, daß es nur die eine Hälfte eines Gesichts war, und einen einzigen Arm,

mitten von der Brust ausgehend, und ein einziges Bein. Als mich nun dieser Halbmensch erblickte, da rief er: „Ich rufe Gott und Dich um Hülfe an!" Da sagte ich den Jünglingen: „Lasset ihn frei!" Aber sie antworteten: „O, lasse Dich nicht durch seine Worte bewegen, denn er ist uns zur Speise bestimmt." Jedoch ließ ich ihnen keine Ruhe, bis sie ihn freigelassen hatten. Da lief er davon, eilig wie der Wind. Als nun am folgenden Tage der Mann, bei dem ich wohnte, seine Diener fragte, ob sie auf der Jagd gewesen seien und den Naßnäff gebracht hätten, antworteten sie: „Wohl hatten wir es gethan, aber Dein Gastfreund hat ihn wieder freigelassen." Da lachte mein Wirth und sagte: „O, er hat Dich angeführt!" Darauf befahl er ihnen Morgen wieder auf die Jagd zu gehen, und ich sprach: „Ich gehe mit ihnen", und er erwiederte: „Thue es!" So brachen wir dann am folgenden Tage mit den Jagdhunden auf und kamen an einen großen Sumpf, wo wir bis in die tiefe Nacht hinein blieben. Plötzlich hörten wir eine Stimme sagen: „O Abd Midschmar (Name des einen Naßnäff)! Der Morgen röthet sich schon und die Nacht ist vorbei, der Jäger aber nahe, und Du trägst Schuld daran!" Er antwortete: „Sei ruhig und verursache keinen Schrecken!" Da ließen die Jünglinge die Hunde auf sie (die Naßnuß) und ich sah Abd Midschmar, wie die Hunde ihn faßten, da sprach er:

„Wehe mir in meinem Unglück!
Mein Loos ist Trauer und Weinen;
Verfolgt mich nicht, o ihr Hunde!
Und hört meine Stimme und habet Mitleid.
Zu jetziger Zeit ergreift ihr mich,
Denn ihr findet mich hinfällig und schwach.
Wär' ich noch jung, ihr besieget mich nicht,
Ihr kämet dann selbst um oder ließet mich frei."

So klang seine Klage. Da erreichten sie ihn und packten ihn. Als der Morgen kam, bereiteten die Leute den Abd Midschmar als einen schmackhaften Braten.

Erster Anhang

zu

A. v. Wrede's Reise in Hadhramaut.

Ueber die Könige und Völker Südarabiens

bearbeitet

von

Heinrich Freiherrn von Maltzan.

Außer der obigen Beschreibung seiner Reise hat Wrede noch interessante Mittheilungen über die Stämme der von ihm durchreisten Länder hinterlassen, die wir hier übersichtlich geben. Auch die Königsliste von Yemen, welche Wrede dem Manuscript von Charaybe verdankt, verdient wohl hier mitgetheilt zu werden. Um ihr relatives Verdienst näher zu beleuchten, habe ich ihr die bekannte Königsliste von Caussin de Perceval an die Seite gesetzt. Die Königsliste von Hadhramaut ist jedoch etwas ganz Neues, und nichts bisher Veröffentlichtes kann dabei zu Rathe gezogen werden. Dieser erste Anhang zur Wrede'schen Reise enthält also folgende Haupttheile.

A. Liste der Könige von Yemen nach Wrede mit vergleichendem Hinblick auf die Liste von Caussin de Perceval.

B. Liste der Könige von Hadhramaut:

C. Liste der Beduinenstämme in Hadhramaut, Beny 'Yså, Habschar und Hamum.*)

---

*) Aus Nützlichkeitsgründen ist in diesen Anhängen zu Wrede's Werk die Schreibweise der Namen so modificirt, daß ﻉ durch ſ, ﺝ dagegen durch ż wiedergegeben wird, da es sich in diesem wissenschaftlichen Theile nicht um populäre Schreibart handelt und die Deutlichkeit dadurch gewinnt.

A. Königsliste von Demen nach Wrede und Caussin de Perceval.

Königsname nach Wrede.	Zahl in d. Königsreihe nach Wrede.	Königsname nach Caussin de Perceval.	Zahl in d. Königsreihe.	Jahreszahl nach Caussin de Perceval.	Bemerkungen.
Ja'rob ben Qahtân ben Hud.	1	Ja'rob ben Qahtân.	1	Jahre v. Chr. 794	Ja'rob hatte nach Wrede 15 Brüder, von denen die meisten südarabischen Stämme abstammten.
Jaschdschob ben Ja'rob.	2	Jaschdschob	2	761	
Sabá ben Jaschdschob, genannt 'Amir.	3	'Abd Schams, genannt Sabá el Akbar.	3	728	Bei Nâqut (II, 275) kommt ein 'Amir als „Sohn" des Qahtân vor, der den Beinamen „Habhraman" geführt hätte.
Himyar ben Sabá.	4	Himyar ben Sabá	4	695	Nach dem arabischen Manuscript von Charmîle stammten 1000 Könige von Himyar und regierten 3300 Jahre.
		Kahtân ben Sabá	5	nach 695	Dieser Bruder Himyar's figurirt nicht in der Wrede'schen Königsliste.
El Hamathja' ben Himyar.	5	Wâthila oder Wâhla ben Himyar.	6	662	Beide waren Brüder. Jede der Königslisten läßt einen andern Bruder regieren.
Aymau ben el Hamathja'	6	Schamyr ibn Mâlik ben Himyar.	7	vor 629	Mâlik, Vater des Schamyr, war nach Caussin de Perceval Bruder des Hamathja' und des Wâthila.
		Gaffal ben Zayd ben Wâthila.	8	nach 629	Sohn des Zayd, des Sohnes des 6. Königs nach Caussin de Perceval.

Königsname nach Wrede.	Zahl in d. Königsreihe nach Wrede.	Königsname nach Caussin de Perceval.	Zahl in d. Königsreihe.	Regierungszeit nach Caussin de Perceval.	Bemerkungen.
[El Ghauth, den Wrede übergeht, soll nach Maqrizy einen Bruder Namens „Hadhramaut" gehabt haben (Maqr. Bonn 1866, S. 16).]		Ḥa'for ben Mâlik.	9	Jahre n. Chr. 600	Ḥa'for war nach Wüstenfeld ein Sohn des Mâlik b. Ḥârith b. Morra b. Odad b. Zayd b. Jaschdschob b. 'Arîb. Zayd b. Kahlan stammt also vom 5. Könige ab.
		'Amir b/u Rydsch.	10	596	Wahrscheinlich Bruder des Ḥa'for. Bei Wüstenfeld kommt ein 'Amr als Bruder Ḥa'for's vor.
Zohayr (b. Ghauth) ben Ayman (hatte nach Maqrizy unter Andern auch zwei Söhne, davon einer Hadhramaut, der andere Hadhramy hieß).	7	Ro'mân el Mo'âsîr.	11	563	Bei Wüstenfeld steht blos el Mo'âsîr (ohne Ro'mân). Bei Wrede ist Zohayr der Sohn, nicht der Enkel Ayman's.
'Orayb oder 'Aryb ben Zohayr.	8	Asmâ.	12	540	Bei Wrede steht 'Orayb, bei Wüstenfeld 'Aryb, offenbar derselbe König.
		Abyan.	13	530	Abyan soll ein Bruder 'Orayb's gewesen sein (nach Causs. de Perc.).
Oasen ben 'Orayb.	9	Dschabbâr.	14	497	Bei Wüstenfeld ist Oasen ein Sohn des 'Auf ben 'Orayb, also ein Enkel, nicht ein Sohn des 8. Königs nach Wrede.

Königsname nach Wrede.	Zahl in d. Königsreihe nach Wrede.	Königsname nach Caussin de Perceval.	Zahl in d. Königsreihe.	Jahreszahl nach Caussin de Perc. erwal.	Bemerkungen.
				Jahre v. Chr.	
Dschaihâu ben Oajan (fehlt bei Jâqut, II, 275).	10	Ein Usurpator aus Nedschrân.	15	464	Wrede's Liste führt im Folgenden noch die Nachkommen Hamaysa's als Könige an, während nach Cauß. de Perc. eine Reihe von Usurpatoren im Lande herrschte.
El Ghauth ben Dschaihâu (bei Jâqul El Ghauth ben Oajan).	11	Der 2. König von den Usurpatoren aus Nedschrân.	16	431	El Ghauth heirathete nach Wrede eine Tochter Dû 'l Qarnaïn's, die erst nach el Ghauth's Tod dessen Nachfolger gebiert.
Wâyil b. el Ghauth.	12	Der 3. Usurpator.	17	398	Wrede schreibt zwar Biyil, aber offenbar muß hier nach Jâqut, II, 275 Wâyla berichtigt werden.
'Abd Schams ben Wâyla.	13	'Abd Schams.	18	365	Plötzlich stimmen wieder beide Listen zusammen. 'Abd Schams unterbricht die Reihe der Usurpatoren bei Cauß. de Perceval.
Aßuâr (eç Çawar) ben 'Abd Schams (der Dschoschamb des Jâqut?).	14	Der 4. Usurpator.	19	332	Eç Çawar, bei Wrede Aßuâr geschrieben, findet sich in Wüstenfeld's Register S. 160.
Dju Haqdom ben eç Çawar (der Mo'dwiya des Jâqut?).	15	Der 5. Usurpator.	20	299	Im Manuscript von Thomayde heißt es, daß zu Haqdom's Zeit der Prophet Joseph, Sohn Jakob's, gelebt habe.

Ueber die Könige und Völker Südarabiens.

Königsname nach Wrede.	Zahl in d. Königsreihe nach Wrede.	Königsname nach Caussin de Perceval.	Zahl ind. Königsreihe.	Jahrszahl nach Caussin de Perceval.	Bemerkungen.
Dsu 'Ans ben dsu Yaqdom (der Dahs des Diqui?).	16	Der C. Usurpator.	21	Jahre v. Chr. 266	Wahrscheinlich derselbe, der bei Wüstenfeld dsu Abyan ibn dsu Yaqdom heißt. Dsu paßt nicht gut vor 'Ans, das ein selbständiger Name ist; er hieß wahrscheinlich 'Ans dsu Abyan.
'Amru ben dsu 'Ans (nach Diqui 'Amru b. Dahs, b. Mo'âwiya, ben Dschoscham, ben 'Abd Schams, b. Wäyla u. s. w. zubenannt Hadhramaut).	17	Hasan el Dahl.	22	233	Hasan war nach Causs. de Perc. Sohn des 'Amr, b. Dahs, b. Mo'âwiya, b. Dschoscham, b. Wäyl. Dschoscham wäre demnach ein Bruder des 'Abd Schams des 18. Königs der 2. Liste. Nach Wüstenfeld war er dessen Sohn.
El Molzaj ben 'Amru.	18				
'Amr ben el Molzaj.	19				Caussin führt el Molzaj an, nicht aber als König. Sein Sohn 'Amr dagegen findet sich nicht bei ihm.
Schebbâb ben el Molzaj.	20	Schebbâb ben el Molzaj.	23	200	Beide Listen stimmen wieder überein.
		Loqmân ben el Molzaj.	24		Nach Wrede regieren die Brüder Schebbâb's nicht, sondern ihm folgte sein Sohn Wâbiça.

Königsname nach Wrede.	Zahl in d. Königs reihe nach Wrede.	Königsname nach Caussin de Perceval.	Zahl in d. Königs reihe.	Jahreszahl nach Caussin de Perceval.	Bemerkungen.
		Dsu Schebbâb ben el Mostât. (Hârith er Râyisch.)	25	Jahre v. Chr. (26)	Auf diesen König läßt Cauſſ. de Perc. Hârith er Râyisch folgen, den 26. in seiner Liste. Da ihn Wrede aber erſt nach der Zwischendynaſtie der Tobba' anführt, so findet er bei uns seine Stelle später.
Wâbiça ben Schebbâb.	21	Açhâb bßa el Darnaÿu ben Schebbâb.	27	167	Vielleicht waren Wâbiça und Açhâb eine und dieselbe Person, deren Namen durch verschiedene Copiſten entſtellt wurden.
Tobba' ben Zayb.	22				Hier beginnt die Zwischendynaſtie der Tobba', welche Wrede allein anführt.
El Hann ben Tobba'.	23				Der Name iſt nach dem Wrede'ſchen Manuſcript nicht el Hann, wie Oſſander las, sondern der bekannte arabiſche Eigenname Hann, el Hann (الْهَنُون).
Bâ Hann ben Tobba'.	24				Bâ, der südarabiſche, namentlich hadhramautiſche Ausdruck für Ibn (Sohn), sowohl im Singular wie im Plural ganz gleich gebraucht. Bâ ſteht also hier für Ibn.

Ueber die Könige und Völker Südarabiens.

Königsname nach Wrede.	Zahl in d. Königsreihe nach Wrede.	Königsname nach Caussin de Perceval.	Zahl in d. Königsreihe.	Jahrhundert nach Caussin de Perceval.	Bemerkungen.
				Jahre v. Chr.	
Zahrân ben Sá Hann.	25				Es erhellt nicht, ob der folgende König ein Sohn des Zahrân war oder überhaupt zu seiner Dynastie gehörte.
Tálib Rim (Riäm?)	26				Bei Wrede steht nach Rim ein Fragezeichen.
Hátchib b|u Mahra.	27				Mit diesem Könige endet die Zwischendynastie der Tobba', denn dem nächsten ist sein Geschlechtsregister beigefügt, welches ihn in die alte Dynastie einreiht.
Hârith, ben Schebbâd, ben Qays, ben Sánay (?), ben Himyar er Toghayr, genannt er Räyisch.	28	Hârith er Räyisch ben Schebbâd, ben el Moltät, ben 'Amr, ben b|u Yaqdom, ben 'Abd Schams.	25		Trotz der Verschiedenheit einiger Glieder der Genealogie erhellt doch, daß hier in beiden Listen eine und dieselbe Person, welche beide Hârith er Räyisch ibn Schebbâd nennen, gemeint sei. Da Hârith der Sohn des 21. Königs der II. Liste ist, so können die 6 Tobba', welche zwischen ihm und seinen Vorfahren regierten, nicht lange geherrscht haben.
Abraha ben el Hârith.	29	Abraha ben el Hârith, genannt b|u el Manâr.	29	184	Als 27. König figurirt auf der II. Liste der oben genannte Achib ibn Schebbâd. Vielleicht regierte Hârith zweimal, einmal vor Achib und den Tobba' und einmal nach diesen.

Königsname nach Wrede	Zahl in d. Königsreihe nach Wrede	Königsname nach Caussin de Perceval	Zahl in d. Königsreihe	Jahrzahl nach Caussin de Perceval	Bemerkungen
Afryqus ben Abraha.	30	Afryqus ben Abraha.	29	Jahre v. Chr. 101	Der fabelhafte Eroberer von Afrika.
		Dſu el Abhâr ben Abraha.	30		Wrede's Liſte kennt dieſen und den folgenden Sultan nicht.
		Schorhabyl ben Dſu el Abhâr.	31	68	Wrede nennt den Schorhabyl zwar als Vater des 31. Königs (der II. Liſte), aber nicht ſelbſt als König.
Hobâb ben Sârah, ibn Schorhabyl.	31	Hobâd bſu Aſchrah (Sarh oder Scharh) ben Schorhabyl.	32	35	Wahrſcheinlich iſt das ben Sârah bei Wr. ein Fehler und muß bſu Aſchrah heißen, da ſonſt die beiden Namen vollkommen identiſch ſind. Bei Wüſtenfeld (Tab. 9, 16) finden wir einen Dſu Hobbân, ben Scharâhyl, der höchſt wahrſcheinlich derſelbe ſein dürfte, wie Hobâd ben Schorhabyl.
Bilqyis bint el Hobâd, Königin von Sabi und Erbauerin von Mârib.	32	Bilqyis. Cauſſin de Perceval giebt ihr zwei Ahnherren, nämlich Hobâd und 'Alyſchrah, ben bſu Dſchadân, ben 'Alyſchrah, ben Hârith und ſcheint dadurch zu Fresnel's Anſicht zu neigen, wonach 'Alyſchrah, der	33	2	Fresnel im Journal Asiatique, Serie IV, Bd. IV, S. 203, behauptet nach Nowayri, daß der Vater der Bilqyis nicht König geweſen. Aber Nowayri ſelbſt nennt den Vater der Bilqyis „bſu Aſchrah", welches ein Beiname Hobâd's war, und Maſudy und Ibn Hambun nennen ihren Vater ausdrücklich Hodhâd (Hobâd). Bilqyis war die berühmte

Ueber die Könige und Völker Südarabiens.

Königsname nach Wrede.	Zahl in d. Königsreihe nach Wrede.	Königsname nach Caussin de Perceval.	Zahl in d. Königsreihe.	Jahreszahl nach Caussin de Perceval.	Bemerkungen.
		Vester des Königs von Jemen, Vater der Bilqis und Hodhâd ihr mütterlicher Oheim war.		Jahre v. Chr.	Königin von Sabâ, von der der Qorân spricht, die zu Salomon gekommen sein soll.
Hâsir Tasâ'am ben Amru, ben el 'Abd ben Abraha.	33	Hâsir Jon'im.	34		Jon'im und Tasâ'am bedeuten beide dasselbe, nämlich „er lebte in Wohlbehagen". Nach Fresnel wäre Hâsir der mütterliche Oheim der Bilqais. Nach Wrede war er gar nicht nahe mit ihr verwandt.
Schamrir, ben Afryqys, ben Abraha bşu el Minâr, ben el Hârith, ben Schebbâb.	43	Schammir Da'rosch.	35		Hier findet sich eine Lücke von 9 Namen vom 34.—43. König bei Wrede, doch wahrscheinlich sollte die Lücke erst nach diesem König gerechnet werden.
		Abu Mâlik.	36	31	
		Zayd el Aqra'.	37	64	
		Dşu Habischân ben Zayd el Aqra'.	38	64—90	
		N. N.	39	97—140	
		Dobba'.	40	105—150	
		Oala'n Qârib.	41	180—180	

Erster Anhang.

Königsname nach Wrede.	Zahl in d. Königsreihe nach Wrede.	Königsname nach Caussin de Perceval.	Zahl in d. Königsreihe.	Jahrezahl nach Caussin de Perceval.	Bemerkungen.
Tobba', genannt Dfu el Qarnahu ben Schamrir.	44	Tobba' Tiba'âu Afab ben Odrib.	42	Jahre v. Chr. 163—200	Das „Ibn Schamrir" bei Wrede deutet gewiß nicht auf eine directe Vaterschaft, sondern auf eine Abstammung in 4. oder 5. Generation.
		Hafan Tobba'.	43	196—236	Hier beginnen zahlreiche Lücken bei Wrede.
'Amr ben Tobba'.	45	'Amr ibn el 'Awwâb.	44	200—250	Nach Caussin de Perceval waren beide 'Amr verschieden, der eine der 44. König, der andere ein Königssohn, der nicht regierte.
		Die vier Brüder, Söhne 'Amr i[n el 'Awwâb.	45	229—270	Lücke von 70 Jahren bei Wrede.
		Ihre Schwester Abbha'a.	46		
'Abb Kolâl ben Mathub.	46	'Abb Kolâl.	47	238—278	Abstammung unbekannt.
		Tobba' ben Hafan.	48	245—297	Wahrscheinlich ein Verwandter des obigen.
		Harith.	49	262—320	Lücken von einem Jahrhundert bei Wrede.
		Marthad.	50	295	
		Wlfiha.	51	299—350	
		Abraha ben Sabâh.	52	328—370	

Ueber die Könige und Völker Südarabiens.

Königsname nach Wrede.	Zahl in d. Königs- reihe nach Wrede.	Königsname nach Caussin de Perceval.	Zahl in d. Königs- reihe.	Jahreszahl nach Caussin de Per- ceval.	Bemerkungen.
		Ḥabaḥân.	53	Jahre v. Chr. 861– 400	Ursprung unbekannt.
		Ḥabâḥ.	54	440	Sohn oder Enkel des 52. Königs der II. Liste.
		'Amr b[i]u Milân ben Tobba', ben Ḥasan.	55	394	
Dju Mo'ähir ben Ḥasan.	47	Ḥasan b[i]u Mo'ähir.	56	427– 460	Wieder die alte Dynastie vom Tobba' ibn Ḥasan stammend.
—		Dju Schenâtyr.	57	478	
Dju Nowâs eṣ Ṣoghayr.	48	Zor'a b[i]u No- wâs.	58	460– 490	Der bekannte Christenver- folger und Judenfreund. Der letzte eigentliche König von Yemen.
		Dju Ḥasan.	59	525	Kämpft eine Zeitlang gegen die Abyssinier, muß aber unterliegen.
Saÿf ben Dju Ha- san ben Knaman(?)	49			starb vor 580	Seltsamerweise führt die Wrede'sche Liste diesen Prinzen als König an, ob- gleich er 70 Jahre nach dem Untergange des Reiches von Yemen lebte und selbst sein Vater kaum regierte.
		Ma'dîkarib ben Saÿf ben Dju Ḥasan.		590	Dieser Sohn des 49. Kö- nigs der I. und Enkel des 59. Königs der II. Liste kommt mit den Persern ins Land, hilft die Abyssinier vertreiben und wird per- sischer Statthalter.

20*

Bemerkungen zur Wrede'schen Königsliste.

Diese Liste bietet nur in ihrem ersten Theile (bis zu Bilqihs) Interesse. Der zweite, d. h. die ganze Königsgeschichte nach Christi Geburt (die nach Caussin de Perceval in Bilqihs' Regierungszeit fällt) ist so außerordentlich nachlässig und lückenhaft behandelt, daß ihr jeder Werth abgeht. Zuerst ein Sprung von dem 33. auf den 43. König und zwar zu einer Zeit, wo nach Caussin de Perceval noch gar keine Lücke vorhanden ist, denn Schamnir Ja'rosch (bei Wrede Schamrir) ist der birecte Nachfolger von Jâsir Jo'nim oder Ta-uâ'aiu. Dann, trotz aller Lücken, ein ununterbrochenes Weiterzählen der Könige, so daß Tobba' unmittelbar auf Schammir folgt, obgleich sechs Könige zwischen Beiden waren. Noch auffallender ist, daß Dsu Mo'âhir birect nach 'Abb Kolâl angeführt wird, obgleich acht Könige zwischen Beiden kamen. Dieser zweite Theil der Wrede'schen Liste ist also durchaus werthlos.

Nicht so jedoch der erste Theil. Derselbe ist insofern höchst interessant, als uns Wrede's Liste in ununterbrochener Reihenfolge die Genealogie der Hamahsiten, Nachkommen von Hamahsa', ibn Himyar giebt. Auch Caussin de Perceval führt die Hamahsiten an, jedoch nicht alle als Könige. Nach ihm regierten von dieser birecten Linie nur 'Abb Schams (der 13. nach Wrede), Schebbâd (der 20.), Wâbiça (der 21.), Hârith (der 28.), Abraha (der 29.), Afryqhs (der 30.), Hobâb (der 31.) und Bilqihs, mit welcher die eigentliche Dynastie der Hamahsiten erloschen scheint. Nur zwei Hamahsiten, welche Wrede's Liste als Könige anführt, nämlich Dsu 'Ans, ibn dsu Jaqbom (der 16.) und 'Amr ben el Moltât (der 19.) fehlen gänzlich in der Genealogie Caussin de Perceval's. Letztere führt als Könige nur diejenigen Hamahsiten an, von deren Herrschaft sich Spuren in der Geschichte finden. Dagegen scheint die Wrede'sche Liste mehr die Reihe derjenigen Hamahsiten darzustellen, welche nach der patriarcha-lischen Erbfolge die legitimen Herrscher hätten sein sollen. Es sieht

ganz aus, als ob die Wrede'sche Liste zur Verherrlichung eines der
spätern Herrscher, etwa des Hârith oder des Hobâb, die von Hamahsa' abzustammen behaupteten, verfaßt sei und den Zweck gehabt
habe, alle deffen Vorfahren als Könige erscheinen zu lassen, während
sie in Wirklichkeit wahrscheinlich nur Prinzen, mächtige Stammes-
häuptlinge und Dahls eines Theils von Jemen waren; dagegen aber
alle Fürsten aus der himharischen Nebenlinie, wie den 6., 7., 8., 9.,
10., 11., 12., 13. und 14. König der II. Liste zu ignoriren, ebenso
wie die sechs Usurpatoren aus Nebschrân, deren drei nach Caussin de
Perceval vor, drei nach 'Abb Schams regierten. Was diese sechs
Usurpatoren betrifft, deren Namen Caussin de Perceval nicht angiebt,
so ist es übrigens auffallend, daß auch die Wrede'sche Liste ein In-
terregnum von sechs Fürsten kennt, die sie zwar an einer andern
Stelle anführt, die aber allem Anschein nach dieselben sein dürften,
wie die sechs fremden Fürsten bei Caussin de Perceval. Denn es
erhellt auf den ersten Blick, daß die sechs Fürsten der Zwischendynastie, welche die Wrede'sche Liste giebt, nicht an die Stelle gehören, welche sie auf dieser Liste einnehmen. An dieser Stelle ist
gar keine Lücke vorhanden (da Hârith der 28. König, der Sohn
Schebbâb's des 20. und der Bruder Wâbiça's, des 21. Königs ist),
also die Ausfüllung einer solchen (und nun gar durch sechs Regierungs-
folgen) eher ein Hinderniß, das uns nur verwirren kann, wenn wir
nicht zu dem Ausweg greifen, die sämmtliche Zwischendynastie an eine
andere Stelle zu verseßen. Eine hier zu berücksichtigende Lücke findet
sich aber nur an einer einzigen Stelle, nämlich in der Liste Caussin
de Perceval's bei den sechs ungenannten Usurpatoren, deren Zahl genau
mit der der Könige aus der Zwischendynastie bei Wrede zusammen-
stimmt. Der Umstand, daß die Wrede'sche Liste an dieser Stelle
keine Lücke kennt (wie sie denn überhaupt in ihrem ersten Theile, bis
zu Bilqis, keine einzige hat), kann uns nicht stören, da ja diese Liste
mehr ein Geschlechtsregister der zur Erbfolge berufenen legitimen Abkömmlinge des Herrschergeschlechts, als eine Aufzählung der wirklich
zur Herrschaft gelangten Könige zu sein scheint.

Nach dem Dâmus führten zwar nur die Könige von Ḥimyar und Ḥaḍhramaut den Titel Tobba'. Da nun der erste der sechs Zwischenkönige nach der Wrede'schen Liste Tobba' ibn Zayd hieß und der erste der sechs Usurpatoren der Liste Cauſſin de Perceval's aus Nebſchrân kam, ſo müſſen wir vorausſetzen, daß der Nebſchrâuer Eroberer ſich der Landesſitte bequemt und den Titel Tobba' angenommen habe. Oder war vielleicht dieſes Wort „Tobba'" bei ihm nicht Titel, ſondern Eigenname, wie bei Tobba' ibn Solaḥmân, von dem der Dâmus ſpricht? Unter den übrigen Eigennamen dieſer ſechs Zwiſchenkönige ist übrigens kein ausſchließlich oder nur vorzugsweiſe ḥimyariſcher, der uns zwingen würde, die Wiege dieſes Geſchlechts im tiefen Süden Arabiens, in Ḥimyar, zu ſuchen. Zayd, Ḥaun, Zaḥrân, Ḥâſchid ſind allgemein bekannte, ſowohl central-, als ſüdarabiſche Namen. Tâlib kommt ſogar bei den Centralarabern noch häufiger vor, als bei den Jemeniten.

Der Beiname dieſes Königs Tâlib, welchen die Wrede'ſche Liste „Nim" nennt, könnte uns vielleicht einigen Aufſchluß über deſſen Herkunft geben. Einer der älteſten Könige des von Kaḥṭân ſtammenden Geſchlechts der Bann Hamdân hieß Riâm, und nach ihm wurde der Tempel auf dem Berge Atwa benannt, den ſpäter Dſu Nowas zerſtörte (Blau Z. D. M. G., Bd. 23, S. 563). Nun giebt uns die Genealogie des genannten Riâm noch einige Anhaltspunkte mit den Wrede'ſchen Zwiſchenkönigen. Der Urgroßvater der Riâm hieß Zayd, wie der Vater des erſten Zwiſchenkönigs unſerer Liſte. Der Eigenname dieſes Zwiſchenkönigs iſt uns nicht genannt, ſondern er heißt nur Tobba', Sohn des Zayd. Nichts hindert uns alſo anzunehmen, daß er jener Bat', König der Hamdân, war, welcher uns als Großvater Riâm's genannt iſt (Wüſtenfeld, Regiſter S. 109). Zwiſchen dieſem Tobba' und Rim oder Riâm giebt uns die Wrede'ſche Liſte drei Namen, Haun ben Tobba', Bâ Haun ben Tobba' und Zaḥrân ben bâ Haun. Erſtere Beide könnten wir für Brüder halten, da Beide den Namen ben Tobba' führen, denn das Bâ vor dem einen Namen deutet nicht nothwendig ein Sohnesverhältniß an. Somit blieben uns zwei Generationen zwischen Tobba' ben Zayd und Tâlib Rim oder Riâm, allerdings eine mehr, als in Wüstenfeld's Tabellen zwischen Bal' ben Zayd und Riâm. Auffallend ist ferner eine gewisse Aehnlichkeit zwischen dem Namen des Nachfolgers des Tâlib Rim und dem Sohne des Riâm der Wüstenfeld'schen Tabellen. Ersterer hieß Hâschib, letzterer Haschy', wenigstens lautlich nahestehende Benennungen, die im Munde späterer Erzähler zu Verwechselungen führen konnten.

Da wir jedoch bei Wrede nur Rim und nicht Riâm finden, so können wir auch annehmen, daß jener Tâlib Rim seinen Namen von Raym (vulgo Rim ausgesprochen) führte, welches nach dem Qâmus ein Michlaf von Jemen war.

Die Namen dieser sechs Jemenssischen Zwischenkönige sind übrigens beinahe die einzige Errungenschaft, welche wir der Wrede'schen Liste verdanken. Alle andern Namen dieser Liste finden sich auch in den schon bekannten Quellen, deren Angaben Caussin de Perceval gesammelt hat, mit nur zwei Ausnahmen, nämlich Dju 'Ans, ibn Dju Yaqdom und 'Amr, ibn el Moljât, der 16. und der 19. König der Wrede'sche Liste. Endlich findet sich an Stelle des Achâb ibn Schebdâb bei Caussin de Perceval, ein Wâbiç oder Wâbiça, ibn Schebdâb bei Wrede genannt. Doch sind beide Namen wahrscheinlich nur aus entstellten fehlerhaften Aussprachen eines einzigen entstanden; Aussprachen, die im Munde verschiedener Erzähler mit der Zeit so sehr sich vom ursprünglichen Klang und voneinander entfernt hatten, daß, als man sie aufschrieb, jeder Chronist nach demjenigen arabischen Namen griff, welcher der von ihm vernommenen Aussprache des Namens am nächsten lag, der eine nahm Wâbiça, der andere el Achâb, welches beides bekannte arabische Namen sind und so ging die Verschiedenheit, die früher nur im Klang bestand, auch in die Schrift über.

B. **Genealogie der Könige von Habhramaut nach Wrede.**

1) Hud *) (Eber), der Prophet (Mit ihm sei Friede!).
2) Hobun ben Hud (Peleg) erbaute die Stadt Hobun, wo sein Grab.
3) 'Ysâ **) el 'Amud (die Säule) ben Hobun. Erbauer der Stadt Dahbun. Von ihm stammten sämmtliche Städtebewohner des Habhramaut, sowie ihre Sultane, welche sich alle 'Amudy nennen.
4) Sa'yd ben 'Ysâ el 'Amud. Liegt in Dahbun begraben.
5) Nebschb ben Sa'yd. Gründer der Stadt Mlisne, wo sein Grab.
6) Sayhân ben Nebschb, Stammvater der Beduinen Sayhân. Sein Grab auf dem Gipfel des Dschebel Sayhân.
7) Hasan ben Sayhân.
8) Sabus ben Hasan.
9) Ya'rom el Mokk ben Sabus.
10) Rabh'a ben Ya'rom.
11) 'Amr el Ahnab ben Rabh'a.

---

*) Die Araber nehmen an, dass ihr Prophet Hud der Eber der Bibel sei, den sie 'Abir nennen. Der Eber der Bibel hatte ausser Joktan (dem Kahtân der Araber) noch einen Sohn Namens Peleg, den die Araber gewöhnlich Fâlegh nennen. Wrede ist nun, glaube ich, der Erste, welcher diesen Peleg auch Hobun neunt. Peleg's Nachkommen, die uns hier Wrede anführt, kommen weder in der Bibel, noch in den mir bekannten arabischen Genealogieen vor. Letztere begehen sogar meistens den mit der Bibel im Widerspruch stehenden Irrthum, dass sie Kahtân zum Sohne Peleg's machen, was wohl darin seinen Ursprung hat, dass nach den gewöhnlichen arabischen Genealogieen alle Südaraber Joktaniten, d. h. Nachkommen Kahtân's sind. Hiervon weichen, wie man sieht, Wrede's Berichte ab. (Vergl. Sprenger, Leben des Mohammed, III, cxxx.)

**) Der einzige Autor, bei dem ich eine Erwähnung des Stammes 'Ysâ, der in Habhramaut herrscht, finde, ist Maqryzy. Dieser sagt: Es ist in Habhramaut ein Geschlecht, dessen Familienname ist 'Omar ben 'Ysâ el Taubi. Dieser Familie ward wunderwirkende Kraft, namentlich die Heilung des Schlangenbisses zugeschrieben. Wer erkennt nicht hier die abergläubische Ehrfurcht wieder, in welcher die Städter Habhramauts, die fast alle von 'Ysâ abstammen, bei den Beduinen nach Wrede's Erzählung stehen? (Vgl. Maqryzy, Bonn 1806, S. 25.)

Ueber die Könige und Völker Südarabiens. 313

C. Stammeslisten*) der Völker Habhramauts nach Wrede.

I. Cahtäniten.

Cahtân ben Hub hatte nach Wrede 16 Söhne.
1) Ja'rob **) (eigentlich Jemen).
2) Hannan (Wrede), wahrscheinlich Hanân.
3) Ayman (wahrscheinlich der 'Omân des Caussin de Perceval, dem Ja'rob die Provinz 'Omân gab).
4) El Mâs (Wrede), vielleicht Hamahsa', den Maqrhzy als Sohn Cahtân's nennt.
5) El Mota'ammid (d. h. der seinem Vorsatz Getreue).
6) Parol (Wrede), vielleicht Poway'.
7) Maer (Wrede), vielleicht Mahr, Stammvater der Mahriten.
8) El Ajeb (d. h. der Unvermählte).
9) Manâh (der Götze Manâh als Heros, der später vergöttert wurde).
10) Dschochom, dem Ja'rob die Provinz Hidschâs mit der Hauptstadt Mekka gab (Maqrhzy, S. 19).
11) El Mollamis (d. h. der Blitzende).
12) El 'Allâmy (d. h. der Gelehrte).
13) El Moghtafir (d. h. der Vergebende).
14) Sâlim.
15) El Oeamen (d. h. der Taube).
16) Nahur.

---

*) Diese Stammeslisten stehen mit allen bisher bekannten Genealogieen im Widerspruch. Mitunter ist sogar die Orthographie der Namen zweifelhaft, da ähnliche bis jetzt noch nicht vorkamen. In diesem Falle gebe ich sie nach Wrede's Schreibart mit Hinzufügung von „Wrede" in Klammern.

**) Die Bibel nennt 13 Söhne Joktan's, nämlich Almodad, Saleph, Hazarmaweth, Jarah, Hadoram, Usal, Dikla, Obal, Obal, Abimael, Saba, Ophir, Havila und Jobab. Von diesen hat nur Jarah einige Aehnlichkeit mit einem der obigen, nämlich mit Ja'rob. Maqrhzy dagegen nennt 10 Söhne Cahtân's: 1) Ja'rob, 2) 'Ad, 3) Ayman, 4) Hamahsa', 5) Habhramaut, 6) Râ'im, 7) Ghâschim, 8) Solaf, 9) Catâm, 10) Dschorhom. Von diesen stimmen nur der 1., 3., 4. und 10. mit den Namen der Wred'schen Liste überein.

Von diesen 16 Söhnen des Dahlân haben nur 8 ihre Nachkommenschaft in Hadhramaut und angrenzenden Ländern, und bilden die Stammväter der 8 Dahlânitischen Hauptstämme, die zusammen in 36 Nebenstämme zerfallen. Aber in den Benennungen dieser Hauptstämme sind die Namen ihrer in der vorigen Liste angeführten Stammväter (mit einer einzigen Ausnahme, Nahur) gänzlich verloren gegangen. Sie nennen sich jetzt ganz anders, als ihre obengenannten Stammväter, und es ist nicht einmal zu erkennen, von welchem der 16 Söhne Dahlân's die einzelnen abstammen. Nur die Tradition, daß sie Dahlâniten sind, ist lebhaft unter ihnen erhalten, und die Kenntniß vom Unterschied zwischen ihnen und den von Peleg oder Hobar stammenden Völkern wird noch immer im Volksmund fortgepflanzt. Ihre Namen dagegen sind (mit einziger Ausnahme der Beny Nuh) eigentlich jetzt gar keine Abstammungsbezeichnungen mehr, sondern Beinamen, von Eigenschaften abgeleitet, meist in bildlicher Redeform.

Nach Ÿâqut (II, 275) soll zwar einer der Söhne Dahlân's, welchen er 'Amir nent, den Beinamen Hadhramaut geführt und diesen dem Lande beigelegt haben; aber einestheils erhellt nicht, welcher von den obengenannten 16 Söhnen Dahlân's (von denen wir mehrere, wie El Mota'ammid, El Mollamis, El Moghtasir nur mit ihren Beinamen kennen) mit seinem Hauptnamen „'Amir" hieß, und dann, selbst angenommen, daß er den Laqab „Hadhramaut" führte und ihn nach Ibn 'Obahda dem Lande gab, so ist doch damit nicht gesagt, daß er der Stammvater aller Hadhramauter war. Ibn Kelby (bei Ÿâqut a. a. O.) nennt sogar den Hauptnamen dieses Sohnes Dahlân's „Hadhramaut" oder vielmehr „Hâdhramht", wie er behauptet, daß dies die Schreibart der Bibel sei (sie ist bekanntlich Hâzarmâwet). Dieser heißt bei ihm ben Joqtân, ben 'Abir, ben Schâlich. Eine andere Ansicht ist die, daß Hadhramaut ein Beiname des 'Amru ben Qahs, des obengenannten 17. Königs der Wrede'schen Liste sei. Nach Wüstenfeld's Tabellen wäre jedoch „Hadhramaut" der Name eines Sohnes dieses 'Amru ben Qahs. Vielleicht führten Mehrere diesen raqab. Jedenfalls weiß die heutige Tradition der Hadhramauter Beduinen Nichts mehr von einem Stammvater „Hadhramaut".

Zwei weitere Versionen führt Maqryzy (Bonn 1866, S. 18) an. Nach der einen wäre Hadhramaut der Name eines Sohnes des Ayman, ben Hamaysa', ben Himyar, des 6. Königs der Wrede'schen Liste. Dieser Hadhramaut wäre also ein Bruder von El Ghauth. Nach der andern Version ist Hadhramaut ein Sohn des Zohayr, ben Ghauth, ben Ayman, also ein Urenkel, nicht ein Sohn Ayman's. Dieser Hadhramaut soll einen Bruder Namens Hadhramy gehabt haben. Hier finden wir also, daß auch die Lesart Ibn Kelby's „Hadhramy" zur Fiction eines Personennamens Anlaß gab, wie denn überhaupt „Hadhramaut" als Personenname durchaus unwahrscheinlich ist.

Folgende sind nun die acht Stammesgruppen der in Hadhramaut und angrenzenden Ländern wohnenden Dahlâniten.

1) Benŷ Nuh, bewohnen größtentheils die Landschaft el Hadschar und einen kleinen Theil der Landschaft Benŷ 'Ysâ. Diese Stammesgruppe hat folgende Unterabtheilungen.

a) Bâ Kaschwyn. Zählen etwa 3000 Seelen, bewohnen den obern Theil des Wâdiy Ma'yfche, die Wâdiy el Ma'din, Ferie, Ghowayle, den obern Theil des Wâdiy Boyut und den nördlichen Abhang des Dschebel Bihr Schyh.

b) Bâ Sa'd. Zählen etwa 4000 Seelen, bewohnen den obern Theil des Wâdiy No'mân, das westliche Gehänge des Dschebel Bihr Schyh, den mittlern Theil des Wâdiy el Boyut bis zum südlichen Abhang des Dschebel Ghowayle.

c) Bâ Schayhe. Ein Stamm von etwa 4000 Seelen, wohnt am nordwestlichen Abhang des Dschebel Ghowayte bis zum Entstehungspunkt des Wâdiy Hafar und in den Thälern, welche in den obern Theil dieses Wâdiy münden.

d) Bâ Dschahym. Etwa 4000 Seelen stark, wohnen im untern Theil des Wâdiy Hafar und im Wâdiy Haffy, Haghyr, Hafrâ und Oinoyna.

e) Bâ Schoqaṇr. Etwa 3000 Seelen stark, wohnen im Wâdih el Habschar, von der Mündung des Wâdih No'mân an bis zum Wâdih Schorul oder Scharât.

f) Bâ Dschohahim und

g) Bâ Dorus (Krebs), vielleicht Obruff, die gewöhnliche Art, wie der Name Ibryff in Habhramaut lautet. Diese beiden Stämme mögen zusammen etwa 6000 Seelen stark sein und haben ihre Sitze im Wâdih Dschizwâl bis zum Wâdih No'âb.

h) Bâ Hâfir und

i) Bâ Zor'a. Beide zählen zusammen nur 4000 Seelen und wohnen im Wâdih el Habschar, am Dschebel Bâ Dschanaf bis zur Mündung des Wâdih Scharât und allen auf dieser Strecke mündenden Wâdih.

k) Bâ Maur. Etwa 2000 Seelen stark, wohnen zwischen dem Dschebel Bâ Dschanaf und dem Dschebel 'Alqa.

l) Bâ Faq'as. Etwa 4000 Seelen stark, bewohnen den Wâdih 'Obne bis zum nordöstlichen Abhang der Dschebel Arçime, Aşfur und Maluh.

m) Bâ Dhobahz *) und

n) Bâ Dsibhân. Beide zählen etwa 4000 Seelen und bewohnen die Meeresküste von Râss Borum bis Medâha, den östlichen Wâdih Mayfa'a bis zum Wâdih No'âb, das Gebirge bis zum südlichen Abhang des Dschebel No'âb und den obern Theil des Wâdih 'Arâr.

2) Dsihahby. **) Dieser Stamm bewohnt die Landschaft el

---

*) Dhobahz, Verkleinerungswort von Dhabhz oder Dhabi, welches nach dem Câmus (S. 711) soviel bedeutet wie Dsyb (Wolf), also „Wölflein". Solche Thiernamen als Stammesbezeichnungen waren bei den Arabern ehrenvoll und kommen unten noch öfter vor. Selten geht ihnen jedoch, wie in obigem Falle, das „Bâ" (für Banu, vulgo Beny) vorher.

**) Streng genommen sollte das Wort Djowahby (wölfsteinartig) geschrieben werden, aber die Aussprache in Habhramaut weist die Eigenthümlichkeit auf, daß im Relativum, wenn der Mittelradical Hamza ist, der O-Laut des Diminutiv in den der Endung verwandten J-Laut übergeht. Dadurch wird auch der das Hamza vertretende Halbvocal aus einem Waw zu einem Ja und aus Dso-

Ueber die Könige und Völker Südarabiens. 317

Hadschar von Medâha bis zum Râss Harbscha, den ganzen westlichen
Wâdih Mahfa'a und die in denselben mündenden Thäler. Er zerfällt in folgende fünf Unterstämme.

a) Bâ Wabbâ bewohnen mit etwa 3000 Seelen die Küste von
Medâha und Bâ el Haff.

b) Solahmânh. Dieser Stamm hat eine Stärke von etwa
6000 Seelen und bewohnt den Wâdih 'Arâr und die Tihâma von
Bâ el Haff bis zum Râss Harbscha, inclusive Sâhun.

c) El Ahmadh. Zählen etwa 5000 Seelen und bewohnen den
westlichen Wâdih Mahfa'a von Sâhun bis Soqqoma und die Wâdih
Hamrâ und Hâbhena.

d) Es Sâlemh. Ein starker Stamm von 9000 Seelen, bewohnt
den Wâdih Mahfa'a von Soqqoma bis Naqb el Habschar und die
Seitenthäler.

e) El 'Absenh.*) Zählen etwa 4000 Seelen, bewohnen die
Wâdih Mahfa'a und 'Hân oberhalb Naqb el Habschar.

3) Bâ No'mân. Diese Stammesgruppe bewohnt den nordöstlichen Theil der Landschaft el Habschar und einen kleinen Theil der
angrenzenden Landschaft el Dschauf und zwar die Gegend von Habbân,
Fodschh 'Alhh und Bâ el Horr. Ihre Seelenzahl mag etwa 20,000
betragen. Da Wrede ihr Stammesgebiet nicht bereist hat, so kannte
er nur die Namen, nicht aber die Wohnorte der verschiedenen Unterabtheilungen der Bâ No'mân. Diese Namen sind:

a) Benh Labahit (Wrede), wahrscheinlich Benh el Bâhith.**)

b) Bâ Dschanaf.

---

mahbh entsteht Dshahbh. Der Ballenname war immer ehrenvoll bei den Arabern.
Er gab wohl zu der Sage Anlaß, die Maqrizi anführt, wonach ein Volk dieser
Gegend, die Sah'âr, die Fähigkeit, sich nach Belieben in Wölfe zu verwandeln,
besaß (Maqrizi, Bonn 1866, S. 19).

*) Ein Personenname 'Absem ist nicht bekannt, wohl aber nennen der
Dâmus (S. 1661) und Hiqut (III, 626) einen Wâdih in Hemen, Namens
'Absem, über dessen genauere Lage sie aber nicht das Geringste sagen.

**) Bahhith ist als Eigenname bekannt. Bâhith dürfte ähnliche Bedeutung
haben, d. h. der „Erforscher, Nachspürer".

c) Bâ Raschŷd.

d) Bâ Dobhâ'ŷ. *)

4) El Dscha'ba. Diese Stammesgruppe bewohnt die Landschaft Habhramaut und einen kleinen Theil der Landschaft Benŷ 'Ŷsâ und zwar die Wâdiŷ 'Amb und Râchiŷe. Er zerfällt in neun Unterstämme.

a) Benŷ Tâhir ben Radschŷm. Bewohnen mit 6000 Seelen die Umgegend von Cahwa und Wâdiŷ Râchiŷe.

b) Murâd Cobahŷ. **) Zählen etwa 8000 Seelen und bewohnen den obern Theil des Wâdiŷ 'Amb bis Hallet bâ Sâlib.

c) Benŷ Schamlân. Zählen 6000 Seelen, bewohnen den mittlern Theil des Wâdiŷ 'Amb.

d) Bâ Sâlib ***) mit 5000 Seelen.

e) Dschahbene †) mit 6000 Seelen.

f) Bâ Dŷâl ††) mit 4000 Seelen.

g) Benŷ Dschabschma mit 4000 Seelen.

h) El Ma'bŷ mit 8000 Seelen.

i) Bâ Hallâbŷn mit 4000 Seelen.

Die Wohnorte der sechs zuletztgenannten Unterstämme konnte Wrede nicht im Einzelnen ermitteln.

5) Nahur. Diese Stammesgruppe bewohnt den Wâdiŷ Dacr

---

*) Dobhâ'ŷ heißt „fuchsartig" und bildet somit ein neues Seitenstück zu den obigen Wolfsnamen Dschahbŷ und Dhobahŷ.

**) Murâditen wohnten zu Mahommed's Zeit in Dschouf im Distrikt Dschazr. Von einem Cobahŷ, Nachkommen des Murâd, ist Nichts bekannt.

***) Wrede glaubt, der Name könne der „Gekreuzigte" (Calŷb) heißen und auf einen christlichen Ursprung des Stammes deuten. Da Wrede übrigens nicht die letzte Sylbe lang schreibt (wie in Calŷb) und Sad und Syn bei ihm oft schwer zu unterscheiden sind (er schreibt nämlich nie in arabischen Buchstaben), so glaube ich vielmehr Sâlib, d. h. der Räuber, Raubmörder, lesen zu dürfen.

†) Ein Wort ähnlichen Ursprungs wie das obige Dschahbŷ, also „wolfsartig" bedeutend, wie es denn sehr viele Stämme in Arabien giebt, die ihre Namen von Dsib (Wolf) ableiten, ebenso wie von Kelb (Hund, auch Wolf).

††) Dŷl und Dŷl el Dschinn waren bekannte arabische Lakabs (Beinamen). Dŷâl ist die Pluralform dieses Namens, welcher „der Hahn" bedeutet.

Ueber die Könige und Völker Südarabiens.

von Dolhâm bis Dabr Hub und soll von Nahur, dem 10. Sohne Cahtân's, abstammen. Ihre Gesammtzahl soll 30,000 Seelen betragen. Die Wohnorte der fünf Unterstämme konnte Wrede im Einzelnen nicht ermitteln. Ihre Namen sind:
a) Makârim (d. h. die Edlen).
b) Solahmân.
c) Hahnan.
d) Qohtân.
e) Bâ 'Amr.

Von den drei folgenden Gruppen konnte Wrede nur die Hauptnamen, nicht aber die Namen der Unterstämme erfahren.

6) El Aswad. Diese Stammesgruppe soll 12,000 Seelen zählen. Bewohnt den obern Theil des Wâdih Habscharyn und den untern des Wâdih 'Obhme.

7) El Mahfuz. Diese Stammesgruppe hat eine Stärke von ungefähr 10,000 Seelen und ihre Wohnsitze im untern Theil des Wâdih Habscharyn, von Mescheb 'Ahh bis Hawra.

8) El 'Arâba. Wohnen mit 6000 Seelen im obern Theil des Wâdih Daçr, von Hawra bis Dolhâm.*)

II. Hobaniten.

Von Hobun (Peleg, Fâlegh), dem zweiten Sohne des Propheten Hub (Eber), stammen drei Hauptgruppen und 36 Nebenstämme ab. Hier sind übrigens nur die Beduinen, welche Hobaniten sind, stammesweise verzeichnet. Außer ihnen wurden aber im Manuscript von

---

*) Die Namen dieser das eigentliche Habhramaut bewohnenden Stämme haben gar keine Aehnlichkeit mit denen, die Maqryzy den Völkern Habhramauts giebt. Er nennt folgende Stämme: El Barâwidsche, El Dschalâhime, Eth Thabâtine, Beny Aby Malik, Beny Mosallim, Beny Ibn er Raby'a und Beny Aby Haschrudsch (Maqryzy de vallo Hadhramaut ed. Paul Derlin, Bonn 1866, p. 20). Nur die Beny Ibn er Raby'a lassen sich auf einen von Wrede angeführten Ahnen zurückführen, nämlich Raby'a ben Ja'rom, den 10. König von Habhramaut (s. oben B, 1).

Chorahbe noch alle Städter Hadhramauts und der angrenzenden Länder als Hodmiten bezeichnet.

1) **Sahbân.** Diese große Hauptgruppe von Sahbân, den Nebsch, den Sa'yd, den 'Yså, den Hodun, den Hud abstammend, bewohnt die ganze Landschaft Beny 'Yså, die nach 'Yså el 'Amnd, dem Urgroßvater des Sahbân, benannt ist. Die Sahbân zerfallen in 15 Unterstämme. *)

a) **Aqahbete.** Bewohnen, 12,000 Seelen stark, die Gebirge und Thäler vom Wâdih Clrbe bis zum Wâdih Howahre und zwar vom Meere an bis zur Wasserscheide auf der Hochebene der Dschebel Tsahira und Laur Sahbân.

b) **Chämihe** und

c) **Moräschibe.** Zählen zusammen 16,000 Seelen und bewohnen den Wâdih Do'ân und seine Nebenthäler.

d) **Beny Hasan.** Zählen 10,000 Seelen und bewohnen die Gegend um Borum, sowie die Wâdihs westlich vom Wâdih Cirbe.

e) **Hamâmedyn.** Bewohnen mit 6000 Seelen die Wâdih el Ahsâr und Lotahfe, den untern Theil des Wâdih Chârith, den obern des Wâdih 'Chyme.

f) **Bâ Marbagha** und

g) **Bâ Dschonboq** **) (gesprochen Dschomboq). Zählen ein jeder etwa 4000 Seelen und wohnen gemeinschaftlich im Wâdih Raube, Ebnâ, Ça'ar, Bâdsche, Çoråb und im Wâdih Ma'yſche bis Dirbet Dahwe.

h) **Çaumahânyn** ***) und

---

*) Die Namen dieser Unterstämme sind fast ausnahmslos ursprüngliche Laqabs (Beinamen), deren mitunter höchst charakteristische Bedeutung in den Noten der folgenden Seiten berührt werden soll.

**) Wieder ein Thiername als Laqab (Beiname) eines Stammes. Dschonboq oder Chonboq (beide Schreibarten sind autorisirt) heißt dasselbe wie Daufut, d. h. „der Igel", bildlich wohl auch „der Geizhals" (Câmus von Calcutta, S. 1255 und 1269).

***) Dieselbe Bedeutung wie Çamahmahy, „ein starker Mann, von kräftigem Gliederbau" (Câmus, S. 291).

i) Aſâwire.*) Ein jeder dieſer beiden Stämme zählt ungefähr 3000 Seelen. Sie bewohnen gemeinſchaftlich die Wâdiy Mâbſchid, Buiraḥ, el Matâne, el 'Aſ, Dahme und den untern Theil des Wâdiy Châritḥ.

k) Tſchaḥâlſime.**)

l) Dothani und

m) Maṭâmiſe.***) Dieſe drei Stämme, von denen jeder etwa 3000 Seelen zählen mag, bewohnen gemeinſchaftlich den obern Theil des Wâdiy Raybe eb Dhn und die auf dieſer Strecke in ihn mündenden Nebenthäler.

n) Ahl el Ḥayik†),

o) Ḥâlike††) und

p) El Baḥâbiḥe.†††) Ein jeder dieſer drei letztern Stämme zählt kaum 2000 Seelen. Sie bewohnen gemeinſchaftlich die kleinen Seitenthäler zwiſchen dem Wâdiy Do'ân und dem Wâdiy 'Amd.

2) Ebi Dſahiyn. ††††) Zweite Stammesgruppe der hobu-

---

*) Aſâwire, ein aus dem Perſiſchen ſtammendes Wort, welches „Reiter" und zwar vorzüglich eine perſiſche Reitergattung bedeutet. Vielleicht weiſt der Name auf eine Stammestradition aus der Zeit der Perſerherrſchaft in Yemen hin (ähnlich wie der Name Ebnâ), denn jetzt hätte er keinen Sinn mehr, da dieſe Stämme keine Pferde haben und die Araber Kameelreiter oder Eſelreiter nicht „Aſâwire" nennen.

**) Das heißt „die Großäugigen" oder die „mit hervorragender Pupille Verſehenen".

***) Dieſer eigenſchaftliche Name ſcheint ein Plural von Moſtamil oder Montamil, welches etwas Aehnliches bedeuten dürfte, wie Maimal oder Tamyl, d. h. der ſich die Haut mit Oel, Blut oder Harz einſchmiert, eine bei manchen Beduinenſtämmen herrſchende Sitte (Dâmus S. 1293).

†) Ahl (das Volk) el Ḥayik (der Weber), alſo das „Volk des Webers", wahrſcheinlich wegen der Fertigkeit der Beduinenfrauen dieſes Stammes im Weben der bekannten groben Wollendecken.

††) Der „ſchwarze" (Stamm). Ḥâlike iſt Femininum wegen Qabyle (Stamm), was in Gedanken ergänzt werden muß.

†††) Baḥâbiḥe, Plural von Baḥbaḥy, d. h. „ein Mann, deſſen Geldbeutel und Haus offen iſt", alſo ein gaſtfreier Mann (Dâmus S. 365).

††††) Ebi Dſahiyn, d. h. „die Glänzenden".

nitischen Beduinen. Bewohnen den Wâdih Rahbe eb Dhn von seiner Vereinigung mit dem Wâdih Rahbe es Sowahde bis zum Wâdih 'Amb. Die Wohnorte der einzelnen Unterstämme, deren im Ganzen acht, konnte Wrede (mit Ausnahme der des Stammes' Bâ Omm Sabus) nicht ermitteln. Die acht Unterstämme sind:

a) Bâ Omm Sabus bewohnen, 9000 Seelen stark, den Wâdih Rahbe eb Dhn gerade unterhalb seiner Vereinigung mit dem Wâdih Rahbe es Sowahde.

b) Bâ Domin *), 4000 Seelen,
c) Bâ Dschohahni **), 4000 Seelen,
d) Bâ Sowahdân, 3000 Seelen,
e) Bâ Karhb, 2000 Seelen,   } ungefähre Schätzung.
f) Bâ Hanân, 3000 Seelen,
g) Bâ Elhâs, 2000 Seelen,
h) Abârile ***), 1500 Seelen,

2) El Hamum. Dritte Stammesgruppe der Hobuniten. Die Stärke dieser Stammesgruppe soll 48000 Seelen betragen. Sie bewohnt die gleichnamige Provinz von der Meeresküste bis an die Grenze von Habhramaut. Sie zerfällt in 13 Unterstämme, deren Wohnsitze im Einzelnen Wrede nicht ermitteln konnte.

Diese Unterabtheilungen sind:

a) Bahl †) 'Alhh.
b) Bahl el Dschomahmh.
c) Bahl Aghrâs.
d) Bahl Ghorâb.

---

*) Domin, „der glücklich ist", ähnlich dem bekannten Eigennamen Mahmun (beglückt).
**) Dschohahni, Diminutiv des bekannten Eigennamen Dschahm.
***) Das heißt „die Gesegneten".
†) Bezeichnend ist hier das Wort Bahl statt des üblichen Banu (Benh), Aulâd oder Bâ. Auch in Mahra und Dâra finden wir diese Bezeichnung, welche offenbar auf ein Volk deutet, das mehr dem Leben in festen Wohnsitzen, als dem beduinischen Nomadenleben ergeben ist.

e) Bahl bâ Çâliḥ.
f) Bahl Çobḥḥ.
g) Bahl el Aḥmedîye.
h) Bahl Dârise.
i) Bahl Horr.
k) Bahl Halam.
l) Bahl Bâ Waṭy'.
m) Esch Scha'amla'. *)

---

*) Scha'anla' geschrieben, aber Scha'amla' gesprochen. Das Wort bedeutet „longus, procerus".

Zweiter Anhang

zu

A. v. Wrede's Reise in Hadhramaut.

Himyarische Inschrift von 'Obne

erklärt

von

Heinrich Freiherrn von Maltzan.

Die fünfzeilige himyarische Inschrift der Mauer von 'Obne, welche Wrede im Jahre 1843 entdeckte und copirte, erscheint hier meines Wissens zum erstenmale *) in getreuem Facsimile nach des Reisenden eigener Copie, welche seinem übrigen handschriftlichen Nachlaß beigelegt war. Unbekannt war sie freilich den Orientalisten bis jetzt keineswegs geblieben. Es müssen mehrere handschriftliche Copieen derselben existirt haben und den Gelehrten zugänglich gewesen sein; wenigstens finden wir einzelne Theile der Inschrift mehrmals citirt; z. B. von Professor von Ewald in Hoefer's Zeitschrift für die Wissenschaft der Sprache (I, S. 306) und in sehr ausgedehnter Weise von dem ausgezeichneten Erforscher himyarischer Epigraphik, Ernst Osiander, welcher der Wissenschaft leider zu früh entrissen wurde. Letzterer spricht sich selbst (3. D. M. G., Bd. X, S. 32, Note) über die Art und Weise aus, wie er zum Besitz einer solchen Copie gelangte.

Ebenso scheint auch bis jetzt noch nirgends eine vollständige Erklärung erschienen zu sein. Daß der Entwurf einer solchen sich im handschriftlichen Nachlasse Osiander's befinde, wurde mir von Herrn Prof. Levy, der sich durch die Bearbeitung und Herausgabe eines

---

*) Die Inschrift wird zwar in einer französischen wissenschaftlichen Zeitschrift (F. Lenormant, Comptes rendus des séances de l'Académie des Inscriptions, 1867, p. 124) als „veröffentlicht" bezeichnet, aber, wenn eine solche Publikation stattgefunden hat, so war sie jedenfalls auf sehr wenig Exemplare beschränkt, von denen nie eines nach Deutschland gekommen zu sein scheint. Selbst französische Gelehrte konnten mir darüber keinerlei Auskunft ertheilen. Eine Anfrage an Herrn Lenormant selbst blieb ohne Erwiederung.

großen Theiles jenes Nachlasses (Z. D. M. G., Bd. XIX und XX) ein so ausgezeichnetes Verdienst erworben hat, mitgetheilt, und durch die Güte der Deutschen Morgenländischen Gesellschaft gelangte auch wirklich die Handschrift jenes Erklärungsversuchs in meine Hände. Denn, wie ich die Nothwendigkeit einsah, daß dem Wrede'schen Reisewerke das Facsimile der Inschrift als Anhang angefügt werden müsse, so fühlte ich natürlich auch das Bedürfniß, eine Erklärung diesem Facsimile beizugeben. Leider stellte sich jedoch der Theil des Osiander'schen Nachlasses, welcher diese Inschrift behandelte, als ein bloßer Versuch und zwar als ein sehr unvollkommener Versuch heraus. Er stammt nämlich aus einer Zeit, in welcher Osiander noch nicht jene zahlreichen (27) von Colonel Coghlan und die von Playfair (von dem Übrigens nur eine herstammt) in 'Aden erworbenen und dem britischen Museum geschenkten Inschriftstafeln kannte, durch deren von ihm selbst entworfene und von Prof. Levy herausgegebene Deutungen unsere Kenntniß der himjarischen Epigraphik so bedeutende Fortschritte gemacht hat. Osiander scheint zwar die Absicht gehabt zu haben, seine durch die besagten Schriftdenkmäler erweiterte Kenntniß des himjarischen Sprachgebiets auch zu einer neuen Deutung der Wrede'schen Inschrift später zu benutzen. Aber der Tod des ausgezeichneten jungen Gelehrten verhinderte den Angriff dieser Arbeit, wie die Vollendung so vieler andern von ihm unternommenen.

So erwuchs mir also aus dem Osiander'schen Nachlaß nur eine sehr schwache Beihülfe zu meinem eigenen Versuche, die Wrede'sche Inschrift zu deuten; eine Beihülfe, die ich gleichwohl nicht zu gering anschlagen will und auf die ich im Folgenden nicht ermangle, in allen den Fällen hinzuweisen, in welchen sie mir zu statten kam.

Fundort der Inschrift.

Das Thal 'Obne, in der Landschaft el Habschar, auf dem Wege zwischen Hizu ben Dighâl und der die oceanische Küste Arabiens bespülenden Bucht Dobbet el 'Ayn, etwa zwei Tagereisen vom Meere gelegen, wurde von Wrede am 16. Juli 1843 besucht, wir können

Himjarische Inschrift von 'Obne.

sagen, entdeckt. Die Ruinen einer uralten Baute, welche sich in jenem Thale befinden, führen im Volksmund den Namen Hiçn el 'Obne, obgleich sie, wie Wrede sich durch Augenschein überzeugte, nicht die Reste eines Festungsschlosses, sondern die einer Mauer sind, welche quer durch das Thal gezogen ist und im Westen über einen nicht sehr steilen Berg geht (der den Wâdiy 'Obne auf dieser Seite begrenzt), dagegen im Osten an einer tiefen, wie ein Graben gestalteten Schlucht endigt, an deren entgegengesetzter Seite eine Anhöhe sehr steil abfällt. Diesem östlichen Ende gegenüber zieht sich von der erwähnten Anhöhe eine schmale Schlucht nieder, welche auch durch eine Mauer geschlossen ist, an der man am Boden ein viereckiges Loch zum Abfluß des Regenwassers gelassen hat. *) Die Höhe der großen Mauer ist 6,92, die Breite 6,8, die Länge 67 Meter. In der Mitte des Thales ist' ein Thorweg, der augenscheinlich nie bedeckt war, von 1,64 Meter Breite. Es sind jedoch Anzeichen vorhanden, daß die gelegentliche Schließung dieses Thorweges durch eine Thüre beabsichtigt, wenn auch vielleicht nie ausgeführt worden war.**) An dessen südlichem Ausgang auf einem langen Quader in der östlichen Wand befindet sich die fünfzeilige Inschrift. Ueber die Größe der Schriftzeichen giebt uns Wrede keinen Aufschluß.

Wrede schreibt dieser Mauer einen festungsartigen Zweck zu. Er sah sich aber umsonst nach den Resten eines Gebäudes um, in welchem die Garnison dieser Festung gewohnt haben könne. Doch vermuthet er eine solche Bestimmung bei einer andern Ruine, welche er auf dem Wege nach 'Obne und ziemlich weit von letzterer Oertlichkeit entfernt gesehen hatte.

Wenn auch ein solcher Festungszweck wohl schwerlich in Abrede gestellt werden kann, so dürfte doch die Vermuthung nahe liegen, die Mauer könne zugleich eine ähnliche Bestimmung, wie der berühmte

---

*) Die vollständige Beschreibung der Mauer möge man oben (Cap. V, S. 149) nachlesen.
**) Man sehe darüber Wrede's Beschreibung der am nördlichen Ausgang des Thorweges nachweisbaren Steinmetzarbeit (Cap. V, S. 150).

330   Zweiter Anhang.

Damm von Mârib, gehabt haben, d. h. die Aufstauung und das gelegentliche Ausströmenlassen der Wasser, welche die Gießbäche der Hochgebirge hier sammeln mußten. Dennoch fehlen nach Wrede's Beschreibung der Mauer alle nähern Anzeichen einer solchen Bestimmung und auch in der Inschrift selbst wird ihrer nicht gedacht, wohl aber und zu wiederhollenmalen des festungsartigen Zwecks derselben, wie wir unten sehen werden.

Charakter der Schriftzeichen.

Wie fast alle uns bekannten himjarischen Schriftdenkmäler, so zeichnet sich auch die Wrede'sche Inschrift durch Deutlichkeit und Schönheit der Zeichen aus. Ja, sie gehört sogar, was ihre Ausführung betrifft, zu den vollendetesten dieser epigraphischen Denkmäler und darf in dieser Beziehung wohl den Bronzetafeln des Britischen Museums an die Seite gestellt werden.

Die Form der Zeichen ist in den Grundzügen dieselbe wie auf den genannten Bronzetafeln. Das Resch hat jedoch weder die halbkreisförmige, noch die gewundene Form, sondern die eines nach links offenen stumpfen Winkels, unter welcher es schon aus der XLIII. Inschrift bei Fresnel *) und der 13. (auf Tafel 12 in Z. D. M. G., XIX abgebildet) des Britischen Museums bekannt war. Das Vav hat nicht die Form eines Doppelkreises, sondern die eines durch eine senkrechte Linie getheilten Kreises, wie auf den Tafeln 27—32 des Britischen Museums **) und auf vielen Inschriften bei Fresnel. Das Schin unterscheidet sich auch von der gewöhnlichen gewundenen oder der einem umgewandten Sigma ähnlichen Form und gleicht genau derjenigen, wie wir sie auf der Inschrift von Naqb el Habschar ***) und auf der 12. Tafel des Britischen Museums sehen. Ueberhaupt

---
*) Journal Asiatique, Quatrième Série, Tome VI, p. 178.
**) Z. D. M. G., Band XIX, Tafel 27—32.
***) Wellsted, Reisen in Arabien von Rödiger (Halle 1842), Band II, Tafel 2.

nähert sich der Schrifttypus der Wrede'schen dem der genannten 13. Inschrift mehr als dem irgend einer andern uns bekannten und differirt merkwürdigerweise sehr auffallend von dem der Inschrift von Ḥiṣn el Ghoráb und zum Theil auch von dem derjenigen von Naqb el Ḥabschar. Jede dieser drei in der Provinz el Ḥabschar gefundenen Inschriften zeigt ihre unterscheidenden Eigenthümlichkeiten, und nähert sich keiner der beiden andern, so daß wir den Gedanken an einen provinziellen Schrifttypus in Bezug auf sie aufgeben müssen. Auch die eine der in London befindlichen Inschriften, als deren Fundort man wohl Ḥadhramaut annehmen kann, nämlich die 29.*) in Osiander's Abhandlung über die Inschriften des Britischen Museums weicht in den Formen des Schin, des Vav und des Thav von der Wrede'schen ab, nähert sich ihr jedoch in der Form des Resch.

Bei diesem Mangel eines provinziellen Schrifttypus und aus der geringen Zahl der in Ḥadhramaut, Bruḥ 'Isá und el Ḥabschar gefundenen Schriftdenkmäler könnten wir uns versucht fühlen, zu folgern, daß die himjarische Sprache als Schriftsprache in diesen Provinzen nie recht heimisch geworden sei und daß die himjarischen Schriftdenkmäler, welche wir daselbst beobachten, meist den Eroberern aus Jemen oder ihrer im Lande zur Herrschaft gelangten Nachkommenschaft zuzuschreiben sein möchten. Was nun die Wrede'sche Inschrift im Besondern betrifft, so muß uns die auffallende Aehnlichkeit ihres Schrifttypus mit dem der 13. (Taf. 12)**) des Britischen Museums zu der Vermuthung leiten, daß beide einer und derselben Periode angehören. Eine nähere Verwandtschaft scheint jedoch zwischen ihnen nicht zu bestehen.

Deutung der Zeichen.

Mit einer einzigen Ausnahme ist die Deutung der Zeichen der Wrede'schen Inschrift ganz dieselbe, wie die der übrigen himjarischen

---

*) Z. D. M. G., Bd. XIX, S. 238 und Tafel 26.

**) Ich citire diese Inschriften in der Ordnung, wie sie in Osiander's Abhandlung, Z. D. M. G., Bd. XIX, aufgeführt sind.

332   Zweiter Anhang.

Denkmäler, d. h. wie ein Zeichen auf diesen gelesen wird, so muß es auch auf jener gelesen werden. Die Ausnahme wurde schon von Osiander*) constatirt und scheint keinem Zweifel zu unterliegen. Dieselbe betrifft das Zeichen 𐩡, welches auf allen andern Inschriften als ר (arabisch ز) gedeutet wird, hier aber an Stelle des auf dieser Inschrift ganz fehlenden 𐩡 (ח, ث) steht. Da diese Substitution für die Erklärung der Wrede'schen Inschrift sehr wichtig ist, so will ich hier Osiander's eigene Worte über dieselbe wiederholen:

„Anders verhält es sich (in Bezug auf den Buchstaben ח) mit der Inschrift von Wrede. In den fünf Zeilen dieser himyarischen Schriftprobe, die zudem noch manche Lücken hat, findet sich das Zeichen 𐩡 allein sechsmal; und zwar dreimal ganz entschieden in Eigennamen, z. B. Zeile 1, אבדﬞר, Zeile 2 und 3, ﬞריאבﬞל. Erinnert uns nun schon die beiden Eigennamen gemeinschaftliche Silbe an den bei Fresnel öfters wiederkehrenden Eigennamen יחמאבר (z. B. XII.—XIV. u. s. w.), so ist vollends merkwürdig die Form שלבﬞה (in Zeile 5), die an einer Stelle, wo wir entschieden ein Zahlwort erwarten, wo es sich, wie das folgende ורחﬞא zeigt, um die Angabe von Monaten handelt, nichts anders, als das Zahlwort „drei", bezeichnen kann und dem sonstigen שלבﬞה = שלבﬞה entsprechen muß; woraus sich dann mit ziemlicher Wahrscheinlichkeit ergeben würde, daß es sich bei dem unmittelbar vorausgehenden ﬞריב um die Zahl „zwei" (ﺛﻨﻰ) handelt. Um nun den Gebrauch des Zeichens 𐩡 in dieser Inschrift richtig zu beurtheilen, muß es vor allem beachtet werden, daß in derselben das gewöhnliche Zeichen für ث, 𐩡, nicht vorkommt. Es liegt deshalb die Annahme nahe, daß der Verfasser dieser Inschrift zur Bezeichnung des Lautes ث sich statt des gewöhnlichen Zeichens eines andern bediente und daß dies auf einer bloßen Incorrectheit beruht, wie sie z. B. auch auf den äthiopischen Inschriften vorkommt**), erklärbar theils daraus, daß ث und ز in der Aussprache, wenigstens im Munde

---

*) Z. D. M. G., Bd. X, S. 35.
**) Dillmann in Z. D. M. G., Bd. VII ff. in den Anmerkungen.

Himyarische Inschrift von 'Obne. 333

des Verfassers, nicht so sehr voneinander abwichen, theils daraus, daß die Inschrift nicht mehr dem Stammsitze des himyarischen Volkes, sondern bereits einem weitern Kreise angehört; wie denn auch die Sprache derselben ihre specifischen Eigenthümlichkeiten zu haben scheint."

Dadurch, daß in dieser Inschrift das gewöhnliche Zeichen für ז (z) eine andere Bedeutung hat, müßte, so sollte man denken, vielleicht für diesen Lautwerth ein neues, bisher unbekanntes Zeichen stehen. Nach einem solchen sieht man sich aber umsonst um, wenn man nicht etwa die leichthin modificirte Form des ה (h) in Zeile 1 als eine eigene selbstständige Form ansehen will; vielmehr scheint auf der Wrede'schen Inschrift für die beiden verwandten Lautwerthe ה (h) und ז (z) nur ein einziges Zeichen zu stehen, dasjenige, welches auf den übrigen Inschriften dem ה (h) allein entspricht. In den meisten Fällen muß zwar dieses Zeichen auch hier als ה (h) gedeutet werden, aber die Beispiele fehlen doch nicht, wo wir ihm keinen andern Werth als den des ז (z) beilegen können (s. weiter unten Zeile 3 und 5).

Lesung der Inschrift.

Wir lassen nun zuerst die Transcription der Inschrift mit den einmal in ähnlichen Fällen hergebrachten hebräischen Zeichen folgen (obgleich die arabischen sich hierzu vielleicht besser eignen würden) und verschieben die Uebersetzung bis nach dem Schlusse unserer Erklärungen, nach dem Vorgange Osiander's, der auch zuerst die Transcription, dann die Erklärung und zuletzt die Uebersetzung der von ihm gedeuteten Inschriften zu geben pflegte.

1.

| בן | ט ... | . ט .... | רמ ... קתרמ | רזון | בן | חן | סכממרמ |
| סראסורי | אמרמ | מח | הצרמח | מכרב | עביתד |

2.

| (מ) . . רבה . . נק . . . . . . ט . | והסם | בזאל | בן | עלהן . . היח |
| ר | עלהי | קרמם | בחרדהן | בן | ע . התידהן | חנר | רקבב | קלת | עקבתהן |

3.

.... בת | ונהנת | ומשׁמהי | נגא | קלח | ועקבהן | מת | חדרו | בחמיר |
ותבע | היתאל | ורוסם | ועגושׁנן | בן | אבהתי | חצרמת | וגיתסך | ב

4.

מיסעח | ו... | הן | קרנהם | עבני | ויער | עקב | צימחהן | ובני |
גנאהן | ומתסדידן | יׁאן | ויתׁאן | חׁלפסין | יכן | במערב | וחדם | וצוים

5.

..... | ואברי | בנסו | רבבם | אד | סקרם | בנסו | לבן | סמס | להי |
שרהאל | דעום | הגידן | סלחת | אורחם | בעשׁרי | וגאת | אסדבסמדהם.

Erste Zeile.

Wie die bedeutungsvolle größere Form der Zeichen dieser Zeile und der weitere Zwischenraum zwischen ihr und der folgenden zu verrathen scheint, so bildete sie wahrscheinlich eine Aufschrift, welche in kurzen Worten auf den Zweck des Denkmals hindeutete. In ihrem heutigen Zustand zeigt sie (ungefähr in der Mitte) eine durch Versetzung des Steines entstandene Lücke von etwa 14 Zeichen, in welcher Lücke jedoch wieder vier vereinzelte Zeichen erkennbar sind, nämlich רם nach den ersten drei fehlenden Zeichen, dann einmal alleinstehend ein ם und am Schluß wieder ein מ. Vor dieser Lücke sind 17 Zeichen (die Trennungsstriche nicht gerechnet) deutlich und nur ein einziges (das ה.) unkenntlich. Nach der Lücke folgt eine ununterbrochene Reihe von 28 Buchstaben, von denen nur zwei etwas verstümmelt sind, sich aber doch erkennen lassen. Die Inschrift beginnt mit dem Worte oder den Wörtern:

שׁכמם . ם. Nach Osiander*) bilden die vier ersten Zeichen ein (wie die heutigen Araber sagen würden) einsilbiges Wort, das arabische شَكْم (n. act. von شَكَمَ) oder شُكْم (Subst.), beides „Geschenk, Gabe" bedeutend. Das zweite ם würde dann der Mimation

---

*) Z. D. M. G., Bd. X, S. 53.

Himharische Inschrift von 'Obne.   335

angehören, welche, wie Osiander anderwärts *) bewiesen hat, im Himharischen die Stelle des arabischen Tanwyn vertritt. In einer Note zu der oben citirten Stelle (a. a. O., Bd. X, S. 53) bemerkt Osiander: „die Inschrift von Wrede beginnt mit ו‎ . מבֿרם‎ (nach dem Folgenden wohl במסברם‎ zu lesen). Sollte diese Form nicht in dem arabischen شُكْمُ ٱلْلاَبِ‎ Erklärung finden?"

Diese Bemerkung Osiander's steht mit dem von ihm selbst (freilich später) aufgestellten Grundsatze im Widerspruch, wonach die Mimation im Himharischen nur beim status absolutus stehen kann, ganz wie im Arabischen das Tanwyn. **) Das folgende Wort kann also sich nicht im Genitivverhältniß unter شُكْم‎ unterordnen, wie dies bei ٱلْلاَبِ‎ der Fall sein würde. Ehe wir aber nach einem andern Verhältniß für die beiden Wörter zueinander forschen, untersuchen wir zuerst, was wir denn aus dem zweiten machen können, von dem wir nur einen einzigen Buchstaben, das ס‎ am Schlusse, kennen. Halten wir die Ergänzung Osiander's zu רם‎ fest, so ergiebt sich uns in der Bedeutung dieses Wortes im Aethiopischen ein brauchbarer Anhaltspunkt. Von der Wurzel ረስየ፡‎ haben wir dort das Adjectiv ርሱይ፡‎ mit der Bedeutung „instructus, compositus, constitutus". Hier ergiebt sich freilich die Schwierigkeit, daß das ይ‎ am Schlusse sich in unserm himharischen Texte nicht findet. Diese Schwierigkeit ist im arabischen رَاسٍ‎ (von رسو‎), welches „firmus et immotus consistens" heißt, nicht vorhanden. Das Alif polungationis pflegt im Himharischen nicht geschrieben zu werden, denn das himharische א‎ vertritt meist nur die Stelle des arabischen Hamza. Somit könnten wir das arabische رَاسٍ‎ als Adjectiv hier gelten lassen, aber die Bedeutung dürfte sich doch dem obigen äthiopischen ርሱይ፡‎ nähern.

Die Bedeutung der beiden Worte wäre also شُكْمُ رَاسٍ‎, d. h.

---

*) Z. D. M. G., Bd. XX, S. 225 fg.
**) Osiander, a. a. O., Bd. XX, S. 227.

donum constitutum. Das Verhältniß der beiden Wörter zueinander wäre das eines Substantivs zu dem auf dasselbe bezüglichen Adjectiv. Hier stört uns die Mimation des ersteren Wortes gar nicht, da letzteres auch im Arabischen in gleichem Falle das Tanwyn haben müßte. Im Arabischen müßte freilich (wenn kein Genitiv nachfolgte) auch das zweite Wort entweder das Tanwyn oder den Artikel haben; da aber letzterer im Himyarischen überhaupt fehlt, so können wir auch ohne Tanwyn das Adjectiv als in gleichem Status wie das Substantiv stehend auffassen. Der Artikel könnte eben als im Adjectiv inbegriffen angesehen werden.

Wir können jedoch auch رأس als im status constructus stehend auffassen und uns das folgende حن davon im Genitivverhältniß abhängig denken, ohne gegen die arabische Syntax zu verstoßen, wie folgendes Beispiel beweist *):

هَدْنِي بَالِغ ُٱلْكَعْبَةِ

„Ein Opfer kommend zur Ka'ba".

Hier steht genau wie in obigem Falle das erste Wort im status absolutus (mit Tanwyn, entsprechend der Mimation), das zweite im status constructus (ohne Tanwyn und ohne Artikel) und der folgende Genitiv bezieht sich auf das Beiwort, nicht auf das Hauptwort direct, ganz so wie wir das Verhältniß des dritten Wortes unserer Inschrift zu den zwei vorhergehenden auffassen möchten.

حن... In diesem Wörtchen vermuthet Osiander (in seinem Manuscript) einen Eigennamen und zwar den des von Wrede genannten Hann ben Tobba'. Ich habe mich jedoch nach genauer Besichtigung des Wrede'schen Manuscripts überzeugt, daß dieser Name gar nicht Hann heißt, sondern der gewöhnliche arabische Eigenname Haun **)

---

*) Silvestro de Sacy, Grammaire arabe, II, p. 111, §. 198.
**) Wrede hat sich in seinem Manuscript niemals arabischer Buchstaben bedient. Er unterscheidet zwar gewöhnlich ح von ه, indem er das erste H, das andere h schreibt; aber zuweilen vernachlässigt er dies. So schreibt er einmal Haun, ein andermal Hann.

Himyarische Inschrift von 'Obne.

ist. Letzterer wird aber الهون geschrieben, hat folglich mit ךn nur den letzten Buchstaben gemein, und außerdem noch den Diphtong mehr, als dieser. Diphtonge wurden aber im Himyarischen stets ausgedrückt. Viel eher möchte ich ךn für ein nom. act. von حَنّ (barmherzig sein) halten. Im Arabischen lautet freilich dieses nom. act. حَنَان (Barmherzigkeit), aber es sind bis jetzt im Himyarischen keine Beispiele von nom. act. der Form فَعَال vorhanden, vielmehr scheinen die meisten von der Form فَعْل zu sein. Diese Form würde im Arabischen حَنّ lauten (das حِن des Cámus paßt gar nicht hierher) und dasselbe bedeuten wie حَنَان, d. h. Barmherzigkeit, Mildthätigkeit, Wohlthätigkeit.

Ordnen wir nun dieses so gewonnene nom. act. dem vorhergehenden adject. verbale unter, so erhalten wir mit zugezogenem Subject:

شُكْمٌ رَايٍ حَنِ

welches wörtlich übersetzt lauten würde:

Donum constitutum misericordiae.

Wir dürfen jedoch nicht wörtlich „misericordiae" übersetzen. Nur derjenige Genitiv, welchem die Araber die Kraft der Präposition مِن beilegen (den sie مَا يُقَدَّر بِمِنْ nennen), hat unsere gewöhnliche Genitivbedeutung (und auch dieser nicht immer). Einen solchen Genitiv würden wir hier vermuthen, wenn er von شكم abhängig wäre, was aber nicht ist. Hier haben wir es dagegen offenbar mit einem Genitiv zu thun, welcher die Kraft der Präposition لِ in sich schließt (مَا يُقَدَّر بِاللَّام). Dem arabischen Sprachgeist schwebt hierbei die Bedeutung „zu" vor, also „zur Mildthätigkeit"; im Deutschen müssen wir aber die Präposition „aus" und im Lateinischen „in" zu Hülfe nehmen. Also:

„Donum constitutum in pietate"

oder im Deutschen: „Ein Geschenk gestiftet aus Wohlthätigkeit", mit andern Worten: „Eine wohlthätige Stiftung".

| רדון | בן ... Das zweite Zeichen in רדון ist hier offenbar nicht das gewöhnliche ד, da es einen Mittelstrich mehr hat, als das ד in üblicher Form, und wir dürfen es wohl für das verwandte ר (?) ansehen, besonders da dieses auf unserer Inschrift nicht unter seiner üblichen Form ℞ erscheint. رَزُون wäre der Plural des arabischen رَزْن (locus elatior, ubi planities aut depressius solum est, ut retineatur aqua). بن رَزُون würde also heißen „der Sohn der Hochthäler". Dieses بن رَزُون ist wahrscheinlich von dem vorhergehenden شكم راس حن abhängig und zwar wieder als Genitiv von der Kraft der Präposition ل. Wir dürfen es also wohl in der Bedeutung „für den Sohn der Hochthäler", d. h. für die Bewohner der Hochthäler festhalten. Für sie war die Mauer von 'Ohne wirklich eine wohlthätige Stiftung, da sie ihnen Schutz gewährte.

| קדמו ... Offenbar haben wir es hier mit der VIII. arab. Conjugation zu thun, was schon Prof. v. Ewald, der diese Inschrift kannte*), bemerkt hat. Der Stamm ist קדמ, arabisch قدم, von dem freilich in dem Arabischen Lexicon die VIII. Conj. nicht vorkommt, ebenso wenig im Aethiopischen die dieser Conjugation entsprechende Form ተቀድመ፡, sondern von den Reflexivpassiven nur die der V. und VI. arab. Conj. entsprechenden Form ተቀደመ፡ und ተቃደመ፡ Die VIII. Conj. hat bekanntlich entweder Passiv- oder Reflexivbedeutung, vorzugsweise die erstere. Die verschiedenen Bedeutungen von قدم sind jedoch alle solche, daß sich nicht leicht ein Passiv, das es nicht blos der Form, sondern auch dem Sinne nach ist, davon denken läßt. Selbst die V. Conj. تَقَدَّمَ hat in ihrer Bedeutung praefectus fuit, praecessit u. s. w. wieder einen activen Sinn erlangt. Es bleibt also Nichts übrig, als hier an eine Reflexivbedeutung

---

*) Hoefer's Zeitschrift für die Wissenschaft der Sprache, S. 300.

Himyarische Inschrift von 'Obne.

zu denken und zwar an das Reflexivum der II. Conj., welches allein einen brauchbaren Sinn abgeben würde. An Beispielen, daß die VIII. Conj. das Reflexiv der II. bildet, fehlt es nicht, z. B. فَرَّغَ, effudit (aquam) und اِفْتَرَغَ, effudit (aquam) sibi ipsi; دَعَى, advocavit; اِدَّعَى, arrogavit sibi, appellavit ac.

Da nun eine der Bedeutungen der II. Conj. von قَدَّمَ, „proposuit" ist, so würde das Reflexivum „proposuit sibi" für die VIII. einen passenden Sinn abgeben. Vielleicht dürfen wir hier jedoch ganz einfach die Bedeutung der äthiopischen Form ተቀደመ፡ (der Steigerungsstamm der III. Conj.) festhalten, um so mehr als Dillmann (Lexicon aeth., p. 461) diese Form auch im Sinne des einfachen Stammes der III. Conj., also für ተቀደመ፡, der VIII. arab. Conj. entsprechend, anführt. Diese Bedeutung wäre praevenire, praevertere, was wir in Verbindung mit der Gründung der Mauer etwa mit „den Grundstein legen" übersetzen dürften. Wahrscheinlich stand das Verbum hier im Plural, da die folgenden Eigennamen wohl das Subject dazu bildeten. Wir müßten also קדמו zu קדמיו vervollständigen. An diese 3. Person Plural. Präter. müssen wir dann noch das Pronominalsuffix, entweder הו (Osiander, a. a. O., XX, 242) oder jene eigenthümliche dialectische Nebenform ס (a. a. O., XIX, 248), von der wir auch in unserer Inschrift Beispiele sehen werden, ergänzen, da dem arabischen Sprachgebrauche gemäß das Object (welches hier شكم رس حن ist), wenn es vor dem Verbum steht, nach demselben in Accusativform repetirt werden muß. Es ist kein Grund vorhanden, anzunehmen, daß die VIII. Conj. hier einen andern Casus als den Accusativ regieren müßte. Im Gegentheil macht es der Umstand, daß die uns bekannte V. Conj. desselben Verbums auch den Accusativ regiert, wahrscheinlich, daß dies auch bei der VIII. der Fall sein konnte.

Mit den oben gewonnenen Wörtern „eine Stiftung der Wohlthätigkeit" und „für den Sohn der Hochthäler" würde sich also das

Verbum „er nahm sich vor" im Plural zu einem logisch richtigen
Satze zusammenstellen lassen, dessen Sinn wäre: „Eine Stiftung
aus Wohlthätigkeit für die Bewohner der Hochthäler nahmen sich
vor u. s. w."

Auf diesen Eingang folgt nun die Lücke von 13—14 Zeichen,
die nur von wenigen, vereinzelten, lesbaren unterbrochen wird. Nach
der Stelle, an welcher wir das Pronominalsuffix von קחרם vermuthen, kommen entweder unmittelbar oder nur durch ein Zeichen
getrennt, die Buchstaben רם, dann wieder eine Lücke von 1—2 Zeichen
und dann ein Trennungsstrich.

Nach dem ersten Trennungsstriche, der in der Lücke deutlich zu
unterscheiden, folgt eine weitere Lücke von etwa 4 Zeichen, dann, wie
es scheint, ein ם und wieder eine Lücke von 1 Zeichen, darauf ein
deutlicher Trennungsstrich. Vielleicht können wir im letzten Theile des
Mangelhaften den Eigennamen רושם (كُرَسَ), der auf unserer Inschrift noch öfter vorkommt, ergänzen.

Daß das nächstfolgende Wort ein Eigenname und zwar ein auf
ם endender ist, läßt sich mit Leichtigkeit ersehen. Da wir aber in
dieser Inschrift keinen andern auf ם endenden Eigennamen haben, so
wagen wir es nicht, ihn zu ergänzen.

Die Reihe der Eigennamen, welche das Subject zu dem obigen
קחרם bilden, wird nun fortgesetzt in dem vollkommenen Deutlichen:
בן ... | אביתﬠ | בכרב | חצרמת

Sohn des Abhjathﬠ, des Geehrten (d. h. des Fürsten) von Habhramant. Da die Uebersetzung von בכרב חצרמת als „der Ge-
ehrte von Hadhramaut" schon von Osiander festgestellt wurde, so
kann ich mich hier wohl begnügen, auf ihn zu verweisen.*) Unbekannt war bis jetzt der Eigenname אביתﬠ, obgleich es nicht an andern
himjarischen Eigennamen fehlte, in denen die Form יתﬠ auftritt,
z. B. יתﬠ oder mit der Mimation יתﬠם (bei Osiander, a. a. O.,
Bd. XIX, S. 202) und יתﬠבאל in Fresnel's Inschriften, XII—XIV,

---

*) Osiander in Z. D. M. G., Bd. X, S. 57, und XIX, S. 240.

XXIX, XLVI und LVI. אב ist offenbar das arabische اَب (Vater) und da יתע als himjarischer Name feststeht, so hatten wir اب يثع (der Vater des Jathiʿ oder Jthiʿ). Im Arabischen kennen wir als Eigennamen يَثِيع (Câmus 1113), يَثْبَع (Wüstenfeld, Register, S. 259) und أَثْبَع (Câmus 1113). Die beiden ersteru mit dem Ibhâfa an اب angehängt, würden اب يثيع ergeben. Nun ist aber die Verbindung durch das Ibhâfa im Himjarischen nicht die Regel, sondern die Ausnahme. Gewöhnlich ist die Verbindung der beiden Bestandtheile eines Eigennamens eine viel engere, als die durch das Ibhâfa bewirkte. Osiander sagt darüber (a. a. O., Bd. X, S. 52): „Bei der großen Mehrzahl der Eigennamen scheint die nordsemitische Weise der Zusammensetzung vorzuherrschen, wonach die beiden Bestandtheile auch in der Bildung zusammenfließen, was sich im Himjarischen schon auf den ersten Blick auch durch das Fehlen des Trennungsstriches zu erkennen giebt." Deshalb braucht es uns nicht zu stören, wenn bei der engern Zusammensetzung im Himjarischen ein Halbvocal verkürzt worden und aus اب يثيع das kürzere ابيثع geworden ist. Letzteres wäre sogar ganz nach den Regeln, wenn wir den obengenannten arabischen Namen يَثِيع, Jathyʿ (Câmus 1113) hier annehmen, da in ihm kein Diphtong, sondern nur ein langer Vocal ist und lange Vocale im Himjarischen in der Regel nicht geschrieben werden. Unser Name würde also wohl Abjathiʿ *) zu vocalisiren sein.

| כת | אברם | כראסור

Solche Nebeneinanderstellungen von Wörtern einer und derselben Wurzel in verschiedenen Formen, wie wir sie hier in אברם | מראם

---

*) Im Arabischen giebt es kein langes i ohne ya, deshalb kann das hier befolgte orthographische System, welches im Arabischen ya durch y (nie durch i) wiedergiebt, das i entbehren. Nicht so für das Himjarische, wo wir sowohl kurzes i, als langes i ohne ya haben und das ya nur entweder consonantisch oder als Theil eines Diphtongs auftritt.

haben, scheinen im Himjarischen besonders beliebt gewesen zu sein, so finden wir B. M. 8 (Taf. 7) z. B. קדם | בתקדם; 13, 8. אחדרדסו | ואחדרתהמו; 16, 7. תמלאו | אמלאו, und von letzterer Wurzel noch fünfmal *), 29, 6. אלהי | ואלהתי u. f. w.

Zuweilen finden wir auch genau dieselbe Form wiederholt, z. B. Br. M. 13, 4. חדחת | חרחת; 14, 9. דרם | דרם. Das gegenseitige Verhältniß der beiden ähnlich lautenden Wörter ist fast in jeder der obigen Nebeneinanderstellungen ein anderes.

Die Form מרא, mit dem gewöhnlichen Pronominalsuffix הו oder הו statt des hier deutlich lesbaren, seltenen ס, kommt auf den Inschriften des Britischen Museums mehrmals vor, z. B. 8, 7, מואהמו; 8, 11. 12, 10. מראהו; 35, 5. מראיהמו. Sie wird, gewiß mit Recht, von Osiander für den status constr. von مَرْءٌ äußerer Plural von اِمْرَءٌ, gehalten. Dieser Plural im status constr. wäre مَرْءٌ, d. h. „die Männer", mit angehängtem Pluralsuffix, „ihre Männer", d. h. „ihre Stammesgenossen". Die Form אמר finden wir in benselben Inschriften 5, 3, אמרהנו; fie entfpricht nach Osiander dem arabischen أَمِير, „Stammeshäuptling".

Das ס am Schluß beider Wörter ist ohne Zweifel das Pronominalsuffix der 3. Person Sing., סו, vielleicht der 3. Person Plur. und steht statt des gewöhnlichen הו und הנו. Diese merkwürdige dialectische Nebenform, von Osiander Anfangs verkannt, wie er denn in unserer Stelle noch den Stamm מרס vermuthete, aber später von ihm deutlich ins Licht gestellt **), findet sich bezeichnenderweise außer in der Wrede'schen Inschrift am häufigsten in der 29. des Britischen Museums, derjenigen gerade, welche wir fast mit Bestimmtheit als aus Habhramaut stammend ansehen können, so daß wir hier wohl an einen Provinzialismus jener Landschaft denken dürfen. In derselben Inschrift kommt auch das längere Suffix סהו einmal vor (Zeile 7).

---

*) Osiander stellt sie zusammen Z. D. M. G., XIX, 211.
**) Z. D. M. G., XIX, 248; XX, 243.

Himyarische Inschrift von 'Obne.   343

Die beiden ו am Schlusse hält freilich Osiander für Abbreviaturen von solchen Formeln, welche so allgemein bekannt waren, daß sie nicht ausgeschrieben zu werden brauchten. Aber da ט für הו steht, so dürfte die Annahme, daß וינו eine Nebenform von הנוי sei, nicht unsinnig erscheinen. Abbreviaturen sind nur zu vermuthen, wo kein ganz bestimmtes Anzeichen vorliegt, muß immer vermieden werden.

Ich habe freilich noch eine andere Vermuthung über dieses וו, nämlich die, daß es für das enklitische ו׃ steht, welches sich im Aethiopischen in der Bedeutung des lateinischen „quo" am Schlusse der Nomina findet. Auffallend ist jedenfalls der Umstand, daß in beiden Fällen, in denen dieses וו vorkommt, nämlich Br. M., 29, 7 und hier, am Anfange des Wortes dem Sinne gemäß eigentlich ein „und" stehen müßte. Doch sind der Fälle noch zu wenige, um hierüber zu bestimmten Schlüssen zu berechtigen.

כראסדור | אמרס würde also nach dem Obengesagten heißen: „ihr Häuptling, ihre Männer" oder „ihr Häuptling, ihre Stammesgenossen". Das erste Pronominalsuffix könnte auf das vorhergenannte Land Habhramaid, das zweite auf die Gesammtheit, Fürst, Land und alle vorhergenannten Personen bezogen werden.

Nun bleibt noch das schwer erklärbare מרי übrig. Ich muß gestehen, daß ich fast versucht gewesen wäre, es durch das hebräische מרי (Männer) zu erklären, so gut paßte diese Bedeutung hierher, wenn es mir nicht allzu gewagt erschienen wäre, das nordsemitische Sprachgebiet hier zur Hülfe zu rufen.

Zweite Zeile.

היה... | עלהן | בן | בנאל | ורדאס

Da nach היה wenigstens 3 Zeichen fehlen und hier offenbar ein nom. propr. gesucht werden muß, so können wir wohl nach Analogie des weiter unten (Zeile 3) vorkommenden Eigennamen היהאבאל das Fehlende durch אבא ergänzen. Der so gewonnene Eigenname ist offenbar einer jener mit אל (Gott) zusammengesetzten, wie alle semitischen Sprachen sie anweisen. Aber die Form היהא ist jedenfalls dunkel.

Im Dânus kommt kein عينم vor. Möglicherweise haben wir es hier mit einer Hiphilform von ناع zu thun, eine Wurzel, von der auch die arabischen Namen يَشِيع und يَتَيَّع (vergl. oben אבישע) abgeleitet sind. Das Fehlen des zweiten ya ließe sich in unserm Namen erklären, schwieriger das Vorkommen des ersten, da ein vom Hiphil von ناع abgeleiteter Eigenname مشيع heißen müßte.

עלהן, arabisch عَلْهَان (famelicus oder der Strauß oder alacer) kommt auch in der 21. Inschrift des Britischen Museums als Eigenname vor. Hier ist es لقب, wie auch bei Wüstenfeld (Register, S. 57).

בן | בנאל. „Sohn des Ben-êl", letzteres offenbar ähnlich gebildet, wie die andern mit אל zusammengesetzten Namen, also „Gottessohn" bedeutend.

דודם, arabisch دَوس, der vielbekannte Eigenname „Daus".

Auf diese deutliche Stelle folgt eine Lückenreihe, in der wir Anfangs nur ein undeutliches ה und ein deutliches ב unterscheiden. Dann fehlen 5–6 Zeichen und es folgt בן; hierauf eine Lücke von 1–2 Zeichen und dann 3 deutliche רבה, darauf 3 verstümmelte Buchstaben, die vielleicht בנב darstellten. Ohne mich auf Ergänzungen hier einlassen zu wollen, halte ich es doch für gewiß, daß wir hier das Verbum zu dem folgenden suchen müssen, welches etwa in der Bedeutung „errichten" oder „erbauen" zu suchen wäre.

קלה | ዕቀሐהן... Ersteres wahrscheinlich vom äthiopischen ዐቀበ custodivit abzuleiten und zwar analog ዐቀቤ፡, „die Wache, die Schutzwehr" (custodia terrae, Dillmann, Lexicon aeth., S. 980); das folgende קלה ist gewiß der Plural des äthiopischen ፄላ፡ (Thal), subst. m. et f. plur. ፄላት፡ eine Pluralform, die im Aethiopischen als die gewöhnliche vorkommt. In dem Suffix הן müssen wir nach Osiander (a. a. O., XX, 238) ein enklitisches Pronom. demonstr. erblicken, welches in der Form dem hebräischen הֵן, הֵנָּה, in der Bedeutung dem äthiopischen enklitischen ሃ፡ entsprach. Wir würden es

Himyarische Inschrift von 'Obne.   345

also ganz einfach durch „diese" zu übersetzen haben. Demnach „diese Schutzwehr der Thäler".

ורקבע | חגר .... Das erste Wort רקבע hat wahrscheinlich eine ähnliche Bedeutung wie das obige רקבת, was um so einladender, da ja auch im Aethiopischen die Form ቀቀቤ፡ neben ዐቀበት፡ in ganz derselben Bedeutung vorkommt, d. h. als custodia (Dillmann, a. a. O.). Im zweiten Worte חגר müssen wir, wie schon Osiander (in seinem Manuscript) sagt, ohne Zweifel den Namen حجر, Habschar, welchen diese Provinz, deren Festung 'Obne war, noch heut zu Tage führt, erkennen, nicht aber das äthiopische ሀገር፡, welches in himyarischen Inschriften zwar vorkommt (z. B. Br. M., 20, 1; 34, 3. 4 und Fresnel, LIV, 3), aber stets mit ה, niemals mit ח geschrieben wird. Also würde רקבע | חגר „und den Schutz von Habschar" zu übersetzen sein.

Bei dieser doppelten Bezeichnung, „diese Schutzwehr der Thäler und den Schutz von Habschar", können wir natürlich an nichts Anderes denken, als an die riesige Mauer, welche dem Thale von 'Obne und der ganzen Provinz el Habschar zum Schutz gegen vom Norden eindringende Feinde dienen mochte.

... ע . החהן | בן | בחרהן |

Osiander hat in seinem handschriftlichen Nachlaß das zweite Zeichen zu einem ב vervollständigt, ein Vorgehen, das gewiß gebilligt werden wird. Dadurch erhalten wir als das erste Wort בלהההן. עלה ist offenbar dieselbe Wurzel, aus der das obige علهان und das weiter folgende علهى gebildet sind. Im Câmus (S. 1829) finde ich eine Notiz, daß علا gleichbedeutend ist mit ذَهَبَ فَزَعًا, d. h. „er zog sich aus Furcht zurück". Ein von diesem علا nach Analogie des obigen عقبة gebildetes Nomen würde علهت und im st. constr. plur. علهتى lauten und etwa die Bedeutung „das Zurückziehn aus Furcht" oder bildlich etwa „Zufluchtsställe", „Sicherheitsstätte" haben. Das הן am Schlusse ist wieder das obige enklitische Pronom. demonstr.; also „diese Zufluchtsstätten".

בחר ist gewiß das äthiopische ብሔር፡ (Land), also בן | בחרזה |, „der Sohn dieses Landes". Wahrscheinlich im Genitivverhältniß und zwar eines Genitivs, der die Kraft der Präposition ل hat, dem Vorhergehenden unterzuordnen. Also „diese Zufluchtsstätten für den Sohn dieses Landes".

עלהי | קדמם.... Bei קדם (das zweite מ gehört der Mimation an) ist entweder an das arabische قدم (strenuus, audax) oder etwa an das äthiopische ቅድም፡*), substant. de loco, „das Vordere", id quod ante est, pars antica (frons) zu denken. Die particula de loco ቅድመ፡ würde zwar hier fast denselben Sinn geben, aber die Mimation könnte vielleicht Schwierigkeiten machen, wenn anders wir nicht das Wort adverbialisch als قدما auffassen dürfen. עלהי wird ähnliche Bedeutung wie עלהי haben und sich zu diesem verhalten, wie das obige יעקב zu dem vorhergehenden עקבי. Halten wir jedoch die erstere Bedeutung von קדם fest, so ergiebt sich der Sinn, „die kühne (mächtige, starke) Zufluchtsstätte".

Dritte Zeile.

Die 3. Zeile beginnt mit einer Lücke von 3—4 Zeichen, auf die die Buchstaben רב und dann ein Trennungsstrich folgen. Der Rest der Zeile ist intact. Er beginnt mit:

קלח | גגא | וגסמנהי | ורנהמת |. Was das erste Wort betrifft, so ist von den verschiedenen Notizen des Dämus (S. 1713) diejenige hier am brauchbarsten, welche نَهَمَ als mit „vocem emisit" übersetzt. Ein hiervon gebildetes Nomen würde vielleicht die Bedeutung „Ausrufsstätte" haben, wobei wir an die Warnung vor Gefahren durch den Ruf der Festungswächter denken könnten.

וגסמנהי... Die gewöhnliche Bedeutung von جسم, „stark und dick von Körper sein", findet hier keine Anwendung. Dagegen treffen wir im Dämus andere Notizen, von denen vielleicht eine brauchbar

---

*) Dillmann, Lexicon linguae Aethiop., p. 461.

Himyarische Inschrift von 'Obne.

sein dürfte. So heißt es: جسيم مَا اِرْتَفَعَ من الارض „was von der Erde aufragt", also vielleicht „ein Hügel". Hier müssen wir wohl bildlich „eine hohe Warte", einen allwärts in der Umgegend sichtbaren Signalpunkt, annehmen. Das הי am Schlusse dürfte, wie Osiander bemerkt, für das Pronominalsuffix הו stehen, wie ja für הבו an mehrern Stellen (Br. M., 34, C. u. s. w.) die der obigen verwandte Form הםי steht. Osiander ist der Ansicht, daß diese Form nur beim stat. constr. pluralis in Anwendung kommen könne. Doch brauchen wir deßhalb nicht anzunehmen, daß, um das הי an Platze zu finden, an unserer Stelle statt נסםהי, נסםרהי stehen müßte, denn das י des stat. constr. plur. ist zwar die Regel, fehlt aber in sehr vielen Beispielen, an welche sich auch unser נסםרהי reiht. Auf wen sich freilich dieses Suffix bezieht, ist nicht zu ersehen, da es im Sing. steht und das Subject (die vorher in der 2. Zeile genannten Eigennamen) eine Mehrheit bilden. Vielleicht auf חבר oder auf בחרדן.

קלה | גנא] „die Gärten der Thäler". Wie wir oben gesehen haben, bildet sich der stat. constr. von مرون so, daß er das ن am Schlusse abstößt und و in ا verwandelt; eine Bildung, die ebenso wohl an den status constr. als an den status emphaticus des Plurals der Masculina im Syrischen erinnert, wo auch das n am Schlusse wegfällt und aus ܣܦܬ zuerst ܣܦܬܐ und dann ܣܦܬܝ wird. Das arabische جنّة sowohl, wie das äthiopische ገነት (beides „Garten" bedeutend) ist freilich feminin und wenn wir den innern arab. Plural جنان hier annehmen wollten, so dürfte das n am Schlusse im st. constr. nicht wegfallen, da es mater lectionis ist. Deßhalb bleibt nur übrig, ein mascul. vorauszusetzen, ähnlich dem hebräischen גן, dessen st. absol. גנא und st. constr. גנא wäre, das Jnn wahrscheinlich mit Teschdyd. קלה als „Thäler" haben wir schon oben gehabt.

Fassen wir also den Sinn der genannten vier Wörter zusammen, so erhalten wir: „eine Ausrufsstätte und eine hohe Warte für die Gärten in den Thälern".

348   Zweiter Anhang.

| דעבחהן | — „Diese Schutzwehr" bereits aus Zeile 2 bekannt.

מה | וחדרו | בחציר ...

Wieder das schwererklärbare חדרו. Da חדרו offenbar vom arabischen حذر (fürchten) abzuleiten, aber hier die I. Conj. keinen rechten Sinn ergeben würde, indem ein Subject zu „fürchten" fehlt, so ziehe ich vor die II. Conj., den Steigerungsstamm, der bei diesem Verbum Causativbedeutung hat, hier anzunehmen und حذّروا zu lesen, was „sie haben Furcht eingeflößt" oder „sie haben zu fürchten befohlen" bedeuten würde. בחציר ist offenbar die Präposition ב (in) und der Stammes- oder Ländername حِمْيَر. Also „.... Furcht haben sie (d. h. die oben in der 2. Zeile Genannten) eingeflößt in Himhar".

Nun kommt wahrscheinlich ein ganz neuer Satz, der durch den doppelten Trennungsstrich am Anfange angedeutet ist. Er beginnt mit einer Wiederholung der obengenannten Eigennamen Habthî'êl und Daus, von denen ersterer hier Tobba' genannt wird, nämlich:

חדום | היתאאל | ותבע „Und der Tobba' Habthî'êl und Daus". תבע kommt schon auf andern himjarischen Inschriften (z. B. Fr. LVI) vor. Es unterliegt keinem Zweifel, daß hier der bekannte südarabische Fürstentitel „Tobba'" gemeint sei. Diesem bekannten Eigennamen ist nun eine Reihe anderer angehängt, die bis jetzt noch nicht vorkamen, wahrscheinlich von kleinen Stammeshäuptern, Untergebenen der obengenannten Habthî'êl und Daus, die bei dem Werke der Errichtung der Festungsmauer mit Rath oder That mitwirkten, wenn sie auch unter den Stiftern selbst nicht namentlich angeführt sind. Zuerst:

רבישמן | בן | אבהתי | חצרמות

'Amusamhn, Sohn des Obhatay Habhramant.

רבישמן besteht in seinem letztern Theile aus einem bereits bekannten arabischen Eigennamen, nämlich Samhn, سمين (Wüstenfeld, Register, S. 412). Der erste Theil רב ist entweder عم, „der Oheim" oder verschrieben für أم, „Mutter", das bekanntlich auch bei

Himjarische Inschrift von 'Obne.

Männernamen als Zusammensetzungswort vorkommt. Richtiger ist jedenfalls die Ableitung von عم. Der Name ابهتى ist nicht bekannt, dürfte wahrscheinlich von أبهت (splendor, magnificentia) abzuleiten sein, also „der Prächtige" bedeuten. צהרהת hier als لقب gebraucht, ist der schon oben vorgekommene bekannte Stammes- oder Landesname.

מתסך, متّسك, der Verbündete (ähnlich dem äthiopischen ተዋሕክ፡) ist VIII. Conj. von سك, ein Verbum, das sich im Arabischen nicht, wohl aber im Aethiopischen als ወሰከ፡ erhalten hat. ወሰከ፡ bedeutet „hinzufügen". ተዋሕክ፡ (der VIII. arab. Conj. entsprechend) „verbinden, verbündet sein".

Vierte Zelle.

במהיםפ.... Ohne Zweifel der Name „Mahfa'al" (nach heutiger Aussprache Mahfa'a), arabisch مَحْفَقَة, welchen das Thal von Naqb el Habschar, unweit von 'Obne führt. Hierauf wäre das obige متّسك zu beziehen, also „und der Bundesgenosse in Mahfa'al", ein Prädicat, welches vielleicht dem obigen 'Aminsamhn beigelegt werden soll, dessen Vaterland durch den لقب als Habhramaut bezeichnet wird.

Nun folgt ein Wort, von dem nur das ו am Anfange und das enklitische pron. demonstr., הן, am Ende sich erhalten haben und darauf deutlich

עבני | קרנהם | . „Es hat sie (d. h. obige Männer) vereinigt oder verbunden 'Obne". كرن (junxit) mit dem Suffix der III. pers. pluralis und עבני nach Osiander der Name des Fundortes der Inschrift, nach Wrede 'Obne geschrieben, aber in ältester Zeit vielleicht 'Obnah.

.. | ציסתהן | עקב | ויתר |

יתר ist wahrscheinlich يَغَرْ zu vocalisiren und als bschezmirter Aorist (Exp. fut. apocopatum) mit Jussivbedeutung von زَغَرَ (aorist يَغَرْ) aufzufassen. Dieses heißt unter Anderm auch impedivit, inhibuit ober bilblich „schwer zugänglich machen". עקב ist das oben schon mehrmals vorgekommene Wort, welches wir als „Schutz", „Schutzwehr" oder „Schutzwacht" überseßt haben.

ציםתהן ..... von ضاف, wahrscheinlich das arabische صِيَانَة, welches im gewöhnlichen Sinne „Hospitalitas, convivium" heißt, aber auch bilblich für „Wohnort" stehen kann. הן ist das bekannte Pron. enc. Mit dem vorhergehenden يعر عقب hätten wir also hier vielleicht so zu übersetzen: „und die Schutzwacht verhindere den Zugang dieses Wohnortes".

ורבני | בנאבן ... und die Söhne, d. h. „die Bewohner dieser Gärten". בני st. constr. von בנו plur. von בן, Sohn. גנא oben Zeile 2 schon als „Gärten" übersetzt.

ובחתםדיהן .... Dieser Wortstamm ist schon in der Form eines nom. abstract. מחתם (administratio) bei Fresnel (LV und LII) vorgekommen. Die Pluralendung י und der Mangel des die Abstracta meist kennzeichnenden n am Schlusse lassen hier auf ein nom. appellativum schließen, dessen Form die eines adj. verb. der II. Conj. خَائِد مُحَتَّد sein und dessen Bedeutung dem bekannten arabischen خَائِد (minister) entsprechen dürfte. Wir können also hier wohl „die Beamten" oder vielmehr (wegen des enklitischen Pron. demonstr.) „und beide Beamten" übersetzen.

ידאן | ודתאן offenbar zwei Aoristformen eines und desselben Stammes, die erste in der I., die andere in der VIII. Conj. Was aber dieser Stamm sei, ist sehr dunkel. Daß das ז am Schlusse nicht zum Stamm gehöre, ist höchst wahrscheinlich, da die himjarische Aoristform mit schließendem Nun von Ewald und Oslander (Z. D. M. G., XX, S. 216) erkannt wurde. Als Radicalen würden uns also nur דא übrig bleiben. Aber die arabischen Wurzeln ذَأَى (propulit camelos), ذَأَى (ad summam mollitiem coxit) wollen ebenso wenig hierher passen, wie die mit ذَأَن (wovon ein Pflanzenname und ein das Sammeln dieser Pflanze bezeichnendes Verbum) gebildeten Wörter.

Himyarische Inschrift von ʽObne.

Es bleibt uns daher Nichts übrig, als hier den dem Dfal zunächst verwandten Buchstaben, das Zahn anzunehmen; eine Annahme, zu der uns die Eigenthümlichkeit der Wrede'schen Inschrift, welche kein eigenes Zeichen für Zahn besitzt, indem das gewöhnliche Symbol desselben vom Tha (ث) so zu sagen usurpirt wurde, gewiß berechtigen dürfte. Im Arabischen haben wir nun eine Wurzel أزز, von der sich freilich in der ausgebildeten Sprache nur ein vierbuchstabiges, die Wurzel verdoppelndes Verbum أزأز erhalten hat. Aber da alle diese verdoppelten Verba (deren Form dem hebräischen Pilpel und aramäischen Palpel entspricht) gewiß im ältesten Arabisch einfach waren, so hindert uns Nichts, bei einer so alten Sprache, wie dem Himyarischen, ein einfaches Verbum mit den starken Radicalen ز und ز anzunehmen, dessen vollständige triliterale Form entweder أزز (ein concaves, am Schlusse hamzirtes Verbum oder زز (ein doppelt hamzirtes Verbum) war, dem für die Pilpelformen gültigen Grundsatz zu Folge, daß der erste und letzte Radical verdoppelt, der mittlere, schwache ausgestoßen wird. Die Bedeutung von أزأز, „Schrecken oder Furcht einflößen", paßt ebenso gut hier für die I. Conj., wie der Sinn der VIII. (als Reflexiv oder, was hier fast denselben Sinn ergiebt, als Passiv), „sich fürchten" oder „von Furcht ergriffen werden", ganz dem Zwecke unserer Erklärung entspricht. Freilich müßten die beiden Verbalformen يزان und يزتن, wenn sie sich auf das vorhergehende مصفعكم beziehen sollen, im Plural stehen, also ein ى oder zwei ن am Schlusse haben (s. Z. D. M. G., XX, 217); aber die Fälle kommen doch auch vor, wo letztere zwei ن in ein einziges (verstärktes) zusammengezogen erscheinen, ja selbst solche, wo sie alle beide wegfallen, wie Osiander deren mehrere angiebt (a. a. O., XX, 216). Der Modus dieser Verbalformen يزان und يزتن ist gewiß der dschezmirte Aorist mit Jussivbedeutung, ähnlich wie beim vorhergehenden يعر und die diesem Modus im Arabischen eigenthümliche Verkürzung der Endungsform könnte auch als Erklärung dienen, warum hier die zwei ن, welche im Himyarischen als Endung der III. Person Plur. im Aorist stehen müssen, zu einem einzigen verkürzt erscheinen, ähnlich wie beim obigen يعر, das im Singular steht, also ein ن haben sollte, dies eine ن fehlt. Das ن wäre also in unsern beiden Verbalformen nur das Zeichen des Plurals, und wir könnten vielleicht den Satz aufstellen, daß der dschezmirte Aorist im Himyarischen das Nun des gewöhnlichen Aorist abwarf. Die Uebersetzung von يرأن ريزنأن wäre also „sie sollen Furcht einflößen und sich fürchten", d. h. die Beamten, محفلي, was wohl so viel sagen will, als „sie sollen durch heilsame Furcht alle Eindringlinge und Beschädiger von der Festung abhalten, und sich selbst vor den Oberhäuptern fürchten, damit diese nicht Grund haben, sie der Nachlässigkeit im Dienste zu zeihen".

| במערב | יכן | וחלמדן | Ersteres Wort, arabisch خلف (successor fuit alicujus), äthiopisch ኀለፈ (transiit de loco in locum), wird hier vielleicht im Sinne von „abwechseln, ablösen" gebraucht und zwar als nom. act. der Form فعל. In יכן haben wir das arabische يكن (dschezmirter Aorist), das äthiopische ይኩን, d. h. „es sei, es finde Statt" und מערב ist ganz deutlich das arabische مغرب (Abend, Sonnenuntergang), wobei uns der Umstand, daß ג hier durch غ wiedergegeben wird, nicht stören dürfte, denn bekanntlich sind die wenigen Fälle, in denen man bis jetzt im Himyarischen ein eigenes Zeichen für غ vermuthete, noch sehr problematisch. Möglich ist es, daß das Himyarische, wie das Aethiopische, kein eigenes Zeichen für غ besaß, ebenso wenig wie bis jetzt ein eigenes Zeichen für ظ mit einiger Bestimmtheit constatirt ist. Obiges würde also so zu übersetzen sein, „und diese (d. h. der Beamten) Ablösung finde Statt um Sonnenuntergang".

| רצים | וחדם | ... In דחם haben wir, da das ם der Mimation angehört, als Radicalen nur דח. Im Arabischen findet sich eine Wurzel نَدَا, deren nom. act. نَدًى (bewässern) heißt (Qâmus, S. 1752) und ganz unserm ندم entspricht, nur daß bei letztern der schwache Wurzellaut vor der Mimation verloren ging. Letztere

Himjarische Inschrift von ʿObne. 353

Bedeutung dürfte wohl hierher passen, also „die Bewässerung", da vielleicht bei Errichtung der Mauer von ʿObne außer dem Festungszweck noch ein anderer, auf Irrigation der Felder abzielender beabsichtigt war. In מרוה haben wir dieselbe Form des nom. act., jedoch ohne daß der schwache Schlußradical verkürzt wurde. Der Stamm ist ضَرَى, nom. act. ضَرَى und der Umstand, daß in diesem nom. act. der Schlußradical das Tanwyn hat, während im vorhergehenden تَدَى das Tanwyn schon auf dem Mittelradical ruht und der letzte Radical stumm ist, dürfte erklären, warum ضَرَى im Himjarischen vor der Mimation das ya beibehält, während تَدَى es verliert. ضَرَى heißt die „Zuflucht" und die „nächtliche Einkehr". Wahrscheinlich enthielt das folgende Wort (am Anfange der 5. Zeile), welches auf der Inschrift durch Verletzung unleserlich geworden ist, eine nähere Bezeichnung über das „Wie" oder „Wann" der „Bewässerung" und der „nächtlichen Einkehr" in Bezug auf die Festungsmauer von ʿObne, etwa folgenden Sinnes: „die Bewässerung und die nächtliche Einkehr gehe ordnungsmäßig vor sich".

Fünfte Zeile.

| בנהב | ואברי | Zwei sehr dunkle Wörter. Das erste erinnert an אבר, ein unregelmäßiger Plural von בר (fromme Handlung). Das ו am Schlusse wäre in diesem Falle die Endung des st. constr.; doch möchte ich eher hier dem äthiopischen ባጽየ፡ (alternatio, alterna vices) den Vorzug geben und etwa eine Elativform oder einen unregelmäßigen Plural desselben አባጽየ፡ annehmen, um so mehr als die Bedeutung des von derselben Wurzel gebildeten አባጽት፡ (tempus functionis seu administrationis cujusvis officii) trefflich auf die kurz vorher genannten خلافة paßt. Ja, da die IV. äthiop. Conj. desselben Verbums አስተባጽየ፡ die Bedeutung „ablösen" hat, so dürften wir wohl auch hier an einen ähnlichen Sinn, wie beim obigen خلف,

benten. Nur fragt es sich, ob wir ein Intensivadjectiv in der Elativ-
form („der Ablösende") oder einen Plural der einfachsten Form des
Nomens בדי annehmen sollen? Lieber möchte ich jedoch hier an eine
Abstractbedeutung, etwa im Sinne von „die Ablösung" denken und
zwar an einen jener durch äußern Vorsatz gebildeten Namensstämme,
wie sie im Arabischen zwar ursprünglich von Elativadjectiven gebildet
wurden, im Laufe der Zeiten aber die adjectivische Bedeutung verloren und sich der von Abstracten genähert haben, z. B. أُسْلُوب
(ratio, modus)*), أُضْلُوكَ (error), أُمْنِيَة (res optata) u. s. w.

Man vergleiche hiermit das äthiopische አንብዕ (Thräne),
አከርር **) (Leberkrankheit) und andere. Das ו am Schlusse des
Wortes wäre also hier Radical.

Was sollen wir aber aus בנמו machen? Ein Stamm بنم
existirt weder im Arabischen, noch im Aethiopischen. ***) Ostander
glaubt, das Wort könne für בנימו (filius eorum) oder vielleicht gar
für בניהמו (filii eorum) stehen. Da jedoch zu einer solchen Voraus-
setzung bis jetzt (meines Wissens) nur ein einziges Beispiel berechtigt †),
in welchem noch dazu der Fall nicht ganz derselbe ist, indem dort
zwei ח nebeneinander zu stehen kamen und in ein einziges zusammen-
geschrieben wurden, so scheint es mir gerechtfertigt, für das מו keine
pronominale Bedeutung anzunehmen. ו allein ist aber auch kein
himjarisches Pronominalsuffix. Es ist als angehängte Schlußsilbe
überhaupt nur im Plural des Perfectum und im Nominativ einiger
Nomina mit äußerm Plural, wie בנו, im Gebrauche. Dies würde
aber eine Wurzel בנב voraussetzen. Da nun eine solche nicht existirt,
müssen wir das ו am Schlusse als zur Wurzel selbst gehörig und vielleicht ב als Präposition ansehen. Der Stamm נמו mit dem nom. act.

---

*) Silvestre de Sacy, Grammaire arabe, 1, §. 519, S. 193.
**) Dillmann, Aethiopische Grammatik, §. 113, S. 191.
***) Das بنام im Osmus wird nur als ein Sprachfehler aufgeführt und
deutlich gesagt, daß das Mim zu viel sei.
†) Osiander in Z. D. M. G., Bd. XIX, S. 240.

Himyarifche Inſchrift von ʿObne.

نَمَرَ findet ſich im Dâmus.*) Von den verſchiedenen Bedeutungen
deſſelben, welche der Dâmus unter der Rubrik نمر bringt, 1) cre-
vit, 2) saturata fuit rubore etc., 3) retulit dictum ad aliquem,
will keine einzige recht hierher paſſen. Da jedoch der Gedanke nahe
liegt, daß نمر mit نمى verwechſelt werden konnte, ſo können wir
vielleicht auch die Bedeutungen, welche der Dâmus uns unter letzterer
Rubrik giebt, zu Hülfe nehmen. (Gleich die erſte derſelben iſt: ignem
elevavit et saturavit ardorem ejus. Hierin haben wir wohl die Bezeichnung von „Feuerſignalen", welche ſich auf die Ablöſung der
Feſtungswächter beziehen laſſen dürften. Halten wir dieſe Bedeutung
feſt und nehmen wir als Verbum das obige יכרן hinzu, das keineswegs wiederholt zu werden brauchte, ſo würde ſich der freilich keineswegs mit Gewißheit feſtzuſtellende Sinn: „und die Ablöſung geſchehe
durch Feuerſignale", ergeben.

... | רבבם | אר | סקרם | בנמי |

In רבבם ein nom. propr. anzunehmen, wie Oſiander will,
würde hier durchaus dem Sinne widerſprechen. Das Einfachſte ſcheint
mir, es als den Plural (رُبُوبٌ) vor رَبَّ (der Herr) anzuſehen, denn
das و iſt hier lediglich Prolungationsbuchſtabe und wurde im Himyariſchen in ſolchen Fällen ebenſo wenig geſchrieben, wie das Alif pro-
lungationis. Da das Tanwyn der Mimation entſpricht, ſo iſt das
arabiſche رُبُوبٌ buchſtäblich identiſch mit רבבם.

| עד שקרם | ‎ findet ſich bei Freönel, LV, 2. und | עד שקרם |
Freönel, LVI, 4. So gewagt es nun auch ſcheinen mag, bei einer
ſo alten Sprache, wie dem Himyariſchen, bereits die Verwechſelung
von ʿAyn und Hamza anzunehmen, ſo iſt doch hier die Aehnlichkeit
zu groß und wir müſſen wohl Oſiander's Bemerkung, daß unſer
שקרם | אד | ganz daſſelbe ſei, wie das obige Freönel'ſche עד שקרם | ..
und daß das ע ſich zu dem nächſtverwandten ſchwächern Kehllaut,
Hamza, in dialectiſcher Verderbtheit abgeſchwächt habe, als vollkommen

---

*) Dâmus von Calcutta, S. 1957.

begründet anerkennen.*) Die Bedeutung dieses כד hat Osiander im Sinne einer Präposition „bis zu" (sowohl in örtlicher als zeitlicher Richtung gebraucht) festgestellt.

Das nun folgende שקרם ist jedenfalls dunkel. Keine der gewöhnlichen Bedeutungen von شقر (colorem rubrum habuit, mentitus fuit etc.) will passen. Vielleicht, daß hier die Bedeutung des abstracten Substantivs شَقَر (res factu necessaria) einiges Licht geben könnte. Von diesem ließe sich ein Adjectiv شَقْرَان denken, das etwa die Bedeutung „nothwendig" oder auf Personen angewendet, „gezwungen" haben würde. Dieses „gezwungen" ließe sich bildlich als „gehorchend" auffassen und könnte etwa im Sinne von „der Untergebene" stehen. شَقْرَان bildet seinen Plural شَقُور, welches, da das lange U im Himjarischen nicht geschrieben wird, und das Tanwyn der Mimation gleichkommt, der Form nach genau unserm שקרם entspricht. Wenn wir bedenken, daß wir aber in ربم wahrscheinlich einen Plural von رَب (der Herr), im Plural رُبُوب, haben und zwischen beiden eine Präposition, welche „bis zu" bedeutet, so drängt sich uns von selbst der Sinn: „von den Herrn bis zu den Untergebenen" auf. Wörtlich müßten wir freilich „die Herren bis zu den Untergebenen" übersetzen. Aber daß die Bedeutung die obige ist, dürfte sehr wahrscheinlich sein. Auch erlaubt die arabische Sprache solche Licenzen.

Nun wird noch einmal das mysteriöse בזבם wiederholt, welches wir „durch Feuersignale" zu übersetzen versucht haben. Seine Wiederholung muß natürlich auf das Vorhergehende Bezug haben und mag hervorheben, daß die Signale der Ablösung (in der Festungswacht) sowohl für die Herren als die Untergebenen galten.

| לבן | שמש | דהי | מרתאל | דעלהם |

לבן, „dem Sohne". שמש, „die Sonne", wahrscheinlich im Sinne von Sonnengott, in welchem es oft auf den Inschriften des

---

*) Osiander in Z. D. M. G., XX, 244, Note.

Himyarische Inschrift von ʿObne.

Britischen Museums vorkommt.*) יהר von نَهَىٰ, welches gleich سَدِىٰ „glänzen", „herrlich sein", „prangen", „stolz sein", wahrscheinlich ein Adjectiv von der Form نَعِيل, weshalb das י beibehalten ist, ausnahmsweise jedenfalls, da sonst das lange ה (i) nicht geschrieben wurde. Das Wort erinnert sehr an das äthiopische ፀሐይ፡, „Sonne, Sonnenglanz", das zwar zunächst sich an das arabische ضَحَى anlehnt, aber doch verwandten Klanges und verwandter Bedeutung ist.

כֿאמרהבל kann ich nur für einen Eigennamen halten und zwar desselben Ursprung wie das אלהבא, womit die LV. Inschrift von Fresnel beginnt. In beiden Fällen würde der Name „Deus ampliavit" bedeuten.

יהעזזם „der Herr der Mächtigen oder der Kraft", ל das bekannte arabische ذُو. יהעזז entweder für عِزّ (Kraft) oder was wahrscheinlicher ist, statt عِزَّاز Plural von عَزِيز, der Mächtige.

Also „dem Sohne der Sonne, der Glänzenden, Scharahîl, der Herr der Mächtigen". Da dieser Scharahîl früher nie genannt wurde, also nicht unter den directen Gründern der Mauer von ʿObne erscheint, und da er es doch ist, der die Schlußwidmung der Inschrift ausspricht, so liegt es wohl am nächsten, anzunehmen, daß er der Oberherr jener unmittelbaren Gründer war, dem die Ehre zukam, am Schlusse als Widmer des Werkes an die Gottheit genannt zu werden, eine Vermuthung, die durch das Prädicat „der Herr der Mächtigen" an Wahrscheinlichkeit gewinnt. Vielleicht war jener Scharahîl identisch mit dem Elscharach der LV. Inschrift von Fresnel und beide möglicherweise mit einem der drei Âlscharah, welche in Caussin de Perceval's Genealogie der Könige von Jemen vorkommen. Einer der drei Alscharah bei Caussin de Perceval hieß mit dem Hauptnamen Schorahbyl. Nun wurde aber letzterer nach dem Dânus (S. 1475)

---

*) Man sehe die Abhandlung über den Gott Schams bei Oslander, Z. D. M. G., XX, S. 284.

358   Zweiter Anhang.

auch mit Scharâhhyl, شَرَاحِيل, verwechselt, was offenbar derselbe
Name ist, wie unser شرحال, denn der Gottname אל wurde von den
Arabern ايل geschrieben und in Zusammensetzungen fiel das Alif weg.
Wenn Scharahêl ein König von Jemen war, so erklärt sich zugleich
der Titel „Herr der Mächtigen", indem er als Oberlehnsherr über
die Fürsten von Habhramaut (die obengenannten Hahlhī'êl, Daus u. s. w.)
gebieten mochte und andererseits auch, warum ihm die besondere Ehre
zu Theil wird, als Widmer am Schlusse der Inschrift genannt zu
werden. Wer aber ist der „Sohn der glänzenden Sonne"? Gewiß
kein Mensch, da eine solche Anschauung dem arabischen Götterdienste
fern lag. Wahrscheinlich nichts Anderes, als der vergötterte Typus
einer besondern Phase des Sonnenlaufes, etwa die Sonne beim
Sonnenaufgang, gleichsam die junge, neugeborene Sonne, ähnlich wie
bei den Aegyptern Horus und Harpokrates Götter der aufgehenden
Sonne, jugendliche Sonnengötter und zugleich Söhne des Sonnen-
gottes Osiris waren. Im Volkscultus mochte dieser „Sonnensohn"
von dem „Sonnengott" selbst kaum unterschieden werden.

| חנידן | פלתת | אורחם | בעשר | ומאת |

Dieser allerdeutlichste Theil der Inschrift, der das Datum enthält, wurde zum größten Theil schon von Osiander erklärt. חן ist
gewiß Ordinalzahl, das arabische ثانٍ oder ثانية. Mit dem enklitischen Demonstrativpronomen דן verbunden, ergiebt sich der Sinn
„diesen zweiten" (wohl den zweiten Tag). פלתת, neben תלת und
תלה, auf andern Inschriften (namentlich den Fresnel'schen) vorkommend,
ist hier vielleicht auch Ordinalzahl in der Femininform الثالثة, „der
dritte", oder das ת am Schlusse ist Zeichen des st. constr., indem
das folgende אורחם sich dem Zahlworte im Genitiv unterordnet.
אורחם ist genau das äthiopische አውራኅ, Plural von ወርኅ, Mond,
Monat. עשר wahrscheinlich das arabische عِشْرُونَ, „der zwanzigste",
welches im st. constr. im Himjarischen عشرى lauten mußte. מאת
die ursprünglich arabische Form für „hundert", مائة, aus der das

Himyarische Inschrift von 'Obne.

spätere مَائِت entstand. Also „den zweiten des dritten Monats im hundertundzwanzigsten (Jahre)".

אסדם בסבתם | Hier, wo wir ein Wort für „Jahre" erwarten, finden wir diesen auffallenden Ausdruck. Er besteht offenbar aus zwei Hauptwörtern, jedes durch die Mimation abgeschlossen, und das zweite von der Präposition ב regiert.

Das erste ist אסד. Nehmen wir es in seiner einfachsten, verbreitetsten Bedeutung als أَسَد, der Löwe, so scheint zwar auf den ersten Blick diese Uebersetzung nicht zu passen, dürfte aber doch aus dem Folgenden sich als weniger paradox herausstellen. סבתם halte ich für dasselbe, wie das arabische سمي und das äthiopische ሰማይ. Die ursprüngliche semitische Wurzel dieses Wortes hatte möglicherweise ein ה am Schlusse, wie das hebräische סבה (altus fuit), von dem סמים abgeleitet ist, anzudeuten scheint. Der Umstand, daß es in den andern semitischen Sprachen jetzt durch ־ ersetzt ist, braucht uns nicht abzuhalten, es einer alten Sprache, wie dem Himyarischen, zu vindiciren. Außerdem sagt der Dâmus (S. 1825) ausdrücklich سَمَا كَمَنَعَ سُمُوًّا und سموا ist das nom. act. von سما, welches ganz dieselbe Bedeutung hat, wie das hebräische סבה. Beide Wörter אסדם und סבתם stehen hier wahrscheinlich im Genitiv mit der dem Tanwyn entsprechenden Mimation und würden im Arabischen أَسَدٍ und سَمًى geschrieben worden sein. Da die Mimation genau dem Tanwyn entspricht, so kommt sie, wie Osiander bewiesen hat, ebenso gut im casus obliquus, wie im casus rectus vor. Der erste Genitiv würde von בסבה oder vielmehr von der ganzen vorhergehenden Datumsbezeichnung, der zweite von der Präposition ב regiert. Daraus erhalten wir die Uebersetzung „des Löwen im Himmel".

Der „Löwe im Himmel" war ohne Zweifel das Sternbild des Löwen und eines der zwölf Himmelszeichen, schon den ältesten Völkern bekannt. Vielleicht geben uns diese Worte den Schlüssel zu einer Aera des himyarischen Volkes. Wenn eine solche Aera in Verbindung mit der Stellung der Himmelszeichen gedacht werden soll, so erscheint es am Natürlichsten, den Stand der Sonne zu demjenigen Himmelszeichen, welches die Inschrift nennt, und zwar zu einer der vier Anfangsepochen der Jahreszeiten als Ausgangspunkt anzunehmen. Als eine solche Epoche bietet in unserm Falle das Sommersolstitium am meisten Wahrscheinlichkeit dar. Schon die Aegypter begannen ihr Jahr mit einer Epoche, welche in nächster Verbindung mit dem Sommersolstitium stand, nämlich mit dem Frühaufgange des Sirius (ägypt. Sothis) nach der Zeit der Sommersonnenwende.*) Auch dürfte hier der Umstand vergleichsweise berücksichtigt werden, daß schon bei den Aegyptern das Sternbild des Löwen als der Sonne geweiht angesehen wurde, so daß man dieses Sternbild das „Haus der Sonne" nannte. Deshalb ist es wohl denkbar, daß auch die den Aegyptern geographisch so nahen Himyariter ähnliche Beziehungen der Sonne zum Löwen voraussetzen und ihre Aera auf die Stellung jener zu diesem basirten. Da nun die Sonne alle 3000 Jahre einen Monat später in ein Himmelszeichen und jetzt am 23. Juli in dasjenige des Löwen tritt, so würde ihr Eintritt in letzteres Himmelszeichen zur Zeit des Sommersolstitiums etwa im Jahre 1340 vor Chr. Geburt stattgefunden haben. Nun würde uns aber die Annahme einer auf diese Jahreszahl basirten Aera viel zu weit zurückführen, denn nach aller Wahrscheinlichkeit ist die Entstehung unserer Inschriften gar nicht in ein so hohes Alterthum zu versetzen. Die Inschriften geben freilich in Bezug auf Chronologie noch wenig Anhaltspunkte. Aber aus der Aehnlichkeit vieler Eigennamen mit denen der Königslisten von Yemen, wie 'Abd Kolal**), Alyschrah, 'Abd Schams, Hârith, Marthab und anderer, dürfen wir vielleicht schließen, daß die Inschriften der Periode des Yemenischen Königreichs angehören, und diese Periode begann nach Caussin de Perceval's sehr einladender Berechnung erst im Jahre 794 vor Chr. und endete

---

*) Uhlemann, Handbuch der ägyptischen Alterthumskunde, III, S. 38.
**) Wellsted, Reise in Arabien von Rödiger Excurs, Bd. II.

im Jahre 490 nach Chr. Deshalb bleibt Nichts übrig, als den
Anfang der Aera kurz vor oder binnen dieser Periode zu suchen, und
hier möchte ich ein Auskunftsmittel vorschlagen, welches allein die
Schwierigkeit lösen kann. Wie wenn wir als den Anfang der Aera
nicht den Eintritt der Sonne in den Löwen, sondern den Stand in
der Mitte dieses Himmelszeichens zur Zeit des Sommersolstitiums
voraussetzten? Dies würde uns auf das Jahr 160 nach Chr. führen.
Das 120. Jahr einer solchen Aera wäre also ungefähr das Jahr 280
nach Chr., d. h. bald nach der Zeit des 'Abb Kolâl, des 44. Königs
von Jemen nach Caussin de Perceval und des 46. nach der Wrede'-
schen Liste, etwa die Zeit des Tobba' ben Hasan und des Hârith und
Marthab. Freilich muß Alles dies nur eine sehr gewagte Hypothese
bleiben, bis einmal untrüglichere Wahrzeichen uns die Chronologie
der Himyaren enthüllen sollen.

Uebersetzung.

Aufschrift.

Eine wohlthätige Stiftung zu Gunsten der Bewohner der Hochthäler haben sich vorgenommen . . . . Sohn des
Abhathi', des Fürsten von Hadhramaut, ... ihr Häuptling und
ihre Stammesgenossen.

Zweite Zeile.

Haythi'êl, Alhân, Sohn des Beniel und Daus . . . .
(haben errichtet?) diese Schutzwacht der Thäler und diesen Schutz von
Hadschar, diese Zufluchtsstätte für den Bewohner dieses Landes,
eine mächtige Zufluchtsstätte . . .

Dritte Zeile.

. . . und eine Ausrufsstätte und eine hohe Warte für die Gärten der
Thäler und mit dieser Schutzwacht . . . . haben sie Furcht eingeflößt
in Himyar. Und der Tobba' Haythi'êl und Daus und 'Amm Samia,
der Sohn des Abhatay von Hadhramaut und der Bundesgenosse in

Vierte Zeile.

Mahfa'at ..... es hat sie vereinigt 'Obne und es verhindere den Zugang dieser Wohnstätten die Schutzwacht und die Bewohner dieser Gärten und diese Beamten (b. h. die Wächter der Mauer) sollen Furcht einflößen und auf ihrer Hut sein und diese (ihre) Ablösung finde statt am Sonnenuntergang, auch die Bewässerung und die Einkehr für die Nacht,

Fünfte Zeile.

.... und die Ablösung (geschehe?) durch Feuersignale (für alle?), von den Herren bis zu den Untergebenen durch Feuersignale. Dein Sohn der glänzenden Sonne, Scharahél, der Herr der Mächtigen, am 2. (Tage) des 3. Mondes im 120. (Jahre) des himmlischen Löwen.

Register.

A.

Abd Nidschmar 293.
Abârift 322.
Abban, siehe Habbân.
'Abd Allah Ahmed 52.
'Abd Allah Bi Suban 98.
'Abd es Samut 253.
'Abd el 'Asys ibn Mohsin 73.
'Abd el Hud 18. 47.
'Abd el Manâh 294.
'Abd el Qâdir 98.
'Abd el Wihab 26.
'Abd el Wâhid 19.
'Abd el Hoghuth 285.
'Abd er Rahman El Qorra 102.
Abbha'a 306.
'Abd Kolâl 306.
'Abd Schamss 276. 300.
Abraha 303. 306.
Abu el Fidâ 89. 277.
Abu Malik 305.
Abu Sfaryr 44. 275.
Abyan 291.
Achâb 302.
Achâmer 94.
'Ad 152.
'Aden 14. 19. 43.
'Abiten 292.
Abyd 52.
Aethiopisch 31—35. —
Afryqus 304.
Isryqhs 304.
Ahl el Hahil 321.
Ahqâs (el) 3. 22. 211 sg. 291.
Altäthiopisch 31—33.
'Alschrah 304.
'Alyy ibn Hossayn 72.
'Alyy ibn Nacr 48.
Amba 61.
'Amd 213 sg. 241 sg. 285.
Amhârisch 32—36.
'Amir 299.
'Amr 312.
'Amr ben el Moltsi 301.
'Amr ben Tobba' 306.
'Amru ben biu 'Ans 301.
'Amudy 30. 102.
Anbîl 227.
'Anil 204.
'Ans 301.
Anville (d') 24.
'Aqaba el Mahniye 17.
Aqayberr 50. 55 sg. 277. 320.
Aqnât 230. 290.
'Ariba 290.
Arâl 61.
Urfa 66.
'Ariba 33.
'Aribha 230. 290.
Arnaud 3. 7. 20. 41.
'Arr 105. 207.
'Arsch 278.
'Arssame 88.

Register.

'Arÿb 299.
Aſâwire 321.
Aſchrah 304.
Aſd 283.
Aſniâ 299.
Aſſuâr 300.
Aſſwyrâ 86.
Athl 52. 62.
'Arora 95. 96. 281.
Aÿman 298. 313.
'Ayn 'Aÿmayrÿ 160.
'Ayn bâ Mi'bet 100.
'Ayn beny Mi'yin 180.
'Ayn el Ghaſſânÿ 52. 278.
'Ayn er Râſſ eb Dÿn 270.
Aÿb 283.

B.

Bâ 'Amr 201. 319.
Bâb el Manbeb 18.
Bâ Gaura 178.
Bâ Dÿabaÿy 316.
Bâ Dorus 316.
Bâ Dſchiÿ 75. 280.
Bâ Dſchaÿÿm 316.
Bâ Dſchanâf 317.
Bâ Dſchenân 246.
Bâ Dſchiçâç 117. 259.
Bâ Dſchoÿaÿm 316. 322.
Bâ Dſchonboq 320.
Bâ Dſibÿân 316.
Bâ Dyâf 318.
Bâ el Haſſ 170 fg.
Bâ Elÿâb 322.
Bâ Jaq'ûs 316.
Baglo 46. 275.
Bâ Hâfir 178. 316.
Bâ Hallâbÿn 318.
Bahâm 20.
Bâ Hanân 322.
Bâ Haun 302.
Bahraÿn 20.
Baÿr ell Slaÿy 3. 241 fg.
Bâ Karyb 322.

Bâ Kaſchwÿn 315.
Balÿut 287. 288.
Bâ Marbagÿa 121. 185. 320.
Bâ Manr 316.
Banber 291.
Bâ Ro'mân 317.
Bâ Raqaÿç 160.
Bâ Omm Sjabuſſ 116. 322.
Bâ Oorraÿn 62. 278.
Bâ Oobÿâ'ÿ 318.
Bâ Oorra 108.
Barahut 267. 288.
Bâ Raſchÿb 318.
Bâ Sa'b 315.
Bâ Sâlib 318.
Bâ Schaÿbe 165. 192. 315.
Bâ Schoqaÿr 228. 316.
Bâ Sohra 108.
Bâ Sowaÿbân 322.
Bâ Eſa'b 134.
Bâ Sſubân 118.
Boÿhâ 282.
Bautwâq 62. 278.
Bâ Babbâ 317.
Barwwâq, ſiehe Bautwâq.
Baÿbhâ (I.) 27. 170. 278.
Baÿbhâ (II.) 21. 62.
Baÿdra 286. 281.
Bâÿha 278.
Bâ Ÿomin 322.
Baÿt Aghrâſ 322.
Baÿt 'Alÿy 322.
Baÿt Bâ Galib 323.
Baÿt Bâ Walÿ' 323.
Baÿt Gobÿy 323.
Baÿt el Aÿmediÿe 323.
Baÿt el Dſchomaÿmÿ 322.
Baÿt Gharâb 322.
Baÿt Halam 323.
Baÿt Horr 323.
Baÿt Lârife 323.
Bâ Zor'a 316.
Bebâ 253.
Beled Beny 'Jſſâ 21. 22. 26. 101. 132.
Beled el Dſchauf 21.

Register.

Beled el Habschar 21. 23. 101. 132.
Beled Hamum 22. 27.
Bender 201.
Ben Dighál 138. 164.
Beny Dschabsuma 318.
Beny Hassan 44. 49. 320.
Beny Labahu 317.
Beny Ruh 134. 178. 315.
Beny 'Olschyy 182.
Beny Othman 48.
Beny Schamsán 224. 227. 318.
Beny Tâhir 280. 318.
Berlin (Dr. P.) 289.
Bilqiys 304. 305.
Bihr 'Alyy 161.
Bihr Barahut, siehe B. Borhut.
Bihr Bâ Rime 62.
Bihr Borhut 226. 287 fg.
Bihr el Hassy 200 fg.
Bihr Schyh 284.
Borhut 277. 288.
Borr 230. 290.
Borum 25. 45—48. 275.
Bozul 204.
Buch (Leop. v.) 2.
Burckhardt 11.

C.

Cane suporium 24.
Caripeta 24.
Cassia de Perceval 298 fg.
Chalyf 204. 286.
Chamsa 226.
Chimine (Stamm) 52. 102. 121. 185. 320.
Charibe 24.
Chathromotiter 24.
Che'ayre 263.
Chobahbsch 264.
Chobhára 283.
Chomyr 277.
Chorahbe 24. 97 fg. 207. 281.
Chorahchyr 231. 290.
Chorbe 97. 110. 281.

Churhân Nurhân 40.
Crüttenden 16. 35. 161.

Ç.

Çabáh 307.
Çabahân 307.
Çadifilen 29.
Çafrá 206.
Çahâh 277.
Çahwa 24. 241 fg. 291.
Çâllh 113. 283.
Çaumahânye 320.
Çawar 300.
Çibâra 241.
Çilh 76. 281.
Çobahh 260.
Çodahre 178.
Çughra 20.
Çyra 44.

D.

Dachahl 53 fg. 278.
Dahmr 91.
Dahss 46. 275.
Dao'an 283.
Dâaw 46. 275.
Daw'an 283.
Dayin 186.
Delá 203.
Dhahá 294.
Dhahss 280.
Dhyq ebh Dhhâq 63. 270. 279.
Dirye 39.
Diyn 119.
Do'án 283.
Dochu 62.
Dompalme 51. 62.
Doqum el Ayssâr 92. 260.
Doreni 24. 25.
Dovenl 25.
Drummond Hay 8.
Dschabbâr 299.
Dschahâdeme 208.

Dschahâisitte 321.
Tschahyo 213. 222.
Dschanbuisch 92.
Dschauf 20.
Dschaybân 300.
Dschebel Aslan 176 fg.
Dschebel 'Alqa 176.
Dschebel 'Aqaba el Mahniye 68. 84.
Dschebel Agaybere 51. 61 fg.
Dschebel 'Arâr 153.
Dschebel Arcime 157. 177. 181.
Dschebel Bâ Eyhae 69. 83.
Dschebel Bâ Dschanaf 139. 178.
Dschebel Bâ Râyât 71—75.
Tschebel Biyr Schyh 134.
Dschebel Choraybe 77.
Dschebel Gibâra 77. 84.
Dschebel Dschosayye 145.
Dschebel El Ahliza 280.
Dschebel El Ghowayte 134. 191.
Dschebel El Hamrâ 161.
Dschebel El Hamum 270.
Dschebel El J'dme 68. 83. 280.
Dschebel El Oçaybe 157. 161.
Dschebel El Qâra 53.
Dschebel Er Râyât 71—75. 280.
Dschebel Esch Scherebbe 50.
Dschebel Gardschalâl 77.
Dschebel Falh edh Dhahq 60 fg.
Dschebel Fatha Walyme 69. 280.
Dschebel Foghar 76.
Dschebel Hafar 19. 190 fg.
Dschebel Hanbare 190 fg. 280.
Dschebel Harâmy 82 fg.
Dschebel Harf el Haçhç 81. 87. 279.
Dschebel Harmal 64. 279.
Dschebel Kaur Sjaybân 26. 78. 83. 282.
Dschebel Lahab 61. 279.
Dschebel Mafiha 163.
Dschebel Mamy 145. 176 fg.
Dschebel Mâhile Mafar 78. 281.
Dschebel Mobârel 82—84.
Dschebel Moff 135.
Dschebel Ro'âb 146.

Dschebel Ro'mân 146.
Dschebel Oçaybe 157.
Dschebel Oabr eff Sjâhir 132.
Dschebel Qârel es Sohd 284.
Dschebel Qarr eth Thamule 88.
Dschebel Resch 19 fg.
Dschebel Rochç 78—84.
Dschebel Rughyff 64. 279.
Dschebel Schaqq 125.
Dschebel Schebscher 39 fg.
Dschebel Tjahura 26. 83 fg.
Dschebel Wâssib 66. 280.
Dschembiye 19. 276.
Dschendby 10.
Dschirbsche 279.
Dschochom 213.
Dschof, fiehe Dschauf.
Dscholayn 286.
Dschonaybde 89.
Dschoscham 301.
Dschul Bâ Daghul 145 fg. 285.
Dschul el 'Aqbq 169.
Dschul esch Schaych 118. 140. 164 fg.
Dsiyaybny 139 fg. 285. 316.
Dsu 'Ans 301.
Dsu Aschrah 304.
Dsu Dschabân 304.
Dsu el Abhâr 304.
Dsu el 'Amrâb 306.
Dsu el Qarnayn 302.
Dsu Hâdischân 305.
Dsu Hobbân 304.
Dsu Kifân 307.
Dsu Mahra 303.
Dsu Mo'âhir 307.
Dsu Rowda 307.
Dsu Schemâty 307.
Dsu Daqbom 300.
Dsu Yazan 307.
Dschaybene 318.
Du Courel 6—8. 283.
Duma 288.
Durra 62.

Register.

E.

Eber, siehe Hud.
Eç Çamar 300.
Eç Çirrayn 121.
Ed Dayln 186.
Edrus 48. 275.
Eds Djahiyn 321.
Ehrysh 31—86.
El 'Açab 62.
El Adjemy 169. 317.
El 'Aï 282.
El Ahmady 317.
El Aḥjâl 241 sg. 291.
El 'Âlâmy 313.
El 'Aqya 134.
El 'Arâba 319.
El 'Araja 69.
El 'Arr, siehe 'Arr.
El Arssâme 88. 254.
El Aswad 291. 319.
El 'Ayssâr 282.
El Ajeb 313.
El Baḥibiḥe 321.
El Baiḥd 88.
El Dscha'be 214. 318.
El Dschowayre 158. 162.
El Ebuâ 121 sg. 284.
El Ghafer 280.
El Ghaml 299. 300.
El Ghilemur 230. 288.
El Ghoraf 230. 288.
El Goss 62.
El Hamun 269. 322.
El Hariṯh 303.
El Hatfa 69.
El Haun 302.
El Hbschelhn 204.
El Hobul 214. 287.
El Hodd 183 sg.
El Hodâb 304.
El Hoisly 69.
El Hoisiye 279.
El J'bue 280.
El Irme 52. 278.

El Rassule 254.
El Ri 79. 253.
El Rahlus 246 sg. 319.
El Ris 313.
El Medjarre 224.
El Modayne 52. 278.
El Moghlafir 313.
El Moltamis 313.
El Molsä 301.
El Monayqyra 291.
El Mota'ammid 313.
El 'Obayd 69.
El Oçamen 313.
El Oschr 62.
El Ossayl 260.
El Osspury 276 sg.
El Qa'de 76.
El Qalqâl 282.
El Osra 52. 81. 278.
El Qarr 75.
El Qâḥlme 136. 284.
El Qirbe 118. 278.
Entel el Hamum 270.
Er Râchiḥe 246.
Er Râyisch 301.
Er Riḥâb 254.
Es Sâlemy 317.
Es Sucul 224.
Eschhed Allah 276.
Esch Scha'be 230.
Esch Scha'amle' 323.
Esch Schaff 282.
Esch Scharq 95. 97. 102. 106. 263.
Esch Scherfa 204.
Esch Scheryn 205. 286.
Esch Schillât 200. 201.
Ess Ssabal 282.
Ess Ssalmy 169.
Ess Ssayl 231.
Ess Ssayid 169.
Ess Ssay'l 227.
Ess Ssilt 60.
Ess Sselayendny 158.

F.

Fabhl 'Alyy 21. 75.
Fabhly 21.
Falh eff Efiste 61. 69. 279.
Fardschalât 281.
Falh ebh Thaya 279.
Fâtiha 276.
Febsch min Allah 61. 279.
Foghar 281.
Fogahbe 69.
Fomwa, siehe Fuwa.
Fresnel 4. 25. 35. 304.
Fuwa 50. 277.

G.

Gara, siehe Qâra.
Gr'ez 31. 32. 33.
Gerraei 24.
Ghafar 230.
Ghafbun 253.
Ghaura 204. 267.
Ghault 276. 299.
Ghayban 205.
Ghebess 205. 287.
Ghitamm 230. 288.
Ghofar 288.
Ghoraf 230. 288.
Ghowayr 282.
Ghowayre 204.
Ghowayse 286.

H.

Habab 225.
Haçarhayan 282.
Hafiye 62.
Hamaysa' 208.
Hamum 269.
Harmal 279.
Haun 302.
Haura 228 fg. 288.
Hawd 62.
Hahnes 19. 275.

Hobun 30. 253. 312.
Hobun (Stadt) 253.
Homaysche 231. 291.
Homeritae 24.
Horraya 267.
Horrayn 204.
Houlton 35.
Hud 18. 30. 47. 48. 278. 312.
Humboldt 2.

H.

Habbân 19. 22. 140. 165.
Habyb 251 fg.
Hadhramaut 101. 299. 301.
Hadhramy 299.
Hadscharyn 288.
Hadschy 'Abd el Hâmid 6.
Häfife 321.
Halle 277.
Hallel Bâ'Gaiyb 224. 247.
Hamâmedyn 320.
Hanân 230. 290. 312.
Hanbare 260.
Hanefy 19.
Harraên 312.
Harôs 289.
Hardscha 161.
Harf el Haçny 67. 279.
Hdrib 20. 170.
Hdrith 303. 306.
Harr Schiwâis 60. 279.
Hafan ben Sayhân 312.
Hafan dju Mo'dhir 307.
Haschid 303.
Haschysch edf Djahab 292.
Hassan el Dayl 308.
Hassan et Tobba' 52.
Hassussa 110.
Hausa 260.
Hawâlyy 260.
Hdyif 284.
Haynon 319.
Hayl el Darr 76. 280.

Register.

Hebal 254.
Herraha 204.
Hiçn Bâ 'Abd 204.
Hiçn Bâ el Haff 161.
Hiçn Bâ Cuêm Efabaff 204.
Hiçn Bâ Efolahmân 179.
Hiçn Bahdra 204. 230. 290.
Hiçn ben Dighâl 113. 134. 183.
Hiçn ben Demmân 180.
Hiçn ec Gobdyb 183.
Hiçn el Ghorayr 91. 280.
Hiçn el Mifae 145.
Hiçn el 'Obne 149 fg.
Hiçn el Dâhime 186. 183.
Hiçn el Tarwhle 140 fg.
Hiçn Ghorâb 24. 28.
Hiçn Homayre 267.
Hibfchâs 277.
Himyar 48. 276. 298.
Himyar ec Çoghayr 308.
Himyarifch 31—36.
Himyariten 24.
Hobal 214. 287.
Hoba 154 fg.
Hobâb 304.
Hobhab 304.
Hobfchahn und Hobfchahnh 94. 194. 219.
Hoffahn bâ Çehra 102.

J.

Jbn Batuta 89. 276.
Jbn Dorayd 287.
Jbn Odzil 289.
Jdryff 275.
Jdryffy 288.
Joltan 276.
Journal Asiatique 304.
Jram bjât el 'Aemâb 285.
Jram bjât el Jfnâb 151. 285.

K.

Ka'ba 108.
Kâfir 49.

Kifira 260.
Kahlân 298.
Karana 25.
Karn, fiehe Qarrayn.
Kafchwhn 132. 185.
Kautebân 289.
Kahbân 204.
Kefbub 52.
Keffady (Stamm) 48.
Kiepert 2.
Kinditen 29.
Kofayçe 164.
Kohl 59.
Krapf 2. 83.
Kulang 52.
Kura 89.

L.

Lachme 280 fg.
Lühtfch 19.
Leroi 813.
Lahlebât 64.
Lobb el Lobâb 276 fg.
Lohde 75.
Lohnn 214. 222.
Loqmân 301.

M.

Mabhlbfch 164.
Ma'dig Karib 307.
Ma'budy 230. 290.
Maer 313.
Mahaffa 280.
Mahfud 225 fg.
Mahnihe 279.
Mahra 26—40.
Makalla 18—24. 52 fg.
Makârim 319.
Mâlif 298.
Maxâh 164. 313.
Mançura 169.
Mannert 24.
Maqryzy 289. 299.

Maqubel el Chouwa 88.
Má Rabby 223. 287.
Mardwa 231. 291.
Marcha 20.
Marbſcha 21. 170.
Mariaba 12. 20.
Mârib 20. 169. 304.
Marthab 306.
Mafyhet el Odhime 184.
Matâmile 321.
Mathub 306.
Matny 288.
Matruch 212. 253.
Mahſa'a 23. 169. 286.
Mâhile Matar 281.
Ma'hq 230. 290.
Max'ſche 284.
Medina 161. 162.
Medſarre 224.
Meſai 23.
Mehaſſa 62.
Menâćih ibn 'Abb Allah 102. 107.
Meſched 'Alhy 101. 227.
Metelle 201.
Minaei 24.
Mintyr 202. 205. 287.
Mirbat 32.
Miſenât 18. 27.
Miſtae 71.
Mo'âwiya 300.
Mochâ 19.
Mochle 288.
Mohammed el Bâ Herr 53. 98.
Moltâl 301.
Monahyra 231. 291.
Monqir 256. 291.
Montiſch 281.
Morâbit 14.
Moreſchide 102. 121. 252. 320.
Mordtmann 89.
Morra 299.
Mefſaſſaq 281.
Moſta'riba 33.
Mota'âriba 33.
Motqaq 280.

Murâd Gobâhh 214. 318.
Murchiſon 2.

N.

Nachobd 43. 45. 275.
Nakur 313. 318.
Naqb el Habſchar 28. 140. 161. 165.
Naſſnâſſ 292.
Nebel 62.
Neby Allah Hub 17. 276.
Nedſchb 277.
Nedſchb ibn Eſa'yd 71. 312.
Nedſchrân 300.
Neſhan 204. 214. 226. 287.
Negr 215. 291.
Nighb 21. 170.
Niebuhr 11. 19. 23. 37.
No'mân el Me'dſir 299.
Nóſab, ſiehe Nighb.
Nowahre 214.
Nowahry 304.
Nyr 204. 287.

O.

'Obâna 20. 21. 170.
'Obne 5. 28. 285.
Ochyde 285.
Odad 299.
'Ofme 281.
Oſâniſſ 209.
'Olamâ 256 fg.
'Omân 19. 291.
Omm Bâyha 278.
Omm Dſchirbſche 279.
'Orayb 291.
Oraysfime 260.
'Orubh 277.
Oſchr 62.
Oſſyath 276.

Register.

P.

Palgrave 11. 19. 27.
Petermann 2.
Plinius 24.
Prion 23.
Ptolemäos 24.

Q.

Qababh 284.
Qababh Hânif 120. 284.
Qababh Schanch 120. 284.
Qabahl Bakrq 51. 185.
Qabr Bahl 95. 283.
Qabr Hub 22. 229. 276.
Qabyla 278.
Qaçâba 119. 284.
Qaçr 288.
Qahbun 231.
Qahtân 30. 48. 276. 296.
Qaia'q Qârib 305.
Qâmile 225.
Qâmuss 23.
Qâra 24—40. 278.
Qâret es Sohâ 284.
Qarn el Manâsil 97. 110.
Qarraha 25. 95. 252. 278.
Qarr el Hahn 75.
Qarr el Madschyb 254.
Qarrel Sjubân 231.
Qaion ben 'Orayb 299.
Qâziwre 284.
Qayl 301.
Qays 301—303.
Qeschyn 87.
Qlanque 284.
Qirbe (I.) 52. 278 fg.
Qirbe (II.) 225.
Qirbet Qahwe 52. 87. 278.
Qobbe 52. 278.
Qobbet el 'Ayn 158 fg.
Qoçah 164.
Qoçayr 27.
Qobâr 114. 283.

Qosahre 164.
Qohtân 319.
Qosahlr 282.
Qolle 283.
Qoranf 260.
Qorayschy 102.
Qorra 287.
Qors 282.
Qotham 321.
Qothâm 202. 319.

R.

Rababh 206.
Rababh bâ Laubâl 225.
Rabbâg 182.
Rabici 182.
Raby'a 312.
Râchihe 220.
Radwa 161.
Râfidhhy 41. 275.
Raschyd 96. 252. 283.
Râss Porum 45. 132. 275.
Râss el Ahmar 45. 50. 132.
Râss el Habb 18.
Râss el Orahde 161.
Râss Harbscha 161.
Raube 124.
Râyât 280.
Rayde 286.
Rayn 311.
Rayyff 275.
Rhahde 204. 286.
Rhobâba 119. 217. 283.
Riâm 303. 310.
Ribât 97. 110. 118.
Rim 303. 310.
Rische 69.
Ritter (Carl) 2. 20. 38.
Roch; 281.

S.

Sabâ 304.
Sabâ el Albar 298.

Sabder 24.
Sabota 24. 289.
Sabul 24.
Sabue 812.
Sahun 164.
Saṅaf 298.
Sāīm 313.
Salī 67.
Sānaṅ 803.
Saqquma 166. 168.
Sáraḥ 804.
Sarḥ 304.
Saubatḥa 24. 289.
Save 24.
Saḥbán, ſiehe Sḥaybán.
Saʿb (Jmám) 276.
Saʿyb ben ʿUſá 812.
Sabf 307.
Schaʿbe 230. 290.
Schábiḥ 203.
Schabul 289.
Schabwa 289.
Schaff 282.
Scháfīʿy 99.
Schammir 305.
Schamrir 305.
Schamyr 298.
Scharḥ 804.
Scharq 283.
Schaybán 276.
Schaḥch 14. 301. 803.
Schedſcher 88—40.
Schedſcheret eſ Laʿa 284.
Scheráf 283.
Scherm Hardſche 161.
Scheryn 286.
Schibáḥ 289.
Schibám 24. 230. 289.
Schīʿbe 204. 286.
Schibwa 289.
Schiḥr 18. 38. 270. 292.
Schiḥra 292.
Schiklát 204.
Schirfa 287.
Schoʿbe 229.

Schomcha 164.
Schorfa 14. 283.
Schorhabyl 304.
Schorul 205.
Schowayye 75. 280.
Schura 69 fg. 280.
Schyách 14.
Seeḥzen 11. 19.
Seſam 61.
Seyal 62.
Sibbe 230.
Smith 35.
Sokotra 87.
Solaymány 317.
Sorʿa eſ Ḥemáma 59.
Sjába 276.
Sjabaf 253.
Sjabyl 224.
Sjaſy 292.
Sjáḥ 288.
Sjáḥ Ḥub 229. 288.
Sjaryr 275.
Sjauſita 38. 89.
Sjarmahyu 86.
Sjaybán 19. 86. 276. 320.
Sjeʿyb ibn ʿUſá 102.
Sjauſ 231 fg. 254. fg.
Sjayyb 15.
Sjolaymány 161.
Sjowayq 231. 291.
Sjḥára 18.
Stephanus Byzant. 25.
Strabon 24.
Sultan von Borum 18.
Sultan von Deſchryn 37.

T.

Tamarhind 62.
Tamaḥḥe 220.
Taráb 44. 275.
Tarr 286.
Terym 23. 230. 290.
Thowayry 230. 290.
Tháma 277.

Bâdin Hebâl 95.
Bâdin Hirâwe 83.
Bâdin Howahre 82. 265 fg.
Bâdin Habbân 139.
Bâdin Habhena 174.
Bâdin Habschar 23. 132. 135 fg.
Bâdin Habscharyn 26. 229 fg.
Bâdin Hafer 186 fg.
Bâdin Holle 50. 131. 278.
Bâdin Harâmy 82.
Bâdin Hafly 180.
Bâdin Hatuby 270.
Bâdin Hiçu ben Dighâl 136.
Bâdin Hidschelyn 201.
Bâdin Hirwa 83.
Bâdin Hothye 25. 63. 69.
Bâdin Ramisch 268.
Bâdin Rotahfa 268.
Bâdin Rotab 67.
Bâdin Lachme 62. 280.
Bâdin Lafaf-Lafaf 89. 282.
Bâdin Lohde 282.
Bâdin Mâ Allah 120.
Bâdin Mâdschid 67.
Bâdin Raghira 214.
Bâdin Mahaize 25. 64. 68.
Bâdin Maffya 80 fg. 250 fg.
Bâdin Marira 67.
Bâdin Matharun 82 fg. 260 fg.
Bâdin Manfa'a 20—23. 119. 139. 163 fg.
Bâdin Mâzile Matar 82. 268.
Bâdin Maz'sche 128. 129.
Bâdin Merrei 50.
Bâdin Metelle 201 fg.
Bâdin Minäj 101.
Bâdin Minter 202.
Bâdin Minua 25. 26. 110. 118. 120.
Bâdin Mobârel 81.
Bâdin Moczle 27. 28. 229.
Bâdin Moll 135.
Bâdin Montisch 78. 81.
Bâdin Moffaffaq 81.
Bâdin Mo'îb 146. 147.

Bâdin No'mân 135. 145.
Bâdin Nhr 206.
Bâdin 'Obue 149 fg.
Bâdin Odyme 220 fg.
Bâdin 'Ofwe 82.
Bâdin Omm Bâhne 53. 278.
Bâdin Omm Dschirbsche 60. 62. 279.
Bâdin Oaçr 22. 27. 229.
Bâdin Oâret eö Sohi 133.
Bâdin Oinnhur 186. 183.
Bâdin Oirbe 25. 52. 120. 132.
Bâdin Oolayle 95.
Bâdin Oolle 95. 106.
Bâdin Oorn 83.
Bâdin Rababh 204. 206.
Bâdin Râchlye 22. 241 fg.
Bâdin Raube 25. 120. 123. 132.
Bâdin Râye 61.
Bâdin Rayyarn 92.
Bâdin Rhayde eö Dyr 202 fg.
Bâdin Rhayde eff Sfomanhe 202 fg.
Bâdin Schaqq 124. 132.
Bâdin Scharab 139. 178.
Bâdin Schomahre 119.
Bâdin Schura 69—75. 280.
Bâdin Soqqahme 176.
Bâdin Sfabal 95.
Bâdin Sfalaf 128.
Bâdin Sfanâwe 83.
Bâdin Sforbe 82.
Bâdin Tann Sfuhe 110.
Bâdin Tfahura 81.
Bâdin Tfohur 210.
Bâdin Weruza 83.
Bâdin Wo'ayla 53. 278.
Bâdin 'Nân 21. 169.
Bâdin 'Dschybum 21. 170.
Bâdibn 19. 161.
Ba'la 242.
Bâlina 306.
Ba'ra 252 fg. 292.
Bâthila 298.
Bâzll 300.
Bâzla 298—300.

Tiff'a 230.
Tiſarye 218.
Toani 24. 25.
Tobba' 302. 306.
Torbel el Melut 231. 290.
Thiḥir 21. 95. 170.
Tſoár 21. 38. 39.
Tſohur 290.
Thárby 230. 290.

T.

Tſib Riu 303.
Tarſd 62.
Toryſe 230. 290.

U.

Uwar 72.

W.

Bábica 302.
Bdch 49. 276.
Wâdin 'Ab, ſiehe 'Af.
Wâdin 'Af 87.
Wâdin 'Amd 22—26. 205. 214 fg.
Wâdin 'Arâr 149. 153. 161.
Wâdin Anſſâr 260 fg.
Wâdin Bâ 'Kuba 92.
Wâdin Bâ Dſchenân 214 fg.
Wâdin Bâ Darrahn 63. 59. 278.
Wâdin Bi Ranyara 92.
Wâdin Bi Tarug 205.
Wâdin Bonut 134.
Wâdin Bu Dolahl 89.
Wâdin Butrach 87.
Wâdin Ca'âr 124. 128.
Wâdin Cafrd 135. 163. 204. 206.
Wâdin Cahâh 50. 278.
Wâdin Carhyr 139. 183.
Wâdin Cibdra 76.
Wâdin Chabhâra 95.
Wâdin Chamſa 246 fg.
Wâdin Chamuba 110.

Wâdin Chârit 91—95. 280 fg.
Wâdin Chávife 92. 260 fg.
Wâdin Chilaſat 82.
Wâdin Chomyr 50. 278.
Wâdin Dahme 90.
Wâdin Dahſſ 46.
Wâdin Dhanſſ 62. 75. 280.
Wâdin Do'ân 25. 26.
Wâdin Dſchahhe 205 fg.
Wâdin Dſchanbân 22. 163.
Wâdin Dſcharre 50. 278.
Wâdin Dſchlwr 120.
Wâdin Dſchiswel 28. 132. 145.
Wâdin Ec Cafrâ 181.
Wâdin El 'Aſ 87. 89.
Wâdin El Ahlihe 72.
Wâdin El Anſſâr 88. 92. 259.
Wâdin El Auſſirn 87.
Wâdin El Bonul 134.
Wâdin El Ebnâ 121 fg.
Wâdin El Foranſch 89.
Wâdin El Ghowanze 134.
Wâdin El Habſchar 132. 135 fg. 176 fg.
Wâdin El Habſcharyn 229 fg.
Wâdin El Jbme 67.
Wâdin El Ma'âbir 132.
Wâdin El Mâ Ghorâbr 89.
Wâdin El 'Cône 149 fg.
Wâdin Er Redyn 110.
Wâdin Er Râchine, ſiehe Râchine.
Wâdin Er Raube, ſiehe Raube.
Wâdin Eſch Schaſſ 95.
Wâdin Eſch Scherrbbe 50.
Wâdin Eſſ Sjabal 95.
Wâdin Eſſ Shyrbbe 92.
Wâdin Farie 182.
Wâdin Forayſch 89.
Wâdin Furoa 25. 50.
Wâdin Ghâbun 118.
Wâdin Gharhân 118. 120.
Wâdin Ghaura 204.
Wâdin Ghaydun 101. 231 fg.
Wâdin Ghowahr 92.
Wâdin Ghowanze 134.
Wâdin Hazarhazan 89.

Register.

Beßerb 11—36. 161.
Bo'aḥla 278.
Büstenfeld 229 fg.

Y.

Yáff'a 20—22. 170.
Yáqut 287 fg.
Ye'rab 276. 298. 313.
Ye'rom 312.
Yeschbschob 276. 298.
Yisir 305.
'Yéin 21. 140. 169.

Yemen 19 fg. 277.
Yon'im 248.
'Yá el 'Amad, siehe 'Yň'.
'Yschubam 21. 170.
'Yñb el 'Amad 30. 312.

Z.

Zahrán 303.
Zayd 302.
Zayd el 'Aqra' 306.
Zohayr 299.
Zor'a 307.

www.ingramcontent.com/pod-product-compliance
Lightning Source LLC
Chambersburg PA
CBHW021337300426
44114CB00012B/984